JN187859

おなかの中を可視化する！

はじめての妊娠&出産

産科医 竹内正人・監修

はじめに

あるがままのあなたを受け入れてみましょう

妊娠おめでとうございます。あなたは今、つわりが始まったころでしょうか？　それともピーク？　あるいは落ち着いてきたころでしょうか。つわりがなくて赤ちゃんが育っているのかと心配している方もいらっしゃるでしょうね。妊娠がわかって幸せで満ち足りている方、感情の変化に戸惑いを感じている方もいらっしゃるでしょう。

妊娠によって、あなたのからだと心にはさまざまな変化が見られます。でも、その変化は人によって違います。妊娠中は情報に振り回され、不安になることもあるでしょうが、ネットに書いてあることはあなたのことではありません。自身のいちばんの専門家であるはずのあなたには、自然妊娠でも不妊治療による妊娠であっても、赤ちゃんを育み産む力が備わっています。赤ちゃんも、あなたの子宮の中でもっとも居心地のいい位置や姿勢、からだのひと目でわかる!

マタニティスケジュール

妊娠10か月間のママのようすや赤ちゃんのようす、生活のスケジュールをまとめました。よく見る場所に貼るなどして、活用してください。

月数	1か月	2か月	3か月
週数	0　1　2　3	4　5　6　7	8　9　10
ママのようす	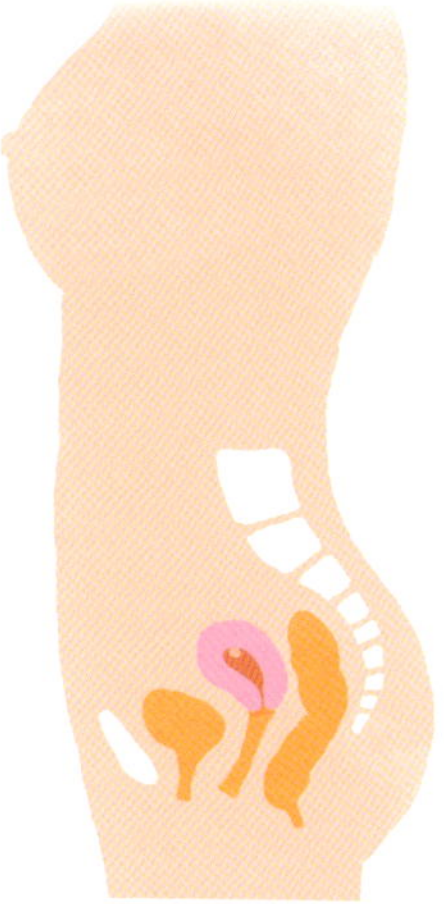 **妊娠成立** ● 子宮の大きさは、にわとりの卵くらい。 ● 体温が上がり、イライラ、肌荒れなどの症状が出る人も。	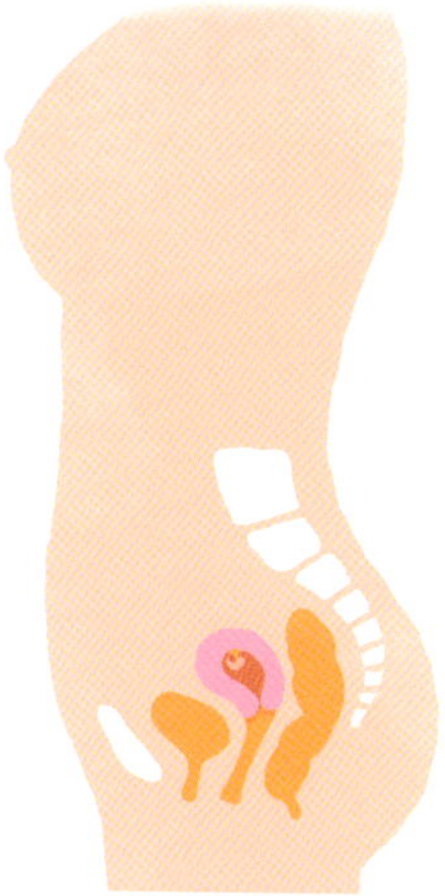 **妊娠判明** ● 子宮の大きさは、レモンくらい。 ● 月経の遅れ、早い人はつわりの症状が現れる人も。	 **わりがピークに** 大きさは、グレープフルー い。 便秘、足の付け根の痛みな まされることもあります。
赤ちゃんのようす	身長　約1mm 体重　約1 g 着床して「胎芽」になります。	身長　約1cm 体重　約4 g 脳や内臓の基礎、神経細胞などの大切な器官が形成され始めます。	約5cm 約30 g なって「胎児」になります。手 もついてきました。
妊婦健診の回数	――	1～2週間に1回	2週間に1回
スケジュール	● 妊娠の可能性があったら、飲酒や喫煙、薬の服用を控えましょう。 ● バランスのよい食事、冷え対策、リラックスした生活を心がけて。	● 妊娠かもしれないと思ったら、まずは産婦人科を受診しましょう。 ● 分娩する病産院を決めましょう。	手続き 赤ちゃんの心拍が確認できたら「**妊娠届出書**」を役所か保健所に提出し、「**母子健康手帳**」をもらいましょう。 ● まだ流産の可能性がある時期なので、あまり無理はしないように。感染症にも注意。

キリトリ

バースプランチェックシート

自分が希望する出産方法や環境にチェックをして、
家族や病産院のスタッフと話し合いをしましょう。

出産方法	□ **希望する出産スタイルがある**　□ とくにない
	□ 分娩台での分娩　□ フリースタイル分娩　□ 無痛分娩
	□ **希望する呼吸法がある**　□ とくにない
	□ **立ち会い出産を希望したい**　□ しない
	□ 夫　□ 母　□ その他（　　　　　　　）
陣痛中	□ 浣腸をしたくない　□ 剃毛をしたくない
	□ できるだけ陣痛促進剤を使いたくない　□ 陣痛中も家族に立ち会ってもらいたい
	□ 好きな音楽を流したい　□ 好きなアロマオイルをたきたい
	□ パパにマッサージをしてほしい
分娩中	□ お産の進み具合を教えてほしい
	□ できるだけ会陰切開をしたくない　□ できるだけ剃毛をしたくない
	□ 分娩中の姿を動画に残したい
赤ちゃん誕生後	□ カンガルーケアをしたい
	□ 産まれたての赤ちゃんをパパにも抱いてほしい
	□ 帝王切開をしても、すぐに赤ちゃんを抱きたい
	□ 記念撮影をしたい　□ 胎盤を見てみたい
	□ 目が悪いので、分娩後すぐにめがねをかけたい
入院中	□ 個室　□ 大部屋　□ 母子同室　□ 母子別室
	□ できるだけゆっくり過ごしたい
	□ 沐浴指導は、パパも立ち会ってもらいたい
	□ 赤ちゃんは母乳で育てたい
	□ 面会は、家族のみにしてほしい

スタッフにお願いしたいこと　お願いしたいことを、自由に記入してください。

	チェック	グッズ	数	必要
沐浴グッズ	□	ベビーバス	1個	★
	□	沐浴剤 or ベビーソープ	1個	★
	□	ガーゼ	10枚	★
	□	沐浴布 or 大きめガーゼ	1枚	
	□	湯温計	1個	
グルーミンググッズ	□	ベビー用綿棒	1セット	★
	□	ベビー用つめ切り	1本	★
	□	ベビー用ピンセット	1本	
	□	鼻吸い器	1個	
	□	ベビー用ローション	1本	
	□	ベビー用体温計	1個	
ねんねグッズ	□	ベビーベッド	1台	★(布団かどちらか)
	□	ベビー布団	1セット	★(ベッドかどちらか)
	□	防水シーツ	1～2枚	
	□	キルトパッド	1～2枚	
	□	ベビーラック	1台	
	□	クーファン	1個	
	□	バウンサー	1台	
肌着・ウェア	□	短肌着(50～60cm)	5～6枚	★
	□	コンビ肌着(50～60cm)	2～3枚	★
	□	長肌着(50～60cm)	1枚	
	□	カバーオール(50～70cm)	1枚	
	□	ツーウェイオール(50～70cm)	4～5枚	★
	□	ベビードレス(50～70cm)	1枚	
	□	おくるみ・アフガン	1枚	
	□	ベスト・スリーパー	1枚	
	□	帽子	1個	
	□	靴下	1着	
	□	スタイ	2～3枚	
	□	赤ちゃん用洗濯洗剤	1箱	★
お出かけグッズ	□	だっこひも、スリング	1個	
	□	ベビーカー	1台	
	□	チャイルドシート	1台	★

か月	6か月	5か月	4か月	
25 24	23 22 21 20	19 18 17 16	15 14 13 12	11
	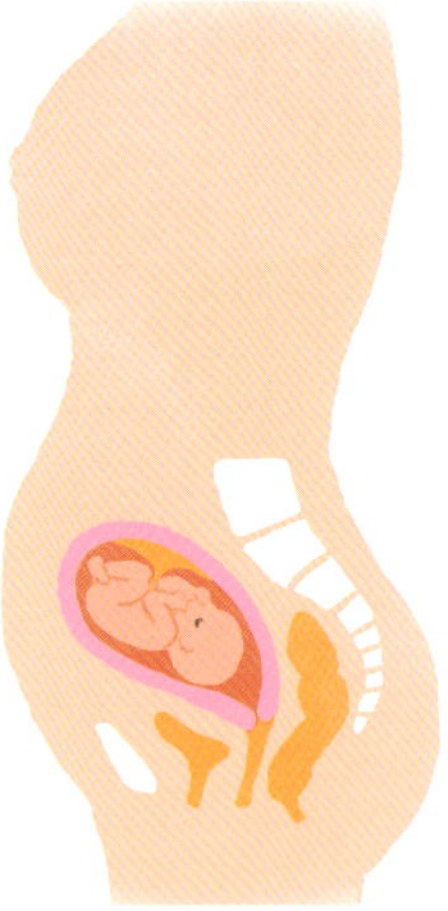	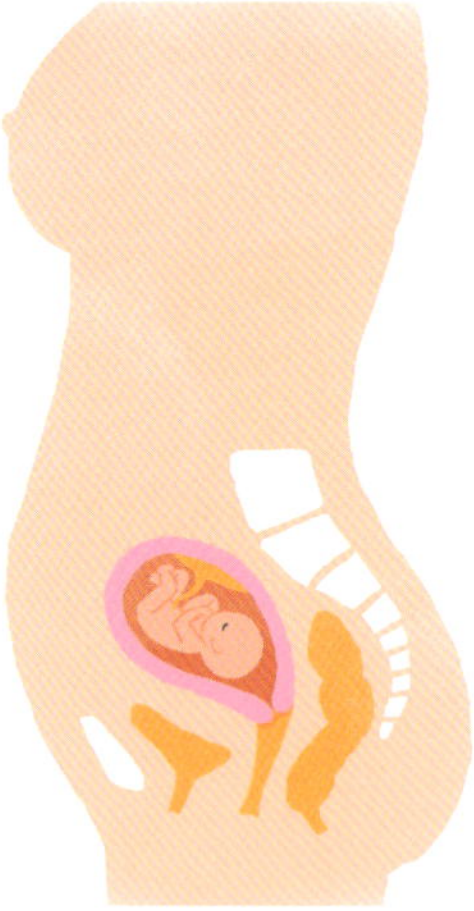	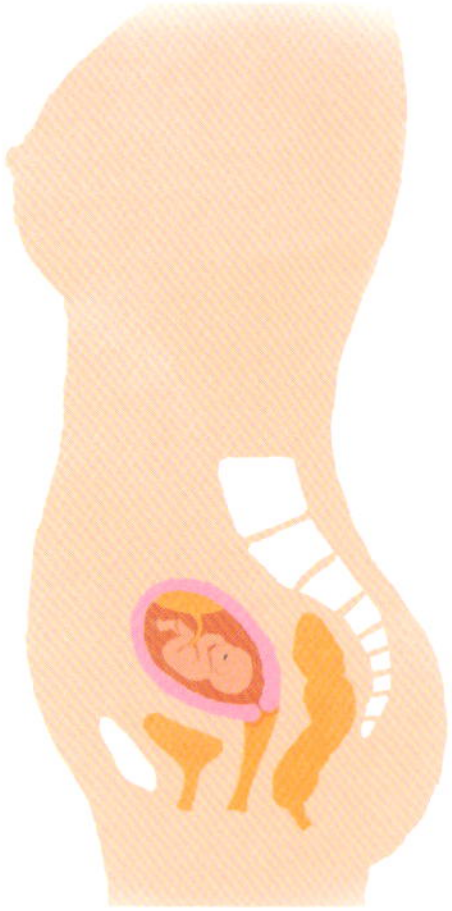	
どん重くなる	胎動を感じることも	つわりから解放、安定期へ	つわりが落ち着く	つ
～25cm。 り、マイナートラ 痛やむくみ、静脈	●子宮底長は約15～21cm。 ●胎動を感じ始めます。 ●母乳の準備が始まり、乳汁が出てくることも。	●子宮の大きさは、大人の頭くらい。 ●おなかが大きくなり、妊婦らしい体形に。	●子宮の大きさは、新生児の頭くらい。 ●おなかが少しふくらみます。 ●おりものが増えたり汗をかきやすくなったりします。	●子宮の ツくら ●頻尿や どに悩
約 35 cm	身長 約 30 cm	身長 約 19 cm	身長 約 10 cm	身長
1000 g	体重 約 500 g	体重 約 250 g	体重 約 50 g	体重
大きな音に驚く反 。	動きがさらに活発になります。逆子と診断されてもまだ心配ありません。	動きが活発になり、手足や首を動かすようになります。	心臓や腎臓、肝臓が形成され始め、尿が排出されるようになります。	3頭身に 足の区別
に1回	4週間に1回	4週間に1回	4週間に1回	1～
●産休に入る人は、引き継ぎ準備を。	●おっぱいケアをスタート。 ●旅行や美容院など、今のうちにやりたいことをやっておきましょう。 手続き 「出産育児一時金」の直接支払制度を利用する人は、そろそろ申請準備を。	●医師からのOKが出たら、マタニティエクササイズを始めてみましょう。 ●おなかが大きくなるので、マタニティインナーの着用を考えてみては。 ●パパは、自分の職場へ妊娠の報告を。	●つわりが落ち着き、食欲アップ。体重管理を行いましょう。 手続き 産後も働くママは「出産手当金」について調べましょう。	●職場へ妊娠したことを報告。

10か月	9か月	8か月	7か
39 38 37 36	35 34 33 32	31 30 29 28	27 26
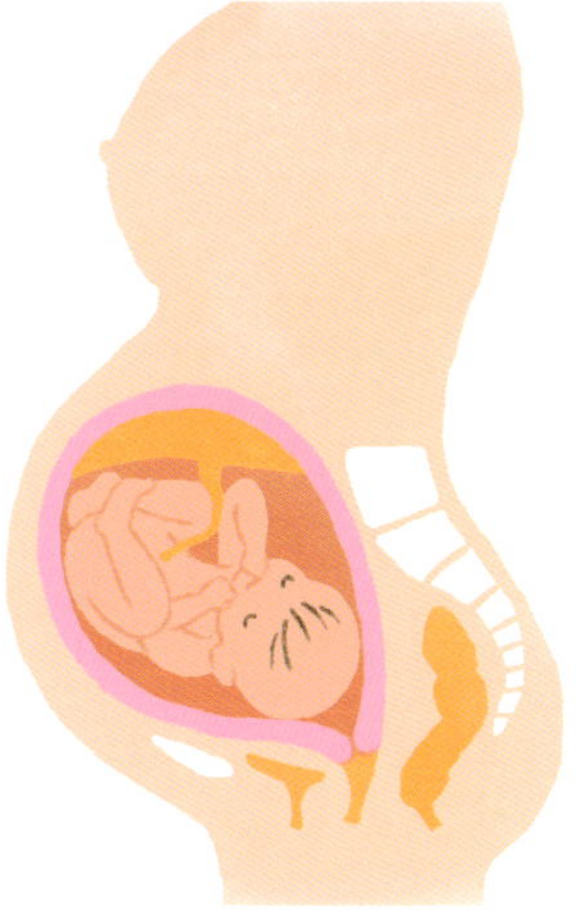	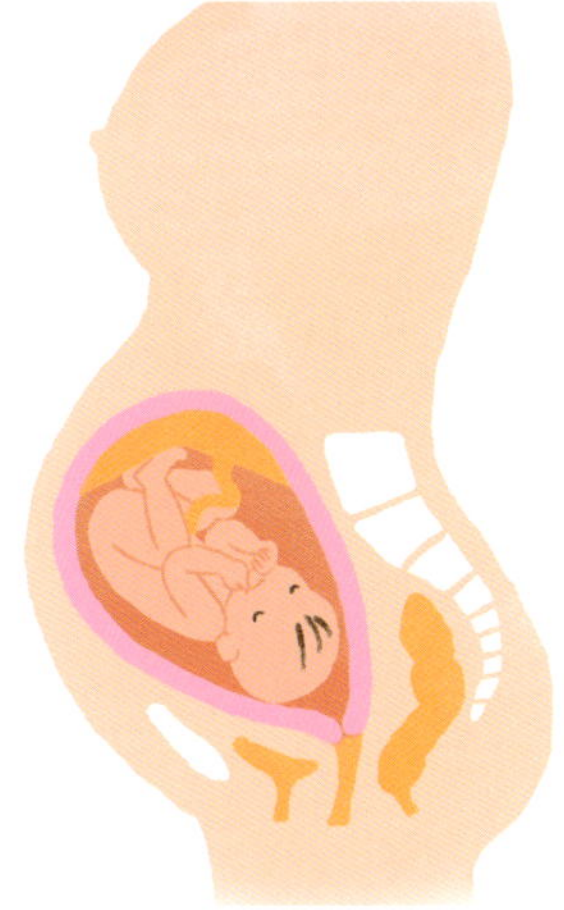	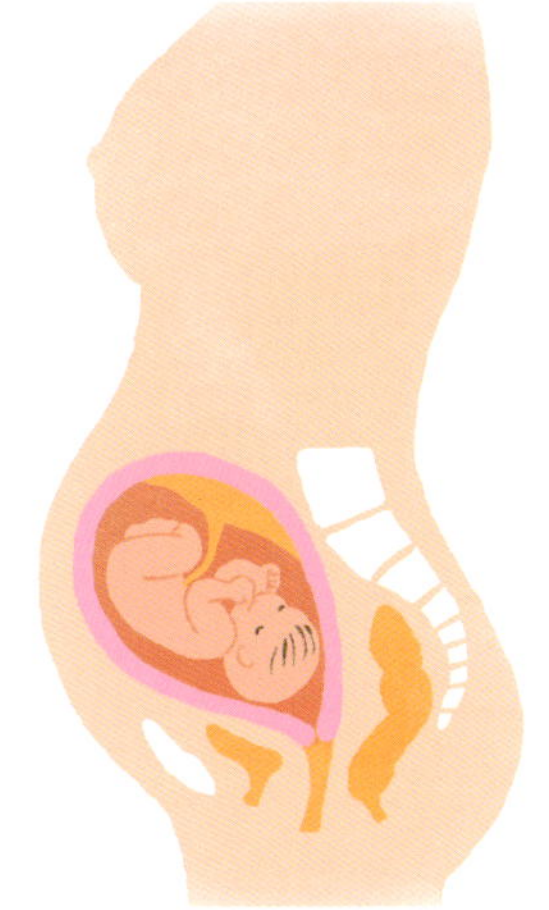	
出産間近！	**不快症状のピーク**	**胎動が活発に**	**おなかがどん**
●子宮底長は約31～37cm。 ●おなかの張りが頻繁になります。 ●子宮が下がり、おなかのふくらみも下へ。	●子宮底長は約27～33cm。 ●子宮が胃を圧迫して、胃もたれを感じることも。 ●恥骨の結合部が緩み、骨盤の痛みを感じる人もいます。	●子宮底長は約23～29cm。 ●おなかの張る回数が増えます。 ●妊娠線ができやすくなります。	●子宮底長は約19 ●おなかが大きくな ブルが増加。腰 瘤が出ることも。
身長 約 50 cm 体重 約 3000 g	身長 約 45 cm 体重 約 2500 g	身長 約 40 cm 体重 約 1800 g	身長 体重 約
からだの機能も整い、いつ外に出てもよい状態です。	からだがふっくら。顔の筋肉が発達し、表情で感情を表せるようになります。	寝ている時間と起きている時間がはっきりし、生活リズムが整います。	聴覚が発達して、 射作用が起こりま
1週間に1回	2週間に1回	2週間に1回	2週間
●いつ出産が始まってもよいように、入院&出産グッズの確認を。 ●安産エクササイズで、出産に備えます。	●里帰り出産をする人は、35週までに帰省を。 ●出産準備のため、入院&出産グッズを揃え、交通手段を決めておきましょう。	●妊娠高血圧症候群の予防のため、バランスのよい食事を心がけましょう。 ●そろそろベビー用品の準備を。 手続き **「出産育児一時金」の受取代理制度**を利用する人は申請を。 ●立ち会い出産を希望するならば、このころまでに病産院へ伝えて。パパは会社に出産予定日を伝えます。	

ベビー用品準備リスト

**揃えておきたいベビー用品をリストにしました。
まずは、買う物と借りる物をチェックし、
買う物が決まったら揃えていきましょう。**

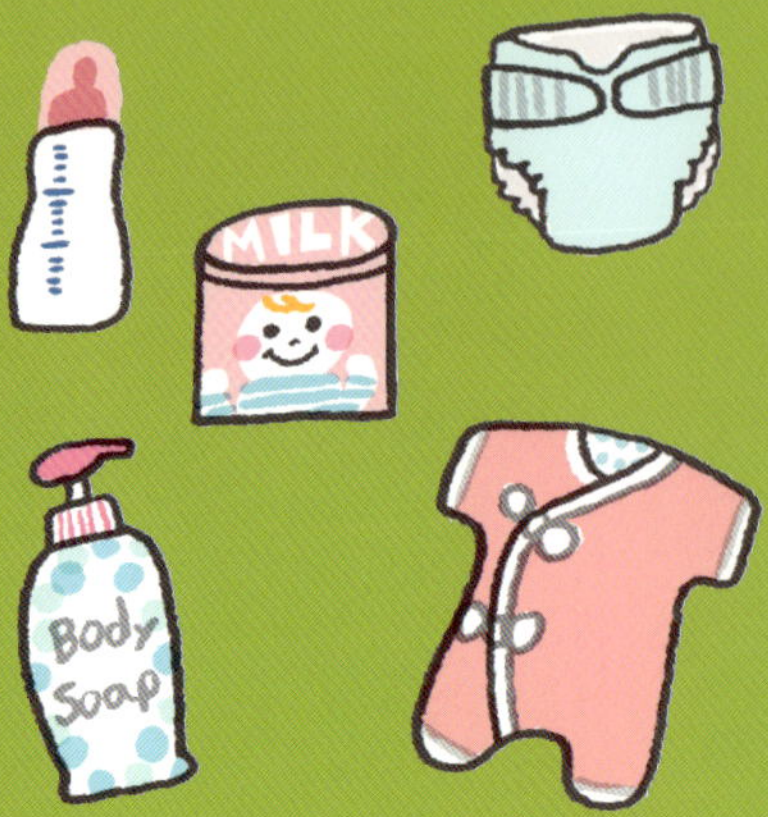

リストの見方

チェック=必要な物には、チェックをつけましょう。
数=必要最低限の数を表します。
必要=★マークがついているものは産後すぐに絶対必要な物、それ以外は準備しておくと役立つものです。

	チェック		グッズ	数	必要
消毒	□		手指消毒剤（アルコールジェル）	1本	
おむつグッズ	□	紙	紙おむつ	1パック	★
	□		紙おむつ処理ポット	1個	
	□	布	布おむつ	40枚	★
	□		布おむつカバー	5枚	★
	□		布おむつライナー	1パック	
	□		布おむつ洗濯用バケツ（おしっこ用・うんち用）	2個	★
	□		おむつ専用洗剤	1個	
	□	紙・布共通	おしり拭き	1パック	★
	□		おむつ替えマット	1枚	
	□		おむつポーチ	1個	
授乳グッズ	□		母乳パッド	1パック	
	□		授乳クッション	1個	★
	□		授乳ケープ	1枚	
	□		授乳用ブラジャー	2～3枚	
	□		乳頭保護器	1セット	
	□		乳頭ケアクリーム	1個	
	□		乳頭吸引器	1個	
	□		哺乳びん&乳首	1～2本	★
	□		粉ミルク	1缶 or 1箱	★
	□		哺乳びん用ブラシ・乳首用ブラシ	各1本	★
	□		哺乳びん&乳首消毒グッズ	1セット	★
	□		搾乳器	1個	

大きさを選択しながら、生まれる準備をします。少し小さめ、大きめであっても、その大きさだからこそ生き抜いていけるのです。まずは、あなたと赤ちゃんに授けられた力を信じることから始めてみましょう。

親になるプロセスも、これまで生きてきた時間や、あなたへ連綿とつながってきた命のように人それぞれ。妊娠、出産、育児という命を育む経験を通して、未知なる自分と出会ったり、困難や逆境に直面したり、パートナーや両親、友人、仕事との新たな関係が生まれたりもするでしょう。その場ではうまくいかなくても、どれも意味のあることです。その時々に感じたことを大切に、あるがままのあなたを受け入れながら、一日一日を過ごしていきましょう。あなたは、あなたのままでいいのです。

本書では、妊娠、出産の基礎から最新情報、そして生活まで、本当に必要な内容だけに絞って、できるだけていねいでわかりやすく解説しています。あなたの新たな歩みのかたわらに寄り添い、少しでもあなたを支えられればと思います。

きっと、大丈夫です！

監修　竹内正人

もくじ

妊娠3か月（8～11週）

妊娠4か月（12～15週）

妊娠中期

妊娠5か月（16〜19週）

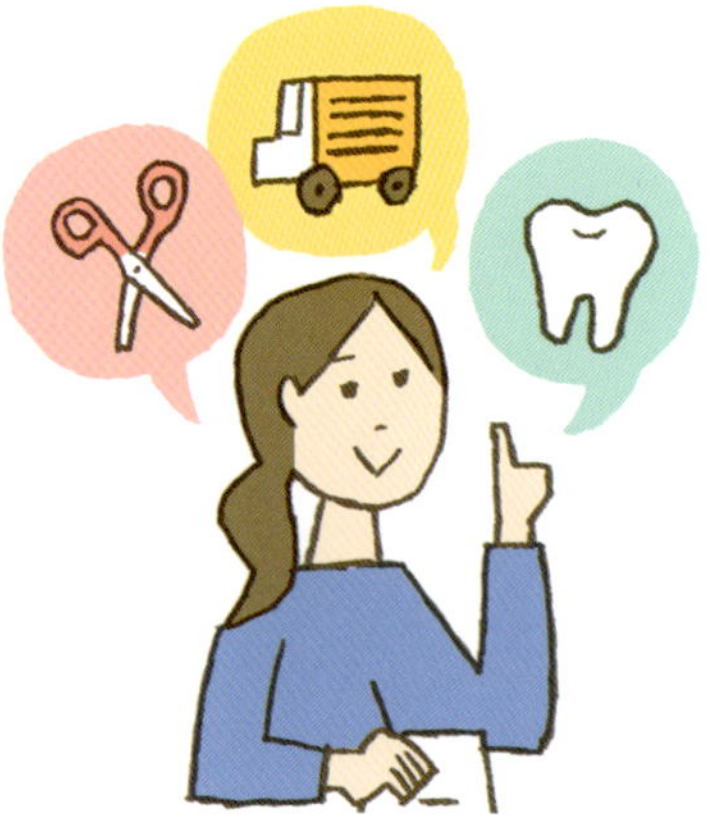

妊娠6か月（20〜23週）

妊娠7か月（24〜27週）

妊娠後期

妊娠8か月(28~31週)

妊娠9か月(32~35週)

妊娠10か月(36~39週)

おっぱい
飲もうね

Part 4 お金のこと

主な参考文献(50音順)

『新しいパパの教科書』(学研教育出版)、『はじめての妊娠・出産　安心マタニティブック』(永岡書店)、『最新版 育児大百科』(ベネッセコーポレーション)、『食の医学館』(小学館)、『月数ごとに「見てわかる!」妊娠・出産新百科』(ベネッセコーポレーション)、『はじめて出会う育児シリーズ/ペアレンティング・ブック』(小学館)、『はじめての妊娠・出産』(学研パブリッシング)、『HAPPY ♥ 妊娠・出産ガイドBOOK』(ベネッセコーポレーション)、『ママとパパ二人ではじめての妊娠&出産』(新星出版社)、『みえる生命誕生ー受胎・妊娠・出産』(南江堂)、『みんなが知りたかった!　妊娠・出産・育児でかかるもらえるお金の話』(TAC出版)

はじめての妊娠・出産 Q&A

はじめての妊娠・出産は、知らないこと・不安なことばかり。
まずは妊娠・出産の基本知識を予習しておきましょう。

妊娠中のこと

Q 月経が1週間こない。これって妊娠？

A 1週間以上遅れているなら、妊娠の可能性があります。

周期が乱れている可能性もありますが、微熱やだるさを伴う場合は、妊娠の可能性大。月経の遅れに気づいたときは、妊娠4～5週を迎えています。心当たりがあれば、産婦人科を受診してみましょう。

⇒24ページ「妊娠のサインとからだの変化」

Q 妊婦健診ってどんな検査をするの？

A 妊娠初期は、ママと赤ちゃんが健康かどうかを調べる検査を行います。

妊娠初期の妊婦健診では、ママと赤ちゃんに異常がないかを調べます。尿検査、体重測定、血圧測定、問診、超音波検査、内診、血液検査がおもな流れです。病産院によっては、子宮がん検診や腟分泌物検査を行うこともあります。

⇒30ページ「初期の妊婦健診って何をするの？」

Q つわりっていつまで続くの？

A 妊娠4～5か月には終わる人がほとんど。人によっては、出産まで続きます。

つわりは早い人で妊娠2か月から始まり、妊娠3か月にピークを迎え、妊娠4～5か月には終わることがほとんどですが、個人差があります。症状も人によって異なり、つわりがまったくなかったという人もいます。

⇒40ページ「つわりの症状と乗り切り方」

Q 妊娠中にパパと旅行に行きたいけど、大丈夫？

A 安定期に入った妊娠中期ならOKです。

妊娠初期はつわりで体調が不安定、後期はおなかが大きくなってからだの自由がきかなくなるので、遠出するならば安定期に入った中期がよいでしょう。ただし、無理は禁物。事前の準備と余裕のあるスケジュール管理を心がけてください。

⇒110ページ「安定期にしておきたいこと」

Q 里帰り出産は、いつ帰省すればいいの？

A 妊娠35週までには帰省しましょう。

妊娠36週以降は臨月に入り、いつ赤ちゃんが生まれてもおかしくない状態。遅くとも35週には帰るようにしましょう。里帰り先の病産院へは、心拍が確認できたらできるだけ早めに問い合わせをし、必要なら分娩予約を。

⇒132ページ「里帰り出産のスケジュールと注意」

出産のこと

Q どうなったらお産が始まるってわかるの？

A おしるし、陣痛、破水のいずれかがお産開始のサインです。

人によって異なりますが、出血する「おしるし」、子宮の収縮による「陣痛」、羊水が流れ出る「破水」のいずれかが起こります。陣痛が10分間隔になったり、破水に気づいたら病院へ連絡してから向かいましょう。

⇒170ページ「出産のサインと入院までの流れ」

Q 帝王切開になるときってどんなとき？

A 妊婦健診で経腟分娩がむずかしいと判断されたとき、経腟分娩中にトラブルがあったときに行います。

前置胎盤や多胎妊娠など、出産前に経腟分娩がむずかしいと判断された場合は、事前に手術日を決めて予定帝王切開となります。一方で、経腟分娩中に赤ちゃんの心拍数が下がったりママの体力消耗が激しくなったりした場合は、緊急帝王切開に切り替わります。

⇒186ページ「帝王切開分娩とはどういうもの？」

産後のこと

Q ちゃんと母乳が出るか不安です。

A まずは、「泣いたら吸わせる」を繰り返しましょう。

産後すぐからたっぷり母乳が出る人は少数派。授乳の基本は「泣いたら吸わせる」です。繰り返し授乳しているうちに、からだが慣れてきて母乳の量も増え、赤ちゃんも吸うのが上手になります。

⇒206ページ 「お世話② 母乳・ミルクのあげ方」

Q 赤ちゃんの体調の変化は、何で判断すればいいの？

A おかしいと感じたら、すぐに病院へ行きましょう。

赤ちゃんの変化に気づくためには、ふだんからようすをチェックしておくことが大切です。平熱やうんちの色、機嫌、おっぱいの飲み具合などを把握しておき、いつもと違うなと感じたらすぐに受診してください。

⇒216ページ 「赤ちゃんの病気・トラブル」

お金のこと

Q 妊娠・出産には、どのくらいお金がかかるの？

A 入院費用や交通費、ベビー用品などで、約100万円かかります。

入院費用などは病産院によって異なり、交通費も里帰りの帰省先などによってかなり違いますが、おおよそ100万円と考えておくとよいでしょう。ただし、これは全額自費で払った場合の金額。健診費や入院費は健康保険や自治体の助成が受けられますので、忘れず利用を。

⇒230ページ 「妊娠・出産にかかるお金って？」

Q 産休・育休中って給料は支給されるの？

A 勤め先の健康保険より出産手当金、育児休業給付金が支払われます。

働いているママは、産休・育休中の生活費をサポートしてくれる「出産手当金」「育児休業給付金」が勤め先の健康保険より支払われます。どちらも手続きをしなければ支給されないので、忘れずに手続きをしてください。

⇒242ページ 「出産手当金」
⇒244ページ 「育児休業給付金」

Part 1 妊娠１～10か月

280日間のマタニティライフのスタートです。
これから起こるママのからだの変化や赤ちゃんの成長、
やるべきことや気をつけたいことなどを
月数ごとに取り上げてご紹介します。

妊娠初期
妊娠１か月（０～３週）、妊娠２か月（４～７週）、
妊娠３か月（８～11週）、妊娠４か月（12～15週）

妊娠中期
妊娠５か月（16～19週）、妊娠６か月（20～23週）、
妊娠７か月（24～27週）

妊娠後期
妊娠８か月（28～31週）、妊娠９か月（32～35週）、
妊娠10か月（36～39週）

妊娠初期

1か月

（0～3週）

妊娠成立。ママのからだも準備開始！

気づかないうちに妊娠が成立しています

妊娠1か月目は自覚症状があまりないため、妊娠に気づかず、超音波検査でも確認できません。でも、受精卵が誕生したときから細胞分裂が始まり、着々と赤ちゃんの芽は成長を続けています。

妊娠0週0日は最終月経の開始日。その日から約2週間後が排卵日で、排卵後24時間以内にパパの精子とママの卵子が卵管の中で出会うと、受精卵の誕生となります。そのときの受精卵は約0・2㎜。肉眼では見ることができない大きさですが、それでも2個、4個、8個と細胞分裂を進めながら卵管の中を移動し、3日かけて子宮に到着します。さらに3日かけてふかふかの子宮内膜にもぐり込み、着床すると妊娠が成立します。

着床する時期は、最終月経の開始日から3週間が経過したころ、次の月経予定日の1週間前です。着床したときには、すでに妊娠3週目に入っているということになります。妊娠1～2か月は赤ちゃんのもとがつくられる大切な時期。妊娠の可能性がある人は飲酒、喫煙などを控えたほうがよいでしょう。

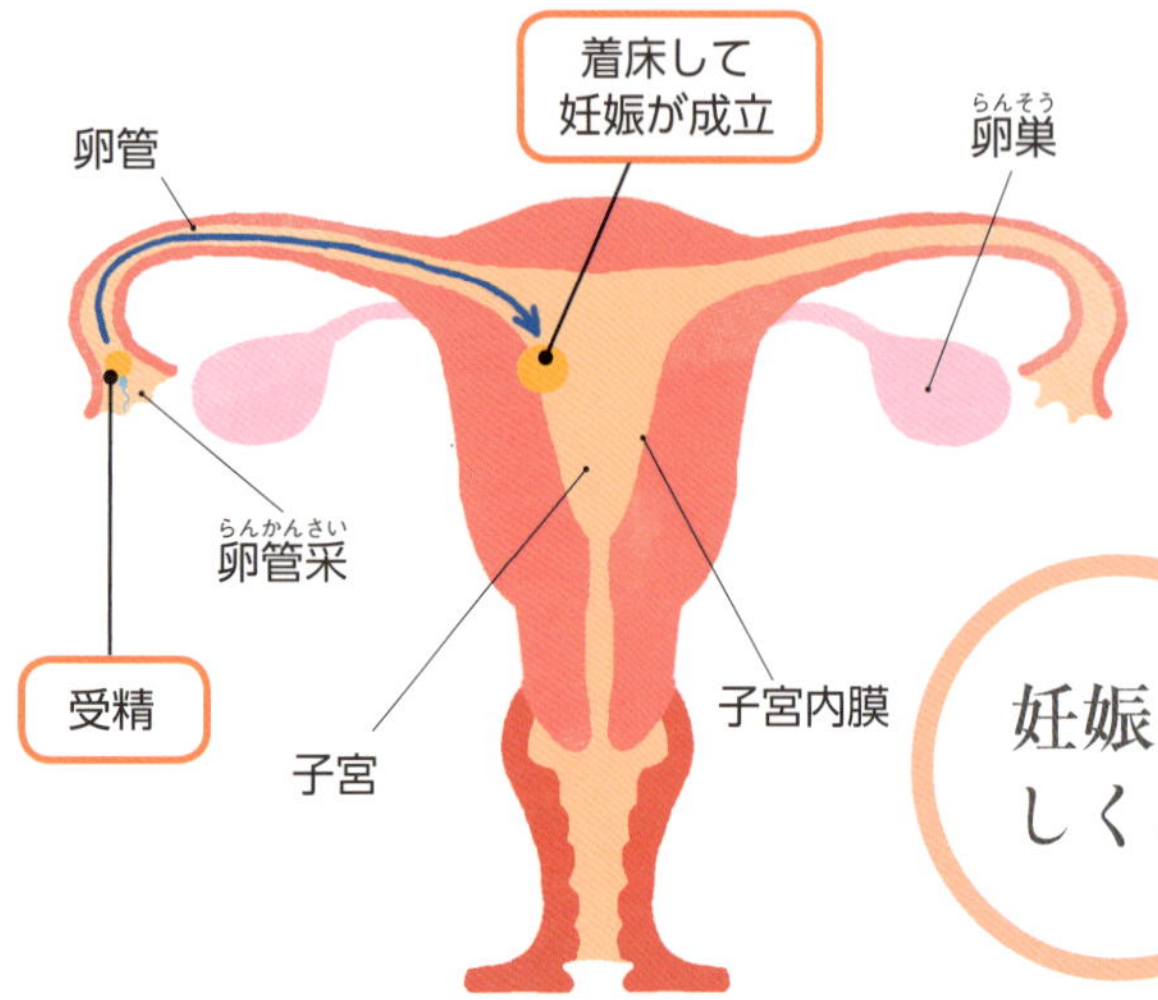

妊娠のしくみ

妊娠 1か月 のママのからだのようす

受精卵が着床し、赤ちゃんを育てる準備が始まっています

まだ受精卵が子宮内膜に着床しただけなので、子宮の大きさは妊娠前と変わらず、骨盤の中におさまる鶏卵くらいです。しかし、血液量が増えるため、やわらかくなります。

受精卵の外側には絨毛《じゅうもう》という組織がつくられ、子宮内膜に根を張って、母体から子宮内の赤ちゃんに栄養や酸素を届ける準備を始めます。また、子宮内膜の一部では胎盤をつくるための変化が始まります。

着床と同時にホルモンバランスが変わり、基礎体温の高温相が続きます(→24ページ)。そのため、イライラ、肌荒れ、乳房が張るなどの症状が現れる人もいるでしょう。

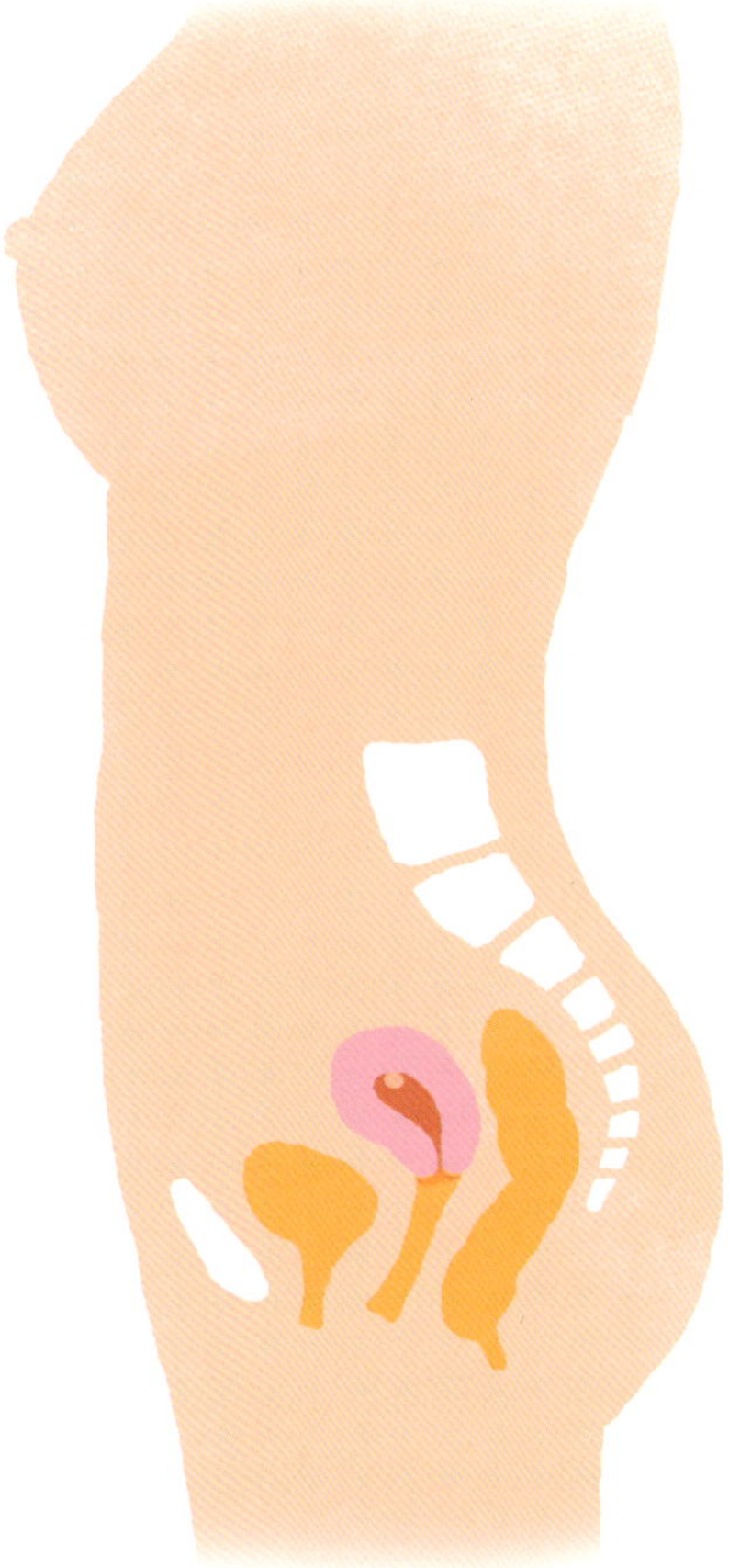

妊娠1か月の子宮の大きさ

にわとりの卵

← 実物大

妊娠 1か月 の赤ちゃんのようす

身　長	約1mm
体　重	約1g

※身長・体重は、妊娠3週のものです。

受精卵は卵管から子宮へと移動しながら細胞分裂を繰り返し、「桑実胚《そうじつはい》」から「胞胚《ほうはい》」へと変化します。そして、着床して赤ちゃんのもとである「胎芽《たいが》」となります。このときは、視認できるかわからないほどの大きさです。

妊娠初期
1か月
(0～3週)

妊娠を意識した生活をしよう

妊娠を希望している人、いつ妊娠してもOKな人は、生活を見直しましょう。赤ちゃんを迎える準備は妊娠前から始まっています。

いつ妊娠してもよい状態を心がけて

妊娠を意識しているなら、服装、食事、生活習慣を見直し、健康なからだづくりを心がけましょう。不規則な食生活や睡眠不足、過度のストレス、急激なダイエットは体調をくずし、月経不順を招くこともあります。喫煙習慣のある人は、妊娠を希望しているなら禁煙することが望ましいでしょう。飲酒も控えめにしたいものです。

また、持病がある場合は健康な人以上に妊娠、出産に不安を感じるかもしれません。妊娠を希望しているなら早めにかかりつけ医と相談し、指示を守りましょう。

ブライダルチェックで2人の健康状態を確認

妊娠する前に、自分とパートナーのからだの状態を調べておくと安心です。婦人科で、結婚するカップルを対象にした「ブライダルチェック」を受けてみるのもよいでしょう。結婚生活を送るにあたって、家族計画に関するおたがいの健康状態を知り、早期に病気を発見するための検査です。もちろん、結婚後でも受けることができます。検査は、内診、採血、採尿、超音波検査などの簡単なものです。

ブライダルチェックの検査内容

◉ **血液検査**
血液型、肝機能、腎機能の状態、梅毒の有無などを調べます。

◉ **貧血検査**
妊娠前から貧血の場合は、妊娠中にひどくなることもあり、流産を引き起こす可能性も。

◉ **風疹抗体検査**
妊娠中の感染は、胎児の異常や流産の原因になります。抗体値が低ければ予防接種を。

◉ **X線(レントゲン)検査**
心臓、呼吸器系の状態を調べます。

◉ **HIV(エイズ)抗体検査**
感染後、2か月以上経過しなければ正確な結果は出ません。

◉ **B型肝炎抗体検査**
ウイルス保有者でないかどうかを調べます。

◉ **トキソプラズマ抗体検査**
寄生虫の一種。妊娠中の初感染は胎児に悪影響を及ぼします。

◉ **クラミジア検査**
不妊の原因になることや、出産時に赤ちゃんが母子感染するおそれもあります。

◉ **子宮卵巣部超音波検査**
筋腫や卵巣腫瘍の有無、異常がないか調べます。

◉ **尿検査**
尿たんぱく、尿糖の数値を調べます。

日常生活を見直そう

からだを冷やさず、締めつけない服装を

からだの冷えは血流を悪くし、子宮の働きを鈍らせます。露出の多い衣服や素足は冷えの原因。また、からだを締めつけるような衣服も下半身に負担がかかり、血流が悪くなります。妊娠を意識しているときは、ゆったりとした衣服、ローヒールの靴がおすすめです。

規則正しい生活とバランスのよい食事を

規則正しい生活、バランスのとれた食事は、妊娠を意識している人にとっては、体調を整えるために重要です。喫煙、過剰な飲酒も避けましょう。また、妊娠前から葉酸を十分に摂取することで、胎児の神経閉鎖障害のリスクを低減します。推奨量は、妊娠を希望している人は1日400μg、妊娠中は1日480μgです。

からだのトラブルを予防・解消しよう

妊娠中は薬の服用が制限されるので、妊娠前から虫歯や病気の治療を開始しましょう。妊娠初期に風疹にかかると、胎児に重大な障害が起こることがあるので、予防接種を受けて。接種から2か月は避妊が必要です。

リラックスした生活を心がけて

心身のストレスはホルモンにも影響を与えます。月経不順になったり排卵がなくなったりしては、妊娠どころではありません。妊娠を意識したら、睡眠をしっかりとったりストレス解消をしたりして、心身ともにリラックスした生活を心がけましょう。

1か月 妊娠初期

(0～3週)

妊娠すると、からだはどう変化する？

妊娠している280日の間に、ママのからだはどんどん変化していきます。どんな変化が起こるのか、知っておきましょう。

妊娠1～10か月までからだは大きく変化

妊娠期間は、1～4か月までの「妊娠初期」、5～7か月までの「妊娠中期」、8～10か月までの「妊娠後期」の3つに分けることができます。妊娠初期の1か月は妊娠の自覚症状はないものの、赤ちゃんを育てるための環境づくりが始まっています。妊娠に気づき不快症状を感じる2か月、つわりがピークになる3か月を経て、おなかがふくらみ始める4か月には、子宮は新生児の頭ほどの大きさになります。

安定期といわれる妊娠中期の5か月では、おなかのふくらみが目立って妊婦らしい体形に。はっきりとした胎動を感じられるのがうれしい6か月、7か月にはおなかがグンと前に出てくるため、あお向けで寝るのがつらくなります。

妊娠後期の8か月で胎動が活発になり、9か月では大きいおなかによる不快症状がピークに。いよいよ10か月になると、赤ちゃんが骨盤内に下がってきて膀胱がますます圧迫されて頻尿になります。予定日が近づき、出産のサインが現れると間もなく出産です。

「ホルモン」「血液量」「子宮」が激変します

これらのからだの変化は、妊娠によって激変する3つのことが関わって引き起こされるものです。

◎ホルモンの増加
◎血液量の増加
◎子宮の増大

「ホルモンの増加」によって赤ちゃんを育てるための母体の環境が整い、「血液量の増加」によって赤ちゃんに必要な栄養が母体から赤ちゃんに運ばれます。「子宮の増大」は、赤ちゃんがおなかの中で成長するとともに起こります。

どれも赤ちゃんの成長のために必要な変化ですが、これらは腰痛や便秘、むくみなど妊娠期間特有のマイナートラブルの原因にもなります。マイナートラブルは、緩和はできても完治はできません。症状が悪化しないよう医師の指導を受けながら、上手につき合っていきましょう。

からだが変化することで起こるマイナートラブル

乳房が大きくなる

ホルモン増加

卵胞ホルモンと黄体《おうたい》ホルモンという女性ホルモンの分泌が増えると、乳腺が発達するため、乳房が大きくなったり張ったりします。産後、赤ちゃんに母乳をあげる準備です。

色素沈着

ホルモン増加

メラノサイトという色素細胞が、卵胞ホルモンや黄体ホルモンの影響を受けて活性化します。そのため、シミができたり乳輪が黒ずんだりします。

血糖値上昇

ホルモン増加

hPL（ヒト胎盤性ラクトーゲン）などの胎盤からのホルモンが、インスリンの働きを抑えます。それにより、妊娠前に比べると、血糖値が上がりやすくなります。

便秘

ホルモン増加　子宮増大

黄体ホルモンの影響で腸の動きが低下するだけでなく、子宮が大きくなることで腸が圧迫されてさらに動きが悪くなるため、便秘になりやすくなります。なかには下痢になる人も。

頻尿《ひんにょう》

ホルモン増加　子宮増大　血液量増加

黄体ホルモンの影響で、尿の通る尿管と膀胱の筋肉が広がり、尿がたまりやすくなります。また、膀胱は子宮の下にあるため子宮が大きくなることで圧迫され、尿があまりたまっていなくても尿意を感じます。さらに、循環する血液量が増えると尿の量も増え、頻尿になります。

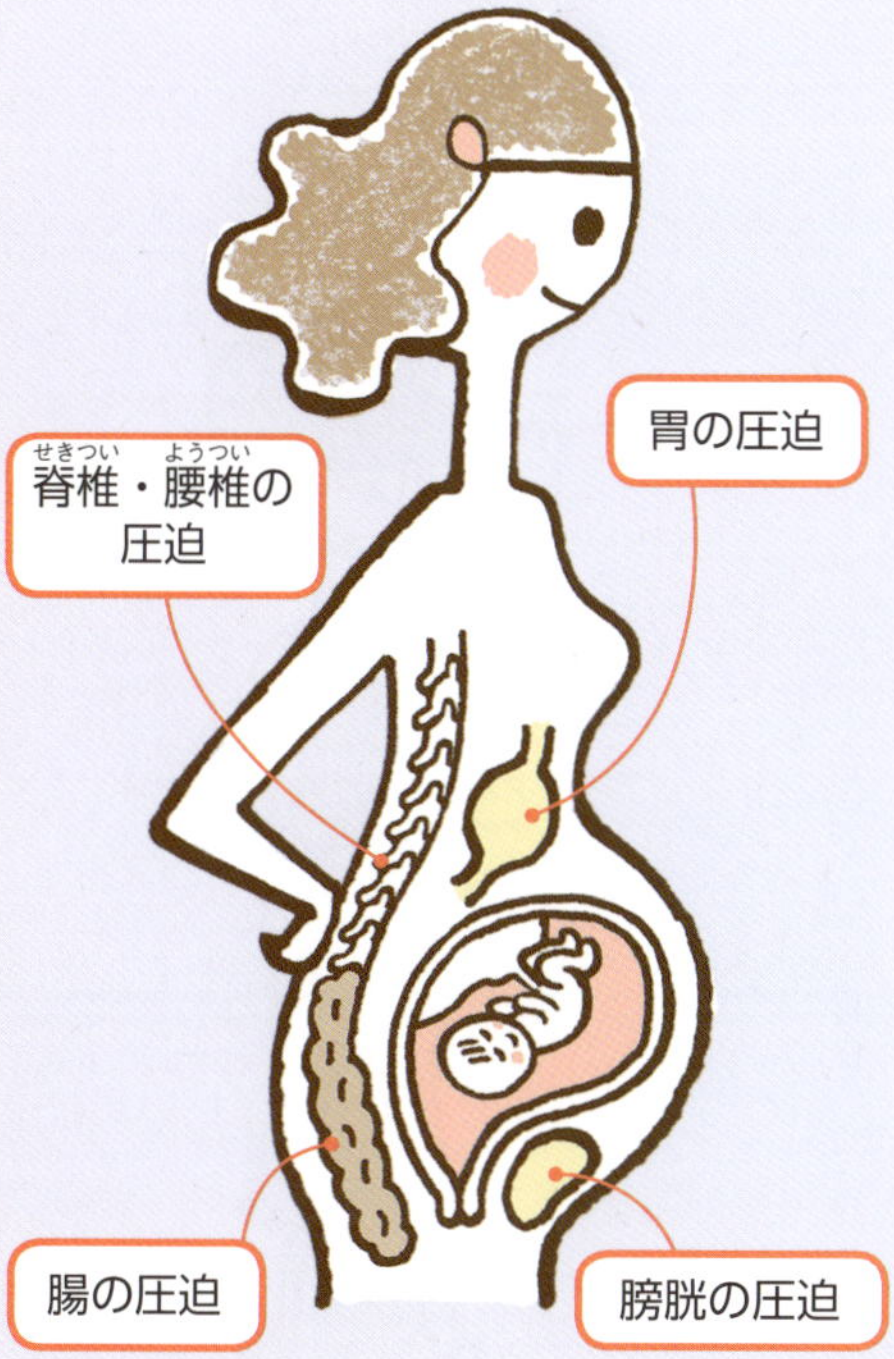

胃のむかつき

子宮増大

妊娠初期の胃のむかつきは、消化器系からくるつわりの症状によるものですが、妊娠後期になると、子宮が大きくなることで胃に負担がかかり、食欲が落ちたり胃がもたれたりします。

腰痛

ホルモン増加　子宮増大

黄体ホルモンが作用することで、骨盤の関節が緩み、ひずみを起こすことが原因です。また、大きなおなかを支えるためにそり返った姿勢になるため、おなかの重みが腰に負担をかけます。

貧血

血液量増加

妊娠中、血液は胎児に栄養と酸素を届けます。赤ちゃんの成長にも必要な鉄分は、血液の量が増加することで薄くなり、赤ちゃんへ優先的に送られるので、ママは貧血になりやすくなります。

むくみ

血液量増加　子宮増大

むくみは、食事による塩分のとりすぎで起こることが多いのですが、妊娠により血液量が増え、大きくなる子宮に下半身が圧迫されることで、血行が悪くなることでも起こりやすくなります。

妊娠初期

2か月（4～7週）

妊娠が判明するとき。まずは病産院へ

月経が1週間遅れたら妊娠かもしれません

月経周期が規則的な人なら、月経の遅れが妊娠を知るきっかけになることが多いでしょう。次の月の月経開始予定日から1～2週間経っても月経がこない場合、妊娠したのかな？　と疑うころです。そのころのからだは妊娠4～6週、つまり妊娠2か月に入っています。個人差はあるものの、だるさや眠気、イライラ、空腹時の吐き気など、つわりの症状が現れ始める人もいるので、つわりで妊娠に気づくこともあるかもしれません。また、着床出血があることも。月経不順の人でも、妊娠7～8週には気づくことが多いでしょう。

妊娠に心当たりがあるなら、産婦人科を受診し、事実を確認しましょう。妊娠判定薬で陽性反応が出ても、正常妊娠か異常妊娠かまではわかりません。妊娠初期は流産する可能性も高く、無理はできない時期です（→39ページ）。

妊娠かなと思ったら早めに産婦人科を受診して、妊娠の有無やからだの状態を把握し、産科医から適切なアドバイスを受けましょう。

妊娠がわかったら激務や力仕事は控えて

まだおなかのふくらみもなく、妊娠の実感はないかもしれませんが、からだは着実に変化し、おなかの中の赤ちゃんも急激に成長しています。脳や神経細胞など生きるために必要な器官の基礎が日に日につくられている、赤ちゃんにとっても大切な時期です。過激な運動、飲酒、喫煙、徹夜などの激務、力仕事などは控え、安易に服薬せず、無理なく規則正しい生活を心がけましょう。

妊娠2か月のママのからだのようす

見た目は変わらずとも子宮内では確実に変化が起こっています

見た目ではまだおなかはふくらんでいませんが、子宮の大きさはレモンくらいまで大きくなっています。子宮の中では胎盤のもとになる組織が形成され始め、へその緒になる組織も発達するなどの変化が始まっています。子宮が大きくなるため、その下に位置している膀胱を圧迫し、トイレが近くなることもあります。

女性ホルモンの分泌がさかんになるため、からだがだるい、熱っぽい、眠い、においに敏感になるなどの症状が出始める人もいるでしょう。ほかにも乳房が張る、乳頭が敏感になる、おりものの量が増えるといった変化や、月経開始予定日ごろに月経と間違えるような少量の出血をすることもあります。

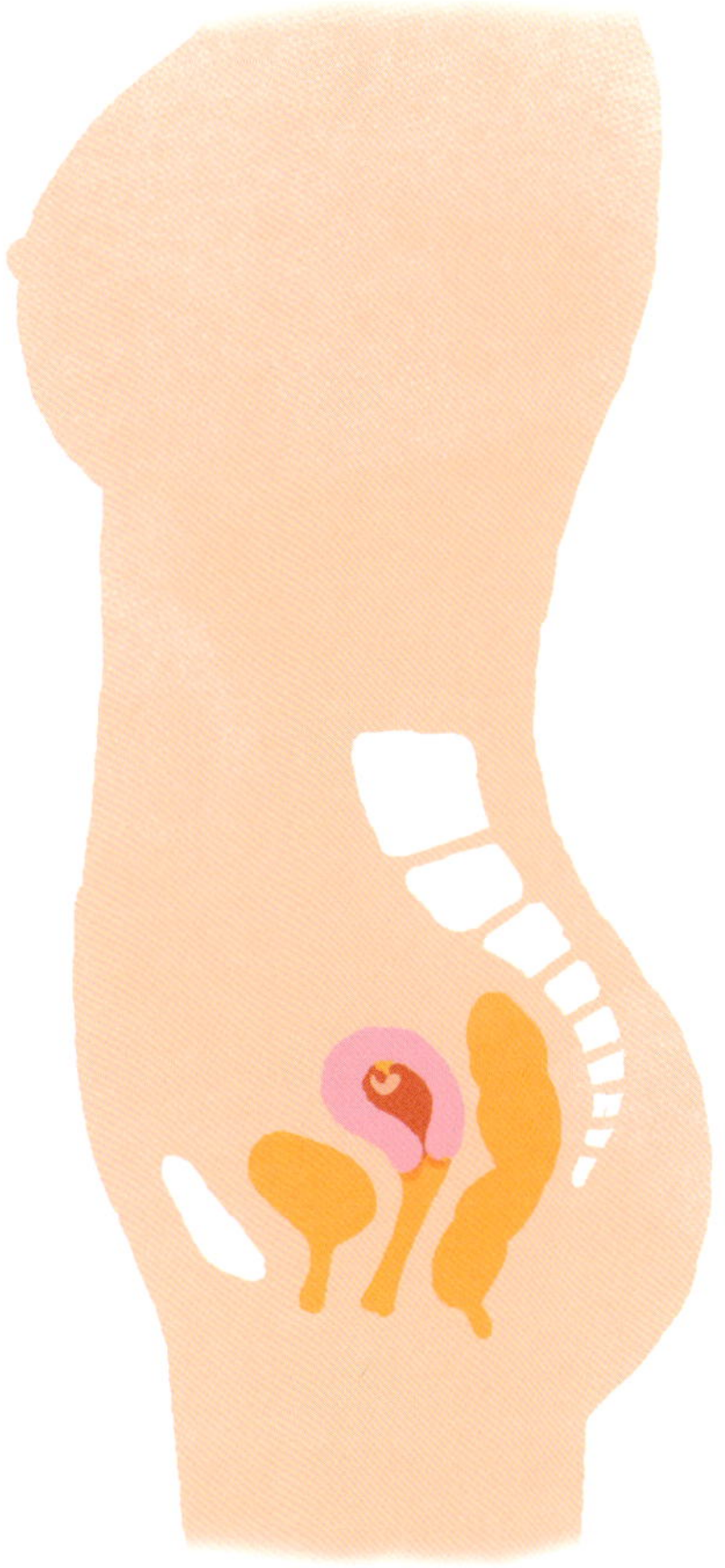

妊娠2か月の子宮の大きさ

レモンくらい

この時期気になること

つわり

つらいですが、妊娠した証拠

吐き気がしたり、胃がムカムカしたり、においに敏感になったりなど、人によってさまざまな体調不良の症状が出ます。妊娠4～5か月ごろには治まることが多いようですが、なかには出産まで続く人もいます。つらい時期ですが必ず終わりはくるので、上手につき合う方法を見つけましょう。

（⇒40ページ）

倦怠感

妊娠のサインのひとつです

だるい、一日中眠い、イライラするなどの倦怠感は、妊娠のサイン。おかしいと思ったら病産院へ行きましょう。妊娠判明後も、つわりの症状として続きます。がまんをしてきちんと過ごそうとするとストレスがたまって症状が重くなることも。無理をせず、からだを休めながらできる範囲のことをして過ごしましょう。

（⇒24ページ）

妊婦健診

妊娠の状態がわかります

はじめて病産院に行く人も多いでしょう。不安を感じると思いますが、妊娠の状態を把握することは、ママにとっても赤ちゃんにとっても大切です。まずは、病産院を決めるところからスタート。受診の前に、持ち物や服装をチェックしてから受診するとスムーズです。費用は、多めに持って行きましょう。

（⇒28、30ページ）

妊娠2か月の赤ちゃんのようす

身　長	約1cm
体　重	約4g

※身長・体重は、妊娠7週のものです。

妊娠4週を過ぎると、頭と胴体だけの両生類のようだった姿から、腕や足が出てきて心臓も拍動を開始します。この時期は「器官形成期」といって、脳や内臓の基礎、神経細胞が急速に形成されます。妊娠期間中に赤ちゃんがもっとも成長する時期です。妊娠7週になるころには手足の区別もつき、2頭身の人間らしい姿に。目、口、鼻も大まかな形を整え始めます。妊娠7週までの赤ちゃんを、胎児の原型である「胎《たい》芽《が》」とよびます。

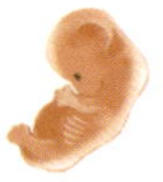

実物大

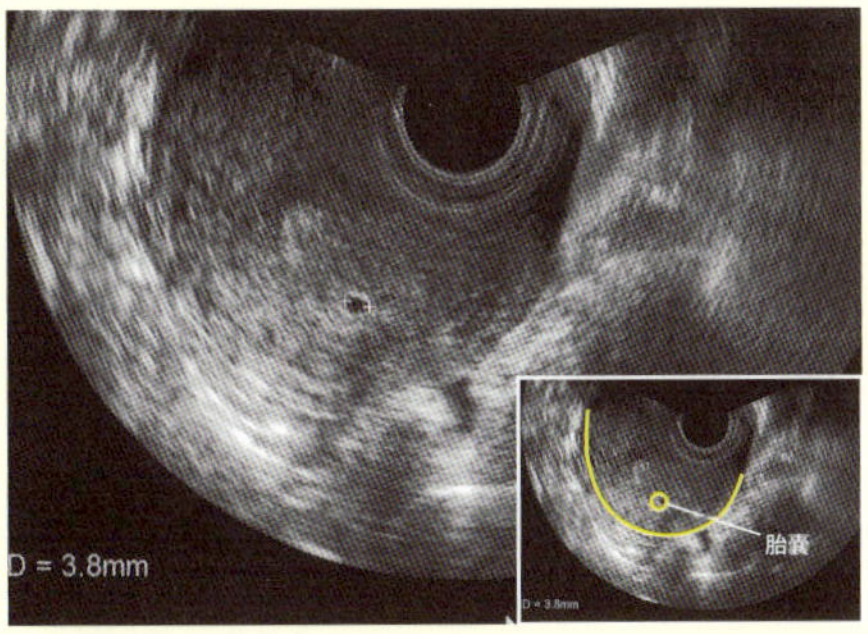

妊娠4週

赤ちゃんがいる「胎嚢《たいのう》」が確認できます

赤ちゃんの大きさは0.4㎜ほど。中央の黒いだ円形の部分は「胎嚢」といい、赤ちゃんを包む袋です。赤ちゃんは内胚葉《ないはいよう》、中胚葉《ちゅうはいよう》、外胚《がいはい》葉《よう》と3つの細胞のグループに分かれて発達しています。血液細胞や血管が形成されたり、心臓管とよばれる管がつくられたりし、からだ全体に血液を循環させる準備が始まります。これから30日間は、心臓形成のための重要な時期です。

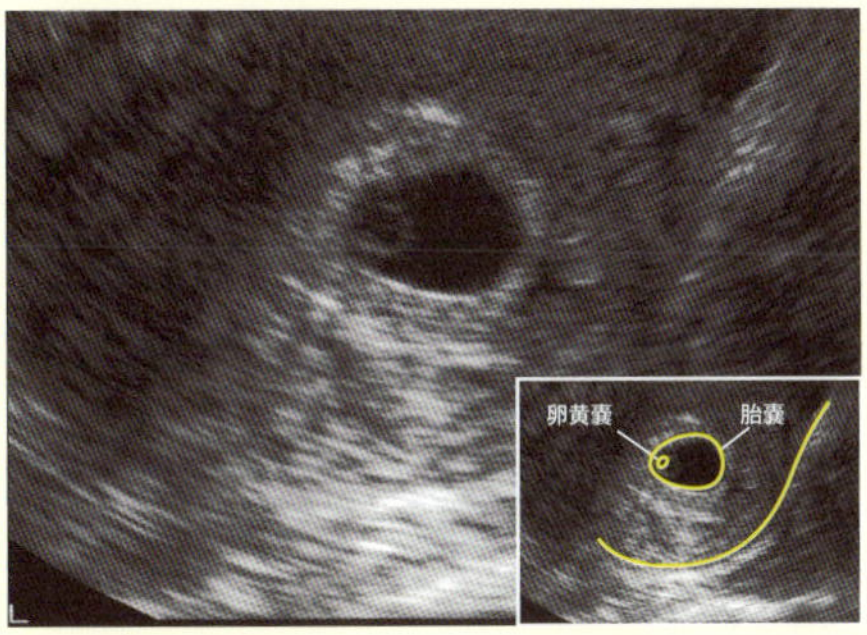

妊娠5週

輪が「卵黄嚢《らんおうのう》」、赤ちゃんの栄養源です

まだ心拍は確認できませんが、心臓や血液、骨、筋肉をつくる細胞は「卵黄嚢」とつながって、栄養や血液を循環させようとし始めます。卵黄嚢は胎盤が完成する前の、初期の赤ちゃんに栄養を供給する栄養袋です。心臓につながる大動脈、腕や足のもととなる部分、胃、腸、肝臓、膵臓などの消化器系の臓器や肺の原型など、さまざまな器官づくりが始まるほか、外胚葉は脳と脊髄になる神経管を形成します。また、へその緒も形成をスタートします。

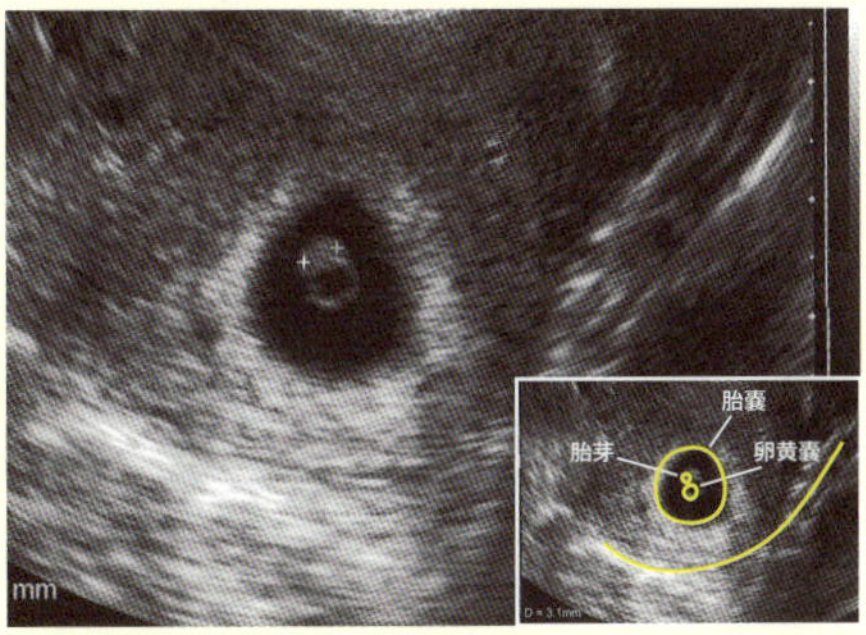

妊娠6週

赤ちゃんの心拍動が確認できることも

赤ちゃんは4～8㎜に成長しています。骨や頭の筋肉、心臓、胴体などの細胞が集まった「中胚葉」の働きが活発な時期です。発達途中の心臓が拍動を開始し、超音波検査のときに確認できるようになります。脳は急激に発達しているので、頭は胴体よりもかなり大きいサイズに。食事や体温調節、生殖行為といった生きていくために必要な基本的な行為を司る脳の中心、視床下部の形成が始まるのもこのころです。

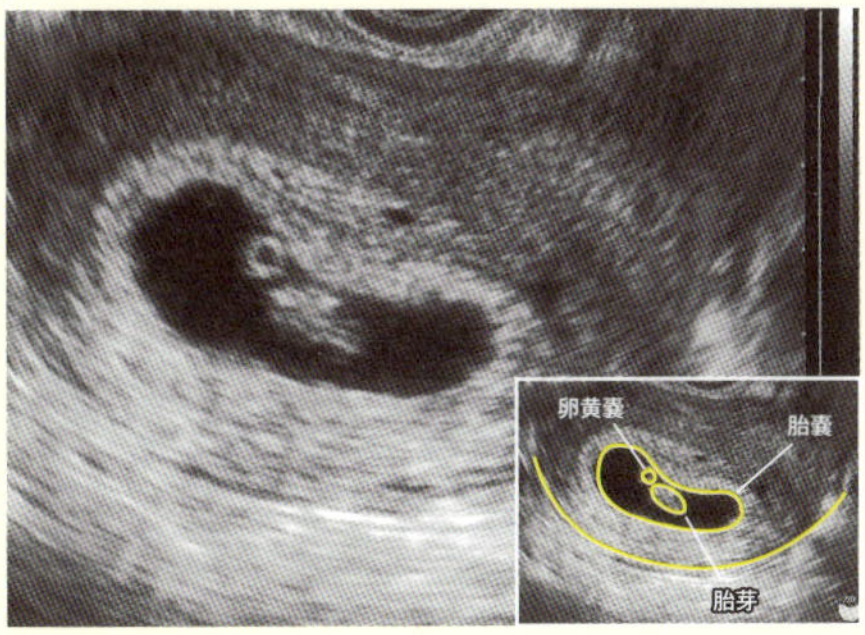

妊娠7週

からだの細部まで急ピッチでつくられます

赤ちゃんは8～14㎜ほど、小さなあずきくらいの大きさになり、この時期、1分間に1億個以上の細胞ができているといわれるほど急成長します。小脳の発達、脳下垂体の形成も始まり、先週までは1つの部屋しかなかった心臓は、2つの心房と2つの心室の4つに分かれながら、血液をからだに送り出すようになります。まだ体内には移動していませんが、へその緒内で腸ができ始めます。頭とからだの大きさは同じくらいですが、首やおしりが伸びてきます。

妊娠初期

2か月

（4〜7週）

妊娠のサインとからだの変化

妊娠すると、赤ちゃんを育てる環境を整えるために体内が変化します。その変化のひとつが、女性ホルモンの分泌量の増加です。

黄体ホルモンの増加がだるさや眠気を招きます

風邪でもないのに熱っぽさやだるさを感じたり、よく寝ているはずなのに一日中眠かったりしたら、それは妊娠のサインかもしれません。

妊娠のサインは、妊娠を維持するために分泌される女性ホルモン「黄体ホルモン（プロゲステロン）」の活発な分泌によって生じます。排卵前に卵胞ホルモン（エストロゲン）、排卵後に黄体ホルモンが活発に分泌されると、子宮内膜を厚くして、赤ちゃんのベッドとなる厚い壁をつくります。受精しなければ子宮内膜の一部がはがれ落ち、「月経」が始まりますが、妊娠すれば、子宮内膜ははがれ落ちずにそのまま厚くなり、これらのホルモンが分泌され続けます。

黄体ホルモンは子宮内膜を厚く保つほか、体温を上げる作用があり、基礎体温を計っていると、妊娠後は高温相が続くことがわかります。熱っぽく感じたり、眠気を感じたりするのは、このためです。おりものの増加や乳房が張るなどのからだの変化も、妊娠によって女性ホルモンのバランスが変わったために起こる症状なのです。

妊娠時の基礎体温と女性ホルモンの関係

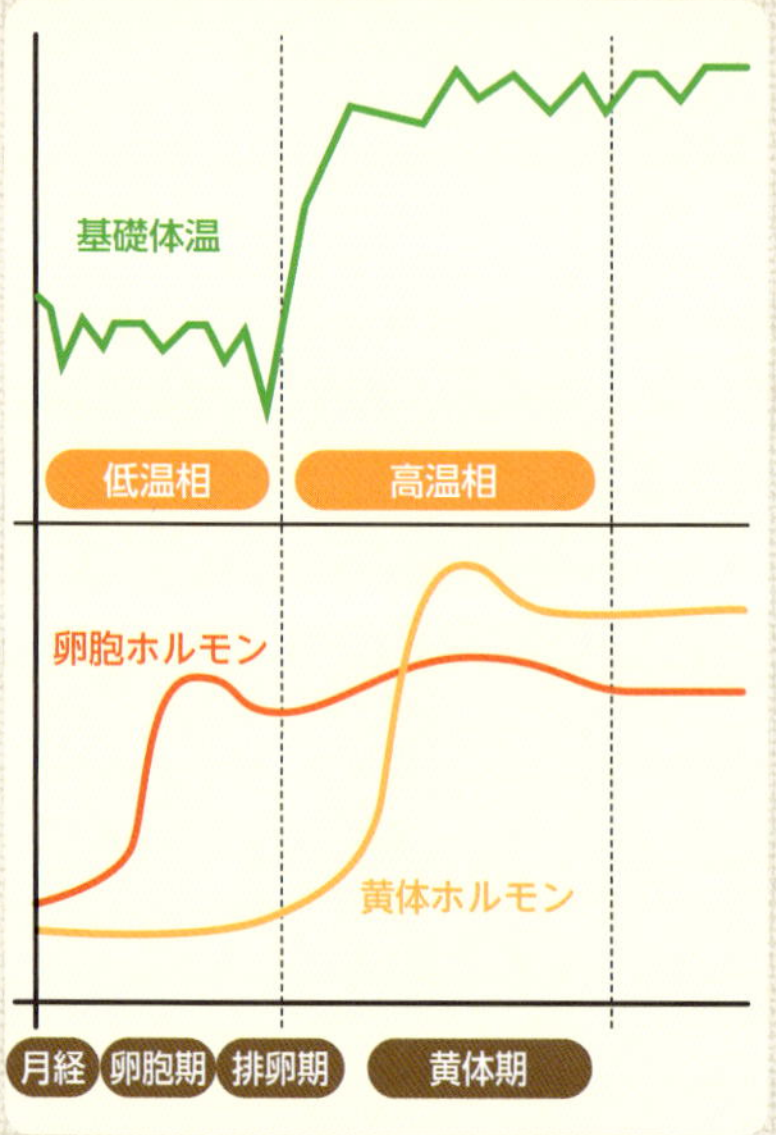

妊娠すると黄体ホルモンの働きが高まり、基礎体温が下がらず、高温相が続きます。

- 卵胞ホルモン…女性らしいからだをつくり、妊娠に備えて子宮内膜を厚くしたり精子を通りやすくしたりします。
- 黄体ホルモン…子宮内膜を厚く保ち受精卵を着床させやすくします。乳腺の発達を促したり体温を上昇させたりする働きも。

もしかして⁉

妊娠に気づく 6つのサイン

このごろなんだかおかしい…？　そのからだの変化は、妊娠のサインかもしれません。6つのサインのうち、２つ以上当てはまったら妊娠を疑い、早めに産婦人科を受診しましょう。

月経が止まる

受精卵が着床したことにより、子宮内膜の一部がはがれ落ちることなくそのまま厚くなるため、月経が止まります。

おりものの量が増える

新陳代謝が活発になるため、おりものが増えることがあります。おりものが、細菌が子宮に侵入するのを防ぐバリアの役割をします。

微熱が続く

体温を上昇させる黄体ホルモンの分泌が増えるため、基礎体温の高温相が続きます。高温相が３週間以上続くと妊娠の可能性が高いといえます。

乳房が張る

黄体・卵胞ホルモンが増え乳房が張ります。母乳の準備が始まることで乳首が痛んだり、敏感になったりします。

眠い・からだがだるい

妊娠初期はやたらと眠い日が続いたり、基礎体温の高温相が続くために、風邪をひいていないにも関わらず熱っぽくだるく感じることが多かったりします。

便秘になる

妊娠すると、子宮への血流を促すための黄体ホルモンが腸の動きを低下させます。そのため、妊娠初期から便秘がちになることがあります。

妊娠初期

2か月

（４〜７週）

妊娠検査と病産院の選び方

妊娠したかもと思ったら、まずは病産院選びです。「こんな出産がしたい」という希望に沿って、信頼できる病産院を探しましょう。

妊娠検査薬の使用は妊娠５週が確実です

妊娠のサインを感じたら、妊娠しているかどうかを自分で調べる方法として、妊娠検査薬があります。妊娠検査薬は市販されており、尿をかけて妊娠しているかどうかを判定します。

妊娠反応は妊娠４週から出るとされます。着床すると、胎盤のもとである絨毛《じゅうもう》という組織から分泌される「hＣＧ（ヒト絨毛性ゴナドトロピン）」が尿中に排出されるので、その有無で判定するしくみです。hＣＧがもっとも分泌されるのは妊娠11〜12週ですが、胎盤が完成する妊娠４か月になると減少します。

ただし、使用が早すぎると排卵の遅れなどにより、判定結果が鮮明に出ないことがあります。月経開始予定日の１週間後を目安に使うと、確実な結果を知ることができるでしょう。

どんな出産をしたいかで病産院を決めましょう

妊娠検査薬で陽性反応が出たとしても、正常な妊娠をしているかどうかまではわかりません。妊娠に気づきやすい２か月ごろは流産しやすい時期でもあるので、早めに産婦人科を受診し、妊娠の有無やからだの状態を確認し、適切な指導をしてもらいましょう。

出産には、里帰り出産、立ち会い出産、無痛分娩など、いろいろなスタイルがあります。どんな出産をしたいか考え、インターネットや口コミ、雑誌などでなるべく多くの情報を集めて納得できる病産院を見つけましょう。まだ妊娠が確定していない段階で出産をイメージして病産院を選ぶのは難しいかもしれませんが、とじこみ付録のバースプランチェックシートを使えば、自分が希望する出産のかたちが見えてきます。活用し、病産院選びの参考にしてください。

病産院を決めたとしても、どうしても医師の方針や施設などに納得いかない場合があります。そんなときは、悩みや後悔を抱えながら出産を迎えるより、転院を選ぶこともひとつの手段です。早めに転院先の病産院を探しましょう。

病産院の種類

産科専門病院

産科、または産婦人科専門の病院なので、妊娠・出産専門の医師や助産師、看護師がいます。いろいろなタイプの妊娠、出産について経験が豊富なのも心強い点です。なかには周産期センターといわれる最先端の産科医療施設もあります。ただし、費用が高額な場合も。

総合・大学病院

産科以外の診療科目があるため、持病のある人や多胎妊娠など出産のリスクがある場合にはおすすめです。また、切迫流産や早産の場合もすぐに入院できて安心です。ただし、たいていは健診時と出産時の医師が違い、出産方法が選べないことが多いようです。

助産院

助産師の資格を持つ人が開業している出産施設です。自宅で開業していることが多く、家庭的な雰囲気のなか出産できます。フリースタイル出産が可能なことが多いようですが、帝王切開などの医療行為ができないので、出産する本人の体調管理も重要になります。

個人クリニック

個人経営している診療所やクリニックでは、健診から出産まで同じ医師にみてもらえる可能性が高くなります。スタッフもだいたい同じ顔ぶれなので、コミュニケーションがとりやすいでしょう。持病などがある人は、受け入れてもらえないことも。

里帰り出産 転院先の予約

里帰り出産をすることを決めたら、実家周辺の病産院を探し、早めに分娩予約を。地域によっては地元の妊婦の受け入れでいっぱいになり、里帰り出産は受けつけない場合もあります。病産院の情報は実家の家族や地元の友人たちから集め、妊娠が安定期に入る5～7か月のうちに一度は足を運んで健診を受けておくと安心です。里帰りは遅くとも妊娠35週までにしておきましょう。

病産院を選ぶ際に重視したい5つのこと

病産院とは長いつき合いになります。重視したいことをあげてみましょう。

○自宅からの近さ
↓自宅からの近さ、行きやすさなど。

○出産方法(↓176ページ)
↓フリースタイル分娩や無痛分娩など、自分が希望する出産方法が可能かどうか。

○入院設備
↓個室、LDRはあるか、母子同室か別室か夜間のみ別室かなど。

○母乳育児推進か
↓母乳育児に積極的な病産院では、出産前後の母乳指導もていねいです。母乳育児を希望する人には必須項目。

○緊急事態への対応
↓切迫早産や遷延《せんえん》分娩など、緊急時に対応できる設備があるのか、どの程度まで対応できるのかなど。

そのほか費用や医師との相性などを考え合わせて、安心して出産できる病産院を選びましょう。

妊娠初期

2か月

（4～7週）

病産院へ行くときの準備と初診の内容

妊娠してはじめて病産院を訪れる人もいるでしょう。服装や持ち物、初診のときに何をするのかを知っておくと心の準備ができます。

問診や内診、超音波検査が行われます

初診の際はまず問診表を渡されます。来院の理由や最終月経、これまでの出産経験、病歴、アレルギーの有無など、診察の参考にするためのものですから、できるだけ正確に記入します。持病がある人は必ず記入をしましょう。問診表を提出したら、尿検査、体重測定、血圧測定などを行い、医師による問診や触診、内診、超音波検査などを受けるのが一般的な流れです。ひと通り診察が済むと、妊娠の状態、現在の週数、出産予定日などを教えてくれます。

産婦人科を訪れる際は、診察しやすい服装、持ち物を準備しておくとスムーズです。尿検査や病産院によっては血液検査もあるので、検査の直前に食事をとりすぎないようにしましょう。産婦人科の受診がはじめての場合、内診に戸惑うかもしれませんが、痛みはあまりありません。怖がらずに、医師や看護師の指示に従いましょう。

初診時に胎児の心拍が確認できれば、次の受診までに役所へ行って母子健康手帳（→54ページ）をもらい、2回目以降の健診の際に病産院に持参します。心拍が確認できなければ、排卵が遅れた可能性があるので次の健診まで待ちましょう。

初診時の検査内容

●問診
月経周期、最終月経の日付、過去の妊娠の有無や状態、現在の症状（つわり、不正出血など）、病歴などを記入します。医師には守秘義務があるので、隠さず正確に書きましょう。

●尿検査
採尿し、糖、たんぱく、必要があれば妊娠の陽性反応を確認します。尿検査では正常な妊娠かどうかはわかりません。

●血圧測定
今後の血圧の基準を知るために測ります。妊娠高血圧症候群などの目安とするため、妊婦健診時には毎回血圧測定をします。

●体重測定
今後の妊婦健診での基準となる体重を測ります。BMI（体格指数）の算出のため、身長を測ることもあります。

●内診
医師が膣に指や器具などを挿入し、子宮や膣壁などを診察します。初診では、内診をしない病産院も増えています。

●超音波検査
膣内に器具を挿入して、子宮内のようすをモニターに映し出します。正常な妊娠かどうかを確認することができます。

受診スタイル&持ち物

はじめての健診をスムーズに受けられるよう、
検査を受けやすい服装や持ち物をチェックしましょう。

服装チェック

□ メイク
医師や助産師は妊婦の顔色も見て体調を判断します。なるべくナチュラルなメイクがよいでしょう。

□ スカート
内診台に上がるとき、スカートなら下着を取るだけでOK。パンツスタイルだと全部脱がなければなりません。

□ ローヒールの靴
妊娠初期からローヒールの靴で足もとを安定させて。診察時に靴を脱ぐこともあるので、脱ぎ履きがラクなタイプを。

□ 上着
院内は空調がきいて、肌寒かったり暑かったりすることがあります。血圧を測りやすいよう腕を出しやすい服装にし、上着で調節を。

□ 靴下
ストッキングは脱ぎ履きに手間どるので、靴下がよいでしょう。冷え防止にもなります。

持ち物チェック

□ 健康保険証
正常な妊娠、出産の場合は保険が適用されませんが、トラブルや手術が必要なときには適用されます。

□ 財布
初診時は5,000円～1万円を超えることもあります。余裕をもって2万円ほど用意しておくと安心です。

□ 基礎体温表
1か月続けて記録している場合は持参しましょう。妊娠の判断、排卵日や出産予定日の算出に使います。

□ メモ帳・筆記用具
聞きたいことを書いておいたり、医師からの説明をメモしたりするときに便利です。

□ ナプキン
内診時に消毒液がついたり出血があったりしたときに備えて、用意しておきましょう。

□ 待ち時間用アイテム
待ち時間が長いかもしれないので、文庫本や雑誌などを持っていると、快適に過ごせるでしょう。

妊娠初期

2か月

（4～7週）

初期の妊婦健診って何をするの？

妊娠中は定期的な妊婦健診で、ママと赤ちゃんの健康をチェック。医師や助産師とコミュニケーションを図る場にもなります。

異常の早期発見や母子の健康のために必ず受診を

妊娠が確定したら、病産院で定期的に妊婦健診を受け、ママと赤ちゃんが健康を維持できているかどうか確認します。妊婦健診は任意で健康保険は適用されませんが、妊娠中のさまざまな体調の変化や赤ちゃんの成長を確認することはスムーズな出産のために必要です。必ず受診しましょう。

妊婦健診の頻度はママの年齢や体調、赤ちゃんの成長によっても変わりますが、一般的に、妊娠23週までは4週間に1回、24～35週までは2週間に1回、36週から出産までは1週間に1回です。

妊娠初期の妊婦健診（流れと内容）

1 尿検査

妊娠糖尿病や妊娠高血圧症候群の予防

尿糖や尿たんぱくが出ているかを調べます。妊娠中は血液量が増えて腎臓に負担がかかるため、尿たんぱくや尿糖が出やすい状態が続き、それらは腎臓の働きが低下しているサインとなります。尿糖は妊娠糖尿病を、尿たんぱくは妊娠高血圧症候群を早期発見する手がかりになります。

Point!

出し始めと終わりの尿には、雑菌が入ることも。中間尿をとりましょう。

2 体重測定

体重は健康のバロメーター。毎回チェックします

妊娠中は体重を管理することが大切です。妊婦健診では、妊娠前の体重と比較して、著しい増加や減少がないかをチェックします。急激な体重増加は、妊娠高血圧症候群や妊娠糖尿病を合併する可能性があり注意が必要です。これらの病気は治療より予防が大事なので、体重の増加もひとつの目安になります。妊娠中期以降は腹囲測定や子宮底長測定（→80ページ）も行い、おなかの大きさを測定して赤ちゃんの大きさや子宮の大きさを調べます。

妊娠中の体重増加の適正量	
やせ型	＋9～12kg
標準型	＋7～12kg
肥満型	＋5 kg

Point!

毎回同じくらいの重さの服で測ると、変化が正しく把握できます。

妊娠週数の数え方と出産予定日の割り出し方

最終月経の1日目を0週0日と数えます

妊娠週数は、最終月経の開始1日目を「妊娠0週0日」として数え始めます。妊娠7～13日が「妊娠1週」、妊娠0週から3週までの4週間が「妊娠1か月」です。病産院では、「妊娠28週4日」のように週数と日数を組み合わせて数えるのが一般的。

出産予定日は、最終月経の開始日からちょうど280日目(妊娠40週0日目)にあたります。月経周期が規則正しい人なら、排卵日(受精した日)も正確にわかります。月経周期が不規則な場合は、超音波検査で胎児の大きさ(CRL→35ページ)、成長の状態を見て出産予定日を割り出します。正確にわかるのは、妊娠9～11週ごろです。

ただし、出産予定日は実際に生まれる日ではありません。22週0日から36週6日の出産を「早産」、赤ちゃんがいつ生まれてもよい妊娠37週0日から41週6日の分娩を「正期産」、42週0日以降を「過期産」とよびます。

3 血圧測定

妊娠高血圧症候群の早期発見に役立ちます

妊娠初期の血圧の数値が、その後の判断基準になります。妊娠20週以降に収縮期血圧(最高血圧)140㎜Hg以上、拡張期血圧(最低血圧)90㎜Hg以上が持続すると妊娠高血圧症候群(→138ページ)と診断されます。妊娠高血圧症候群になってしまうと、胎盤機能が低下し、赤ちゃんへ酸素や栄養が送られにくくなります。塩分を少し控えめにして血圧が高くならないように気をつけましょう。

Point!

血圧は不安や緊張によって高めになるので、深呼吸をし、リラックスして測りましょう。

4 問診

医師とコミュニケーションを図り、正確な情報を受け取りましょう

診察前の検査がひと通り終わったら、以前の健診から変わったことはあったか、体調はどうかなど、ママのようすを聞かれます。とくに問題がなくても、医師と直接話ができるチャンス。不安や疑問はこのときに聞いてみましょう。すべての検査が終わったあとに再度診察室に呼ばれ、検査結果から赤ちゃんの状態や今後の妊娠生活についての医師から説明があります。

Point!

聞かれたことははっきり答え、今の体調など自分にしかわからないこともしっかり伝えましょう。

妊婦健診Q&A

Q 妊婦健診って行かなくてはいけないの？

A 妊娠中の健康維持のためにぜひ受けましょう。

妊婦健診は、病気の有無を調べるためだけに行うのではなく、ママと赤ちゃんの健康状態を定期的に確認し、安全な出産を迎えるために行うものです。妊娠中は食生活や体調など、気をつけなければならないことがたくさんあります。「順調みたいだから、受けなくても……」と思ったとしても、その後何が起こるかわかりません。油断せず、専門家の正しい情報を得るためにも妊婦健診を活用しましょう。

5 超音波検査

赤ちゃんの姿を確認できる唯一の方法です

超音波検査（→34ページ）は、何かにぶつかるとはね返る超音波の性質を利用した検査です。妊娠初期は経腟用プローブを腟から挿入し、先端から超音波を発することで子宮内のようすを観察することができます。子宮近くから超音波を発するため、初期の小さい赤ちゃんも写し出されます。異常妊娠の有無、心拍、発育状況、形態などを確認することができます。超音波検査の頻度は病産院によって異なります。

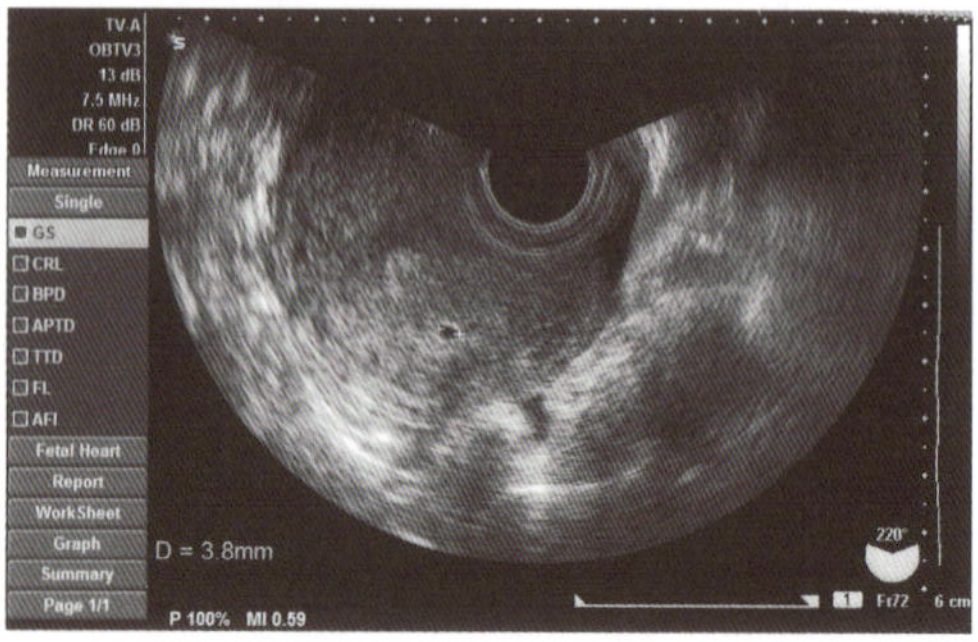

Point!

経腟用プローブを挿入されるときは、内診台の上で力を抜いてリラックス！

6 内診

子宮の大きさや形などを確認します

内診では、医師が腟に腟鏡などの器具を挿入して視診したり、指を入れて触診したりして、子宮の大きさや形、卵巣の状態、腟や子宮口付近の炎症、感染症の有無を確認します。病産院によって健診時に内診をする頻度は異なります。経腟超音波（腟の中から行う超音波検査）が一般的になったため、妊娠初期に内診を行うことは少なくなりました。

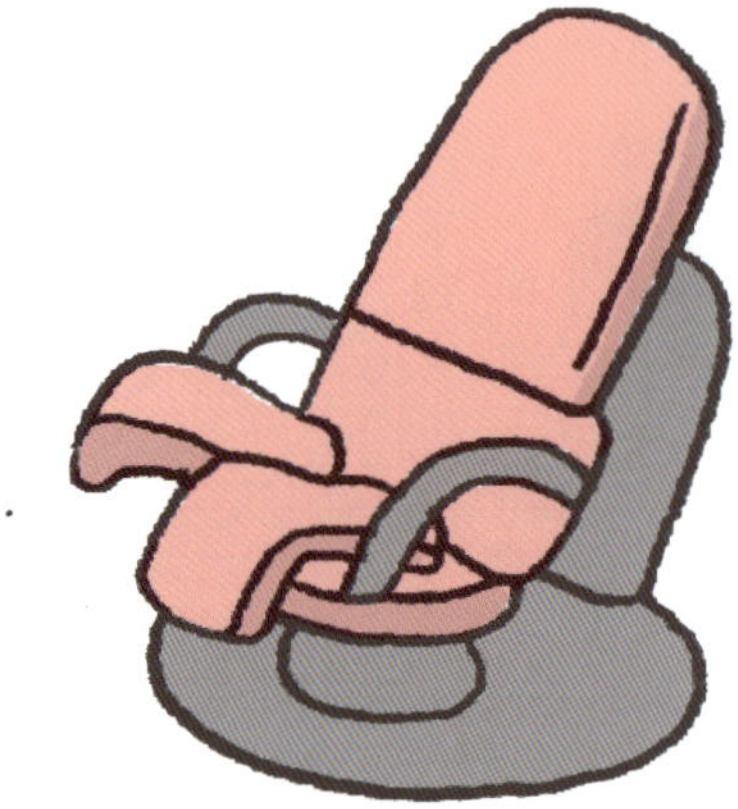

Point!

内診台には深く腰かけて、からだを安定させましょう。診察中は、息を止めないように注意。

Q 内診が苦手。どうしたら痛くない？

A からだの力を抜いてリラックスしてのぞみましょう。

内診が苦手な人は多いようですが、早産の傾向や、感染症などを発見するために必要な検査です。緊張してからだに力が入っていると痛みを感じやすいので、深呼吸して力を抜き、リラックスしましょう。

Q ほかにはどんな検査がありますか？

A 必要時に、子宮がん検診や膣分泌物検査を行うことも。

初期の健診の必要項目に、子宮がん検診を含める病産院もあるようです。ほかにも、心疾患や不整脈があるか調べる心電図検査や、カンジタ膣炎やクラミジア感染症の有無を調べる膣分泌物検査を行うこともあります。

Q どのくらいお金がかかりますか？

A 5000円前後が平均的。病産院によって異なります。

妊婦健診は保険診療ではありません。金額は行う病産院によって異なります。大体5000円程度の場合が多いようですが、なかには1万円以上かかることもあるそう。いくらかかるか、問い合わせておくとよいでしょう。

7 血液検査

血液から感染症の有無や健康状態がわかります

妊娠初期は血液検査で左の表にある項目を調べます。感染症の抗体の有無や貧血、肝臓や腎臓機能など、ママの健康状態や体質がわかる大切な検査です。妊娠中、最低でも3回は行います。妊娠中期と後期の血液検査は、おもに妊娠糖尿病や貧血がないかどうかを調べます。貧血と診断されたときは食事指導や鉄剤の投与などがあります。自治体によっては助成されて無料になる検査もあるので、確認しておきましょう。

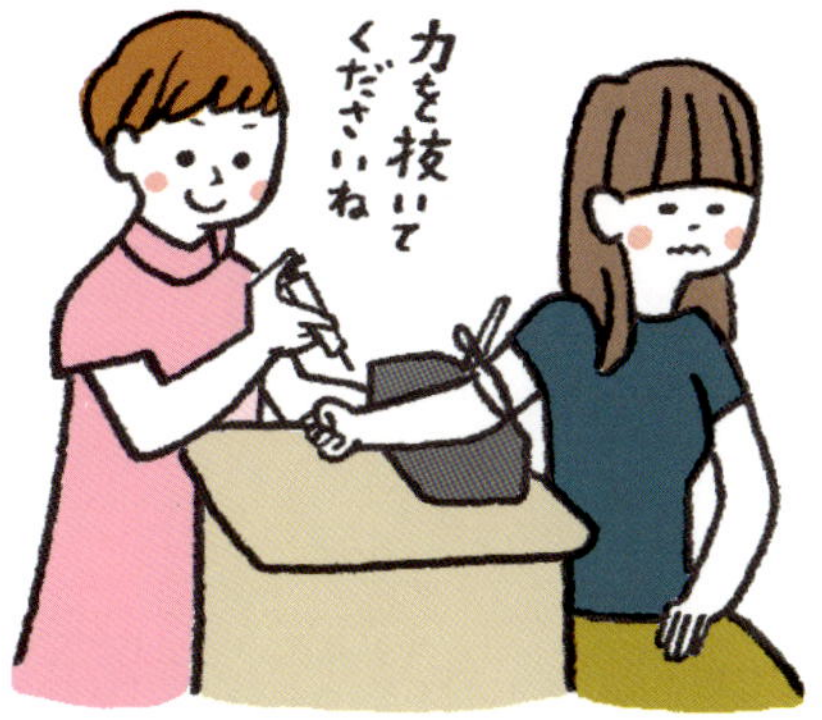

Point!

腕を圧迫しないように、袖をまくりやすい服を着て行きましょう。

血液検査でわかること

● **血液型検査**
輸血に備え、Rh型とABO型で検査。新生児の貧血や黄疸の原因となる血液型不適合の有無も調べます。

● **貧血検査**
貧血のまま出産すると、出血量が多かったり、産後の回復が遅れたりすることがあります。治療が必要。

● **梅毒血清反応検査**
梅毒に感染していると、流産や早産の原因になることがあります。早期発見、早期治療を。

● **HBs抗原検査**
B型肝炎ウイルスの感染有無を検査。感染していると、出産時に母子感染する可能性があります。

● **HIV(エイズ)抗体検査**
エイズ(先天性免疫不全症候群)ウイルスに感染していないかを検査。出産時に母子感染する可能性も。

● **HCV抗体検査**
C型肝炎ウイルスの感染有無の検査。感染していると、血液を通して母子感染する可能性があります。

● **トキソプラズマ抗体検査**
ネコなどに寄生する原虫から、トキソプラズマに感染していないかどうかを検査します。

● **HTLV－I検査**
成人T細胞白血病(ATL)のウイルスの有無を調べます。母乳を経由して赤ちゃんに感染する可能性あり。

● **風疹抗体検査**
風疹に対する免疫を検査します。抗体が16～128倍なら正常。数値が高いと再検査をします。

● **不規則性抗体検査**
ママに赤血球の抗体があると、赤ちゃんに黄疸が出る可能性があるため、抗体の有無をチェック。

妊娠初期
2か月
（4〜7週）

超音波写真を見てみよう

自分の目で赤ちゃんの姿を確認できる超音波写真。写真の見方を知っておくと、赤ちゃんの成長過程がより詳しくわかります。

赤ちゃんの成長ぶりが画像と数値でわかります

超音波検査（エコー検査）とは、高い周波数の音波（超音波・エコー）をあてて、子宮内のようすを観察する検査です。子宮と赤ちゃんのようすがモニターに映し出され、心拍の音を聞くこともできます。医師は赤ちゃんの大きさを測りながら順調に育っているかどうか確認します。画像はママも見ることができるので、ここで妊娠の実感がわくママも多いことでしょう。

妊娠初期はまだ赤ちゃんが小さいので、「経膣法」といって、プローブとよばれるスティック状の器具を膣に挿入してなるべく近い距離から観察します。妊娠12週前後からは「経腹法」といって、おなかの上にゼリーをぬってからプローブをあてて検査をします。妊娠25週前後になると、子宮と赤ちゃんのようすを観察することとは別に、早産の可能性がないか、子宮頸管（産道）が短縮してきていないか（子宮頸管長測定）、胎盤が子宮口にかかっていないかなどを検査するところも多いでしょう。

超音波写真には、たくさんのアルファベットや数字が記されていますが、これは赤ちゃんの座高や頭の大きさ、太ももの長さなどいろいろな部位のサイズのこと。これらの数値から赤ちゃんの発育が順調か判断したり、妊娠週数を割り出したりすることができます。

イマドキの超音波写真事情

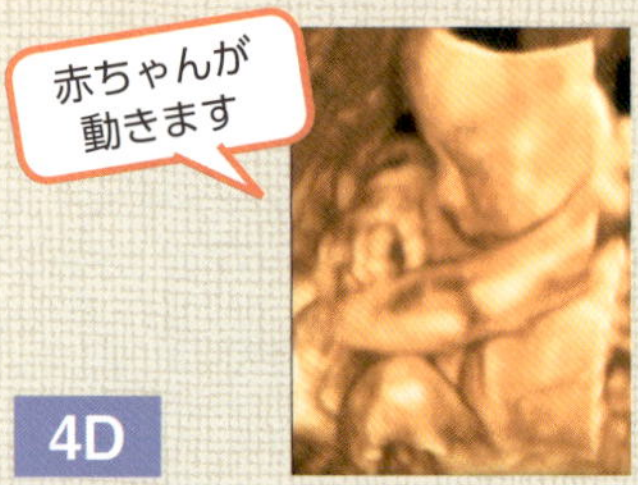

4D

３Dにさらに動画性をもたせたもので、立体的な画像に加えて赤ちゃんが動いているようすを見ることができます。

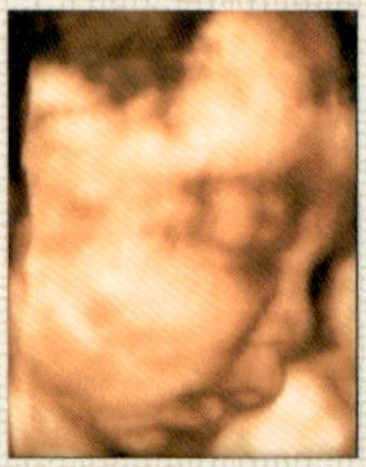

3D

通常の２Dの画像に、縦、横、奥行きの情報をコンピューター上で何枚も重ねて、赤ちゃんの姿を立体的に再現したものです。赤ちゃんの表情や動きがわかります。

{ 超音波写真の見方 }

超音波写真にはたくさんの情報が記されています。アルファベットの意味を知ると、赤ちゃんの成長を数値で確認することができます。

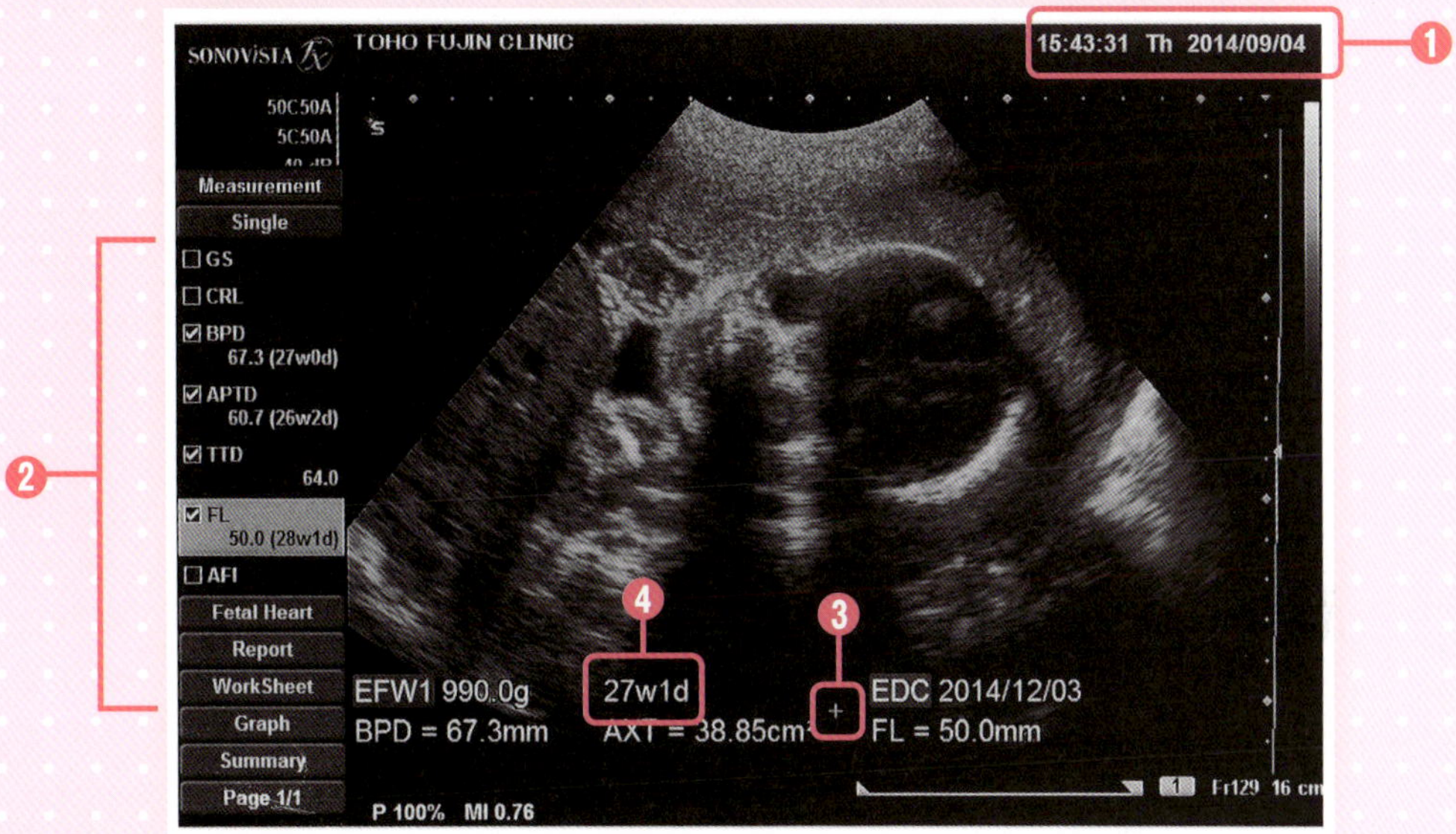

❶ 日付・時刻

超音波検査を受けたときの日付と時刻。
日付は、左から西暦・月・日の順に表示されます。

❷ 赤ちゃんのサイズ

GS（胎嚢の大きさ） 妊娠初期に赤ちゃんを包んでいる胎嚢の大きさ。胎嚢が子宮内にあり、心拍が確認できれば正常な妊娠です。

BPD（児頭大横径） 頭のいちばん長い横幅です。赤ちゃんの脳の発育や、母体の骨盤と比較して不均衡がないかなどをチェックします。

APTD（腹部前後径） 横から見たときのおなかの厚みのこと。妊娠中期以降、赤ちゃんの発育状態を見る基準になります。

FTA（体幹面積） TTDやAPTDを計算式に当てはめて算出した、おなかの断面積。赤ちゃんの大きさを正確に表すといわれています。

CRL（頭殿長） 赤ちゃんの頭からおしりまでの座高の長さ。妊娠初期は成長の個人差が少ないため、妊娠週数や出産予定日の目安になります。

TTD（腹部横径） おなかを正面から見たときの横幅のこと。APTDと合わせて妊娠中期以降に発育状態をチェックするために測ります。

FL（大腿骨長） 太ももの付け根からひざまでの大腿骨の長さ。FLとBPD、APTDなどを合わせて体重を推定します。

EFW（推定体重） BPDやTTDなどから計算される赤ちゃんの推定体重です。病産院によっては、FW、EFBWと表示されることも。

❸ ＋マーク・×マーク

赤ちゃんのからだを測定するときに使うマーク。起点と終点を特定し、画面上で2つのマークを結んだ部分が測定されます。

❹ AGE（妊娠週数）

推定妊娠週数。測定したからだのサイズから、超音波検査をした日が妊娠何週何日かを割り出します。wが週数、dが日数を表します。

妊娠初期

2か月

（4～7週）

妊娠初期の出血とトラブル

はじめての妊娠では、ちょっとしたからだの変化に敏感になり、不安に思うものです。初期の出血にはさまざまな理由があります。

出血があったら医師に相談して

出血があると「流産では？」と不安を感じますが、すべてがそうとは限りません。妊娠すると、子宮粘膜に充血が起こりやすくなるため、セックスや内診による接触や摩擦などの刺激を受けただけでも出血しやすくなります。

妊娠経過に心配のない場合もあるのですが、流産などのトラブルの前兆として起こることも。妊娠初期にかかわらず、出血はトラブルを発見する症状のひとつなので、もしも出血があったときには、「自分は平気」と自己判断せず早めに受診しましょう。

赤ちゃんの心拍が確認できれば心配なし

出血の原因はさまざまあり、受精卵が着床したときに起こる着床出血、子宮の入り口がただれて起こる子宮腟部びらん、子宮頸部にできる子宮頸管ポリープ、絨毛膜の外側に血液がたまる絨毛膜下血腫《じゅうもうまくかけっしゅ》などが考えられます。また、妊娠初期に起こる流産や異所性妊娠（→38ページ）の可能性も。できるだけ早く受診し、出血の色や量、妊娠週数、おなかの張りがあるかなどを医師に伝えましょう。いちばんの気がかりは赤ちゃんですが、診察して心拍が確認できればまず心配はありません。

着床出血（月経様出血）

受精卵が子宮内膜に着床した際に、色の薄い月経のような微量の出血が1～2日続く場合があります。「着床出血」とよばれるもので、異常ではありません。妊娠4週ごろ、妊娠していなければちょうど次の月経予定日の時期にあたるため、月経と勘違いすることもあります。着床出血は出る人と出ない人がいるので、着床出血がなくても心配はありません。

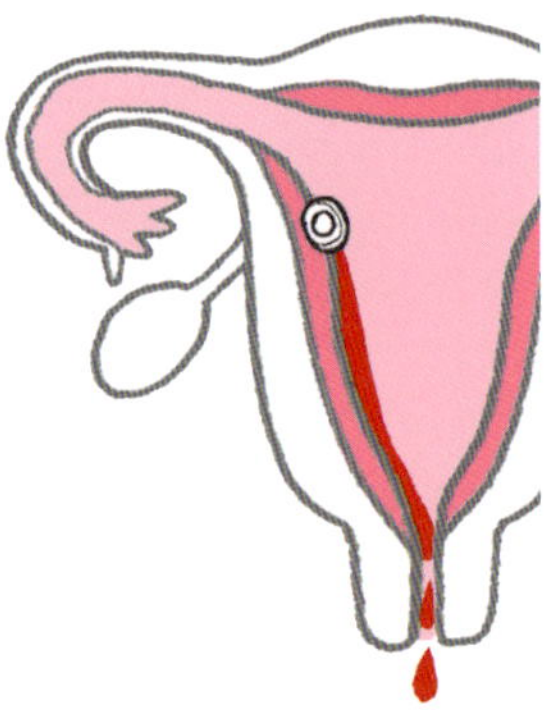

受精卵が子宮内膜に着床する際、少し深くもぐり込むため、子宮内膜が傷つけられて出血するのではないかと考えられています。

子宮膣部びらん

病名ではありません。膣の奥深く、子宮の入り口がただれている状態のことをいいます。妊娠したからといって起こる症状ではなく、妊娠していないときの不正出血の原因として多く見られ、内診やセックスの刺激で出血することもあります。少量の出血があったり、おりものに血が混ざったりすることもありますが、おなかの痛みや張りなどの症状はありません。また、生理的なものなので、炎症を起こしたりセックス時に出血を繰り返したりするようでなければ心配ありません。しかし、自己判断はできないので、必ず受診して状態を確認しましょう。

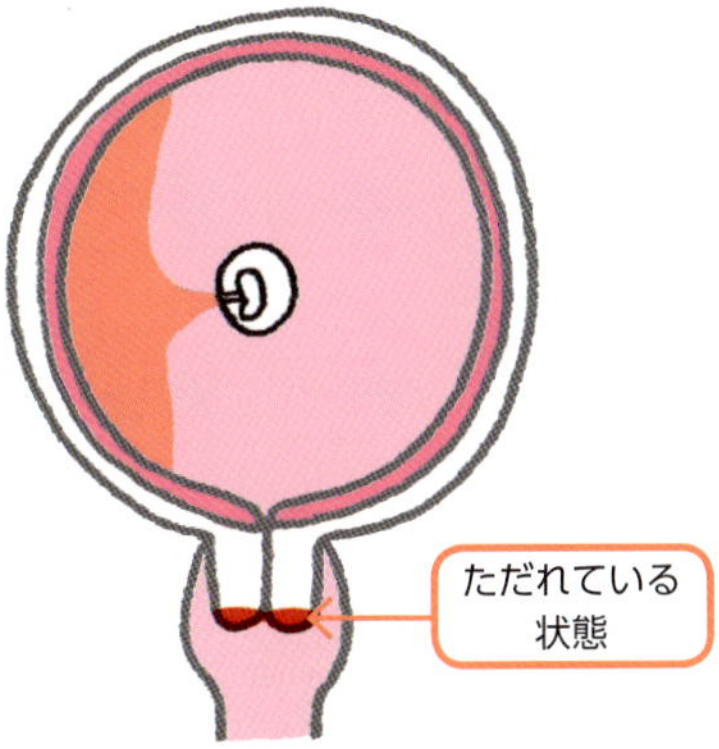

子宮膣部とは、子宮の入り口の突出した部分のこと。この部分の表皮が欠損し、赤くただれている状態です。

子宮頸管ポリープ

子宮頸管にできる良性のポリープです。ポリープとは粘膜が増殖してできたキノコ状のやわらかい突起のこと。子宮頸部の粘膜細胞の炎症が原因で、頸部から子宮の出口に飛び出したようになります。激しい運動やセックスのときに出血したり、おりものに血液が混ざったりすることがありますが、痛みはほぼありません。妊娠中は、そのポリープが絨毛膜と羊膜に炎症が起こる「絨毛膜羊膜炎《じゅうもうまくようまくえん》」の原因となり、感染症を引き起こし、早産が起こる可能性も。

対処法 早産の可能性がある場合は、妊娠中でも切除することがあります。

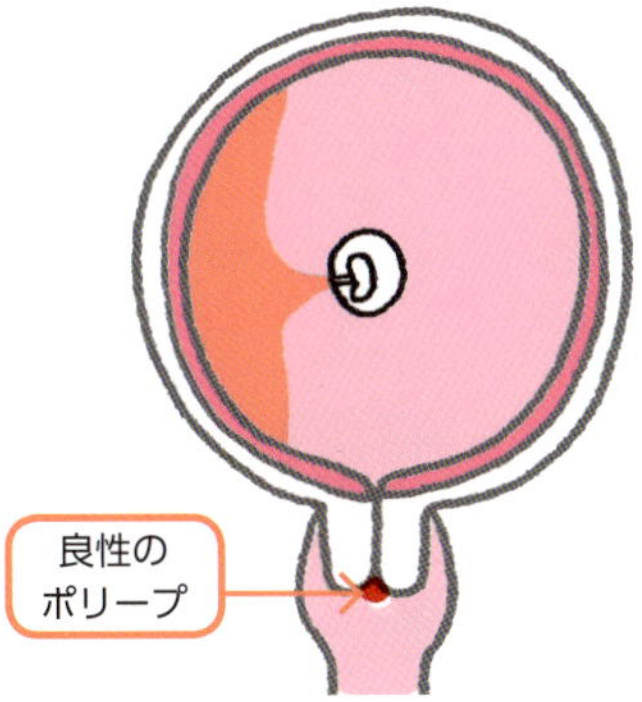

子宮と膣を結ぶ子宮頸管の粘膜の細胞が増殖し、膣の方に垂れ下がったようにポリープができます。ひとつから複数できることもあります。

絨毛膜下血腫

胎児を包む絨毛膜という膜の外側に、血液がたまっていることをいいます。子宮口の近くにたまっていると出血しやすく、これといった症状がない場合とおなかの張りがある場合があります。切迫流産の症状のひとつと考えられていますが、妊娠が正常に継続していれば、胎盤が完成される妊娠4〜5か月ごろには症状がおさまるといわれ、赤ちゃんへの影響はないとされています。

対処法 出血量によっては安静を指示されます。切迫流産と診断されても心拍が確認されて妊娠経過が順調なら、特別な治療せずに経過を見ます。

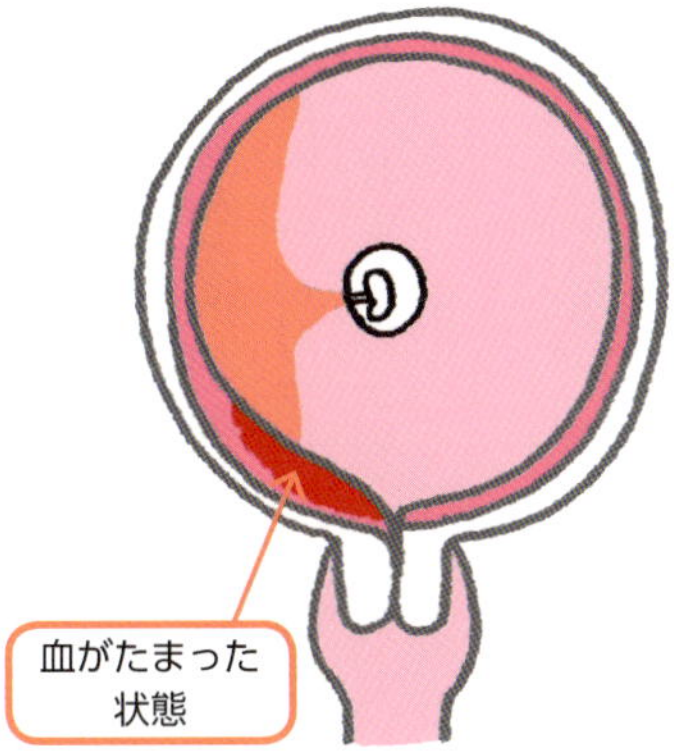

絨毛膜と子宮内膜の間に、血液のかたまりができている状態です。三日月状や円状に血腫ができます。

妊娠初期
2か月
（4～7週）

異常妊娠と流産について知ろう

妊娠初期には赤ちゃんが育たない「異常妊娠」と、妊娠12週未満の「早期流産」があります。知識として知っておきましょう。

異常妊娠の場合 赤ちゃんは育ちません

異常妊娠といわれるものには2種類あります。受精卵が子宮外に着床する「異所性妊娠(子宮外妊娠)」と、子宮内に絨毛が増殖する「胞状奇胎《ほうじょうきたい》」です。どちらも赤ちゃんが育つことができず、手術で処置をしなければなりません。

●異所性妊娠(子宮外妊娠)

受精卵は子宮内膜に着床するのが正常ですが、それ以外の場所に着床してしまい、妊娠が成立したものを異所性妊娠といいます。妊娠反応が陽性なのに子宮内に赤ちゃんが見えないと、異所性妊娠を疑います。ほとんどが卵管の着床で、まれに卵巣や子宮頸管などに着床することもあります。

対処法 異所性妊娠がわかったら、通常は着床した部位を切除する手術を行います。妊娠に気づかなかったり、受診が遅れたりすると大出血や激痛に襲われることがあります。

●胞状奇胎

胎盤のもとになる絨毛組織が子宮内に異常に増殖する病気です。ぶどうのような水泡状の粒で子宮内が満たされ、赤ちゃんを吸収してしまいます。日本では、1000人に2人の割合で発生しています。

対処法 超音波検査などで胞状奇胎がわかったら、子宮の中の病巣を完全に除去する手術を行います。間隔を空けて2回除去する場合もあります。

胞状奇胎

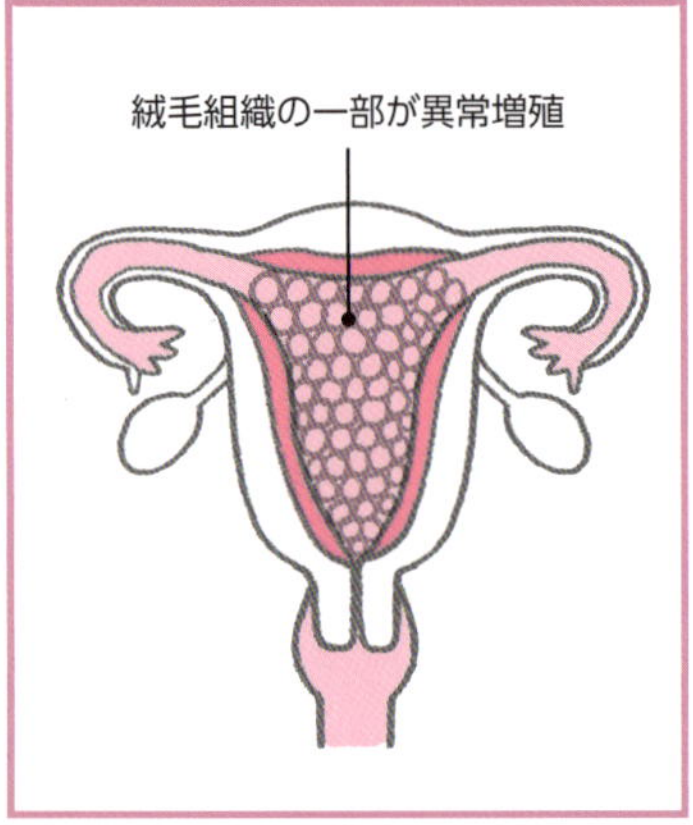

異所性妊娠

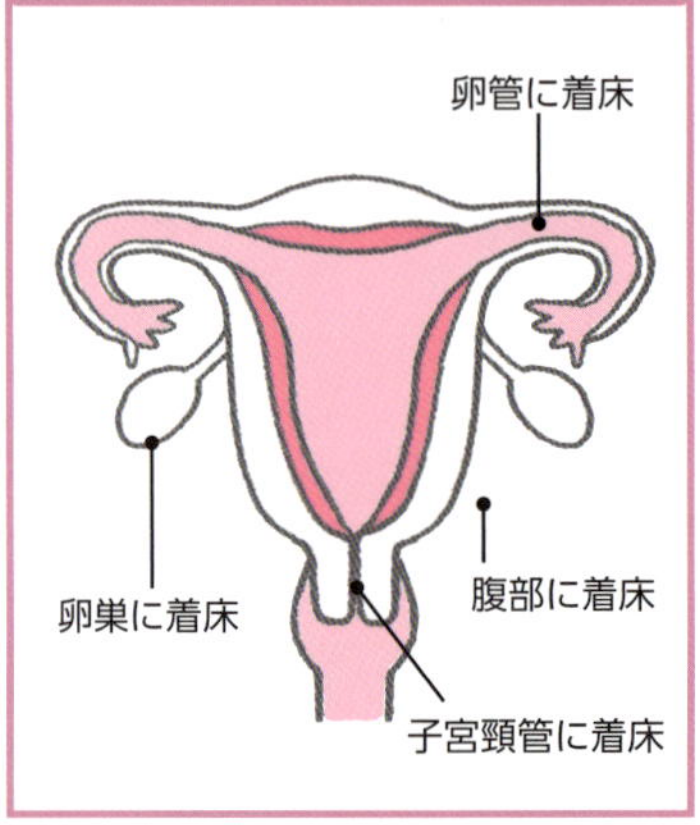

妊娠初期の流産は胎児のトラブルが原因

流産とは、子宮の中の赤ちゃんが育たなくなって死亡し、妊娠22週未満で妊娠が中断することをいいます。出血や下腹部痛などの自覚症状がある場合と、超音波検査などで赤ちゃんの心拍が確認できないことから判明する場合があります。妊娠12週未満に起こる流産を早期流産、妊娠12週以降22週未満に起こる流産を後期流産といいます。流産は全妊娠の約15％の確率で発生しますが、6～7週で心拍が確認できると5％に下がり、12週以降は約1・5％まで下がります。

●早期流産

胎児側に問題があることがほとんどで、受精卵の染色体異常や臓器が育たないことが原因。ママや医師の努力では避けることができない現象です。反対に、後期流産は子宮のトラブルなどママ側に原因があることが多いようです。出血や下腹部痛、おなかの張りなどの症状が出ることもありますが、無症状のこともあります。

対処法 子宮内に赤ちゃんや胎盤などが残っている場合は、搔爬《そうは》手術を行うことが一般的。事前に検査をしておき、全身麻酔をして10分程度で終わります。当日か翌日には退院できるでしょう。

●切迫流産

子宮内で赤ちゃんは順調に育っていても、おなかの張りや痛み、出血といった流産の兆候が現れている状態を「切迫流産」といいます。妊娠初期のおなかの張りは、子宮が大きくなるために筋肉が引っ張られる生理痛のような痛みで心配ないこともありますが、何度も張るときや、痛み、出血があるときには早めに受診しましょう。

対処法 妊娠が順調であれば特別な治療はせず、出血や下腹部痛を治めるために安静にします。自宅安静といわれたら仕事は休み、家事は最低限に。外出もできるだけ控えてゆっくり休みましょう。それでも改善しないときは入院することもあります（→113ページ）。この時期を乗り越えれば、無事に出産できるケースがほとんど。無理は禁物です。

流産の種類

進行流産

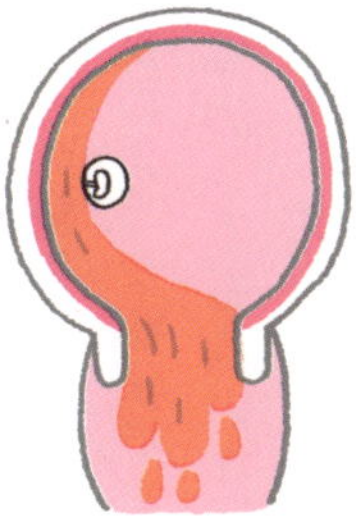

子宮口が開き、胎児と胎盤のもとになる組織が外に出始めている状態です。下腹部痛や出血があります。

稽留《けいりゅう》流産

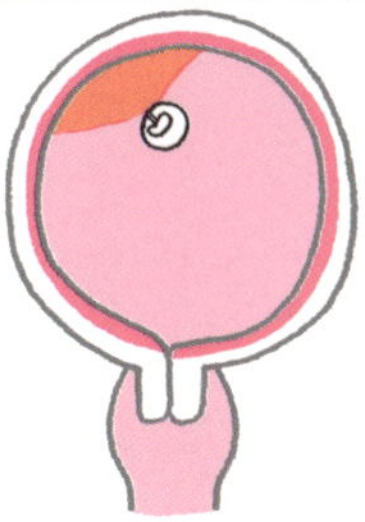

胎児が死亡したまま子宮内にとどまっている状態です。痛みや出血などの自覚症状はなく、超音波検査で判明します。

不全流産

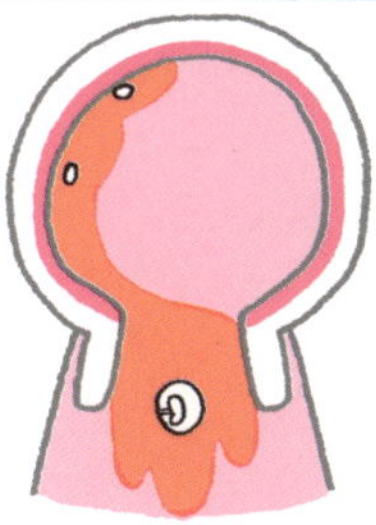

胎児と胎盤のもとになる組織のほとんどが流れ出ていますが、一部が内部に残っている状態。痛みや出血を伴います。

完全流産

胎児と胎盤のもとになる組織のすべてがはがれ、子宮の外に完全に流出した状態。出血を伴います。

妊娠初期

2か月

（4〜7週）

つわりの症状と乗り切り方

つわりは多くの妊婦さんが経験する体調不良のような症状です。周囲の人に協力してもらいながら、無理せず過ごしましょう。

妊娠したからこそ つわりは起こります

つわりは、早い人だと妊娠したことがわかる2か月ごろから、なんらかの症状が現れ始めます。原因はまだ医学的に解明されていません。妊娠によって女性ホルモンのバランスが変わることや、赤ちゃんを守ろうとして体質が変化することなど、赤ちゃんが宿ったことでママのからだがさまざまな形で反応・変化していることによって起こるのではないかと考えられています。体調不良が続くことは憂うつですが、おなかの中に赤ちゃんがいる証拠です。前向きに受け止めて、つわりと上手につき合いましょう。

症状はさまざま。重症なら受診を

つわりの症状や程度は人によってさまざまで、吐き気や空腹時のムカムカ、食欲不振、食べ物の好みの変化、食べ物のにおいに敏感になることのほか、眠気やイライラを感じることも。つわりをまったく感じない人もいます。

つわりの時期は、きちんと栄養がとれなくても赤ちゃんに影響はありません。好きな物を食べられるときに食べ、つらいときはからだを休めましょう。ただ、脱水症状にならないよう、水分はきちんととりましょう。重症の場合、受診して治療を受けたほうがよいこともあります。

また、薬でつわりが多少軽快することはあっても治ることはありません。妊娠4〜5か月ごろには終わる人がほとんどですが、出産まで続く人もいます。好きなことに打ち込んだりして紛らわせるなど、自分なりの方法でつき合っていきましょう。

こんなときは病産院へ！

- 1日に3〜4回も吐く。
- ほとんど食べられない。
- 吐き気で水分補給ができない。
- 体重が1週間で2〜3kg減る。
- おなかの張りとつわりが同時になくなった。

つわりを乗り切るコツ

●無理をしない

食べられないときは無理せず食べられるものを少しずつ。症状がひどいときは横になって休みましょう。

●締めつけない服や下着を

からだを締めつける服装はそれだけでストレス。ゆったりとした下着、ラクに過ごせる服装を選びましょう。

●からだを冷やさない

からだの冷えはつわりだけでなく、血流が悪くなるのでよくありません。冷たい飲食物はほどほどにし、足腰は冷やさないようにしましょう。

●趣味に打ち込む

仕事や趣味などに没頭していると、症状を忘れてしまうことがあります。趣味に打ち込んでみるのもよいでしょう。

●気分転換する

散歩や映画鑑賞などで気分を変えても。外出時は水分のほか、吐き気に対応できるようビニール袋を持って。

症状別

胃もたれ、胸やけ

・少しずつ何回も食べる

少量を１日５～６回に分けて、食べるとよいでしょう。油っこい食事や香辛料の強い食事は控えて。

・背中の緊張をほぐす

首筋から背中の部分や肩甲骨の内側の筋肉が、緊張してかたくなっています。温めたりほぐしたりすると血行がよくなり、ラクになります。

吐き気

・空腹にならないように

空腹感が吐き気や嘔吐を誘発することがあります。食事は少量ずつ食べて空腹にならないような配慮を。

・水分は少しずつとる

一気に大量の水分を飲むと胃が拡張して、吐き気を誘発することがあります。水分補給は少しずつ。氷のかけらを口に含むのもよいでしょう。

食べづわり

・よくかんで食べる

食べていないと気分が悪くなる食べづわりは、食べすぎないよう、何をどのように食べるかがポイント。よくかんでゆっくり食べることを意識しましょう。

・温かい汁ものや飲みものを

温かいスープやお茶は胃が落ち着き、満腹感を得やすいのでおすすめ。

・間食は低エネルギーで栄養補給

アイスクリームや果物は糖分が多いので食べすぎに注意。ゼリーやヨーグルト、シュガーレスのあめやガムなどもよいでしょう。

食欲不振

・食べられるときに食べる

つわりで食べられないときは「食べられるときに、食べられるものを、食べられるだけ食べる」でOK。栄養バランスは考えなくてもよいでしょう。

においが気になる

・冷やしてみる

ごはんのにおいが気になる人は、一度冷蔵庫で冷やしてみると、においが気にならなくなります。

妊娠初期

2か月

(4～7週)

妊娠したら気をつけたいこと

タバコやアルコールは、妊娠したらきっぱりやめたいもの。そのほか、妊娠中に気をつけたいことを覚えておきましょう。

タバコは百害あって一利なし

タバコに含まれるニコチンや一酸化炭素は、血管を収縮させて酸素の流れを悪くしたり、血液中のヘモグロビンと結びついて酸素濃度を低下させたりする作用があります。このため、ママがタバコを吸うと、胎盤の機能が低下して、おなかの赤ちゃんに十分な酸素や栄養が届かなくなります。つまり、赤ちゃんがおなかの中で苦しんでいる状態ということです。さらに流産や早産、赤ちゃんの発育や知能の遅れ、低体重児などが生じる可能性もあります。こうしたことを考えると、喫煙している人はタバコの本数を減らすのではなく、妊娠したら禁煙するのが原則です。

家族みんなで協力して禁煙を

タバコを吸う人が吐き出す煙を主流煙、タバコの先が燃えている部分から出る煙を副流煙といい、副流煙のほうには主流煙の数十倍から数百倍も高い濃度の有害物質が含まれているといわれています。妊娠がわかったら、ママだけでなく家族みんなで禁煙するようにしましょう。喫煙は生まれてくる赤ちゃんへ悪影響があることを知ったうえで、禁煙ではなく「授乳が終わるまでの休止」とラクに考える、周囲の人に禁煙することを告げて協力し

タバコが与える影響

- 胎盤機能の低下
- 子宮の収縮
- 血管の収縮

↓

流産・早産・発育の遅れ

てもらう、一定の期間吸わずにいられたら自分へのごほうびを考える、などなるべくストレスがたまらないような方法を考えながら家族で実行しましょう。

妊娠中は禁酒が基本と心得る

アルコールは、飲むとほぼ1日で代謝されて尿として排出されるので、これまで飲んだ分が蓄積されて赤ちゃんに影響を与えることはありません。しかし、妊娠中にお酒を飲むと、アルコールは胎盤を通過してそのまま赤ちゃんに送られてしまいます。毎日大量に飲酒すると、「胎児性アルコール症候群」といって、赤ちゃんが障害をもって生まれてくることもあります。たまに、ほんの少したしなむ程度なら心配ありませんが、ここまでの量なら大丈夫という基準はありません。また、大人なら肝臓でアルコールを解毒できますが、赤ちゃんは大人と違ってその機能が未熟で、とてもデリケートです。赤ちゃんへの影響を考えるなら、妊娠中は禁酒するのがベストでしょう。

カフェインはとりすぎに注意

コーヒーや紅茶に含まれるカフェインは、大量にとると血管が収縮して胎盤への血流が悪くなり、赤ちゃんに酸素や栄養が届きにくくなるという影響を及ぼすことがあります。しかしそれは過剰に摂取した場合なので、1日に1～2杯程度飲むならまず心配はありません。赤ちゃんに影響はないかどうかと不安になったり、寝つきが悪くなったりしないように、飲みすぎに注意すればよいでしょう。気になるなら、ノンカフェインの麦茶やほうじ茶、ハーブティーを飲んでみては。

その他

生魚

マグロやキンメダイなどの魚に含まれるメチル水銀が心配されています。これらの魚を食べるのであれば、週1～2回1人前が目安です。一度にたくさん食べなければ赤ちゃんへの影響は考えなくてもよいでしょう。

生肉

生肉で気になるのは、病原性原虫によるトキソプラズマと食中毒菌のリステリアの感染（→63ページ）です。調理する際は十分に加熱してから食べるようにし、調理中に生肉に手で触れたあとは、よく手を洗うようにしましょう。

薬の服用（→44ページ）

市販の薬は一般的に薬効成分が少ないので、妊娠を知らずに飲んだ場合でも問題はないでしょう。妊娠がわかってからの服用は、医師の指示に従いましょう。とくに、赤ちゃんのからだの重要な器官がつくられる妊娠4～12週は注意。

妊娠初期

2か月（4～7週）

薬の服用に注意しよう

妊娠中に薬を飲んだ場合、赤ちゃんへの影響が心配です。とくに気をつけたい時期があるので、安易に服用しないようにしましょう。

薬の成分は胎盤を通して赤ちゃんへ

ママが妊娠中に飲んだ薬は、血液中を流れ、胎盤を通過して赤ちゃんの血液の中に入ります。妊娠中に薬の服用を考えるとき、「持病や、妊娠中の病気に対して薬が使えるの?」「妊娠と気づかずに服用してしまったけれど、赤ちゃんに影響はないの?」ということが気になるでしょう。妊娠中の病気に対する服用に関しては、「赤ちゃんによくないから、薬は服用しない」は誤り。赤ちゃんへの影響と、薬を服用したときの影響を比較したときに、薬が赤ちゃんへ与える影響より病気が赤ちゃんへ与える影響のほうが危険性が高い場合は、服用をするのが原則と考えられています。持病に関しても同じことがいえます。

風邪をひいた場合は、薬を飲んでも飲まなくてもあまり問題がありませんが、医師とよく相談して決めましょう。市販薬は薬効成分が少ないので、こちらも問題は少ないですが、市販薬の服用に関しても、必ず医師に相談することが原則です。

持病がある場合は、主治医に相談を

喘息やてんかん、甲状腺機能異常、高血圧、糖尿病など持病がある場合や、最近ではパニック障害などの心の病気の場合など、薬を服用したほうがよいことがあります。個人差があるので、医師とよく話し合いましょう。また、必要があって処方された薬は、飲まなかったときに体調を悪化させる心配もあります。自己判断で中止しないようにしましょう。

市販薬の種類と注意

副作用がないとされる市販薬でも、自己判断しないようにしましょう。

風邪薬

総合感冒薬を、用法、用量を守って短期間服用する程度であれば問題ありませんが、できれば薬に頼らずに治して。

解熱・鎮痛剤

妊娠中期以降は赤ちゃんの動脈管を収縮させるなどの影響が心配されます。服用に注意してください。

胃腸薬・整腸薬

胃薬なら市販のものを服用してもほとんど副作用はなく、問題ありません。

薬の服用時期によって影響が変わります

赤ちゃんのからだが形成される時期は、臓器や部位によって異なります。妊娠中に薬を服用するときは、どの時期にどんな薬を服用すると、赤ちゃんにどんな影響を及ぼす可能性があるかということを知っておきましょう。とくに、赤ちゃんの大切な器官が形成される時期は注意が必要です。

○妊娠4週未満

「完全に影響があるか何もないか」の時期といわれ、この時期に服用した薬が影響するとすれば、妊娠が成立しないと考えられます。

○妊娠4～7週

この時期は、「器官形成期」といって赤ちゃんにとって大切な臓器ができる時期です。薬の影響をより強く受けやすく、薬の服用をいちばん避けてほしい時期といえます。妊娠と気づかず、風邪薬や頭痛薬を飲んでしまっても、市販薬を通常の量、数日間飲んだという程度ならまず問題にはないでしょう。とはいえ、大切な時期には変わりないので、妊娠がわかってからの服用は医師に相談を。

○妊娠8週以降

主要臓器の形成はほぼ終わりますが、口蓋や性器などの形成はまだ続いています。リスクはかなり低くなりますが、この時期にでも形態異常を起こす可能性がある薬がごく少数あります。

○妊娠16週以降

赤ちゃんの臓器がすべて形成されるため、薬の影響は減少します。しかし、ママのからだを通して薬の成分が赤ちゃんへ届くことには変わりありません。風邪薬や鎮静剤なども安易に飲まないようにし、医師に相談しましょう。

便秘薬

効き目の穏やかなものなら服用してもよいでしょう。激しい下痢を伴うものは子宮を収縮させる心配があるので避けたほうがよいでしょう。

漢方薬

風邪のひき始めに飲む葛根湯《かっこんとう》や、鼻水に効く小青竜湯《しょうせいりゅうとう》などは効き目が穏やかで副作用も少ないとされています。症状や体質に合わないと副作用が出ることがあります。

外用薬

塗り薬や湿布薬、目薬、点鼻薬、うがい薬などは局所的に使用するので、からだに吸収される量は少ないとされています。しかし、腰痛用のインドメタシン配合の塗り薬や湿布薬などを自己判断で使用すると、赤ちゃんの心臓に影響することがあるので、医師に相談を。

サプリメント

ビタミンAやDの過剰摂取は、赤ちゃんに形態異常が起こるため、注意したいところ。一方で、葉酸は摂取量を守って、積極的にとるとよいでしょう。

妊娠初期

2か月

（4〜7週）

薬に頼らず不調を緩和する

ちょっとしたからだの不調なら、食事からとる栄養素で改善、予防できます。効果的に摂取して、安全に回復しましょう。

食べ物の栄養で不調を予防・緩和

風邪をひいたり、熱を出したりしたときに妊婦が内科を受診したとしても、薬を出してもらえないことがあります。内科の医師には、薬が赤ちゃんに影響があるかどうかの判断がむずかしく、処方しにくいのです。

風邪かなと思ったらからだを温める食事をとったり、胃がもたれるときは胃の粘膜に作用する食材を食べたりすることで、症状が緩和されることがあります。栄養バランスのとれた食事は健康の基本です。ただし、症状が長引くときは産婦人科を受診しましょう。

体調不良のときにとりたい栄養素

熱がある

栄養素＆おすすめ食材

ビタミンA
（レバー、緑黄色野菜など）

たんぱく質
（肉類、豆類など）

発熱時は、発汗量が増えるので十分な水分補給が必要です。ナトリウムやカリウムを含むスポーツドリンクで補いましょう。ビタミンやエネルギーも大量に消費されます。ビタミンを多く含む野菜たっぷりの食事や、免疫力を維持するために肉や魚などのたんぱく質もきちんととりましょう。発汗作用のあるねぎやしょうがもおすすめ。

風邪のひき始め

栄養素＆おすすめ食材

ビタミンA
（レバー、緑黄色野菜など）

ビタミンC
（柑橘類、じゃがいもなど）

たんぱく質
（肉類、豆類など）

風邪は万病のもといわれ、放っておくと合併症を起こすこともあるので、風邪かなと思ったら早めに対処しましょう。免疫力を高め、抗酸化作用があるビタミンC、免疫抗体をつくるたんぱく質、のどや鼻など粘膜の健康を維持するビタミンAをしっかりとります。風邪をひくと体力が落ちるので、たんぱく質は大事。栄養価が高く消化のよい食事と十分な水分摂取で、体力と抵抗力をつけて風邪を退治しましょう。

頭が痛い

栄養素＆おすすめ食材

ビタミンE（サバ、かぼちゃなど）

トリプトファン（牛乳、チーズなど）

マグネシウム（アーモンド、大豆など）

慢性的な頭痛では、血液循環をよくすると痛みがやわらぐ場合があります。ビタミンEには血行をよくする働きがありおすすめです。神経伝達物質をつくるセロトニンを増やすことも頭痛によいといわれ、トリプトファンとマグネシウムが結びつくことでつくられるので、組み合わせて摂取したいところ。

のどが痛い

栄養素＆おすすめ食材

ビタミンA（レバー、緑黄色野菜など）

イソチオシアネート（大根おろし、キャベツなど）

サポニン（大豆など）

飲み込みやすい調理方法の食事で、水分と栄養を十分にとりましょう。粘膜を丈夫にする作用があるビタミンA、抗酸化作用が高く、炎症を抑えるイソチオシアネートは欠かせません。せきが出るときは、サポニンをとるとよいでしょう。また、しょうがや緑茶などに含まれる抗菌成分にも効果が期待できます。

胃もたれ

栄養素＆おすすめ食材

アミラーゼ（大根、山いもなど）

ムチン（オクラ、なめこなど）

みぞおちのあたりが重たい、すっきりしない胃もたれのときは消化能力が落ちています。暴飲暴食を避け、消化のよいものをよくかんで食べましょう。栄養素では、消化を助ける働きがあるアミラーゼ、胃腸の粘膜を守るムチンが効果的です。どちらも、ねばりけのある食材に含まれている栄養素です。

鼻水が出る・鼻づまり

栄養素＆おすすめ食材

ビタミンA（レバー、緑黄色野菜など）

ビタミンC（柑橘類、じゃがいもなど）

硫化アリル（ねぎ、たまねぎなど）

鼻の不調には、鼻の粘膜の抵抗力をアップさせることが改善につながります。粘膜の健康を維持するビタミンAや抗酸化作用のあるビタミンCをたっぷりととりましょう。硫化アリルや大根おろしに含まれるイソチオシアネートという辛味成分は、鼻づまりによいといわれています。また、鼻を乾燥させないように注意しましょう。

効くといわれている昔からの知恵

しょうが湯

しょうがは、風邪のひき始めに効く漢方薬の「葛根湯《かっこんとう》」や「桂枝湯《けいしとう》」にも含まれる食材です。すりおろして飲むとからだが温まり、抗菌作用も得られます。

作り方 しょうがをすりおろして湯に入れ、はちみつを加えて飲みます。

大根あめ

のどの炎症をおさえるといわれている民間療法です。

作り方 5㎝長さの大根をさいの目に切り、びんに入れ、はちみつを注ぎます。大根が浮いてきたら取り除き、冷蔵庫で保存。痛いとき、1日2〜3回、盃1杯くらい飲みます。

酢　水

風邪かなと思ったときは、殺菌作用に優れた酢を使った酢水でうがいをしてみては。

作り方 酢1に対して水3〜5で薄めます。1回のうがいで200㎖（酢50㎖と水150㎖）を使うのがよいでしょう。

妊娠初期

2か月

(4〜7週)

妊娠初期にとりたい栄養と食事

赤ちゃんは、ママのからだから栄養をもらって育つので、ママの食事はとても大切です。バランスよく規則正しく食べましょう。

鉄、カルシウムを積極的にとりましょう

まず必要となるのは、筋肉、皮膚などを構成するたんぱく質です。良質なたんぱく質源である魚、肉、大豆製品には、それぞれ異なった働きをもつ脂肪酸が含まれているので、まんべんなく食べることが大切です。

日本人に不足しがちな鉄とカルシウムは、とくに意識したいもの。妊娠中は赤ちゃんと胎盤を成長させるために大量の血液が必要なので、毎日の食事で鉄分をしっかりとりましょう。厚生労働省では、妊娠初期には鉄分を8〜8・5㎎とることを推奨しています。妊娠していないときの18〜49歳女性の鉄分の摂取推奨量は6〜6・5㎎なので、ふだんより多く必要ということになります。

カルシウムは赤ちゃんの骨や歯の形成に欠かせない栄養素。不足するとママの骨から溶け出すので、不足しないようにとりましょう。カルシウムは1日に６５０㎎とることが推奨されています。

また、脂質、食塩をとりすぎると高血圧になったり体重が増えすぎたりするので、過剰摂取に注意しましょう。

妊娠初期、とくに必要なのは葉酸

妊娠中でも、初期に意識してとりたい栄養素が葉酸です。葉酸はビタミンB群の一種で、赤ちゃんの脳と神経系の発達に大切。ママの貧血を防ぎ、疲労回復や食欲増進、精神安定の働きもあります。厚生労働省では、赤ちゃんの脳や脊髄の発達を助けるために、1日に４８０μgとることを推奨しています。葉酸はレバーや豆類、ほうれんそうやアスパラガスなどの緑黄色野菜に多く含まれます。

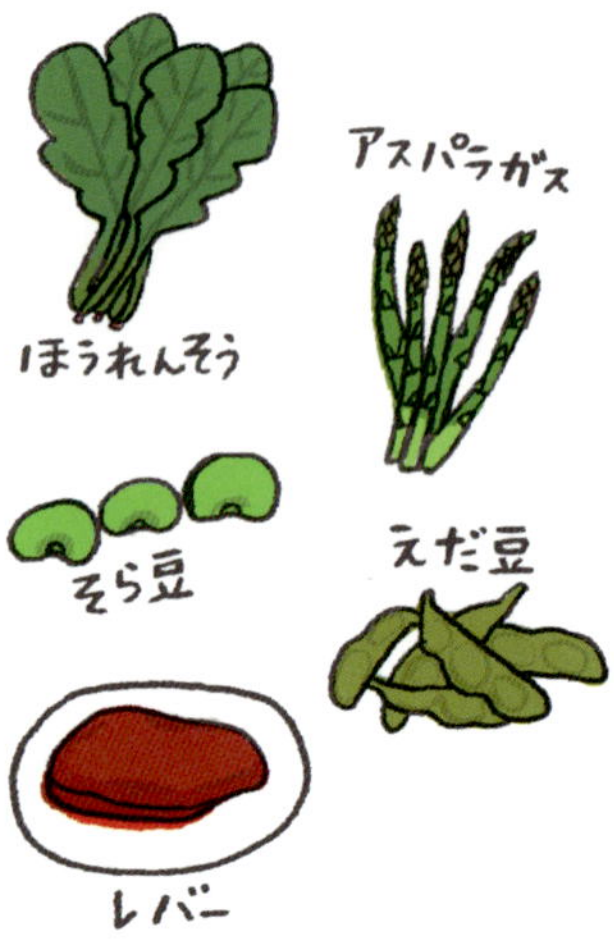

妊娠初期・食生活のポイント

❶ 食べられるとき食べる

つわりがひどくて食べられないときは、食べたいときに食べたいものを食べたいだけ食べればOK。

❷ 食事を何回かに分ける

気分が悪いときは、１回の食事を何回かに分けて、空腹にならないように気をつけましょう。

❸ 鉄分、カルシウム、葉酸を積極的に摂取

胎盤の形成のために鉄分を、赤ちゃんの骨格や脳の発達のためにカルシウム、葉酸を積極的にとりましょう。

❹ 食物繊維で便秘予防

ホルモンバランスの変化で便秘になりやすくなります。食物繊維を多くとって予防しましょう。

❺ 食中毒に気をつける

下痢は流産の原因になります。生ものからくる食中毒などには、十分気をつけましょう。

❻ 冷たいものに注意

妊娠中はからだを冷やさないことが鉄則。夏でも冷たいもののとりすぎに注意しましょう。

つわりのときの食事

空腹にならないよう、すぐに食べられるものを準備

ムカムカを感じる前に少しでも食べて、空腹を感じないようにしましょう。おにぎり、パンなどすぐに食べられるものを用意しておいたり、簡単に作れる料理を増やしたりしましょう。

口当たりのよいもの、酸味や香りで食欲増進

食欲がないときでも海藻や山いも、めん類などは口あたりがよく食べやすい食材です。酢やレモンなどのさわやかな酸味やカレー、ハーブの香りも食欲を増進させる作用があるので、料理に取り入れてみましょう。

水分補給はこまめに行いましょう

嘔吐が激しいと脱水症状になりがちです。水のほか、スポーツドリンク、ノンカフェインのお茶、野菜ジュースなどで水分補給をしましょう。また、三度の食事のうち、１～２回は汁ものを添えるのもよいでしょう。

栄養と食事Q&A

Q 子どものアレルギーが心配です。避けたほうがよいものはありますか？

A 妊娠中の食事では影響ありません

最近の研究で、赤ちゃんのアトピー性疾患の予防のために妊娠中にその原因となりうるものを食べないことは意味がないとわかりました。むやみに食事制限をしないようにしましょう。

Q 健康食品は、赤ちゃんのからだに影響ありますか？

A 過剰摂取すると赤ちゃんに影響が出るかも

基本的には食事から栄養をとりたいものですが、健康食品を利用する場合は、表示をよく見て過剰摂取しないことが重要です。サプリメント同様、栄養素によっては過剰症の心配があります。

Q 食品添加物や化学調味料は、どのくらい気をつけたほうがよいですか？

A とりすぎなければ問題ありません

加工食品には添加物や化学調味料が含まれていますが、店頭に並んでいるものはすべて厚労省から認可を受けたものばかり。同じ食品を極端に多くとらなければ、まず心配ないでしょう。

妊娠初期

3か月

(8〜11週)

からだの中が大きく変化し、つわりもピークに

見えないけれど赤ちゃんは急成長中！

妊娠3か月は、つわりの症状がいちばんつらくなる時期です。子宮の肥大でからだにさまざまな不調を感じる人が多くなります。代表的なのが、頻尿や便秘。子宮が大きくなると、その周辺にある膀胱や腸が圧迫されるために起こる症状です。また、個人差はありますが、子宮が大きくなることで子宮の筋肉や子宮を支える靭帯《じんたい》が引っ張られて、下腹部や足の付け根が痛むことがあります。無理せずからだを休めながら過ごしましょう。

2か月までは「胎芽《たいが》」とよばれていたおなかの中の赤ちゃんは、頭や胴体、手足がわかるようになってきて、「胎児」とよばれるまでに成長します。小さなからだにもかかわらず、超音波検査では力強い心音を聞くこともでき、赤ちゃんが生きていることを実感するでしょう。

出産について考える時間を。気になることはメモして

妊婦になったことに気持ちも慣れてきて、いろいろなことを落ち着いて考える時間をもてたら、出産方法について情報収集しておくとよいでしょう。

また、気持ちに余裕がもてると、日常生活のちょっとしたことも気になるもの。パーマやカラーリングの薬剤ははっきりと赤ちゃんにほとんど影響がありませんが、つわりが落ち着き、安定期に入ってからがおすすめ(→110ページ)。

パソコンの電磁波が気になるのであれば、電磁波をカットするエプロンを着用するなどの対策をしてみては。

不安なままだとストレスになることもあるので、健診で聞いたり対策したりしてすっきりした気持ちで過ごしましょう。

妊娠3か月のママのからだのようす

子宮が少しずつ大きくなり、便秘、乳房が張るなどの症状が

妊娠により女性ホルモンが増える影響に加えて、子宮が大きくなることにより、からだにさまざまな症状が現れます。

子宮はグレープフルーツほどになって、膀胱や腸を圧迫し始めるために頻尿で何度もトイレに行ったり、便秘になったりすることがあります。足の付け根が痛くなる人もいるでしょう。乳房が張る、チクチクと痛む、乳輪が黒ずむなどの変化も。新陳代謝が活発になるので、おりものが増える、汗をかきやすくなる人もいます。

胎盤が完成する４か月の終わりくらいまでは、流産の心配があるため、激しいスポーツやセックスは禁物。つわりがつらい時期でもあるので、無理のない生活を送りましょう。

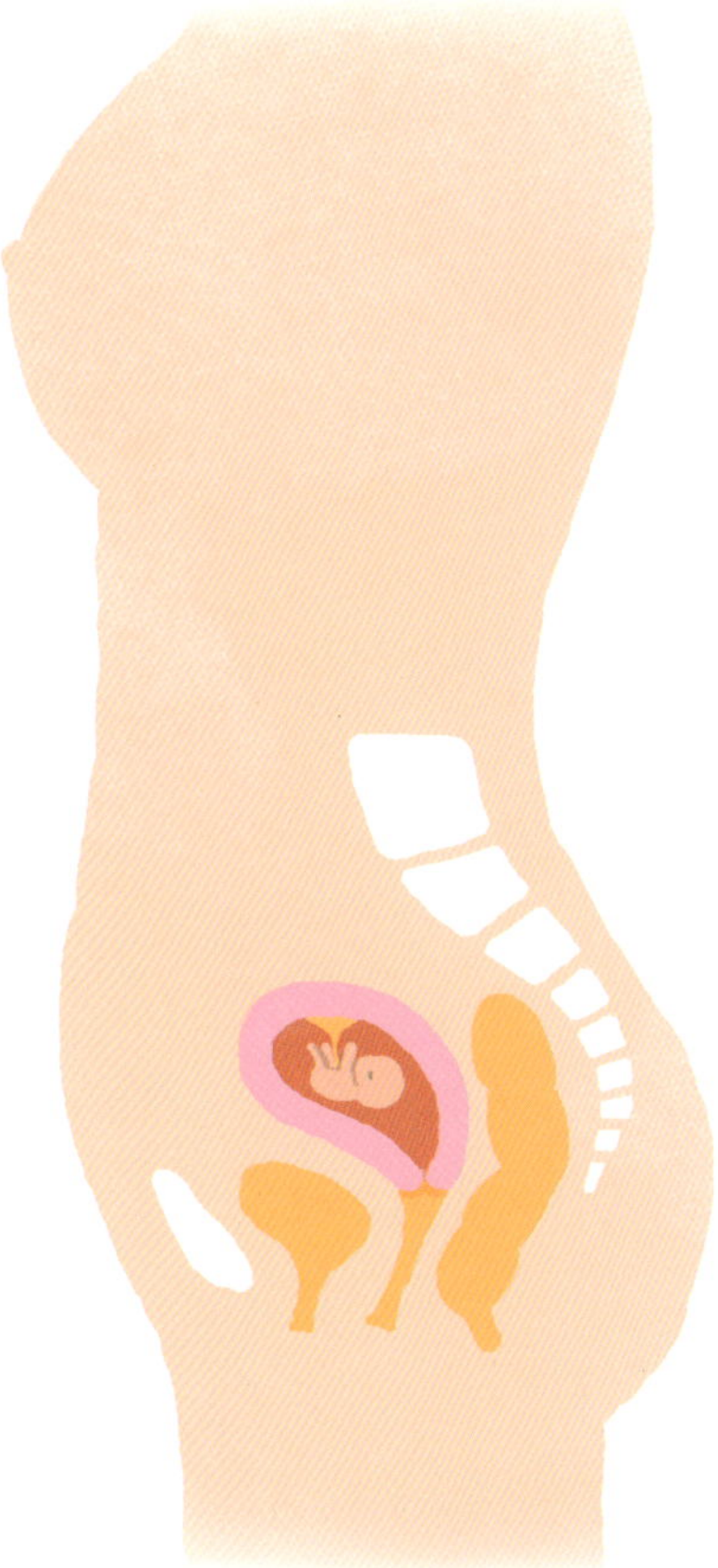

妊娠3か月の子宮の大きさ

グレープフルーツくらい

この時期気になること

便秘

バランスよい食事で予防を

妊娠前は便秘知らずだった人も、妊娠して黄体《おうたい》ホルモンの分泌量が増える影響で腸の動きが鈍くなるため、便秘になりやすくなり、それが原因で痔にもなります。便秘は妊娠中ずっと続く悩みなので、初期のうちから食物繊維をしっかりとり、バランスのよい食事で便秘予防の食生活を心がけましょう。

(⇒58ページ)

感染症

早期発見・早期治療を

風疹や梅毒などのさまざまな感染症は、赤ちゃんに影響を及ぼす可能性があります。早期発見・早期治療を心がけるには、定期的に健診を受ける必要があります。ペットを飼っている人は、排泄物の処理に注意。妊娠がわかってから、新たに飼うのは感染症予防のために避けたほうがよいでしょう。

(⇒62ページ)

肌トラブル

出産すれば治まります

妊娠すると黄体ホルモンの分泌が続き、肌の状態が不安定になりやすくなります。シミができたり、濃くなったり、ニキビができたりします。中には髪がパサついたり、抜け毛が増えたり、体毛が濃くなったりする人も。このような変化は、妊娠中の一時的なもの。出産してホルモンバランスが戻れば治まります。

妊娠3か月の赤ちゃんのようす

身長	約5cm
体重	約30g

※身長・体重は、妊娠11週のものです。

　赤ちゃんはこれまで2頭身で「胎芽《たいが》」とよばれていましたが、3頭身になり「胎児」とよばれるようになります。頭、胴体、手足の区別がはっきりついてくるほか、心臓、肝臓、肺などの臓器の基本的な形ができあがっています。この時期は、まだ卵黄嚢《らんおうのう》という栄養の袋から栄養をもらっています。胎盤は大急ぎでつくられているところなので未完成ですが、へその緒を通してお母さんからの栄養補給も少しずつ始まっています。

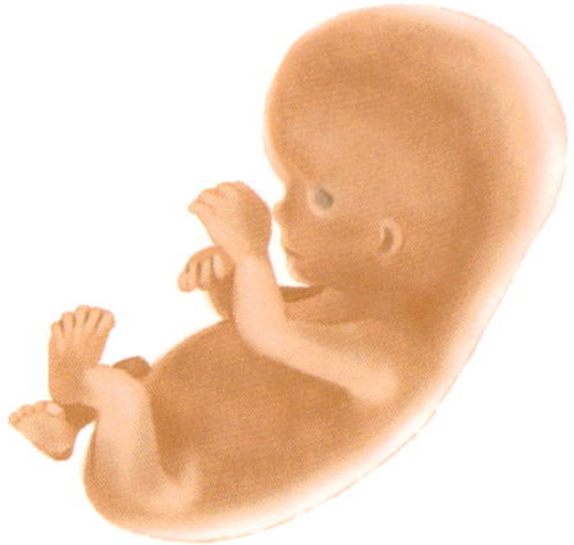

実物大

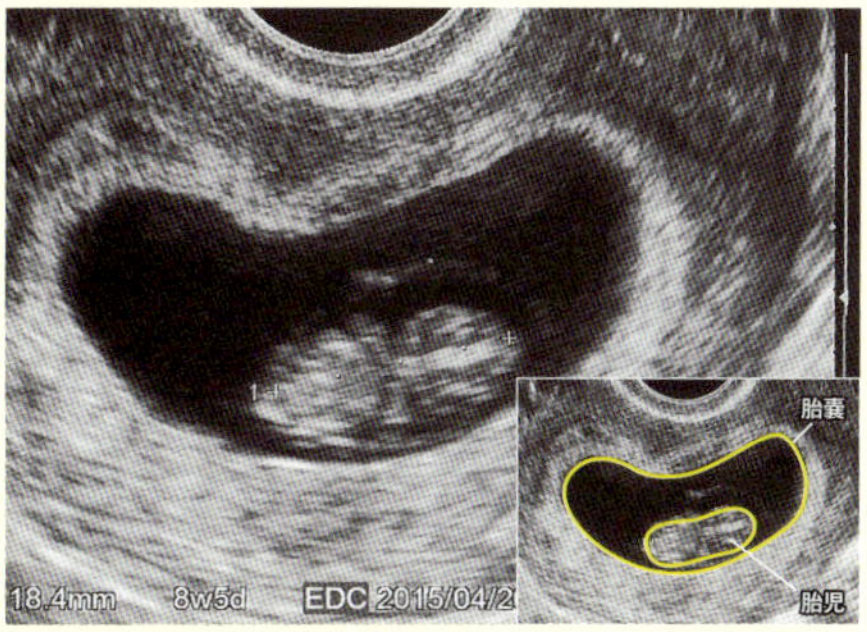

妊娠８週

からだや手足を自発的に動かすように

この時期の赤ちゃんには、何かに触れたときに起こる反射作用がすでに備わっているため、頭に何かが触れると逆方向を向くようになります。脳や筋肉、神経系が発達してくると、からだや手足に自発的な動きが見られることも。顔の形、鼻、口を形成するための準備が始まり、目は草食動物のように頭の横にありますが、まぶたができるなどものすごく発達。手のひらに溝ができて指が生える準備が整うと、短い指が現れます。

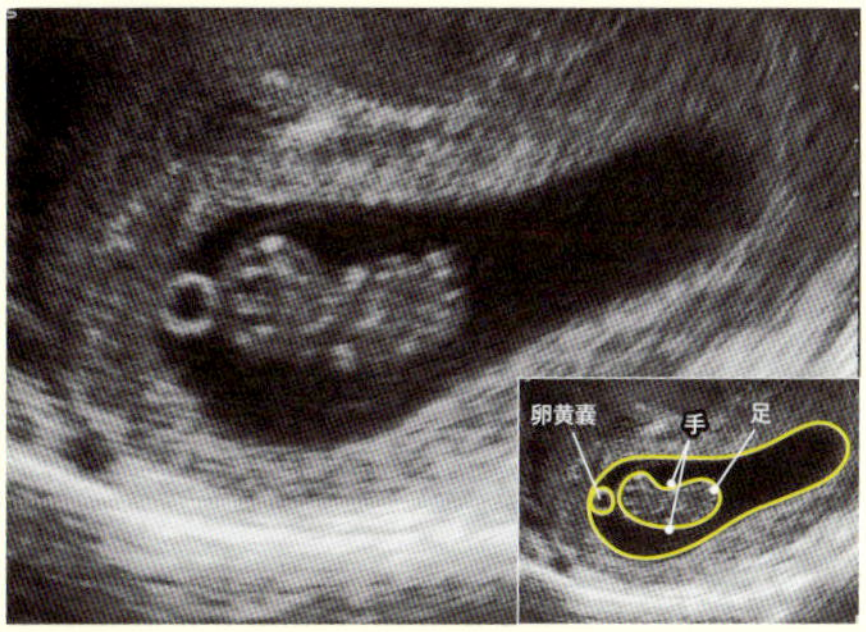

妊娠９週

脳がますます発達し、生殖器も形成スタート

骨の形成、脳の表面の発達などが始まります。顔は丸くなり、目には網膜の中の色素、舌には味覚を感じる器官ができ始め、鼻もほとんど完成します。生殖器の発達がスタートしますが、超音波検査で性別がわかるのはまだ先。この時期の胎児の大きさは、23～28㎜ほどで500円玉くらい。まだ個人差がないので、頭殿長（座高）から出産予定日を割り出し、必要があれば予定日を修正することがあります。

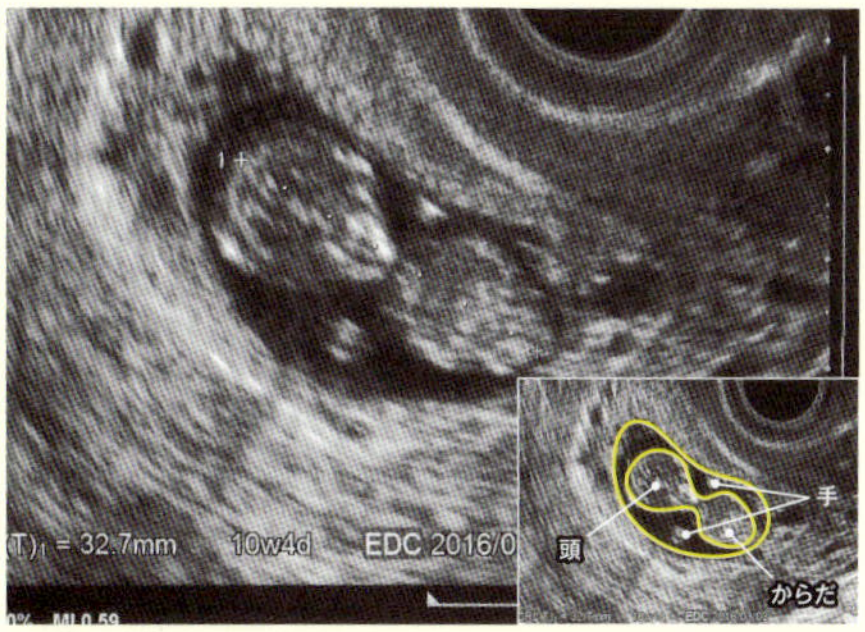

妊娠10週

赤ちゃんが人間らしい形に発達します

ママの吐き気が強くなり、つわりのピークを迎えようとするこのころ、おなかの中では赤ちゃんが猛スピードで成長しています。手足のつめや髪の毛のもとが出現。骨はだんだんかたくなり、丸まっていたからだはまっすぐになって、新生児に近づいてきました。骨の関節も大人に近い形まで成長しています。また、まぶたが発達し、赤ちゃんは目が閉じられるようになります。性器も発達を続け、男の子は睾丸が認識できるようになります。

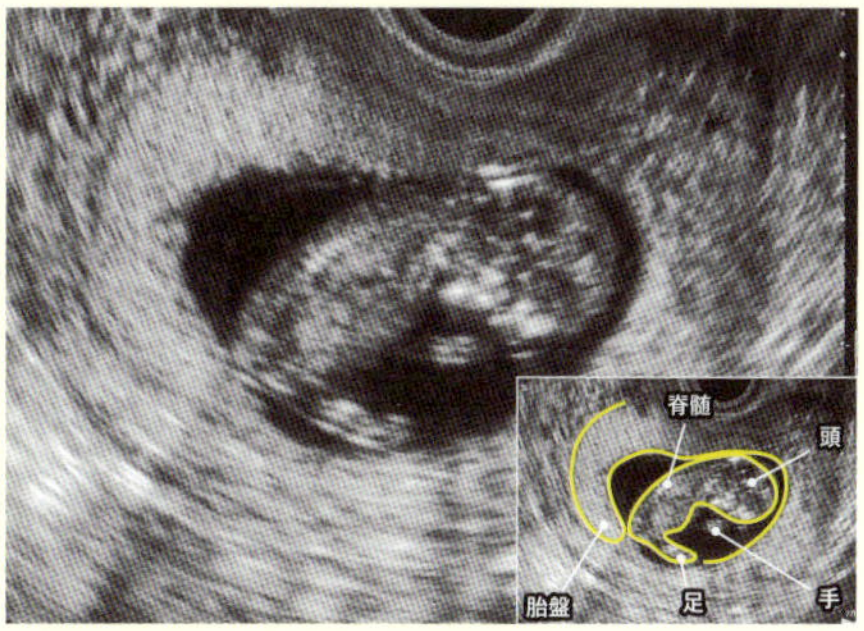

妊娠11週

腎臓で尿がつくられ、羊水に排出するように

腎臓で少しずつ尿がつくられるようになると、その尿は羊水に排出されます。羊水は消毒されて交換され、赤ちゃんは羊水を飲んで、また尿となって羊水へ。このように羊水が常に入れ替わることできれいに保たれています。羊水、子宮、尿は完全な無菌状態です。胃腸、腎臓、膀胱などの泌尿器系の機能も発達していきます。へその緒にあった腸が赤ちゃんの体内におさまり、消化器官が消化の練習を始めます。

妊娠初期

3か月

（8〜11週）

母子健康手帳をもらおう

妊娠期から乳幼児期までの健康に関する重要な情報が、1冊の手帳で管理できる母子健康手帳。役所でもらうことができます。

妊娠中から出産後まで使う記録です

母子健康手帳は、ママの妊娠中から産後までと、子どもの新生児期から乳幼児期までの健康記録を必要に応じて医療関係者が記載する手帳です。ママ自身も記入し管理できるように工夫されていたり、妊娠、出産や子育てについて信頼できる情報が提供されていたりと、母子保健の優れたツールです。小学校入学以降も、予防接種のたびに必要になります。

妊娠が確定したら、住民票がある市区町村の役所、または保健所に「妊娠届出書」を出します。妊娠届は、役所においてある「妊娠届出書」の用紙に記入・捺印して提出。本人がつわりなどで出向けないときは代理の人でも可能です。自治体に妊娠届を出すと、妊婦健康診査の受診票や補助券がもらえたり、両親学級へ無料で参加できたりするなど、さまざまなサービスが受けられます。

母子健康手帳は、妊娠届を提出したら子ども1人につき1冊もらえ、双子の場合は2冊もらえます。母子健康手帳をもらったら、健診のたびに病産院に提出して、検査結果を記入してもらいましょう。

また、外出のときには携帯し、緊急の場合にはじめてかかる医師にもママの状態がわかるように備えておきましょう。

母子健康手帳をもらうまで

妊娠届提出

妊娠届には、住所、氏名、生年月日、妊娠週数や、受診機関の住所などを記入する欄もあります。また、自治体によっては病産院の妊娠証明書が必要な場合もあるので、事前に電話で確認しておくとよいでしょう。

↓

母子健康手帳の交付
保健バッグをもらう

妊娠届を出すと、母子健康手帳が交付されます。そのほか、妊婦健康診査受診票、新生児連絡票、両親学級の案内、自治体ごとの妊娠や子育てに関する情報が入った保健バッグなどもあわせてもらうことができます。

受けられる行政サービス

- **妊婦健康診査受診票**…多くの市区町村で、健診費用の一部を助成する制度があります。
- **新生児連絡票**…連絡票を保健所に送ると、新生児訪問や乳幼児健診、予防接種の案内状などを準備してくれます。
- **両親学級の案内**…市区町村で開催されている両親学級では、妊娠、出産、育児に関する情報を得ることができます。無料で参加できるので活用しましょう。

※自治体によって異なることもあるので、詳しくは問い合わせてください。

母子健康手帳を見てみよう！

おもな内容

・妊婦の健康状態　・妊娠中の経過記録　・出産の状態、出産後の母体の経過
・新生児の経過、乳幼児健診の記録　・予防接種、歯科検診の記録
・妊娠・出産のアドバイス

妊娠中の記入ページ

妊婦自身が記入するページには、最終月経開始日、妊娠判明後の初診日、はじめて胎動を感じた日、出産予定日などを記入します。ほかにも妊娠週数に合わせて、医師に聞きたいことや自分の気持ちを記入する欄もあり、妊娠中の自分自身の記録にもなります。

妊婦健診時に記入するのは、妊娠週数、体重、血圧、むくみの有無、尿検査の結果などで、医師が記入します。妊娠中期以降は、腹囲測定の数値も記入します。

・医師が記入するページ

妊　婦　中　の　経　過

妊娠

診察月日	妊娠週数-日	子宮底長	腹囲	体重妊娠前の体重( )	血圧	浮腫	尿蛋白	尿糖	その他の検査(血液検査、血糖、超音波など)	特記事項(安静・休業などの指示や切迫早産等の産科疾患や合併症など)	施設名又は担当者名
/	-	cm	cm	kg		−+#	−+#	−+#			
/	-					−+#	−+#	−+#			
/	-					−+#	−+#	−+#			
/	-					−+#	−+#	−+#			
/	-					−+#	−+#	−+#			
/	-					−+#	−+#	−+#			
/	-					−+#	−+#	−+#			
/	-					−+#	−+#	−+#			
/	-					−+#	−+#	−+#			
/	-					−+#	−+#	−+#			
/	-					−+#	−+#	−+#			
/	-					−+#	−+#	−+#			
/	-					−+#	−+#	−+#			
/	-					−+#	−+#	−+#			
/	-					−+#	−+#	−+#			

妊娠

※妊婦健康診査を受けるときはもちろん、外出時はいつも持参しましょう。

・ママが記入するページ

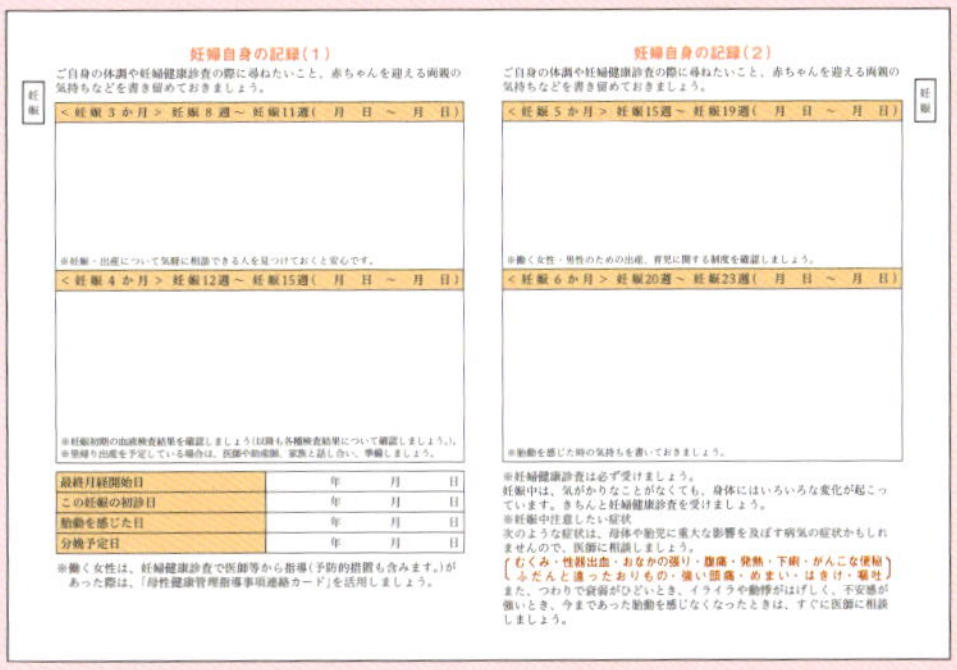

妊娠

妊婦自身の記録(1)

ご自身の体調や妊婦健康診査の際に尋ねたいこと、赤ちゃんを迎える両親の気持ちなどを書き留めておきましょう。

＜妊娠3か月＞ 妊娠8週～妊娠11週(　月　日 ～　月　日)

※妊娠・出産について気軽に相談できる人を見つけておくと安心です。

＜妊娠4か月＞ 妊娠12週～妊娠15週(　月　日 ～　月　日)

※妊娠初期の血液検査結果を確認しましょう(以降も各種検査結果について確認しましょう。)。
※里帰り出産を予定している場合は、医師や助産師、家族と話し合い、準備しましょう。

最終月経開始日	年　月　日
この妊娠の初診日	年　月　日
胎動を感じた日	年　月　日
分娩予定日	年　月　日

※働く女性は、妊婦健康診査で医師等から指導(予防的措置も含みます。)があった際は、「母性健康管理指導事項連絡カード」を活用しましょう。

妊娠

妊婦自身の記録(2)

ご自身の体調や妊婦健康診査の際に尋ねたいこと、赤ちゃんを迎える両親の気持ちなどを書き留めておきましょう。

＜妊娠5か月＞ 妊娠15週～妊娠19週(　月　日 ～　月　日)

※働く女性・男性のための出産、育児に関する制度を確認しましょう。

＜妊娠6か月＞ 妊娠20週～妊娠23週(　月　日 ～　月　日)

※胎動を感じた時の気持ちを書いておきましょう。

※妊婦健康診査は必ず受けましょう。
妊娠中は、気がかりなことがなくても、身体にはいろいろな変化が起こっています。きちんと妊婦健康診査を受けましょう。
※妊娠中注意したい症状
次のような症状は、母体や胎児に重大な影響を及ぼす病気の症状かもしれませんので、医師に相談しましょう。
〔むくみ・性器出血・おなかの張り・腹痛・発熱・下痢・がんこな便秘・ふだんと違ったおりもの・強い頭痛・めまい・はきけ・嘔吐〕
また、つわりで食欲がひどいとき、イライラや動悸がはげしく、不安感が強いとき、今まであった胎動を感じなくなったときは、すぐに医師に相談しましょう。

出産・産後の記入ページ

出産時の分娩時間や出血量、分娩の経過などの出産状況のほか、入院中のママの健康状態や赤ちゃんの身長や体重、ビタミンK_2シロップの投与など、新生児のことを記録します。

退院後は、赤ちゃんの1か月健診などの結果を医師や保健師が記入します。子どもの発育の目安が確認できるページもあり、わが子の成長を客観的に確認するのに役立ちます。予防接種の記録、赤ちゃんの身長、体重の記録なども書き込めるようになっています。予防接種は小学校入学後も行うものがあり、過去の接種状況を確認するためにも手帳が必要になります。大切に保管しておきましょう。

・出産

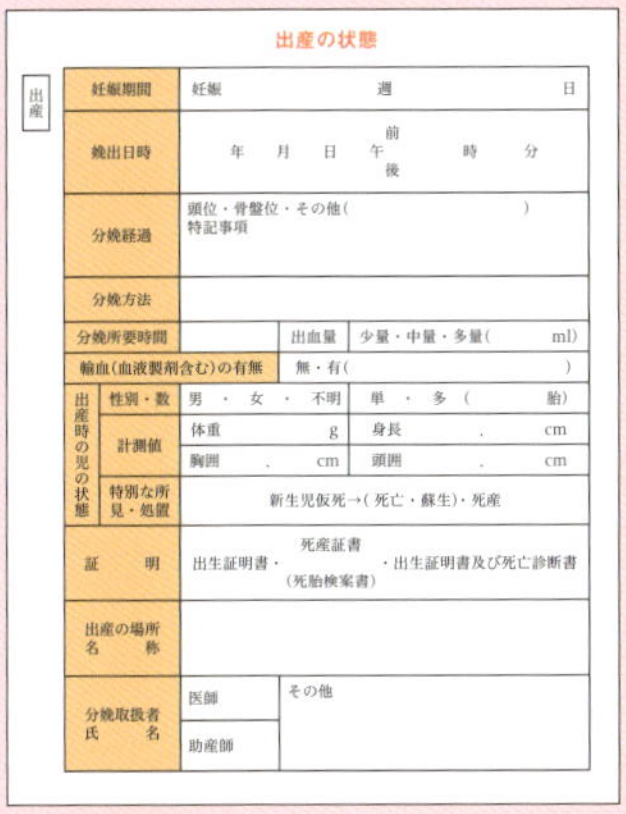

出産の状態

出産

妊娠期間		妊娠　週　日		
娩出日時		年　月　日　午前/午後　時　分		
分娩経過		頭位・骨盤位・その他(　) 特記事項		
分娩方法				
分娩所要時間			出血量	少量・中量・多量(　ml)
輸血(血液製剤含む)の有無		無・有(　)		
出産時の児の状態	性別・数	男・女・不明		単・多(　胎)
	計測値	体重　g		身長　.　cm
		胸囲　.　cm		頭囲　.　cm
	特別な所見・処置	新生児仮死→(死亡・蘇生)・死産		
証明		出生証明書・死産証書(死胎検案書)・出生証明書及び死亡診断書		
出産の場所名称				
分娩取扱者氏名		医師	その他	
		助産師		

・産後

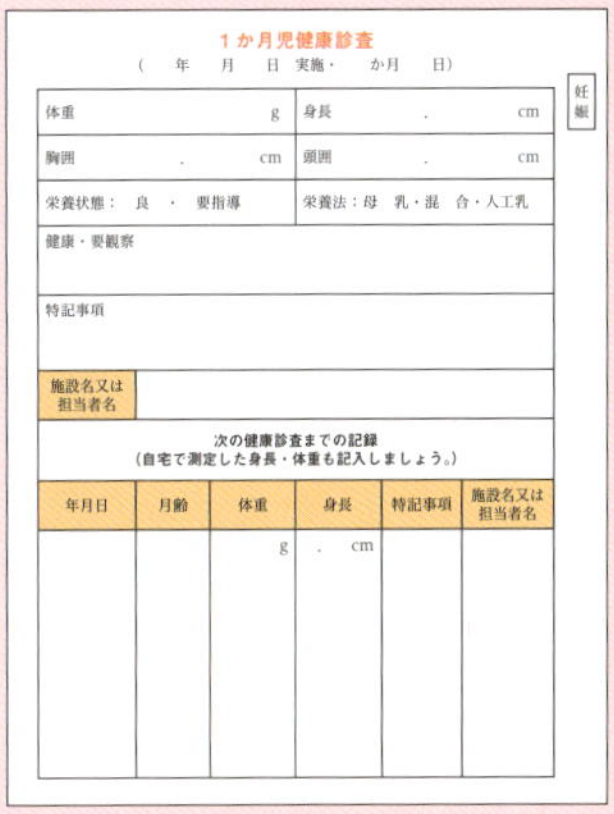

1か月児健康診査

(　年　月　日 実施・　か月　日)

妊娠

体重　g	身長　.　cm
胸囲　.　cm	頭囲　.　cm
栄養状態：良・要指導	栄養法：母乳・混合・人工乳
健康・要観察	
特記事項	
施設名又は担当者名	

次の健康診査までの記録
(自宅で測定した身長・体重も記入しましょう。)

年月日	月齢	体重	身長	特記事項	施設名又は担当者名
		g	.　cm		

妊娠初期

3か月

(8～11週)

働くママ①
職場への報告

妊娠したことを職場へ報告し、さまざまな面で協力を求めることが必要です。安全な妊娠生活のために早めに報告を行いましょう。

職場へ報告して今後に備えましょう

妊娠は喜ばしいことですが、働いているママにとっては「いつまで働くのか」「出産後はどうするのか」など、いろいろと考えなければならないことが発生します。重労働はできませんが、妊娠しても働き続けられることは労働基準法や男女雇用機会均等法によって保障されています。職場と相談し、からだに無理をかけない妊娠生活を送りましょう。

妊娠がわかったら直属の上司などに早めに報告します。妊娠初期はつわりで体調がすぐれなかったり、休んだりしなければならないこともあります。妊婦が働くためには周囲のサポートが欠かせません。妊娠を機に退職したり、産休や育休をとったりするので職場の人事にも影響します。早めに報告してゆったりとした気持ちで仕事を続けましょう。

仕事を続けるかやめるか悩むこともあるでしょう。仕事に対する意欲、続けるメリット、夫婦の収入、産後も働きやすい職場かどうか、保育園事情、どんな子育てをしたいかなどをよく考え、パパと相談したうえで決断しましょう。

体調が悪いときは会社へ申請を

「母性健康管理指導事項連絡カード」は、つわりや妊娠高血圧症候群などで体調が悪く、医師や助産師から指導を受けた場合、休みをとりやすくするための申請書です。医師や助産師が記入したものを事業主へ提出すると、労働時間の短縮や通院休暇などの取得が可能になります。病産院でもらえるほか、厚生労働省のホームページからもダウンロードが可能。詳しくは各自治体に確認しましょう。

通勤・職場で気をつけたいこと

通勤中

満員電車に注意

混雑する電車は圧迫される危険性があるので、ラッシュを避けましょう。妊娠初期は体形の変化がないので気づかれにくいため席を譲られることが少ないもの。なるべく空いた車両を選び、気分が悪くなったら迷わず途中下車をして休みましょう。

時差通勤の考慮

妊婦の時差通勤や勤務時間の短縮は、考慮されるよう法律で定められています。ラッシュ時の通勤は危険です。満員電車を避けるためにも、通勤時間をずらしてもらえるように上司に相談しましょう。

無理な作業をしない

長時間の勤務はからだに負担がかかるもの。残業や夜勤などは控えましょう。外回りや出張も無理に頑張ると、かえって職場に迷惑がかかる恐れもあります。体調に自信がないときは、きっぱりと断ったほうがよいでしょう。

冷え対策

夏場の冷房による冷えは、妊婦のからだによくありません。ブランケットを掛けたり、カーディガンを羽織ったりしてからだの冷えを防ぎましょう。あまりにも寒いのであれば、設定温度を上げてもらってもよいでしょう。

仕事中

休憩の配慮

妊婦は、休憩時間の延長や休憩回数の増加、休憩時間帯の変更などが法律で定められています。休憩がとりやすい環境を確保したいということも、申し出ることができます。つらいときは上司に相談しましょう。

つわり対策

仕事中でも食べられる一口サイズのあめやガムは重宝します。気分が悪いときは無理をせず周囲の人に告げて休みましょう。からだがラクな服を着たり、眠気防止に気分転換になる作業をしたりなどの工夫も必要です。

同じ姿勢を続けない

立ちっぱなしや座りっぱなしなど、長時間同じ姿勢でいると疲労がたまります。おなかが大きくなるとなおさら。立ち仕事は代わってもらったり、座りっぱなしの人は時々からだを動かしたりして血液循環を促しましょう。

ママをサポートしてくれる法律

これらの法律は妊婦の健康を守り、働きながら安心して子どもを産むために定められているもので、事業主は守る義務があります。妊娠がわかったら職場に報告するとともに、通勤時間や業務内容などの希望を伝えるとよいでしょう。

男女雇用機会均等法

「妊娠、出産、産休を理由に解雇できない」「保健指導または健康診査を受けるための時間を確保しなければならない」などのほか、「妊娠中の通勤緩和」「妊娠中の休憩に関する措置」や「妊娠・出産等を理由とする不利益取り扱いの禁止」などについて定められています。妊婦の申請により適用されます。

労働基準法

「重量物の取り扱いや危険有害業務から転換させなくてはならない」「時間外・休日・深夜労働の禁止」「産前6週間（多胎妊娠の場合は14週間）、産後は8週間就業させることはできない」「産前産後30日は解雇できない」などが妊婦の申請に基づいて適用される法律です。

3か月 妊娠初期
(8〜11週)

便秘と痔のケアをしよう

妊娠中は子宮が大きくなればなるほど便秘になりやすく、便秘が続くと痔になる心配も出てきます。食生活と運動で予防しましょう。

食物繊維の多い食事で便秘予防

この時期おなかの見た目に変化はありませんが、子宮の大きさはグレープフルーツ大くらいになり、腸を圧迫し始めています。そのため、便秘に悩まされる人も少なくありません。便秘がひどくなると、かたい便を出そうとして無理にいきみ、肛門周辺に傷がついて痔になることがあります。妊娠中は、つねに便秘になりやすい状態です。便秘を予防する食生活や生活習慣を心がけましょう。

食事では食物繊維を多めにとることが予防、改善になります。食物繊維には2種類あり、水分を吸収して便のカサを増やすことで便意を起こしやすくする不溶性食物繊維と、腸内で水分を含み、便をやわらかくして排泄を促す水溶性食物繊維があります。不溶性食物繊維はごぼうやきのこ、豆類などに多く含まれ、水溶性食物繊維は海藻類や果物などに多く含まれています。どちらもバランスよく1日20〜25gとるようにしましょう。また、便秘解消には水分も必要です。1日1〜2ℓを目安にとるとよいでしょう。

腸内環境をよくするための乳酸菌も効果的。腸内細菌のバランスを整える働きがあるヨーグルトや納豆、キムチ、味噌などの発酵食品も取り入れましょう。

なかには下痢になる人も。こちらもホルモンの影響です。食生活の改善で、あわせて予防しましょう。

妊娠中に便秘・痔になるわけ

腸の動きが鈍くなる

- ホルモンの増加
- 子宮の増大
- 運動不足
- からだの冷え
- バランスの悪い食生活

→ 便秘 →

痔になる

妊娠中に起こるのは切れ痔か、いぼ痔といわれています。

- **切れ痔**
強くいきんだときに、肛門周辺の粘膜が傷ついたり、肛門が切れたりする状態。多くは薬で治ります。
- **いぼ痔**
肛門付近の血行が悪くなり、血管の一部がしこりになった状態。手術が必要なこともあります。

便秘予防＆解消のコツ

便秘は食事や生活習慣との関係が密接です。便秘予防のために食事の内容を工夫し、運動もするなど、生活を改善していきましょう。

1 毎朝、1杯の水を飲む

寝ているときに低下していた胃腸の運動を活発にするため、起きたらすぐにコップ1杯の水や牛乳を飲みましょう。前日の夜に食事をきちんと食べていることが大前提。便意を感じたらがまんせずにすぐにトイレへ。

2 適度な運動をする

運動をすることによって、腸が刺激されて便意を感じたり、血液のめぐりが促進されたりするので、散歩や軽いストレッチ、家事など、できる範囲で軽く汗をかくくらいの運動をするようにしましょう。

3 からだを冷やさない

からだが冷えていると腸の動きも鈍ります。肌の露出を避けてからだが締めつけられない服装を心がけ、入浴はシャワーだけでなくお湯につかってからだを温めましょう。手足の冷えが気になる人は、手浴・足浴もおすすめ。

4 ストレスをためない

自律神経のバランスの乱れも便秘の原因となります。運動をしたり、好きなことに夢中になったりしてストレスをためない生活をすることも必要です。ゆったりとリラックスする時間をもちましょう。

どうしても治らないときは……

便秘が改善せず3～4日以上出ない、おなかが張って苦しい、便がかたくて出るまでに時間がかかるなどの場合は医師に相談を。赤ちゃんに影響しない便秘薬を処方してくれます。

食事のコツ

水溶性＆不溶性の食物繊維をとる

便のカサを増やす不溶性食物繊維、便をやわらかくする水溶性食物繊維の両方をとるようにしましょう。不溶性食物繊維を多く含む食品はかぼちゃ、きのこ類、さつまいも、アボカドなど。水溶性食物繊維を多く含む食品はいちご、いちじく、寒天、こんにゃく、わかめなどです。栄養素が逃げないよう、煮たり蒸したりする調理法がおすすめ。

乳酸菌とオリゴ糖で整腸効果を

乳酸菌には、腸内の環境を整えて善玉菌の活動を活発化させ、腸のぜん動運動を促す働きがあります。ヨーグルトやチーズ、キムチ、味噌などの発酵食品に多く含まれています。乳酸菌の効果をより高めるために、乳酸菌の大好物であるオリゴ糖を一緒にとりましょう。オリゴ糖はそのまま腸まで届くので、乳酸菌を増やしてくれます。

バランスのよい規則正しい食生活をする

便秘だからといって「こんにゃくだけ」「きのこだけ」だと栄養が偏ってしまいます。ごはんやパン、肉、魚、野菜、果物、いも類、きのこ類、海藻類など多くの種類の食品を適量とるようにしましょう。1日3食きちんととり、朝起きたら牛乳や水を飲んで、トイレに行くことを習慣づけるだけでも徐々に改善されていきます。

妊娠初期

3か月

(8～11週)

高齢出産で気をつけたいこととは

女性の社会進出が一般的な現在、妊娠する年齢が上がっています。高齢出産にはリスクがありますがプラス面もあります。

35歳以上の初産はリスクが高くなります

一般的に「高齢出産」とは、35歳以上ではじめて出産する人のことをいいます。

医療の進歩により、高齢出産でも安全に出産することができるようになりましたが、20代の出産に比べるとトラブルの確率が高くなっています。例えば、生活習慣病の兆候や内臓機能の低下によって妊娠高血圧症候群や妊娠糖尿病の発症率が上がる、生殖機能の衰えにより流産の確率が上がるほか、子宮口や産道も年齢とともにかたくなるため出産が長引く傾向もあります。しかし、必ずしもこのようなケースに見舞われるわけではありません。多くの人がトラブルなく、無事に赤ちゃんを産んでいることにも目を向けましょう。

また、高齢出産で心配なのが、染色体異常です。ママの年齢が上がるごとに染色体異常の赤ちゃんが生まれる確率が上がるという医師からの説明に、不安を感じている人も多いでしょう。とくにダウン症については、初産でなくても発症の確率が上がることがわかっています。妊娠前に赤ちゃんに異常がないかを知ることができる「出生前検査《しゅっせいぜんけんさ》」という検査があります。しかし、検査ですべてがわかるわけではありません。異常が見つかった場合どうするかという問題もあります。家族とよく話し合って検査を受けるか決めましょう。

出生前検査ってなんだろう？

妊娠中に、赤ちゃんに異常がないかどうかの検査することを、「出生前検査」といいます。遺伝子異常や染色体異常、代謝異常などさまざまな病気をある程度見つけることができる検査です。パパ、ママのどちらかが遺伝子病の保因者であるとき、高齢出産であるときは、出生前検査をするかどうか医師からたずねられることがあります。また、高齢出産の場合、赤ちゃんが健康であるという安心感を得たいという思いから、ママ側から検査を受けたいと希望する人も増えています。気軽に受けられるものではないので、医師から検査内容やママと赤ちゃんのリスクについての説明をよく聞いたうえで、家族で話し合い検討しましょう。

塩分や糖分、脂肪分のとりすぎに注意

高齢のママが妊娠生活で注意したい症状はふたつ。ひとつは、妊娠高血圧症候群。年齢による肥満や高血圧などが原因になる可能性も。体重コントロール、バランスのよい食事、十分な休息を心がければ、リスクを低くすることができます。

もうひとつは妊娠糖尿病です。糖尿病は遺伝的な要素に加え、年齢が高くなるにつれ発症しやすくなります。糖分と脂肪分を控えた食事を心がけましょう。

産後のからだの回復も、34歳以下のママと比べると時間がかかるといわれています。産後はとくに疲れやすく、若いママでもお世話と家事の両立は大変。家事は完璧を求めず「まぁ、いいか」の気持ちをもつことが大切です。

こんなにある！ 高齢出産のプラス面

- 精神的余裕がある
- 経済的余裕がある

- いろいろな出産経験者の話が聞ける
- 妊娠・出産に対しての勉強意欲がある

- 子育てパワーで若返る
- からだを上手にケアできる

母体血清マーカー検査

ママの血液中の成分を測定し、ダウン症などの確率を知ることがおもな目的です。確実な診断ではなく、診断の確定には羊水検査が必要。年齢におけるダウン症出産率をもとに計算されるので、高齢ママの場合、母体血清マーカー検査の結果の確率も高くなる傾向があります。

羊水検査

子宮に針を刺し、羊水を採取して胎児の染色体や遺伝子を調べる方法。羊水をもとに胎児の皮膚や細胞を1～2週間培養して調べ、胎児の染色体の異常や先天性の病気の有無を調べます。

無侵襲的出生前遺伝学的検査（新型出生前診断）

新しい出生前遺伝学的検査です。ママの血液に含まれている胎児の染色体を、最新の医療技術を用いて検出するものです。母体血清マーカー検査に比べて精度が非常に高いですが、確実に診断できるわけではありません。結果が陰性の場合は異常がないといえますが、陽性と診断された場合は、羊水検査などの確定検査をする必要があります。

妊娠初期

3か月

(8～11週)

感染症に気をつけよう

妊娠中に病気に感染した場合、赤ちゃんへの影響が心配です。早期発見のためにも妊婦健診は必ず受けましょう。

感染症は早期発見、早期治療が肝心

妊娠中にママが感染症を患うと、赤ちゃんにも感染して重症化してしまうこともあるので、感染症によっては十分な注意が必要です。

妊娠中は薬の服用に制限があり、つらい症状に悩まされたり治療そのものがむずかしくなったりすることがあります。完全に予防することはできませんが、予防を心がけ、気になる症状があるときはすぐに医師に相談しましょう。また、定期的に妊婦健診や血液検査をきちんと受けるようにし、早期発見、早期治療につとめることが何より大切です。

＊感染症の種類＊

●インフルエンザ

原因 インフルエンザウイルスに感染することで発症します。

感染したら 治療は抗インフルエンザ薬の投与が一般的。妊娠中は症状が悪化しやすいので注意が必要です。妊婦でも予防接種が可能で、妊娠中にワクチン接種すると生まれた赤ちゃんの予防にも役立つことがわかっています。免疫効果が成立するまでには2週間ほど要するので、流行する前に接種しましょう。予防のために、人ごみを避け、手洗い、うがいを心がけて。

赤ちゃんへの影響 ママが感染しても赤ちゃんに影響することはほぼありませんが、早産率が高くなるといわれています。

感染経路にはどんなものがあるの？

ママ

空気感染	空気中を浮遊している細菌やウイルスなどを直接吸い込むことによって感染する。
飛沫感染	せきやくしゃみで放出された病原体が粘膜に付着したり、吸い込んだりして感染。
接触感染	ウイルスが付着した手すりやドアノブを触った手で、目や鼻、口などに触れて感染する。
血液感染	注射や輸血などの医療行為や、外傷による出血が粘膜に触れて感染する。

ママから赤ちゃんへ

胎内感染
胎盤を通して血液から感染する場合と、子宮頸部や膣に存在する病原体が感染する場合がある。

産道感染
胎盤からママの血液がもれて感染する場合と、産道を通るときに直接感染する場合がある。

経母乳感染
産後の授乳による感染。

●風疹《ふうしん》

原因 「三日ばしか」ともいわれ、風疹ウイルスに感染することで発症します。

感染したら 軽い発熱やからだ全体に赤い発疹が出ますが、症状があまりない人もいます。3日ほどで自然に治ります。妊娠初期の血液検査で、ママの抗体の有無を確認することができます。抗体がない人や低い人は人ごみを避け、手洗い、うがいをして予防しましょう。

赤ちゃんへの影響 妊娠12週までに感染すると、赤ちゃんへ感染する確率が高く、白内障や難聴、心臓の障害など「先天性風疹症候群」という障害をもって生まれてくることがあります。

●りんご病

原因 伝染性紅斑《こうはん》といい、パルボウイルスが原因で発症します。

感染したら 頬がりんごのように赤くなるほか、手足に紅斑ができ、発熱や関節痛なども起こります。とくに治療薬はなく自然によくなるのを待ちます。飛沫感染するため、外出時はマスクの着用を。

赤ちゃんへの影響 「胎児水腫《すいしゅ》」になり、流産や早産の可能性が高まります。

●水痘《すいとう》

原因 いわゆる「みずぼうそう」のことで、水痘・帯状疱疹ウイルスが原因。

感染したら 顔や全身に出た発疹が水泡になり、発熱することがあります。自然に治るのを待ちますが、妊娠中に初感染すると重症化する可能性があるため、抗ウイルス薬を使うことも。妊娠前なら予防接種を受けておくと安心ですが、妊娠中に抗体がないとわかったら人ごみを避け、外出時はマスクを着用しましょう。

赤ちゃんへの影響 妊娠初期にママが感染すると、流産や胎児の発育不良を起こすことがまれにあります。

●サイトメガロウイルス

原因 ヘルペスウイルスの一種で、成人の60～90%が知らないうちに感染しているといわれています。

感染したら 発熱やくしゃみなど風邪に似た症状が出ますが、1週間ほどでよくなります。飛沫感染、接触感染のほか、セックスでも感染することがあるので、コンドームの着用を忘れずに。

赤ちゃんへの影響 流産、死産、新生児死亡のリスクが高まります。

●リステリア

原因 加熱殺菌していないナチュラルチーズ、生ハム、肉や魚のパテ、サラダなどの食品を介して感染する食中毒菌です。

感染したら 健康な成人なら症状が出ないこともありますが、妊娠中は発熱や頭痛、関節痛を起こし、重症化すると髄膜炎や敗血症を起こすことがあります。生ものはできるだけ避け、生野菜や果物は、十分に洗ってから食べましょう。

赤ちゃんへの影響 流産や死産のほか、新生児髄膜炎が起こることもあります。

●トキソプラズマ

原因 猫のフンや牛、豚の生肉にいる原虫から感染します。

感染したら 健康な成人なら感染しても症状はなく、自然に消失します。生肉は十分に加熱調理を。ペットを飼っている人はペットとのキスを控え、排泄物を処理する際はゴム手袋を着用しましょう。

赤ちゃんへの影響 脳障害が起こったり失明したりする可能性があります。

妊娠初期

4か月（12～15週）

つらかったつわりが落ち着いて流産の可能性ダウン

胎盤が完成するとママも赤ちゃんも安定

胎盤は、４か月の終わりごろにほぼ完成します。完成すると、臍帯を通して赤ちゃんに酸素や栄養素を供給し、赤ちゃんから二酸化炭素や排泄物を受け取って排出するようになります。肺や胃腸など、赤ちゃんの臓器の代わりを果たすのです。

　また、胎盤にはフィルター機能があり、母体の血液中の有害物質が赤ちゃんに移行するのをくいとめる役割もしています。ただすべての有害物質をくいとめることはできず、薬の成分やアルコールなどはフィルターを通過してしまいます。

　胎盤が完成すると流産の危険性がグンと減り、ママの体調も赤ちゃんの状態も安定してくるので、医師の許可があれば軽い運動もできるようになります。個人差はありますが、つわりもピークを過ぎてラクになるので、マタニティライフを楽しめるようになってくるでしょう。

　ママのおなかは、少しですが目で見てわかるくらい、ふくらみ始めます。おなかの中の赤ちゃんは、ママが胎動を感じるほどではないものの、羊水の中で活発に動いています。

食欲が出てくるので体重管理を心がけて

つわりが落ち着いてくると食事がおいしく感じられ、つい食べすぎてしまいます。前回の妊婦健診と比べて体重が増えすぎていると、医師から注意を受けます。妊娠中の体重管理は重要で、太りすぎると妊娠高血圧症候群や妊娠糖尿病になりやすいほか、産道に脂肪がついて赤ちゃんがスムーズに出られず、難産になることもあります。無事に出産をするためにも体重管理はきちんと行いましょう。

妊娠4か月のママのからだのようす

いよいよおなかにふくらみが。基礎体温が下がり、過ごしやすく

子宮は新生児の頭くらいの大きさになり、恥骨の上に出てくるので、おなかが少しふくらんだように見えます。膀胱が圧迫されるために頻尿や尿もれなどは相変わらず起こり、腰痛を感じることも。大きくなった子宮を支えるために皮膚や靭帯《じんたい》が引っ張られるので、足の付け根に軽い痛みを感じる人もいます。胎盤が完成する15週ごろにはホルモンの状態が落ち着き、基礎体温も少しずつ下がり、熱っぽさやだるさが解消されて、かなり過ごしやすくなります。体温は、出産するまで低温相のままです。新陳代謝が活発になるため、おりものが増えたり汗をかきやすくなったりするほか、ホルモンの影響で眠気が強く出る人もいます。

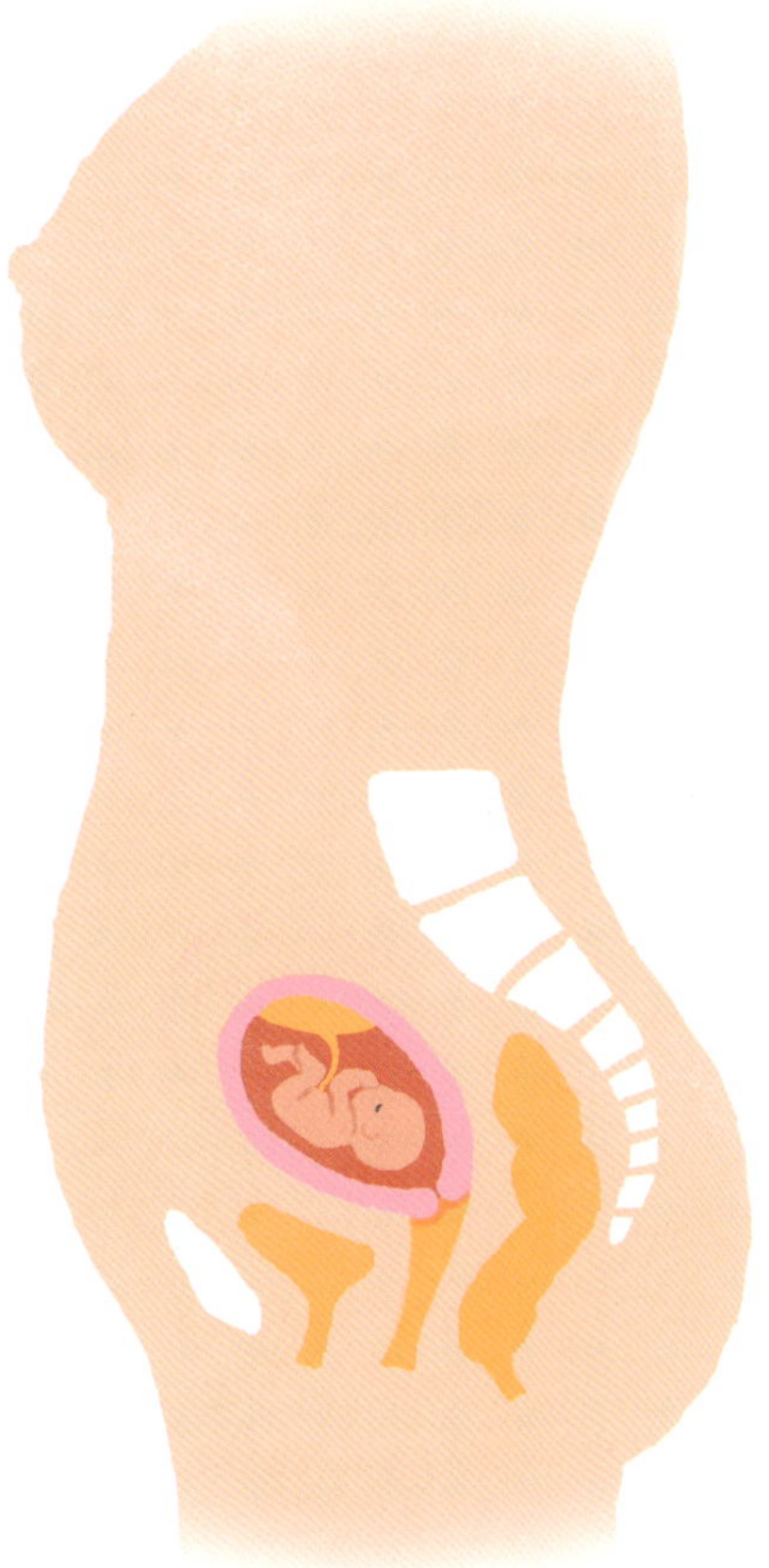

妊娠4か月の子宮の大きさ

新生児の頭くらい

この時期気になること

貧血

食事で鉄分不足を解消

妊娠中は血液量が増えるため、どうしても鉄分不足になりがちです。健診で貧血気味と診断されると、鉄剤を処方されることもあります。毎日の食事では、緑黄色野菜や貝類、ひじき、小魚などを意識して食べるとよいでしょう。鉄はからだに吸収されにくいので、ビタミンCと一緒にとり吸収を助けましょう。

（⇒70ページ）

鼻づまり

乾燥対策をして

妊娠すると、鼻の粘膜が膨張し、鼻づまりの原因になります。耳がつまっているように感じることもあるかもしれません。寒い時期は、外気や暖房で乾燥しやすいので、加湿しましょう。また、鼻の粘膜の膨張と血液の増加により、鼻血が出やすくなります。鼻の横を強く押すと出血が止まるので、あわてず対処して。

浮腫（むくみ）

塩分を控えた食事にシフト

妊娠中は体内の水分量が増えるうえ、おなかが大きくなって下半身の血行が滞りがちになるため、むくみやすくなります。ひと晩寝れば解消されるようなら問題ありませんが、むくみがとれないまま放っておくと静脈瘤（⇒94ページ）になりやすいので、むくまないように塩分控えめの食事を心がけましょう。

妊娠4か月の赤ちゃんのようす

身　長	約 10 cm
体　重	約 50 g

※身長・体重は、妊娠15週のものです。

妊娠12週の赤ちゃんは、頭殿長《とうでんちょう》（座高）が6㎝、体重は10～15gほどです。ここまで無事に成長してきた赤ちゃんは、染色体異常など赤ちゃん側の理由による流産の可能性はかなり低くなります。心臓や腎臓、肝臓など各器官が機能し始め、尿を排出するようになります。手足には筋肉もつき、胎動を感じるのはまだ先ですが、子宮の中では、からだを曲げたり伸ばしたり、キックもしています。運がよければ、超音波検査の際にその姿を確認できるでしょう。

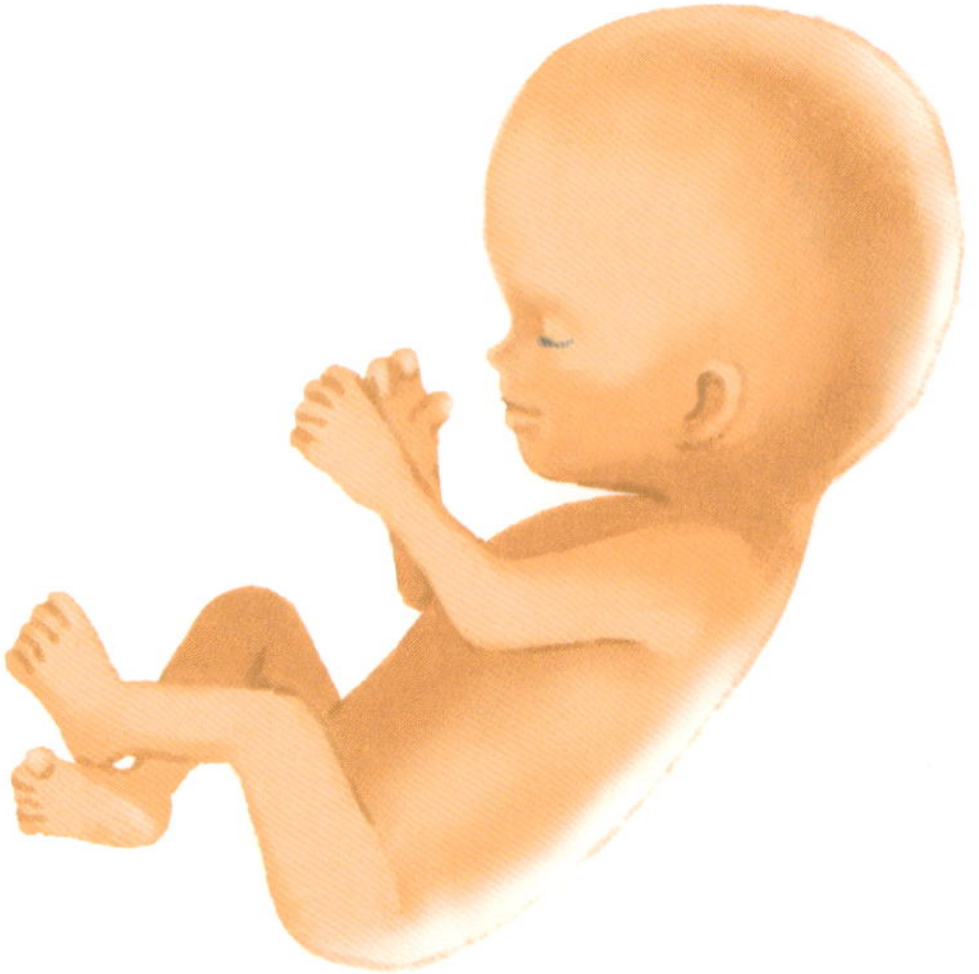

実物大

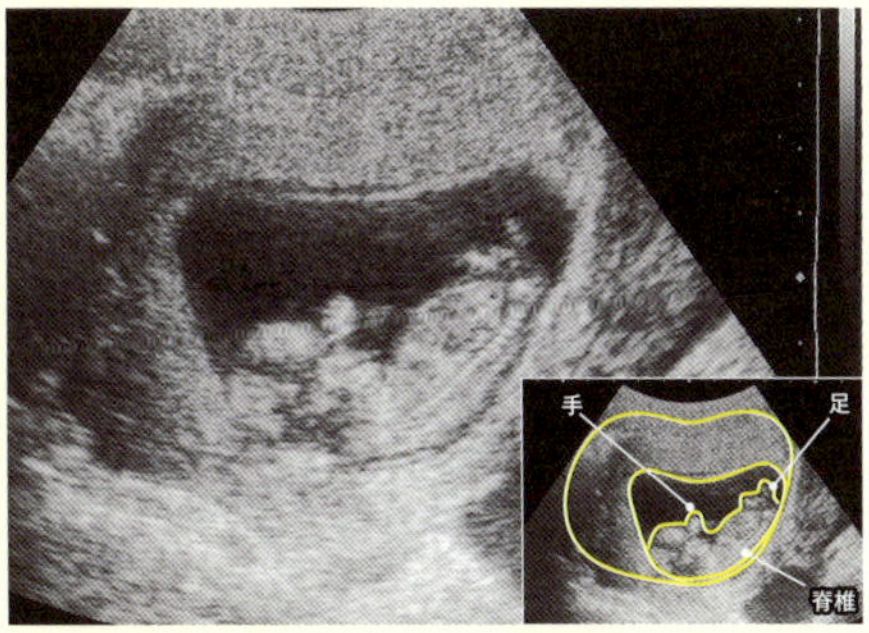

妊娠12週

腸がからだの中におさまります

へその緒から徐々に移動していた腸が、赤ちゃんの下腹部におさまりました。また、肝臓や脾《ひ》臓《ぞう》などの消化器官が機能し始めます。歯ぐきには20本の乳歯のもとが現れ、咽頭(のど)には声帯ができ、手足の骨もかたくなってきます。これを「骨化」といい、写真では脊椎が白っぽく写っています。耳の形も整ってきますが、まだ音は感じられません。

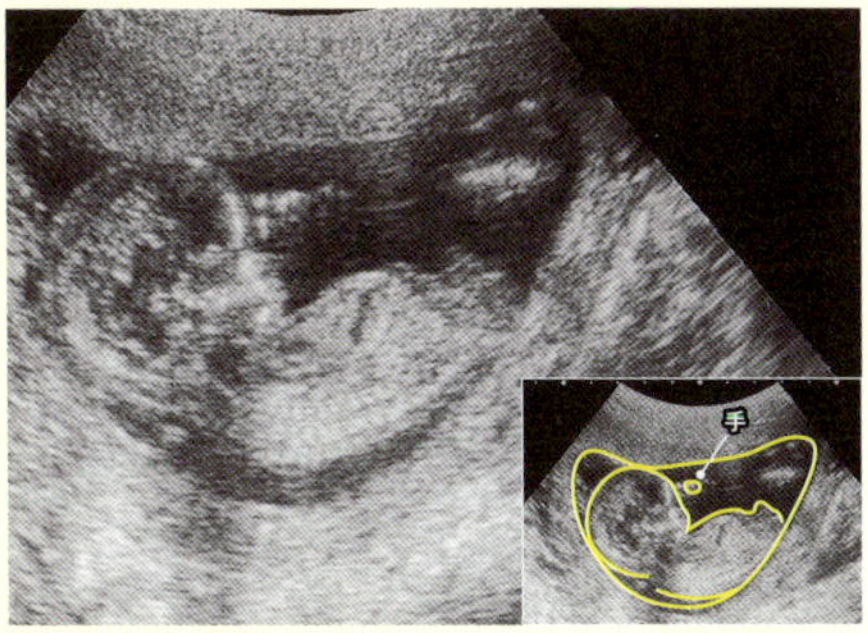

妊娠13週

手指の動きが複雑になってきます

手が発達し、親指をなめたり手首を曲げたり、握りこぶしをつくったりなどの複雑な動きができるようになりました。肺の動きも活発になり、羊水を肺の中から出したり入れたりして、呼吸の練習を始めます。神経細胞が発達するほか、内臓では脾臓が働き始めます。赤ちゃんの脾臓は、骨髄で赤血球がつくられるようになるまで肝臓とともに血液をつくります。また、生殖器も成長を続け、男の子のものと女の子のものがある程度見分けられるようになります。

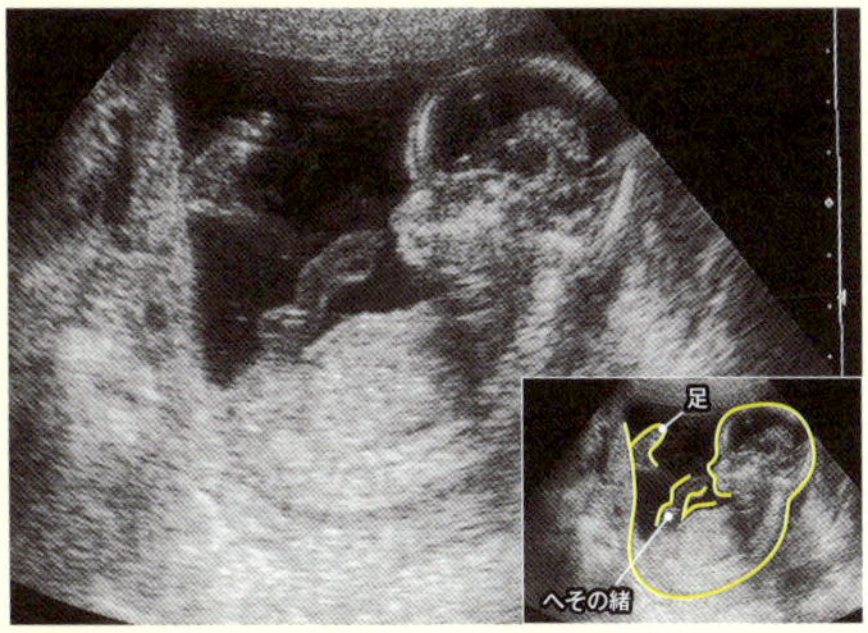

妊娠14週

手足を動かしたり、回転したり活発になります

心臓の動きが活発になり、心拍数は1分間に約150回。小さな心臓から血液を全身に送り出していて、それは1日に25ℓもの量になるといいます。首が発達してきて長くなってきたため、あごと胸が離れてきます。皮膚に厚みが出てきて、髪の毛の生え方が決まります。手足には筋肉がつき始め、羊水の中で回転したり、足をパタパタさせたりしてからだの動かし方を練習しています。

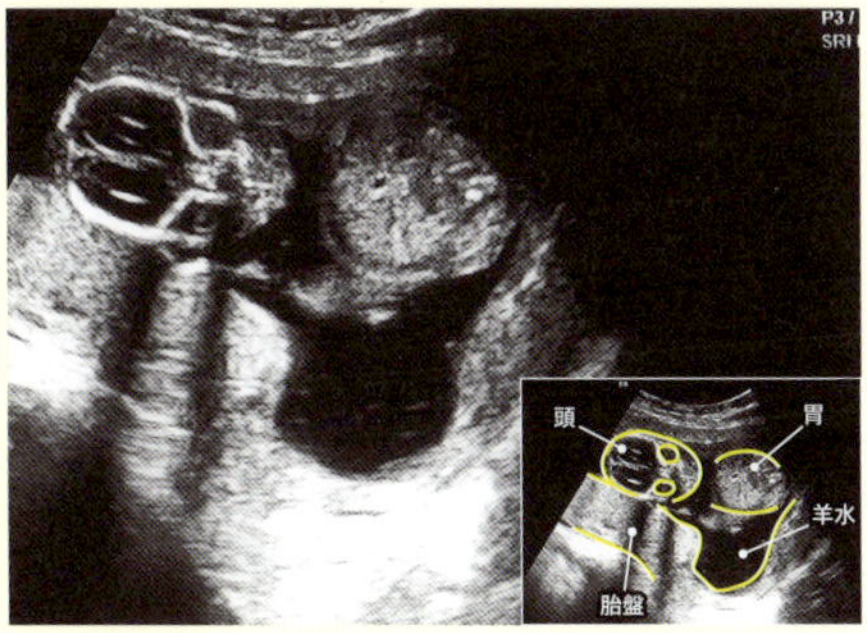

妊娠15週

指やつめなど細部がつくられていきます

赤ちゃんのからだづくりの大枠はほぼ終わり、皮膚が厚くなってきたり指紋ができたり、足のつめが形成され始めるなど、からだの細かい部分がつくられていきます。顔の表情もつくれるようになって、むずかしい顔やしかめっ面をしていることもあります。超音波検査の際、赤ちゃんの向きによっては背骨の1本1本がくっきりと見えるでしょう。このとき、おっぱいを探す動作である吸啜《きゅうてつ》反射がすでにできるようになり、親指をしゃぶる姿も見られます。

妊娠初期

4か月

（12～15週）

体重管理と食事のポイント

つわりが終わると食欲が出て、つい食べすぎてしまうママも多いよう。母子の健康と安産のために体重管理はしっかり行いましょう。

標準体重で7～12kgの増加が目安です

妊娠中は赤ちゃんへ栄養を送ったり産後の授乳に備えたりするため、ママのからだには脂肪がつきやすくなっています。さらに、黄体ホルモンが栄養を確保しようとして食欲が増すので妊娠前よりも食べすぎる傾向にあり、気をつけないとあっという間に体重が増えてしまいます。とくにこの時期はつわりもピークを過ぎ、食事をおいしく感じられるでしょう。

妊娠中の体重増加は、ＢＭＩが標準型の人で7～12kg、やせ型の人で9～12kg、肥満型の人で５kgが目安です。下の計算式を使ってＢＭＩを計算し、目安を把握しましょう。また、週に一度は体重を測り、５００g以上増えていたら要注意。

妊婦健診時、前回の体重と比べて増えすぎていると、医師や助産師から指摘されます。太りすぎると、妊娠高血圧症候群や妊娠糖尿病などの病気の原因になるからです。妊娠高血圧症候群は、胎盤剥離や胎児の発育の遅延などの危険があります。また、妊娠糖尿病は、巨大児や低出生体重児になる可能性があります。ほかにも、太りすぎると産道にも脂肪がついて狭くなるため、難産になることも。体重が増えすぎると母子に負担がかかるので、十分に気をつけましょう。

逆に、増加が少ないと赤ちゃんへの栄養が十分に送られないので、こちらも注意して管理をしましょう。

BMIの計算式

体重 ＿＿ kg ÷ （ 身長 ＿＿ m × 身長 ＿＿ m ）

18.5未満 +9～12kg　やせ型	やせ型の人は栄養不足にならないようにしましょう。最低9kgの体重増加は必要です。一度にあまり食べられなければ、小分けにして回数を増やして。
18.5～25未満 +7～12kg　標準型	1週間に500g以上の増加は要注意です。妊娠中は食欲が出て、油断すると食べすぎる傾向があるので、食事はいつも気をつけてバランスよく。
25以上 +5kg　肥満型	もともと肥満型のママの場合、出産までの体重増加は医師や助産師への相談が必要です。妊娠が判明したときから、計画的に体重をコントロールしましょう。

体重をコントロールするには？

1 規則正しい食事をする

健康なからだのための食事の基本は、1日3回、生体リズムに合った時間にとること。朝食抜きや夜遅い食事はからだに負担がかかります。バランスよく、ごはん類、肉や魚、野菜、果物などいろいろな食品を食べましょう。とくに妊娠初期の胎児の発育には葉酸が必要といわれ、ほうれんそうや枝豆などに多く含まれています。

2 体重をこまめにチェックする

1週間に500ｇ以上、1か月で2㎏以上体重が増えると、妊娠高血圧症候群や妊娠糖尿病を発症する可能性が高まります。朝や寝る前など、決まった時間に体重計に乗ることを習慣づけましょう。毎日こまめにチェックすれば、体重の増加に気づくのも早く、もとに戻すのもラクです。

3 塩分を控えた食事をとる

味の濃い料理は塩分も多く、ごはんも食べすぎてしまいがち。塩分をとりすぎるとむくみや高血圧の原因にもなるので、塩分は控えめに。妊娠中の塩分摂取量は1日7～10ｇが目安です。

4 家事や運動でからだを動かす

妊娠中、激しい運動は無理ですが、息が上がらない程度の軽い運動ならば問題ありません。適度にからだを動かしましょう。家事はもちろん、ウォーキングやストレッチ、マタニティエクササイズもおすすめです。

5 食事ノートをつける

食べたものをメモする食事ノートをつけるのもよいでしょう。いつ、何を、どれくらい食べたのかを記録すると、自分の食事量や間食の多さなどがよくわかります。記録したものを見返して食生活の改善に役立ててください。

過度のダイエットはNG！

太りすぎがよくないからといって、過度なダイエットをするのもいけません。体重の増加が少なすぎると、赤ちゃんが2500ｇ未満の低出生体重児で生まれる可能性があります。太りすぎでなければ、バランスのよい食事をきちんととりましょう。ダイエットが必要なときは、医師や助産師に相談して、的確なアドバイスをもらいましょう。

外食するときに注意したい3つのポイント

1 和食を選ぶ

天ぷらやフライなどの揚げものは、どうしてもエネルギーが高くなります。焼きもの、蒸しもの、和えものなどを選べばエネルギーが抑えられます。和食メニューが充実しているお店を選ぶほうが妊婦向きです。

2 単品メニューは避ける

ラーメン、パスタ、丼ものなど外食では単品メニューを選ぶことも多いものですが、単品メニューは炭水化物の量が多く栄養が偏りがちです。3品以上のセットメニューのほうが、いろいろな食品を食べることができます。

3 塩分に気をつける

ラーメン1杯をスープまで全部飲むと、塩分は1日の摂取量の半分の量をとることになってしまうので、スープは残すのが鉄則。みそ汁も1日3回食べると塩分のとりすぎにつながるので、毎食は避けて。

妊娠初期

4か月

(12～15週)

妊娠初期から気をつけたいトラブル

鉄欠乏性貧血や妊娠糖尿病は、妊娠中期に起こりやすいトラブルですが、初期から注意しておくと安心です。

鉄欠乏性貧血

妊娠すると、ママのからだは赤ちゃんの分も含めて、血液を全身に送らなければなりません。赤ちゃんは、ママの血液から酸素や栄養などを得て成長しているので妊娠中は血液量が増加しますが、赤血球の増加が追いつかず、血液が薄まった状態になって貧血症状が現れるのです。妊娠中期以降は赤ちゃんもますます大きくなり、ママのからだは2人分の栄養を運ぶためにより多くの血液が必要になって、貧血になるママが多くなります。貧血のおもな症状は、疲れやすい、頭痛、息切れ、めまいや立ちくらみなどです。重症になると、出産時の出血に耐えられなくなることもあります。

鉄剤の処方も。副作用は医師と相談して

貧血の症状が重症でなければ大きな問題はありませんが、食事に十分な鉄が含まれていないと、貧血はどんどんひどくなってしまいます。できるだけ食事で補えるよう、鉄を多く含む食品を意識してとるようにしましょう。

妊婦健診の際に貧血の指摘を受け、鉄剤を処方されることもあります。鉄剤を服用すると、胃がムカムカしたり、便秘や下痢になりやすかったり、便が黒っぽくなったりなどの副作用があることも。つらいときは、医師や助産師に相談しましょう。

貧血を予防、改善する栄養素

ヘモグロビンの原料になる

鉄

ビタミンCやたんぱく質と一緒にとると吸収がよくなります。レバー、アサリ、ひじき、納豆、小松菜などに多く含まれています。

鉄の吸収を助ける

たんぱく質　ビタミンC

鉄をとりたいときに一緒に食べると、吸収を助けてくれます。たんぱく質は肉や魚介に、ビタミンCは野菜や果物に多く含まれます。

ヘモグロビンを生成する

ビタミンB_6

たんぱく質の合成を助け、ヘモグロビンを生成します。カツオ、赤ピーマン、鶏ひき肉のほか、豆類や乳製品にも多く含まれます。

ヘモグロビンの生成を助ける

ビタミンB_{12}　葉酸

ヘモグロビンの生成を助ける栄養素です。ビタミンB_{12}はサンマ、アサリなどに、葉酸はほうれん草やブロッコリーなどの緑黄色野菜に多く含まれます。

妊娠糖尿病

妊婦健診で行われる尿検査で尿糖が連続して出たら、妊娠糖尿病の可能性があり、注意が必要です。妊娠糖尿病は、インスリンの働きが悪くなるために血液中のブドウ糖の代謝調節がうまくできず、尿中に排出される病気ですが、妊娠をきっかけに糖尿病の状態になることを「妊娠糖尿病」といいます。妊娠によって分泌量が増える黄体ホルモンがインスリンの働きを弱めることが原因のため、出産すれば治ることがほとんどです。しかし、将来本当の糖尿病になる可能性が高くなるともいわれています。

いちばんの原因は妊娠によるホルモンの変化ですが、一度にたくさん食べたり、糖分をとりすぎたりすることなども妊娠糖尿病の原因となります。バランスのとれた食事を規則正しくとることが、何よりの予防となるでしょう。

また、妊娠前から糖尿病を患っていた人が、妊婦健診で発覚することもあります。この場合、妊娠によって症状がひどくなる可能性があり、注意が必要です。

巨大児になりやすく、難産や帝王切開分娩も

妊娠糖尿病でこわいのは、赤ちゃんが4000gを超える巨大児になりやすいこと。からだが大きくてもママの高血糖による細胞へのダメージが原因で、内臓や肺の機能が未熟のまま生まれてきてしまうこともあります。また、お産が長引くといったママへのリスクもあります。

妊娠糖尿病といわれたら、食事療法でエネルギー制限をしながら改善しますが、症状によってはインスリン注射で血糖値をコントロールする場合もあります。

妊娠糖尿病になりやすい人

- **妊娠前から肥満体型**
- **妊娠してから大きく太った**
- **35歳以上になって妊娠した**
- **巨大児を出産した経験がある**
- **家族に糖尿病の人がいる**
- **糖代謝異常と診断された経験がある**

出産後も気をつけたい妊娠糖尿病

●出産後も定期的に健診を

妊娠糖尿病の人は出産3~6か月後の検査でも、5・4%が糖尿病、全体の25%に血糖値に関する何らかの問題が見られるとの報告があります。産後も定期的に糖尿病の検査を受け、同時に食事や運動に気をつけていく必要があります。

●出産後の生活での注意点

授乳後に低血糖を起こすことがあるので、血糖値の自己測定(SMBG)を行い、重症低血糖や高血糖を起こさないようにしましょう。

(参考/日本糖尿病・妊娠学会ホームページ)

妊娠初期

4か月

(12～15週)

妊娠中の性生活はどうするの？

パパとの気持ちがすれ違いになりがちな妊娠中。日ごろからちょっとしたスキンシップを心がけ、体調のよいときならセックスもOK。

清潔を心がけ やさしく、無理をせず

ママの妊娠に対する不安やからだの不調、変化をわかってくれないように見えるパパもいるでしょう。パパもママだけが母親になっていくような気がして、さびしい思いを抱いているかもしれません。おたがいにもやもやした気持ちを抱えたままでは溝が深まるばかり。妊娠中は、パパとのコミュニケーションやスキンシップを大切にしましょう。

母子ともに体調が安定しない妊娠初期は、セックスを控えたほうが無難ですが、安定期に入った妊娠5か月以降、経過が順調なら問題ありません。ただし、出血があるときやおなかに張りを感じるとき、医師に安静にするように指示されているときは控えます。また、妊娠中は免疫力が低下していて、感染症にかかりやすいことを忘れずに。前後にシャワーを浴びてからだを清潔に保ちましょう。

妊娠中のセックスの基本は、ママのおなかを圧迫するような体位や深い挿入を避け、コンドームを着用して感染症を予防すること。ちょっとした刺激で子宮が傷つき、出血しやすいのでやさしく無理なくを心がけ、長時間は行わないようにしましょう。もしも出血した場合はすぐに中止しましょう。

妊娠中のセックスルール

1 ソフトに浅く

激しいセックスは避け、挿入を浅くしてママのからだに負担がかからないようにします。時間も長くならないように短時間で行います。

2 コンドームを着用する

体液中の雑菌に感染する可能性もあります。毎回コンドームを着用して感染症を予防するようにしましょう。

3 乳首の愛撫に注意

乳首が刺激を感じると、連動して子宮が収縮し始め、おなかが張る可能性があります。刺激しすぎないように、注意しましょう。

こんなときは控えて！

- **安静中**
- **出血中**
- **おなかが張っているとき**
- **性感染症のとき**

医師から安静を指示されているとき、セックスは禁物です。出血は切迫流産、早産の危険性もあります。出血があるときは避けましょう。また、おなかの張りは子宮が収縮しているから。セックスの途中で張りを感じたら中断して、治まるまで待ちましょう。性感染症は、ママだけでなくパパがかかっているときも厳禁です。きちんと治療し、完治するまでは避けてください。

日常生活の中にスキンシップを

肌と肌を触れ合わせるスキンシップは、夫婦の愛情が深まる行為であると同時に、気持ちの安定につながります。妊娠中はセックスをしたくない、控えなくてはならないときもあります。そんなときは手をつないで散歩をしたり、ソファでテレビを見ているときに肩をあずけたりするなど、ちょっとしたふれあいを行い、日常でのスキンシップを増やしましょう。

妊娠が進むにつれて、ママはおなかとバストが大きく重たくなり、肩や背中、腰がいつでもこっている状態になります。ちょっとした時間に、パパにマッサージをしてもらってもよいかもしれません。また、赤ちゃんがいるおなかをやさしくなでてもらい、パパがおなかの赤ちゃんへの愛情を感じられるようにするのもよいでしょう。

妊娠中の体位

OK体位

正常位

おなかが大きくなる前なら大丈夫な体位。おなかを圧迫しないように浅くゆっくり挿入を。

後側位

ママは横向き、パパは背後に寄り添います。ママにとってラクで安全な体位です。妊娠中期くらいまでOK。

座位

おなかが重ならない、挿入をママが調整できる、からだが安定する体位です。妊娠後期くらいまでOKです。

NG体位

後背位

挿入が深くなるので初期と後期は避けたほうがいい体位です。おなかがラクなので中期はOKです。

屈曲位

おなかを圧迫するので負担をかける体位です。挿入も深くなりやすいので避けましょう。

性感染症も赤ちゃんに感染するので注意！

とくに注意したい性感染症があります。

●**淋病《りんびょう》**

外陰部にかゆみを感じたり黄色くにおいのあるおりものが出たりすることがあります。出産時に赤ちゃんに感染すると結膜炎を起こすこともあるので、妊娠中は、パパも一緒に治療を受けましょう。

●**性器ヘルペス**

完治せずに出産すると、赤ちゃんの皮膚や口腔に水泡ができる新生児ヘルペスになる場合があります。

●**クラミジア**

感染初期は自覚症状があまりなく、進行すると流産や早産を起こすこともあるので、早めに治療を。感染すると、新生児結膜炎や咽頭炎になることがあります。

●**尖圭コンジローマ**

性器から肛門にかけていぼができ、悪化すると排尿痛や排便痛があることも。赤ちゃんに感染すると、咽頭乳頭腫といういぼができることがあります。

column

パパができること

妊娠初期編

まだママの妊娠を実感できないパパが多いかもしれませんが、ママの心身が変化していることを理解し、やさしい言葉と気遣いで支えましょう。

ママと赤ちゃんのようす

ママのからだと心は、赤ちゃんを育てるためにホルモンや血液量などが激変し、とても不安定な状態。流産の確率が高い時期なので、神経質にもなりがちです。また、妊娠3か月ごろにはつわりがピークを迎え、吐き気や食欲不振が続き、体力的にも精神的にも苦しい時期。妊娠4か月の終わりには胎盤が完成し、つわりも落ち着き、体調も安定してきます。

おなかの中では「胎芽」とよばれていた赤ちゃんが徐々に人間らしい姿に成長し、「胎児」とよばれるようになります。

その1 ➡広い心でママの話に耳を傾けて

ママのからだは見た目以上に大きく変化しています。思いどおりにならない心やからだに、パパにイライラをぶつけることもありますが、うまく受け流してあげて。まずは何を不安に感じているか聞いてあげるだけでも、ママの気持ちはラクになります。

その2 ➡できる範囲で家事をしましょう

妊娠初期は、胎盤が不完全で流産の心配がある時期。下腹部に負担をかけることは禁物です。無理をさせないよう、家事はできるだけ多めに分担するようにしましょう。とくに力仕事を率先して行うようにすると、ママも大助かり。

その3 ➡タバコの煙は赤ちゃんにも悪影響

タバコに含まれるニコチンは、胎盤に十分な栄養や酸素が運ばれるのを阻害し、流産や早産の可能性を高めます。産後の喫煙も赤ちゃんが突然死する「乳幼児突然死症候群（SIDS）」（→219ページ）のリスクを高めるので、喫煙者のパパはママの妊娠を機に禁煙する努力を。

パパの心得3か条

その1 ママの不安な気持ちを聞く！

その2 進んで家事を担当！

その3 ママの妊娠を機に、禁煙を検討！

これってOK? NG?

ママへの声かけ

妊娠という実感がわきにくい時期は、
ふとしたひと言がママを傷つけてしまうこともあるので要注意。

○ 今日の気分はどう？

妊娠中のママは情緒不安定になりがち。気遣う言葉をかけてあげると、気にかけてくれているという安心感や、ひとりじゃないという励ましにもなります。

× がんばれ！

既にがんばっているママにとって、「これ以上どうがんばったらいいの……」と重荷になることも。「がんばれ」より「一緒にがんばろう」というひと言がママの励みになります。

× 病気じゃないんだから……。

つわりはママのからだが出産に向けて変化することで起こる生理的な現象。薬や治療でどうにかできるわけではないからこそ大変なのです。パパにとっては実感しづらいことですが、理解して受け止める姿勢を。

○ 何が食べたい？

つわりで食欲不振が続き、ママのからだはグッタリ。そんなときは無理をさせず、食べられそうなものがあるか聞いてあげると◎。リクエストがあれば買い物へ。

パパのぎもんQ&A

Q ママの妊娠発覚！　職場への報告はどうしたらいい？

A ママが安定期に入ったころに報告しましょう。

安定期に入った妊娠５か月ごろがベスト。しかし、それまでの不安定な時期だからこそ、パパの助けが必要なことも。上司に「妻が妊娠して、体調が悪いときは早めに帰宅させてもらいたい」と伝えておくのも一案です。

Q 妊婦健診には一緒に行った方がいい？

A 一緒に来てくれるとママも心強いです。

「パパも行くもの？」と思いがちですが、今ではパパの付き添いもめずらしくありません。ママはパパが一緒のほうがずっと心強いもの。可能な限り付き添い、いざというときの不安を一緒に取り除いておきましょう。

妊娠中期

5か月

（16～19週）

つわりが終わり、安定期に突入。妊婦らしい体形に

つわりから解放され、食欲が増進します

妊娠中期になると安定期に入り、つらかったつわりもいよいよ終わります。急に食欲が旺盛になりますが、妊婦のからだは脂肪が蓄積しやすいので太りすぎないよう、体重コントロールが必要です。栄養バランスが整った食事をとることはもちろん、医師の許可が下りれば、適度な運動をしてみるのもよいでしょう。ウォーキングやストレッチ、水泳、ヨガなど妊婦でもできるエクササイズはいろいろ。妊婦向けのプログラムを用意しているスポーツジムもあります。ただ、無理をするとおなかの張りを感じることもあるので、注意して行いましょう。

おなかがふっくらして妊婦らしい体形に

この時期の子宮は大人の頭くらいの大きさになります。まわりの人からも妊婦と気づかれるようになるでしょう。乳房も乳腺が発達して少しずつ大きくなります。今まで使っていたインナーではきつく感じ始めるので、マタニティインナーに切り替えましょう。マタニティインナーはおなかをすっぽりと包んでくれ、大きくなってくる乳房をやさしく受けとめてくれるので、からだに負担がかかりません。また、今まで着ていた洋服も着られなくなってきます。そろそろマタニティウエアへの切り替えを考えてもよいころです。

赤ちゃんはほぼ4頭身になり、髪や産毛、つめも生えてだんだんと人間らしくなってきます。赤ちゃんも子宮も大きくなるので、胎動を感じるママもいます。最初の胎動は、おなかの中で小さな泡がプツプツと弾けるような感覚です。

妊娠 5か月 のママのからだのようす

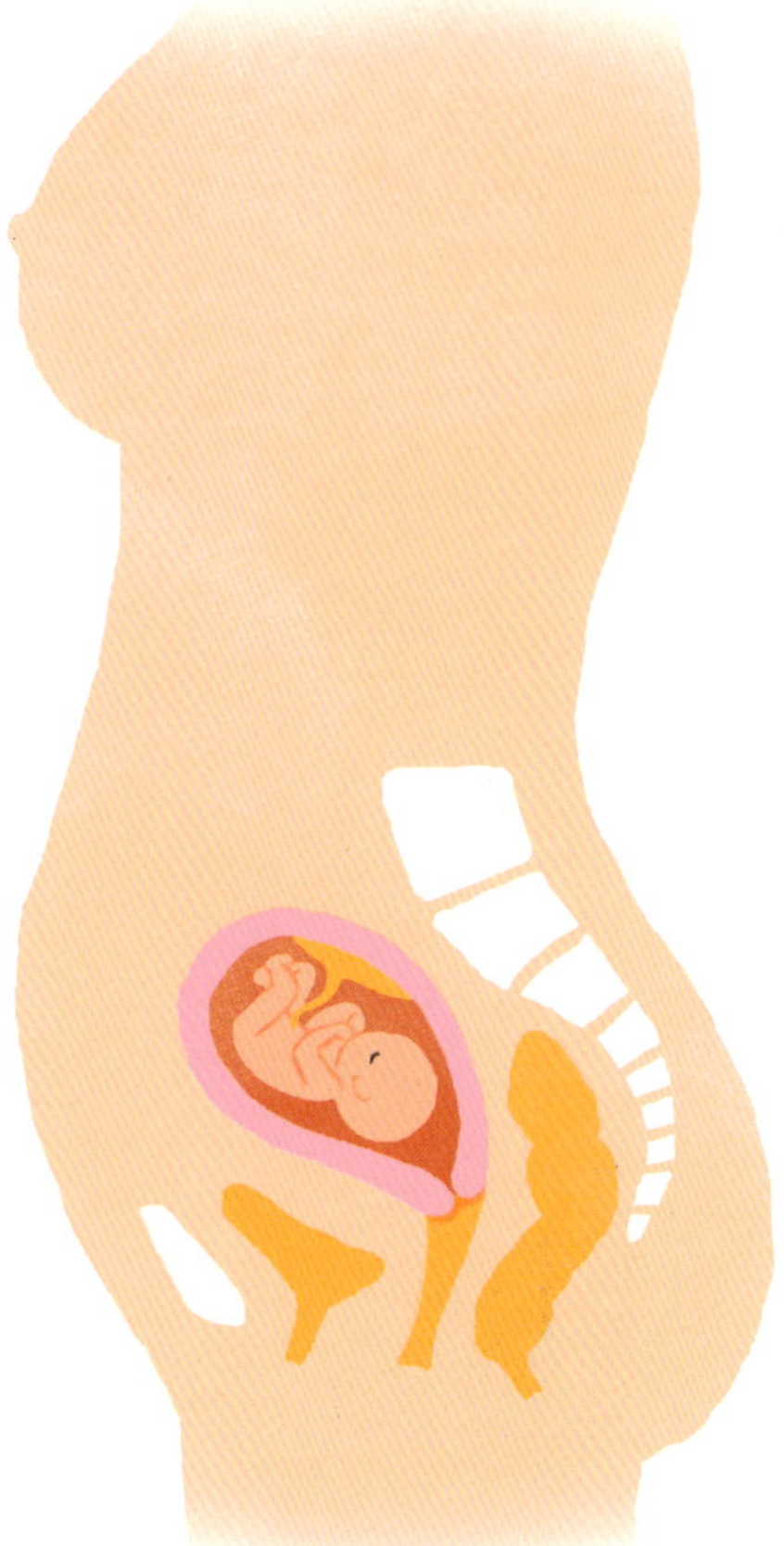

おなかが大きくなり、流産の危険性が減ります

安定期に入ると、子宮が大人の頭くらいの大きさになり、全体的に皮下脂肪がついてからだがふっくらするため、おなかもバストも大きくなり、妊婦らしい体形に。

おなかが急に大きくなるので、皮膚が肌の伸びについていかず表面がひび割れのようになる妊娠線ができてしまうこともあります。子宮が大きくなることで下半身の血行が悪くなることも。静脈の血流がとどこおり、血管がこぶのようにふくらむ静脈瘤もできやすくなるので、塩分を控えたりマッサージをしたりするなどのケアも必要です。また、大きくなった子宮は腸を圧迫するため、便秘ぎみになります。食物繊維の多い食材をバランスよく取り入れ、適度な運動を心がけます。

妊娠5か月の子宮の大きさ

大人の頭くらい

この時期気になること

体重の増加

運動と食事で管理して

つわりが終わり、食欲が急激に増します。急激な体重の増加は妊娠高血圧症候群、妊娠糖尿病のリスクを伴うだけでなく、産道についた脂肪で難産になることも。和食を中心とした献立を考えたり、ウォーキングやエクササイズを取り入れてからだを動かしたりするとよいでしょう。運動は、ストレス解消にもなります。

(⇒88ページ)

マタニティインナー

体形に合わせて切り替え

安定期に入り、からだがふっくらとしてきます。バストも大きくなり、今まで着けていた下着だときつく感じるようになります。そのままだと産後の授乳に影響を及ぼす可能性もあるため、マタニティインナーへの切り替えを考えましょう。また、妊娠5か月には戌の日に腹帯を巻く風習もあるので、チェックしましょう。

(⇒84ページ)

妊娠線

いたるところにひび割れが

この時期は、急におなかが大きくなっておなかやおしり、わきの下などに妊娠線ができやすくなります。一度できた妊娠線は、時間がたつと薄くなりますが、完全に消えることはありません。保湿に気をつけ、体重コントロールに努めることが大切です。また、予防のためのマッサージを取り入れてケアすることも大切。

(⇒94ページ)

妊娠5か月の赤ちゃんのようす

身長	約 19 cm
体重	約 250 g

※身長・体重は、妊娠19週のものです。

やわらかかった赤ちゃんの骨はどんどん丈夫になり、筋肉がつきます。皮下脂肪がつき、全身に産毛、頭には髪の毛が生え始めます。丸くなっていた背筋が10週間程度をかけてまっすぐになり、それに伴って腎臓が下腹部に移動します。からだの動きが活発になり、足を前に伸ばしたり首を動かしたり、口もとに手をやったりと、赤ちゃんらしいしぐさをするようになります。16週の始めには80g程度だった赤ちゃんが、19週の終わりには250g程度にまで増えます。

実物大

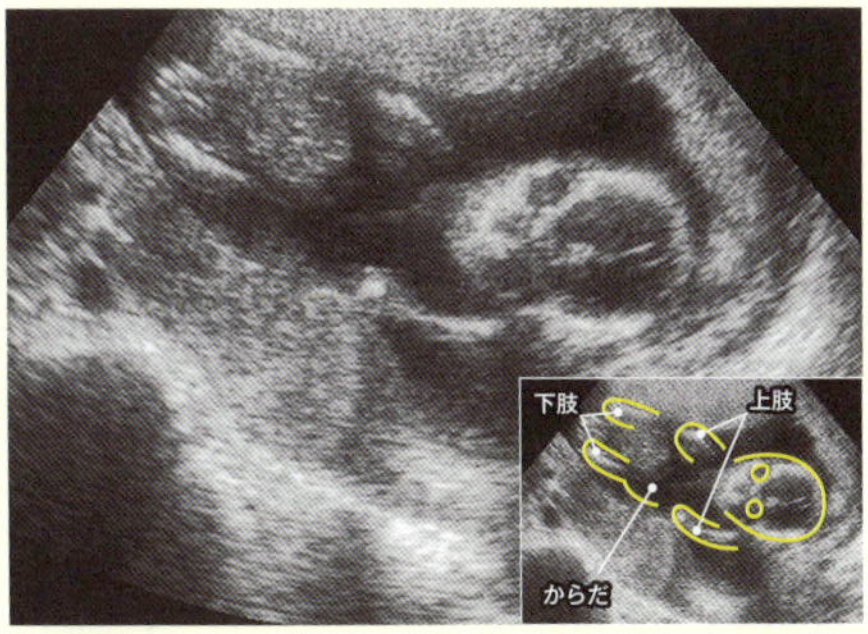

妊娠 16 週

まばたきや飲み込み、吸い込みができるように

どんどん赤ちゃんの動きが活発になります。へその緒は血液でパンパンで、ねじれても自力でまっすぐに戻ろうとします。胎盤は赤ちゃんと同じくらいの大きさになり、出生後の肺や腎臓などのような消化器官の役割を果たすようになります。反射神経も発達し、まばたき、飲み込み、吸い込みといった3つの反射神経による動作ができるようになります。

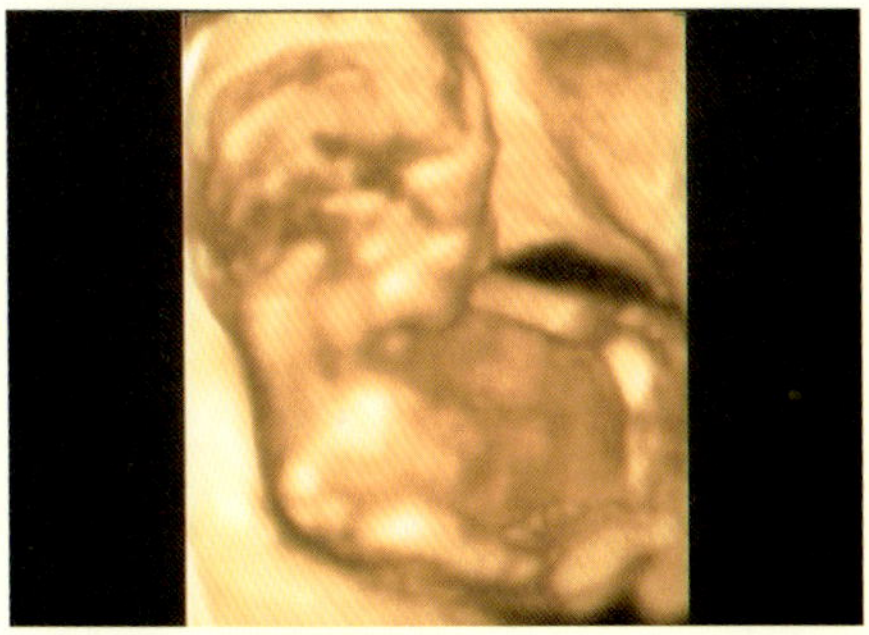

妊娠 17 週

指紋がつくられ、耳が完成します

手足の指に指紋のもとになる皮膚の隆起がつくられます。腸には不要になった細胞や消化器官で分泌されたもの、赤ちゃんが飲んだ羊水などがたまって「胎便」となります。胎便は、胎盤を通り血液を介してママの腎臓へ排出。赤ちゃんは、おなかにいるときから消化の練習をしているのです。耳が完成し、目の位置が顔の横から前に移動し、より人間らしくなってきました。

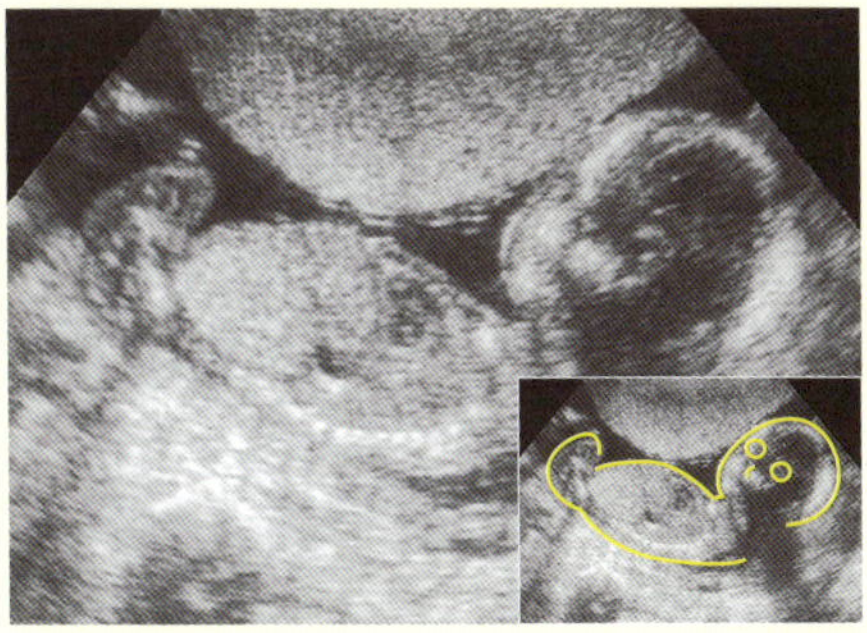

妊娠 18 週

急激に伸びた身長が一段落

頭とからだに産毛が生えてきます。その後、皮膚や細胞などを保護する胎脂（胎児の皮膚の脂分泌腺から出る脂や産毛などからつくられるクリーム状の物質）がつくられます。女の子の子宮には、原始的な卵子がつくられ始めました。胎盤は引き続き大きくなり続けますが、厚さはこの時期で3～4cmとほぼ最終的なものに。急激に伸びていた身長は、成長が少しスローペースになります。

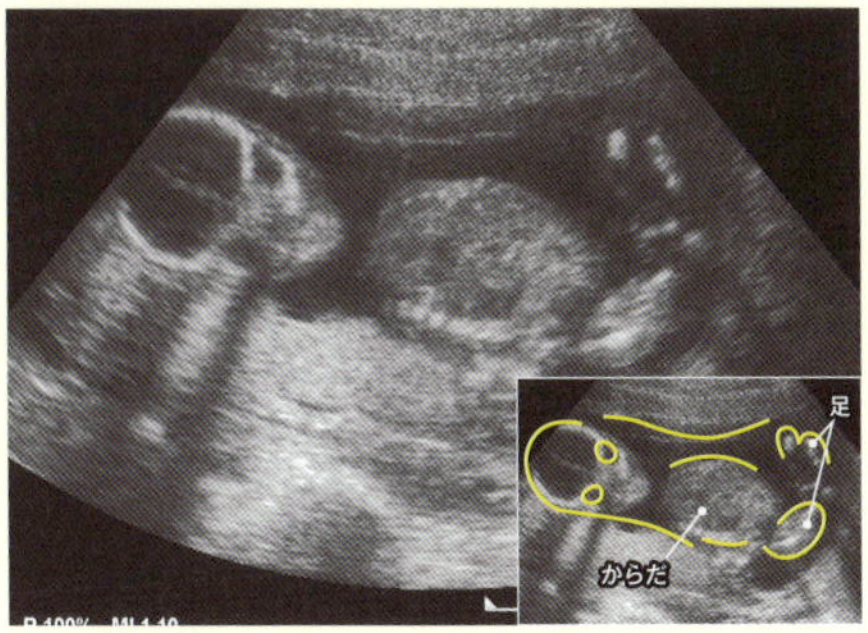

妊娠 19 週

眉毛や髪の毛が生えてきます

首や胸骨、尿道の近くに、赤ちゃんのからだを守る働きをする褐色脂肪ができます。褐色脂肪は生まれたあとから少しずつなくなり、大人になるとほとんどなくなります。眉毛や髪の毛が生え始めました。髪の毛は一度生えてから出生後2週間ほどで抜け、太くてかたい髪の毛に生え変わります。女の子には膣、処女膜、陰唇が形成され、子宮が完成しました。

妊娠中期

5か月（16〜19週）

妊娠中期・後期の妊婦健診

妊娠中期以降、健診の検査内容が増えます。早産のリスクを避けるための検査も加わるので、きちんと受診しましょう。

超音波検査が経腹になり腹囲測定なども開始

妊娠中期に入ると、妊婦健診の検査内容が今までよりも少し増えます。超音波検査が経膣から経腹になり、腹囲測定や子宮底長測定、むくみの検査、貧血チェックや、必要に応じておりもの検査による感染症のチェックなども加わります。

7か月(24週)からは、4週に1回だった健診の頻度も2週に1回に増えます。

赤ちゃんとママが安心して出産を迎えるためのものなので、受診は欠かさずに。里帰りのタイミングを相談したり、入院について説明があったり、出産に向けてそろそろ準備に取りかかる時期です。

中期・後期の検査の流れ

1. 尿検査
2. 体重測定
3. 血圧測定
4. 問診
5. 腹囲測定
6. 子宮底長測定
7. 浮腫検査
8. 超音波検査
   ⇒経腹プローブに変わります。
9. 血液検査
10. 検査結果の説明

腹囲の測定や経腹プローブの超音波検査があるので、上下セパレートの服装がおすすめ。トップスはまくりやすいチュニック、ボトムスはおなかを締めつけないウエストゴムのパンツやレギンスを着るとよいでしょう。

妊娠中期・後期の妊婦健診 新しく加わる検査

腹囲測定

あお向けになって、おなかがもっともふくらんでいるところの腹囲を測ります。これによって赤ちゃんの育ち具合や、子宮の大きさ、羊水の量をチェックします。しかし、ママの脂肪のつきかたで数値は変わるので、赤ちゃんの発育がそのまま数値として出るとは限りません。

子宮底長測定

恥骨の上端から子宮のいちばん上底までの長さを測ります。この長さと妊娠週数を照らし合わせて、赤ちゃんの発育状態や羊水の量を見極めます。子宮がおなかの上から触ってわかる、妊娠４か月ごろから測定します。

浮腫検査

足のすねを指で押して、その戻り具合で足のむくみをチェックします。むくみがひどい場合は、腎臓へのダメージや妊娠高血圧症候群が疑われることも。血圧や尿たんぱくの検査と合わせて測定し、体調管理の目安にします。

超音波検査は経腹用プローブになります

妊娠中期以降は、おもに経腹超音波検査を行います。これは、下腹部に検査用ゼリーをぬり、そこに経腹用プローブとよばれる検査用の器具をあてて調べます。必要に応じて、プローブを膣内に挿入して子宮口や子宮頸管の状態をチェックする経膣超音波検査を行うことも。いずれの場合も、だいたい所要時間は５～15分程度で終わります。この時期は、赤ちゃんも急成長するので、モニター越しにさまざまな仕草を見ることができるでしょう。

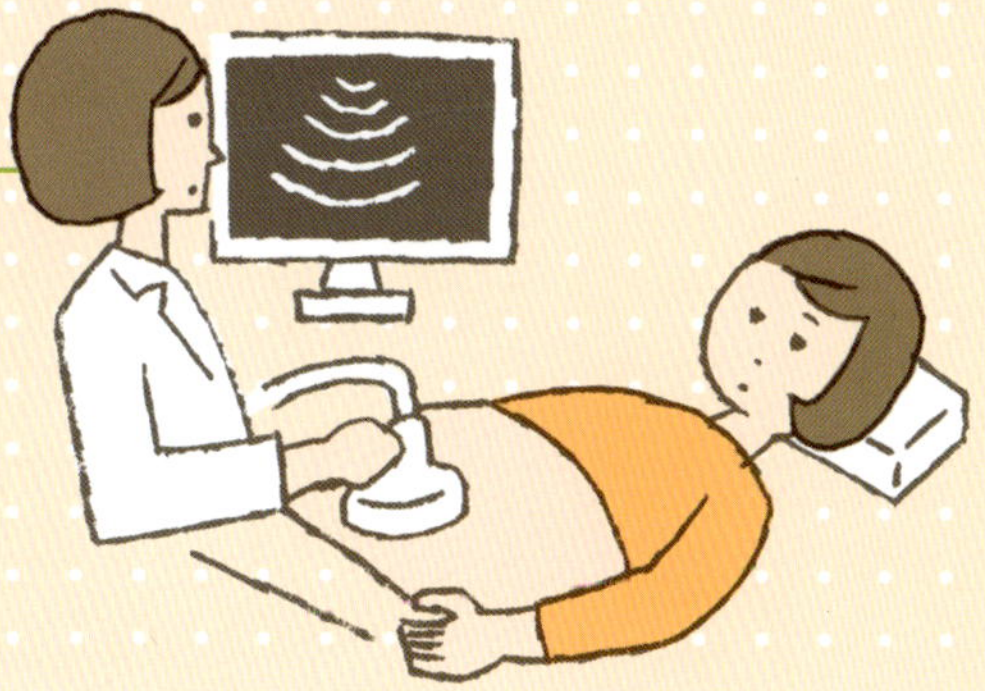

必要な場合に行う検査

中　期

経口ぶどう糖負荷試験

血糖値測定でやや高血糖の数値が出たり、妊娠糖尿病が疑われたりする場合に行われる検査。空腹時にぶどう糖水を飲み、飲む前、飲んだ１時間後、２時間後の血糖値を測定して、これらの血糖値の変動にて診断をします。妊娠糖尿病と診断されると、食事管理かインスリン注射で血糖値をコントロールします。

中　期

子宮頸管長測定

子宮頸管（赤ちゃんがいる子宮体部の入り口から子宮の出口）の長さを経膣超音波検査で観察し、早産になるかもしれないというサインを見極めます。通常は子宮頸管が3.5～4㎝ほどで、2.5㎝以下だと早産のリスクが高くなるといわれています。測定結果によっては、自宅で安静にする、入院して治療するなどを指示されます。

後　期

膣分泌物検査（おりもの検査）

通常、膣内にはさまざまな細菌が常在しています。これらがなんらかの原因でバランスを崩し、子宮や子宮頸管で炎症を起こすと早産を引き起こすことがあります。膣分泌物検査で細菌の量を調べ、結果しだいでは膣内の消毒や症状に応じた薬を服用して治療します。GBS（B群溶連菌検査）、クラジミア検査、カンジタ検査などがあります。

5か月
妊娠中期
（16～19週）

健診時の気になること

母子ともに健康な出産を迎えるには医師とのコミュニケーションが大切。不安や疑問をきちんと聞ける信頼関係を築きましょう。

わからないことは納得がいくまで聞いて

妊娠中期になると、赤ちゃんが大きくなって状態が詳しくわかり、ママのからだも負担が大きくなるため、健診の際の医師のコメントも具体的になります。わかりにくい表現や専門的な話に戸惑うこともあるかもしれませんが、わからないまま帰宅してしまっては、自分自身のためにも赤ちゃんのためにもなりません。納得がいくまで医師に聞きましょう。

納得のいく説明を受けるためには、医師と上手にコミュニケーションを図って、医師との距離を縮めましょう。妊婦生活を支えてくれている人ですから、入室時でのあいさつや、終了時のお礼をきちんと伝え、よい関係を築くことが大切。わからないことはその場で確認したいものですが、タイミングが合わないときは助産師に聞くのもよいでしょう。健診で得た情報や、次の健診で確認しておきたいことなどは、メモをしておくとスムーズなやりとりができるでしょう。

妊婦健診で聞いておきたいこと

中期	後期
早産の予防方法	出産への心がまえ
母親学級・両親学級の受講について	入院の準備
里帰りの時期・注意点	産後のアドバイス
妊娠中の病気での処方薬について	妊娠中の病気での処方薬について
マイナートラブルのケア方法	マイナートラブルのケア方法

健診でいわれる 気になるひとこと

医師から赤ちゃんの状態や、ママのからだの症状の説明を受けるとき、ドキッとする言葉や専門用語でピンとこない言葉が飛び出すことも。事前に少しでも知っておけば、あわてることもありません。

赤ちゃんが小さめ

極端に小さくなければ大丈夫

赤ちゃんの成長スピードは個人差があります。超音波検査で問題がなければ、「小さめですね」といわれても気にする必要はありません。しかし、標準よりかなり小さい場合は、胎児発育不全の場合があるので、医師の説明をしっかり聞くことが大切。

赤ちゃんが大きめ

妊娠糖尿病だと巨大児に

超音波検査などで赤ちゃんに問題がなければ、心配する必要はありません。しかし、ママに妊娠糖尿病の疑いがある場合、赤ちゃんが巨大児になってしまうこともあります。医師と相談しながら食事などで血糖値のコントロールを図る必要があります。

赤ちゃんの首にへその緒が巻きついている

大半は心配いりません

赤ちゃんの首にへその緒が巻きついていても、赤ちゃんが元気であれば問題ありません。首に1～2回巻きつくことは、よくあること。赤ちゃんが羊水の中で動き回っているうちにほどけてしまうことが大半です。基本的には、経腟分娩ができます。

赤ちゃんが下がっている

早産の心配があるので安静に

本来、赤ちゃんが下がってくるのは妊娠36週以降です。まだ出産までには時間があるのに、赤ちゃんが下がっている場合は、早産の可能性があります。医師の指示に従い安静にしましょう。おなかが張る場合は薬を処方されることも。

子宮頸管が短い

早産の心配があります

長さ4㎝ほどの子宮頸管が、子宮が大きくなると引っ張られて短くなります。本来、これはお産が近づいたサイン。しかし妊娠中期から子宮頸管が短いと言われたときは、早産になる可能性があります。医師の指示に従い、安静にすることが大切です。

羊水の量が少なめ

トラブルの可能性も

時期によって変化し、出産が近くなると自然に減っていきますが、ママの妊娠高血圧症候群や赤ちゃんの腎臓の病気で、羊水が激減してしまうことも。お産のときに赤ちゃんに十分な血液が送られず、酸素が不足してしまう場合は処置が必要。

胎盤の位置が低い

位置が移動することも

前置胎盤の可能性もありますが、赤ちゃんが成長するとともに胎盤が動くことがほとんどです。前置胎盤で子宮口が開いてしまうと、出血の恐れがあるので注意して経過を見ますが、あまり神経質にとらえる心配はありません。

尿に糖が出ている

2回いわれたら要注意です

一度「尿に糖が出ています」と言われた程度なら問題ありませんが、2回続いて尿に＋＋以上の糖が出た場合は要注意。経口ぶどう糖負荷試験を行い、詳しく調べることがあります。いずれにしても、医師の指示に従い、その後の対処を決めます。

羊水が濁っている

赤ちゃんにストレスが

低酸素状態など、赤ちゃんになんらかのストレスがかかっていることが考えられます。このストレスで肛門がゆるみ、胎便をしたため羊水が濁ってしまうのです。発育状態を見ながら、早めに出産に踏み切る場合もあります。

妊娠中期
5か月
(16～19週)

マタニティインナーを着用しよう

からだが大きく変化するこの時期。そろそろ下着をマタニティ用に切り替えます。からだにやさしいインナーの選び方を紹介します。

妊娠4～5か月ごろに切り替えを考えて

妊娠4～5か月は赤ちゃんが急激に発達するため、ママのからだにもさまざまな変化が起こります。

母乳の準備のために乳腺が発達すると、バストが大きくなります。今までのブラジャーではバストが圧迫されて、締めつけで気分が悪くなったり産後に母乳の出が悪くなったりすることがあります。また、子宮が大きくなっておなかがふくらみ始めると、今まではいていたショーツでは、おなかが覆えずに冷えてしまいます。こうした変化をカバーするため、マタニティインナーへの切り替えが必要です。

マタニティインナー
選び方のポイント

ブラジャー

バストをしっかり支え、サイズ変更が可能なものを

大きくなったバストをゆったりと包み込むものがおすすめ。購入後に2～3カップ大きくなることも珍しくないので、アンダーバストの調節が幅広くきくものがよいでしょう。安いものを選ぶとからだに合わないことも。試着して、自分に合う素材や構造のものを選びましょう。

ノンワイヤータイプ

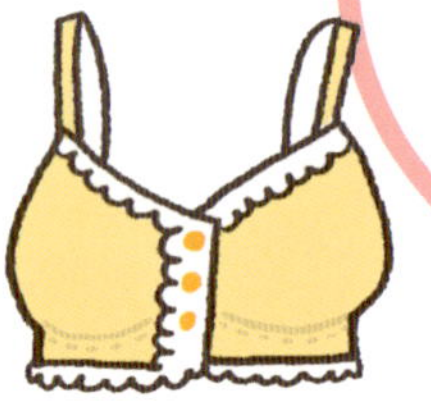
フロントオープン

クロスオープン

●産前用

敏感になっている乳頭を守り、大きくなったバストをしっかりホールドしてくれます。締めつけの少ないノンワイヤータイプもあります。アンダーとトップのサイズが細かく選べたり、吸湿性・保温性にすぐれていたり、さまざまな配慮がされています。

●産前・産後用

妊娠中はもちろん、産後も着けられるように授乳への配慮がされています。カップをずらして授乳できるクロスオープンタイプや、フロントホックのフロントオープンタイプなどがあります。

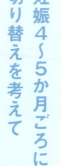

安産を願う“帯祝い”

戌の日に腹帯を巻いて安産祈願をします

安定期に入った妊娠５か月の戌の日に行われる、安産を祈願するための行事です。ママのおなかに腹帯を巻き、安産を願います。日本の風習として昔から行われており、神社で安産祈願をしたり、身内で祝い膳を囲んだりして過ごします。

なぜ戌の日に行うかというと、犬は多産でお産が軽いといわれているため、それにあやかったのだそう。地域によっては、行う日や妊娠月数が異なります。

● 戌の日はいつ？

１年ごとに十二支があてられているのと同様に、１日ごとにも十二支があてられています。ですから、12日に１日は戌の日があります。カレンダーで確認しておきましょう。

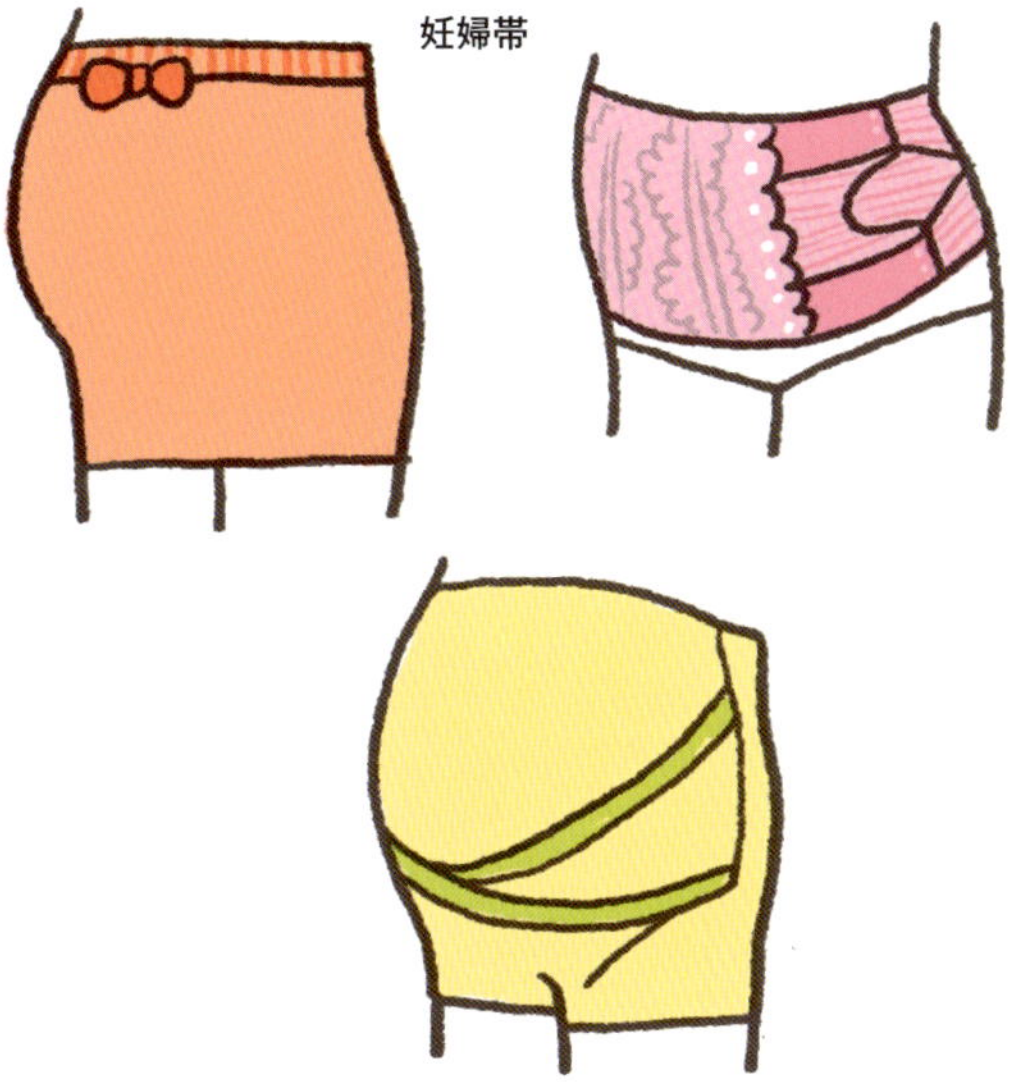

ガードル

妊婦帯・ガードル

おなかと腰をサポートします

大きくなったおなかを支えるサポート下着です。おなかだけでなく、腰への負担も軽減してくれます。また、おなかの冷えを予防します。

● 妊婦帯

腹巻きタイプは、着脱がラクで着け心地がソフト。マジックテープでサポート具合を調整できるものもあります。おなかに巻きつけるさらしタイプもあります。

● ガードル

妊婦帯の機能があるガードルで、妊婦帯よりからだにフィットします。ベルトつきタイプだと、サポート具合を調整できるのでおすすめ。

タイツ・ストッキング

締めつけがゆるやかなものを選んで

寒い季節は、靴下だけでは冷えてしまうこともあるので、マタニティ用のタイツやストッキングで冷え対策をしましょう。働いているママにも、おすすめです。締めつけが強いと気分が悪くなることもあるので、締めつけが弱いものを選びましょう。

ショーツ

おなかを包み込み、肌にやさしいものを

おなかをすっぽりとカバーできる股上が深いものがおすすめ。妊娠中は肌がデリケートになるため、肌にあたる部分に綿などの天然素材を使った、通気性・吸湿性に優れたものがよいでしょう。クロッチ部分が白いと、おりものの変化や出血に気づきやすくなります。

妊娠中期
5か月
（16～19週）

マタニティファッションを楽しもう

おなかが大きくなっても、ファッションは楽しみたいもの。マタニティ用でない洋服も、選び方や工夫しだいで妊婦も着こなせます。

まずは、着回しのきくボトムから探そう

マタニティファッションの基本は、からだを締めつけないことと、冷やさないことです。

トップスはバストとおなかを締めつけない、Aラインなどのゆったりしたデザインのものを選ぶとよいでしょう。マタニティ用でない、普通服で構いません。

ボトムスは、大きくなり続けるおなかにフィットしてくれる、ウエストがストレッチ素材になっているマタニティ用のものを用意。まずは、レギンスやデニムパンツなど着回しのきくものが1～2本ほどあればよいでしょう。マタニティウェアは一時的なものなので、最初からあれこれと揃えず、ようすを見ながら買い足していきます。

靴はぺたんこ靴か2～3㎝のローヒールを

おなかが大きくなると重心が変わり、かかとの高い靴では転びやすくなります。体重が増えるので、ひざにも負担がかかります。靴は、安定感のあるローヒールのものを履きましょう。ただ、完全にぺたんこの靴も、以前から履きなれていない人には重心を保ちにくく、腰痛の原因になることがあります。その場合は、2～3㎝程度のローヒールの靴を選びましょう。

マタニティウェア　着こなしのコツ

- ◎ボトムスは、ストレッチ素材のものを選ぶ
- ◎Aラインのトップスを
- ◎脱・妊婦感のために、小物をプラスする
- ◎足もとは、安定感のあるローヒールの靴を

おしゃれも楽しみたい！
おすすめマタニティファッション

●ヘアアクセサリー
マタニティウエアを着ていても、ヘアアクセサリーなどの小物をプラスすることで、「いかにも妊婦」という印象がなくなります。

●Aラインチュニック
おなかの大きさをカバーできます。デザインがゆったりしているので、マタニティ用でなく、普通服でOK。デニムやレギンスに合わせて。

●ワンピース
1枚で着られるラクちんファッション。締めつけもありません。ストレッチ素材であれば、マタニティ用でなくてもOK。カーディガンやストール、下半身はレギンスで冷え対策を。

●バレエシューズ
ローヒールでヒール部分が広いためバランスがとりやすく、着脱もしやすいのでおすすめ。

●デニムパンツ
マタニティ用のパンツは、おなかまわりがストレッチ素材になっていて、一見マタニティ用には見えないものがほとんど。いろいろなコーディネートを楽しんで。

●スニーカー
ぺたんこ靴の定番。足もとが安定します。最近では、おしゃれなデザインのものが増えていて人気です。

5か月 妊娠中期 （16～19週）

マタニティエクササイズに挑戦

安定期に入ったら、エクササイズを始めてみてはいかがでしょうか。身体的なことだけでなく、精神的にもよい効果が得られます。

妊娠中のエクササイズはメリットがいっぱい

おなかが大きくなると、からだを動かすのがおっくうになり、運動不足になりがち。しかし、運動をすると太りすぎを防止できるほか、腰痛や肩こり、便秘などのマイナートラブルの緩和にもつながります。また、からだを動かすことがリフレッシュにもなります。

妊娠中でも気軽に取り組めるのが、ウォーキングやストレッチ。妊婦向けのプログラムがある施設で、スイミングやヨガの教室に参加してもよいでしょう。

どのエクササイズも、事前に医師に相談してから始めましょう。

マタニティエクササイズの種類とメリット

マタニティヨガ

リラックス効果が得られます

呼吸法やポーズを取り入れ、心身ともにリラックスできます。運動が苦手でも取り組みやすい。

- お産に役立つ筋肉を鍛える
- マイナートラブルの緩和

ウォーキング

お手軽な全身運動

服装さえ整えれば、気軽に始められるエクササイズです。

- からだの脂肪を燃焼させる
- 血行がよくなり、むくみ防止
- 基礎体力アップ

マタニティスイミング

おなかの重さから解放

浮力のおかげでおなかの重さから解放されて、陸上よりも動きやすいのが特徴。もぐって、いきみや呼吸法の練習も。

- 無理なく全身運動ができる
- マイナートラブルの緩和

ストレッチ

自宅でも気軽に取り組めます

体調を整えるのに、効果的。骨盤底筋や股関節のストレッチを続ければ、お産のポーズがラクになります。

- マイナートラブルの予防と緩和
- 柔軟性アップ

マタニティビクス

爽快感のある全身運動

音楽に合わせて、軽快にからだを動かします。スポーツクラブや病産院で実施。

- 体力・持久力がつく
- お産に役立つ筋肉を鍛える
- 爽快感が得られる

始める前の注意

- エクササイズを始めてよいか、医師に相談して許可を得ます。
- 体調に合わせて無理をせず、おなかの張り、疲れ、痛み、めまいを感じたらすぐに中止してください。
- 締めつけのない服装で行います。

おすすめ！ マタニティエクササイズ

準備運動

ストレッチをして、からだをほぐしましょう。

①足を前後に開き、前方へ重心を移動させて、アキレス腱やふくらはぎを伸ばします。
②肩を前後に、首を前後左右に回します。

ウォーキング

まずは、平坦な道を自分のペースで20～30分ほど歩いてみましょう。慣れてきたら、１時間歩き続けることが目標。週２～３日を目安に続けましょう。

おなかが張ったり、痛みを感じたりしたときはすぐに中止して休んでください。治らない場合は、すぐに病院へ。

基本のフォーム

あご
軽く引いて、視線をまっすぐに。４～５m先を見る意識。

ひじ
軽く曲げて、前後に大きく振りましょう。

足
少し外側に開くようにして足を出すとバランスがとりやすいです。

背中
背筋を自然に伸ばして、姿勢をよくします。

かかと
つま先を上げて、かかとから着地して。歩幅は広めにとって。

これはNG！

- 音楽を聞いていると、まわりの音が聞こえず、危険です。
- 出勤前は時間に追われてしまうので、早足になってしまいます。
- 朝はおなかが張りやすいので、避けたほうがよいでしょう。

服装・持ち物

服装は、できるだけ動きやすいものがベスト。靴は履き慣れていて、底がしっかりしたものを選びましょう。いざというときのために、母子健康手帳や診察券を持っていくと安心です。

マタニティヨガ

ストレッチ効果も得られるので、腰痛や肩こりなどのマイナートラブルの症状を緩和できます。出産に向けたからだづくりにも効果的です。

体調に合わせて、無理をすることなく行いましょう。

マタニティヨガの基本

- 呼吸をしながらからだを動かすことで、からだと心のバランスを整えられることが特徴です。
- 呼吸の基本は、鼻呼吸。鼻から吸って鼻から吐きます。むずかしければ、ゆっくり自然に呼吸することを意識しましょう。
- ウォームアップ→ストレッチ→呼吸法・リラックス法・瞑想→覚醒という流れで行います。

1 ウォームアップ

①深呼吸をしてリラックスします。
②肩を前後に回したり、首を右回り、左回りに回したりします。
③腕や足などをもんだりさすったりして、からだを十分に温めましょう。

2 ストレッチ　10回までを限度に行いましょう。

腰をほぐす

1 あお向けに寝たら、手を頭の下で組みます。両ひざを立てます。

2 息を吐きながら、両ひざをゆっくり倒し、５秒間キープします。一呼吸し息を吐きながら、もとの位置に戻します。逆側にも倒します。

上半身をほぐす

1 あぐらをかいて座り、ひじを肩の高さまで上げてから両手を胸の前で組みます。

2 息を吐きながら、手のひらが正面を向くように押し出します。５秒間キープしたら、一気に力を抜きます。

ストレッチ

お産に向けて、赤ちゃんが出てきやすいように骨盤底筋をほぐしたり、柔軟性をアップさせたりしましょう。

体調に合わせて、無理をすることなく、1日10回までを限度に行いましょう。

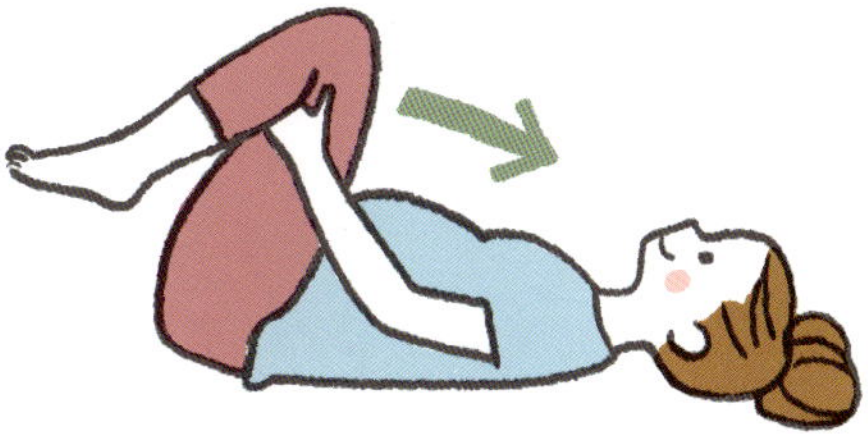

お産のポーズの練習

1 あお向けになって足を上げ、太ももの裏側を両手で持ちます。両足をおなかのほうに引き寄せます。

2 1の姿勢を30秒間キープ。ゆっくりともとの位置に戻します。1～2を繰り返します。

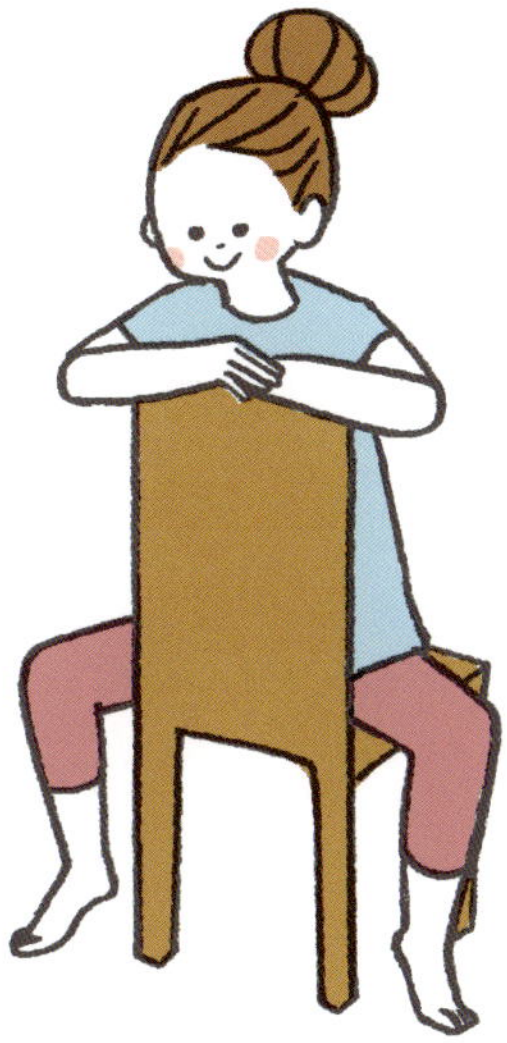

産道を鍛える

1 背もたれのある椅子を使います。背もたれを正面にし、両足を大きく広げて座ります。

2 肛門を締めたりゆるめたりするのを繰り返しましょう。

わき腹・背中を伸ばす

1 両足を少し開いて立ったら、胸の前で手を合わせます。手を合わせたまま、息を吸いながら腕を上に伸ばします。

2 息をゆっくり吐きながら上半身をサイドに倒し、息を吸いながらゆっくりもとの位置に戻します。

3 呼吸法・リラックス法・瞑想

ストレッチがひととおり終わったら、あぐらやシムスの体位などラクなポーズでリラックス。呼吸を整えながら、赤ちゃんのことをイメージしましょう。

4 覚醒

十分リラックスしたと感じたら、少しずつ覚醒させます。手足を動かしたり、全身をさすったりしましょう。

5か月
妊娠中期
（16～19週）

妊娠中期にとりたい栄養と食事

妊娠中期は、赤ちゃんのからだの骨格がつくられる時期。赤ちゃんとママに必要な栄養素を積極的にとりましょう。

カルシウムやたんぱく質の摂取を意識

妊娠5～6か月は、赤ちゃんの骨格ができあがり、筋肉がつく大切な時期。サポートするために、意識してとりたいのはカルシウムとたんぱく質です。

カルシウムは、赤ちゃんの骨や歯の生成に欠かせません。ビタミンDはカルシウムと一緒に摂取すると吸収率が上がるため、あわせてとりたい栄養素です。たんぱく質は、赤ちゃんの血や筋肉をつくるために必要。また、ママの子宮や乳房の成長にも不可欠です。

赤ちゃんの栄養はママの血液を通して送られるため、血液が多く必要になり鉄分が不足しがち。厚生労働省では、妊娠中期・後期には初期よりも多い1日21～21・5mgをとることを推奨しています。貧血を予防するためにも、鉄分を意識してふだんより多くとることが大切です。

引き続き、便秘解消に役立つ食物繊維（→58ページ）や赤ちゃんの発達を助け、ママのからだを整える葉酸（→48ページ）の多い食材もとりましょう。しかし、偏ったとり入れ方はNGです。バランスのよい食事を心がけてください。

エネルギー量を抑えて太りすぎを予防しよう

つわりが終わるこの時期、食欲が増してつい食べてすぎてしまうことママもいるでしょう。

妊娠中は脂肪が蓄積しやすいので、必要以上にエネルギーを摂取すると、あっという間に太ってしまいます。産道に脂肪がつくと、難産になってしまうこともあります。しかし、おなかの赤ちゃんの分までエネルギーが必要になるため、食事を制限するのは注意が必要です。妊娠中期には、妊娠していないときより250キロカロリー多くとる必要があります。エネルギー量を増やしつつ、適度な運動をして上手に体重管理をしましょう。

塩分を必要以上にとりすぎると、妊娠高血圧症候群やむくみなどを引き起こす可能性も。調味料を控えめにし、香味野菜で味にアクセントをつけるなどして、塩分カットを心がけましょう。

妊娠中期に必要なエネルギー量

エネルギー過多・過小はママのからだにも赤ちゃんの発育にも悪影響を及ぼすので、右の表を参考に日々のエネルギー摂取を意識して。

（kcal／日）

身体活動レベル	Ⅰ（低い）	Ⅱ（ふつう）	Ⅲ（高い）
18～29歳	1900	2200	2450
30～49歳	2000	2250	2500

厚生労働省「日本人の食事摂取基準（2015年版）」

※身体活動レベルの代表例

Ⅰ（低い）：生活の大部分が座位で、静的な活動が中心

Ⅱ（ふつう）：座位中心の仕事だが、職場内での移動や立位の作業・接客、あるいは通勤・買い物・家事、軽いスポーツ等のいずれかを含む

Ⅲ（高い）：移動や立位の多い仕事、あるいはスポーツ等余暇における活発な運動習慣をもつ

妊娠中期にとりたい栄養素

たんぱく質

たんぱく質は赤ちゃんの血や筋肉など、丈夫なからだづくりに必要です。1日に約60gの摂取が目安です。卵1個に約6gのたんぱく質が含まれています。

肉（脂肪分の少ない赤身、鶏のささみなど）、魚（タイ、ヒラメ、サンマなど）、大豆製品（豆腐、納豆など）、卵

鉄分

ママの血液を通して赤ちゃんに栄養や酵素を送るため、通常の1.5倍の血液が必要です。ビタミンCと一緒にとると吸収率が上がります。

レバー、アサリ、シジミ、海藻類（ひじき、もずくなど）、小松菜、ほうれんそう、大豆製品（納豆、豆腐など）

カルシウム

赤ちゃんの骨や歯をつくるのに欠かせない栄養素です。赤身魚や干ししいたけなどのビタミンDを含む食品と一緒にとると吸収力がアップします。

小魚（イワシ、しらすなど）、青菜（小松菜、モロヘイヤ、ほうれんそうなど）、乳製品（牛乳、ヨーグルトなど）

リンや亜鉛、マグネシウムなども赤ちゃんの骨や歯の形成を助けます

リン	卵黄、チーズ、するめなど
ビタミンC	レモン、パセリ、キウイなど
ビタミンD	きくらげ、しらす干しなど
マグネシウム	ほうれんそう、こんぶなど
亜鉛	するめ、干しエビなど
マンガン	モロヘイヤ、栗、青のりなど

とりすぎ注意！　気をつけたい栄養素と食品

毎日大量に食べなければ問題ないことがほとんど。あまり神経質にならなくても大丈夫です。

栄養素 ビタミンA

ビタミンAには2種類あります。動物性由来の「レチノール」と「βカロテン」です。「レチノール」は過剰に摂取すると体内に蓄積されてしまうので要注意。

食品 回遊魚

マグロやカジキなどの大型の回遊魚は、メチル水銀が蓄積している可能性があり、赤ちゃんに影響が出ることも。気になる人は、摂取量を控えましょう。

食品 ひじき

栄養価が高いといわれていますが、からだに害を及ぼすといわれる無機ヒ素が、ほかの海草類よりも多く含まれています。しかし、過剰摂取しなければとくに問題ありません。

5か月　妊娠中期
（16～19週）

妊娠線と静脈瘤の予防とマッサージ

おなかが大きくなってくると悩まされる妊娠線と静脈瘤。妊娠線は、一度できると完全に消えることはないので、予防をしましょう。

体重管理と保湿が妊娠線予防のコツ

「妊娠線」とは妊娠によって皮下組織が断裂し、肌がメロンのようにひび割れしたものです。おもに、急激に大きくなるおなかやバスト、脂肪がつきやすいわきの下、太もも、腰まわりなどにできます。

　妊娠線は、一度できると消えることはなく、産後も妊娠の証として残ってしまいます。しかし、予防することは可能です。妊娠によって太るスピードに皮膚組織がついていけずにひび割れてしまうのが妊娠線の原因。つまり、急激に太らなければ妊娠線に悩まされることもないのです。そこで大切なのが体重コントロール。妊娠中期は、食欲が旺盛になる時期でもありますが、外食や高カロリーの食事は控え、和食中心のバランスのとれた食生活と適度な運動を心がけましょう。

　また、肌の保湿も大切なポイント。肌が乾燥していると柔軟性がなくなり、妊娠線ができやすい状態に。夏でも保湿効果の高いクリームやオイルを使ったマッサージで、肌の潤いを保ちましょう。お風呂あがりの習慣にすると効果的です。

むくみを放っておくと静脈瘤の原因に

　子宮が大きくなると、心臓から遠い下半身の血行が悪くなり、むくみが起こりがちです。これが悪化すると、静脈の血流が悪くなり、血管がこぶのようにふくらんでしまいます。これが静脈瘤です。ふくらはぎや太ももの内側、外陰部などにできやすく、触ってみると肌表面がでこぼこするのがわかります。

　静脈瘤は、産後に自然と治るのでとくに心配はいりませんが、痛みを伴います。また、お産のときに出血してしまうこともあります。

　塩分を控えた食事を心がける、からだを締めつけるパンツやストッキングを避け、ゆったりした服装をするなどして、むくみを予防しましょう。下半身にむくみを感じたら、ケアが必要。適度な運動をしたり、お風呂でマッサージをしたりして、血行をよくしましょう。就寝時に足を高くしても効果的です。

妊娠線　出やすい部位とマッサージケア

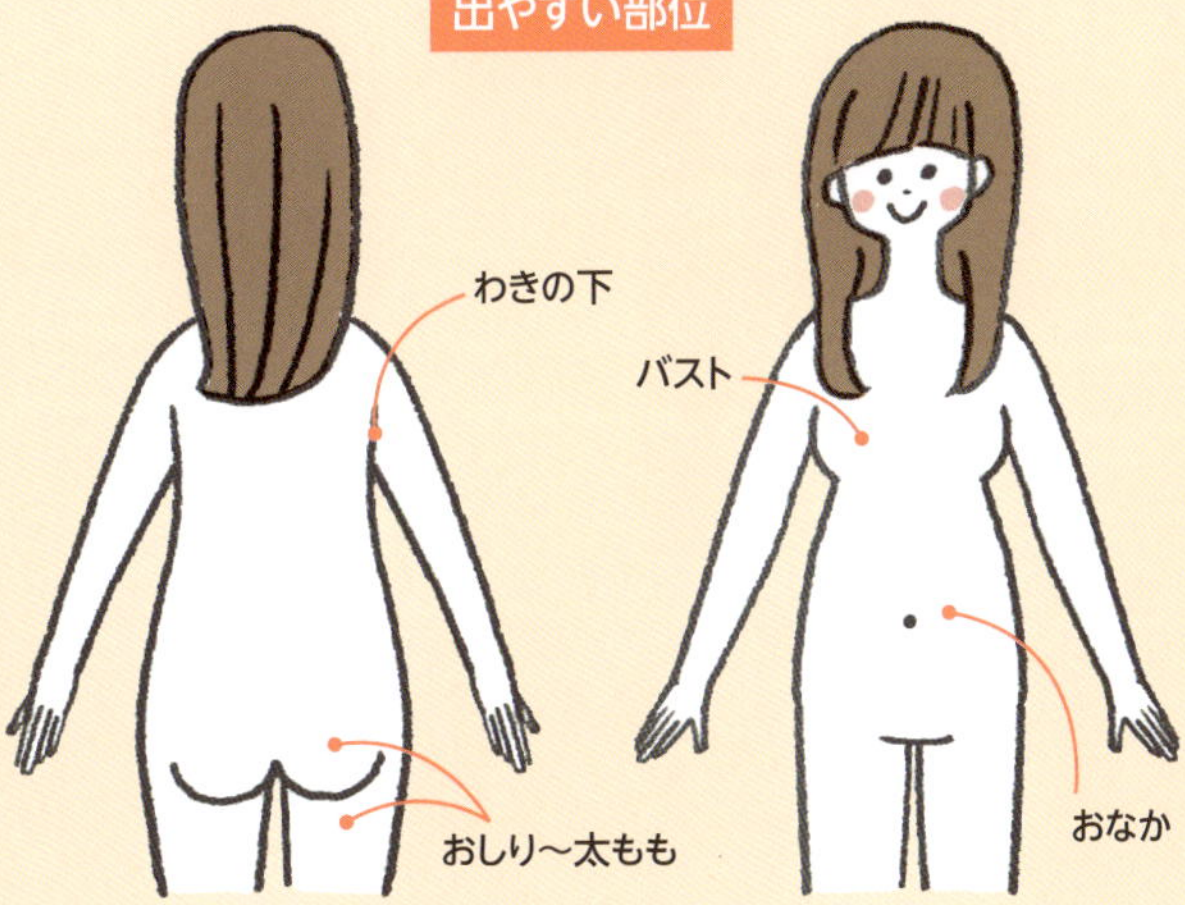

マッサージのしかたとポイント

太りやすい部分に妊娠線は現れます。バスト、わきの下、おなか、おしりがとくに出やすい部位。肌の乾燥は大敵なので、常に潤いを保つことが大切です。お風呂あがりには、保湿効果の高いクリームで、肌の表面をすべらせるようにやさしくマッサージしましょう。

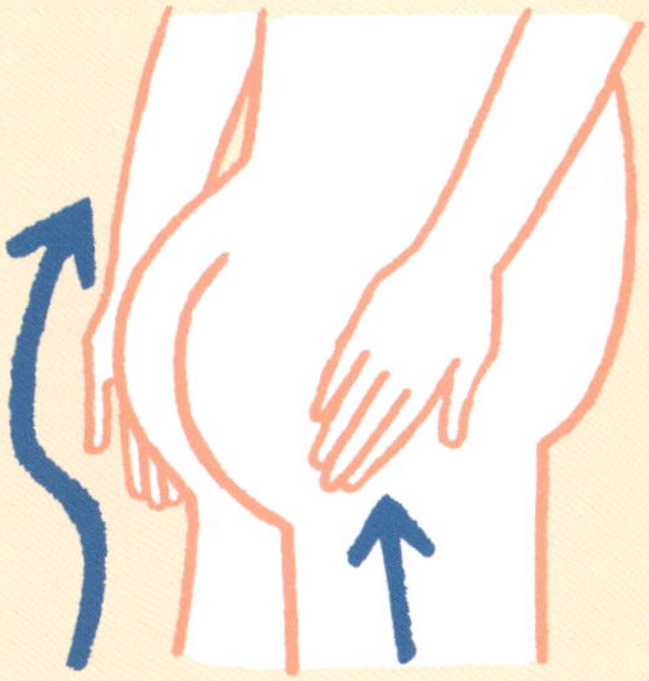

バスト・わきの下のマッサージ

バストの下側から外側にかけての範囲が出やすいところ。外から乳頭に向けてマッサージします。さらに、腕を上げ、わきの下から二の腕にかけてなで上げます。

太もも・おしりのマッサージ

太ももの裏側からおしりにかけてやさしくなで上げます。入浴時に、椅子などに片足を乗せてマッサージするとさらに効果的です。ただし、転倒に注意してください。

おなかのマッサージ

両手をおへそから外側に向けて、やさしくなでます。さらに下腹部から上に向けてなで上げます。最後は、おへそを中心にゆっくりと円を描くようにマッサージ。

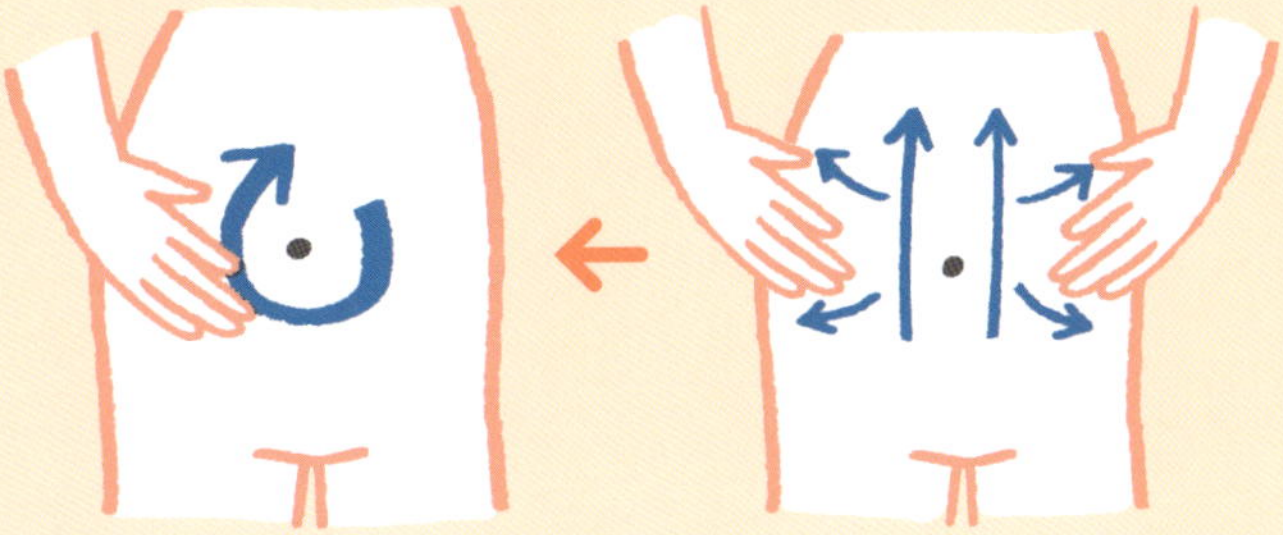

知っておきたい子宮のトラブル

妊娠によって発覚したトラブルも、早期発見なら、無事に出産を迎えられることもあります。怖がらず、積極的に検査を受けましょう。

正しい知識をもち医師と相談しましょう

妊娠中に心配な子宮のトラブル。早産や流産の危険性があるものもあれば、妊娠の経過に支障のないものもあります。いずれにしても、正しい知識をもち、対応できるようにしておきましょう。

子宮頸管無力症《しきゅうけいかんむりょくしょう》

「子宮頸管」とは子宮と膣をつなぐ、およそ4㎝の管のこと。通常、妊娠中は子宮口は閉じていて、お産が近づくと子宮頸管が引っ張られて子宮口が開いていきます。しかし、なんの前触れもなく開いてしまう症状があります。これを「子宮頸管無力症」といい、妊娠16～28週にかけて注意が必要です。

はっきりとして原因はわかっていませんが、子宮頸管の筋肉組織が体質的に弱いことがあげられます。子宮頸管無力症は、自覚症状がありません。放っておくと早産や流産を引き起こす危険性があるので、健診は必ず定期的に受けましょう。

●子宮頸管無力症と診断されたら

子宮頸管無力症と診断されたら、「子宮頸管縫縮術《ほうしゅくじゅつ》」とよばれる子宮口を糸で縛る処置が必要な場合があります。その後の経過がよければ妊娠37週ごろに抜糸します。ただし、最近では縫縮術は行わずに、安静で経過を見ていくことも増えています。医師とよく相談して決めてください。

子宮頸管無力症の子宮

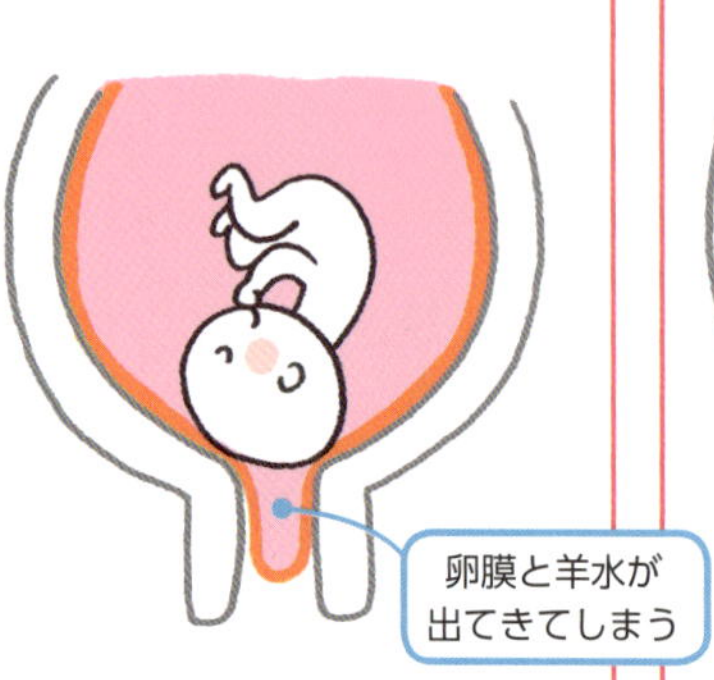

子宮口が開いてしまう

正常の子宮

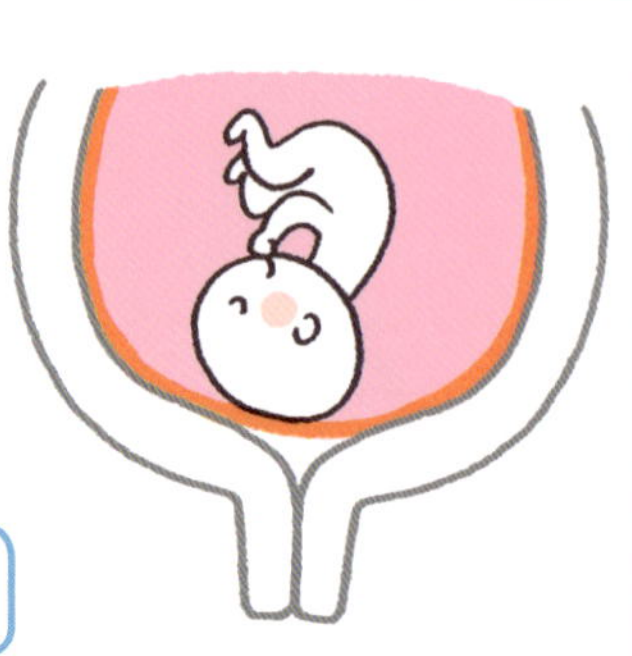

子宮口が閉じている

細菌性腟症《さいきんせいちつしょう》

通常は乳酸菌が活発に働いているため、腟内は酸性に保たれて細菌の増殖をブロックしています。しかし、なんらかの原因で腟内のバランスが崩れて乳酸菌が少なくなり、酸素をきらう悪玉菌が慢性的に増えると、子宮内で炎症を起こしてしまいます。これが細菌性腟症です。

妊娠中は腟内のバランスが崩れやすいものの、なぜ細菌性腟症が起こるのかはっきりとした原因はわかっていません。

自覚症状はほとんどありません。しかし、おりものから悪臭がしたら気をつけたいもの。放置すると、子宮頸管が炎症を起こす「頸管炎《けいかんえん》」、子宮・卵膜・羊水に炎症が起こる「絨毛膜羊膜炎《じゅうもうまくようまくえん》」といったように徐々に感染が広がり、切迫早産・早産を引き起こすこともあります。感染の有無は腟分泌物検査でわかります。

●細菌性腟症と診断されたら

早めに、抗菌薬を投与する治療をすれば大事にいたらないことがほとんど。早期発見・早期治療が大切です。

子宮頸《しきゅうけい》がん

子宮頸がんは、ヒトパピローマウイルスというウイルスに感染して発症する場合がほとんど。しかし、ウイルスに感染したからといって必ず子宮頸がんが発症するわけではありません。発症初期には自覚症状がないので、妊娠初期の妊婦健診時に行われる子宮頸がん検査で発覚することもあります。

子宮頸がん検査は、「細胞診」といって、子宮の出口の粘膜をヘラやブラシでこすって細胞を採取するのですが、細胞診が妊娠の経過に影響したり、早産を引き起こしたりすることはありません。

●子宮頸がんと診断されたら

進行の度合いによって妊娠の継続も可能。早期発見であれば、ほぼ１００％治るといわれています。

命に関わる可能性がある場合、帝王切開で出産を早めることもあります。進行具合によっては、妊娠をあきらめなければいけないケースがあることも覚えておいてください。

子宮筋腫《しきゅうきんしゅ》

子宮にできる良性の腫瘍が子宮筋腫です。30～40代女性に多いといわれています。自覚症状がない場合も多い一方で、おなかが張ったり、急激に筋腫が大きくなって痛みを伴ったりする場合もあります。痛みや張りがある場合は入院して安静にするよう指示を受けることも。

●子宮筋腫と診断されたら

超音波検査で筋腫の位置や大きさを調べます。筋腫が小さく位置も産道から遠くにある場合は、経腟分娩が可能ですが、子宮口の近くに大きな筋腫がある場合は、赤ちゃんが通れないので帝王切開分娩になります。

筋腫の位置で異なる出産への影響

● 産道をふさぐ位置

子宮口の近くだと、分娩時に赤ちゃんが産道を通れないので、帝王切開分娩になる可能性が高いです。

● 産道をふさぐか微妙な位置

出産前に超音波検査をして、帝王切開分娩にするか、経腟分娩にするか判断をします。

● 産道に影響がない位置

子宮の外側など、産道に影響しない位置にある場合は、経腟分娩が可能です。

妊娠中期

6か月

（20～23週）

体調も安定。母乳の準備もどんどん進みます

胎動を感じるようになり赤ちゃんもママも安定

どんどんおなかがふくらみ、はっきりと胎動を感じるようになります。赤ちゃんの動きを感じながら、徐々に母になる実感を得る時期。赤ちゃんもママも安定しているときなので、歯の治療をしたり、部屋のもよう替えをしたり、パパとの思い出づくりをしたり、安定期のうちにできることをしておいてはいかがでしょうか。適度にからだを動かすことも、体調管理やストレス解消になるので大切なことです。

　この時期、おなかが大きくせり出して、背中がそり返ったより妊婦らしい姿勢になります。これにより、腰痛や背中の痛み、静脈瘤などのマイナートラブルに悩まされることも。

　また、おなかが大きくなることで姿勢がアンバランスになり、転倒する恐れもあります。家の中の移動や家事をするときにも、足もとに気をつけたいところ。階段では手すりにつかまったり、歩きやすい靴を履いたりするなどの対策をしましょう。混雑した場所に出かけるとき、雨が降っているときも注意が必要です。

母乳の準備がスタートします

乳腺がさらに発達し、バストが大きくなると、赤ちゃんに母乳をあげるための準備が始まります。プロラクチンという母乳をつくるホルモンが分泌され始めます。入浴中や入浴後のリラックスしているときに、乳頭のお手入れをして、赤ちゃんがおっぱいを吸いやすいように準備しておきましょう。乳頭から半透明の乳汁が出てくることもありますが、心配はいりません。

妊娠6か月のママのからだのようす

おなかがせり出して トラブルに悩まされます

6か月の中ごろには、子宮がおへそのあたりまで大きくなり、だれが見ても妊婦だとわかるぐらいにおなかがふくらみます。それに伴い、内臓が子宮によって押し上げられるため、胃もたれや動悸、息切れを感じるママも少なくありません。また、下半身の血行が悪くなったり、重い上半身を支えるための筋肉疲労により、足がむくんだり、つったりすることもあります。

大半のママが胎動を感じ始めます。ママにとっては不思議な体験ですが、おなかの中で元気に育つ赤ちゃんに喜びを感じる瞬間です。また､乳腺が発達して乳房が張るママも。ホルモンが分泌されるため、乳頭から半透明の乳汁が出ることがあります。

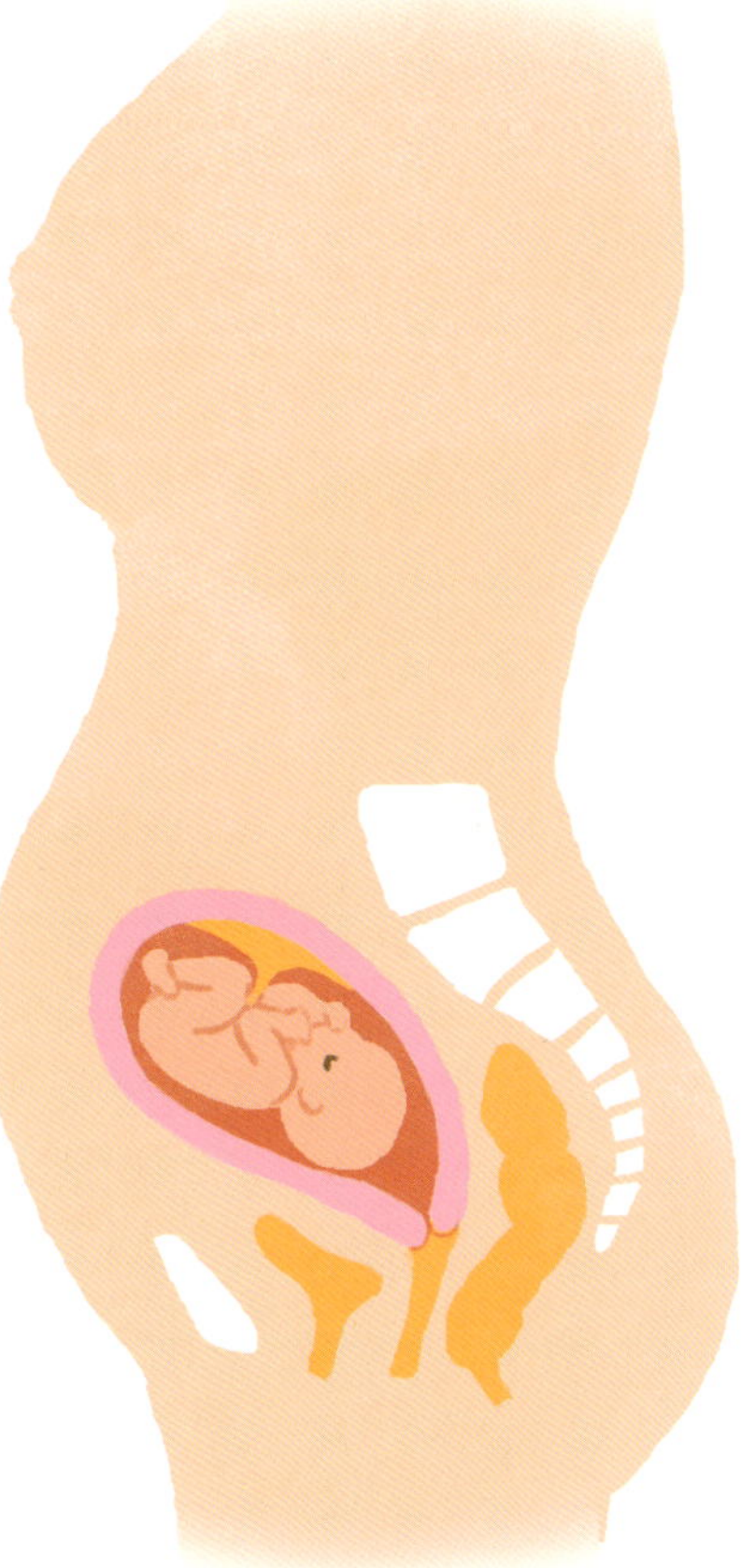

妊娠6か月の子宮底長

約15～21cm

この時期気になること

切迫早産・早産

早期発見・早期治療を

妊娠22週以降37週未満で赤ちゃんが生まれることを早産といいます。この時期に、頻繁なおなかの張りや子宮頸管無力症などの症状があり、早産になってしまいそうなことを切迫早産といい、治療が必要となります。早く生まれた赤ちゃんはからだの機能が未熟なため、合併症を引き起こす可能性があります。

(⇒112ページ)

足がつる

妊婦の半数が経験あり

妊娠によって血管が圧迫されたり、大きなおなかを支えるために下半身に負担がかかり、筋肉疲労によって足がつることがあります。つったときはふくらはぎを伸ばし、おさまるまで待ちましょう。適度にからだを動かして血行をよくしたり、骨や筋肉を丈夫にするカルシウムを摂取したりするなどの対策を。

シミ・ソバカス

顔や乳首などが黒ずみます

妊娠によってホルモン環境が変化すると、メラニン色素が増えます。メラニン色素が増えすぎると色素沈着が起こり、シミやソバカスの原因に。乳首をはじめ、顔やわきの下、外陰部やおなかの中心部などが黒ずんできます。産後に少しずつ薄くなりますが、太陽が当たる部位は日焼け止めクリームや帽子、日傘などで紫外線対策をして予防しましょう。

妊娠6か月の赤ちゃんのようす

身　長	約 30 cm
体　重	約 500 g

※身長・体重は、妊娠23週のものです。

消化器、泌尿器などの臓器が発達し、骨や筋肉もますますしっかりしてきます。動きもさらに活発になり、ママは手足の動きを感じるように。逆子と診断されることもありますが、羊水の中で活発に動くのでまだ心配する必要はありません。聴覚も発達し、外の物音に反応することもあります。目はまだ閉じていますが、まばたきのような動きをすることも。手も発達し、力を入れて手を握ることができるようになります。

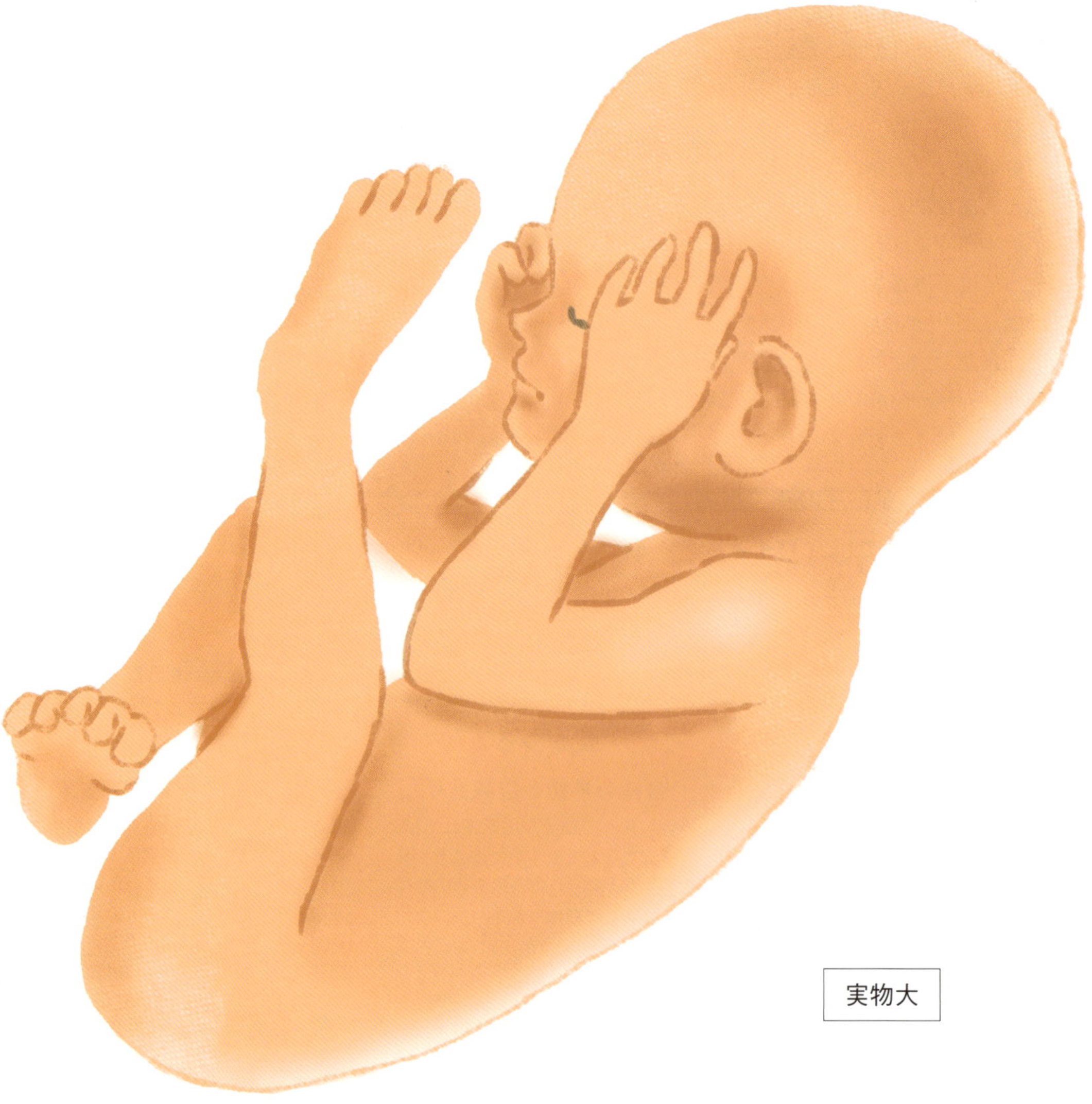

実物大

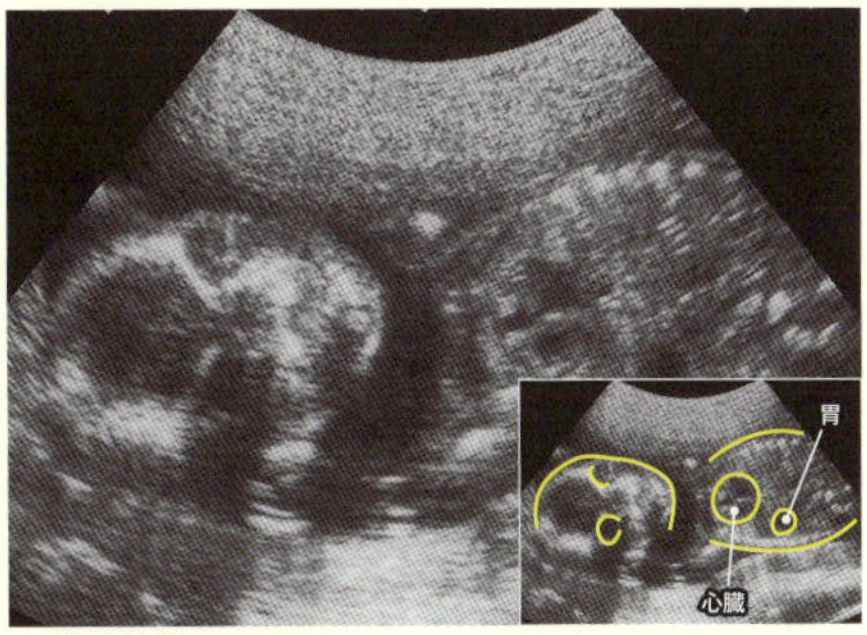

妊娠20週

筋肉や骨が発達。動きも活発になります

足が新生児のときとほぼ変わらない形になります。心臓の動きがどんどん強くなり、赤ちゃんの心音が大きくなってパパがおなかに耳を当てたときに心音を聞くことができることもあるでしょう。筋肉や骨も発達し、手足の動きも活発になります。元気に動く時間と眠っている時間が規則的になり、ママは胎動で赤ちゃんのようすがわかるようになります。

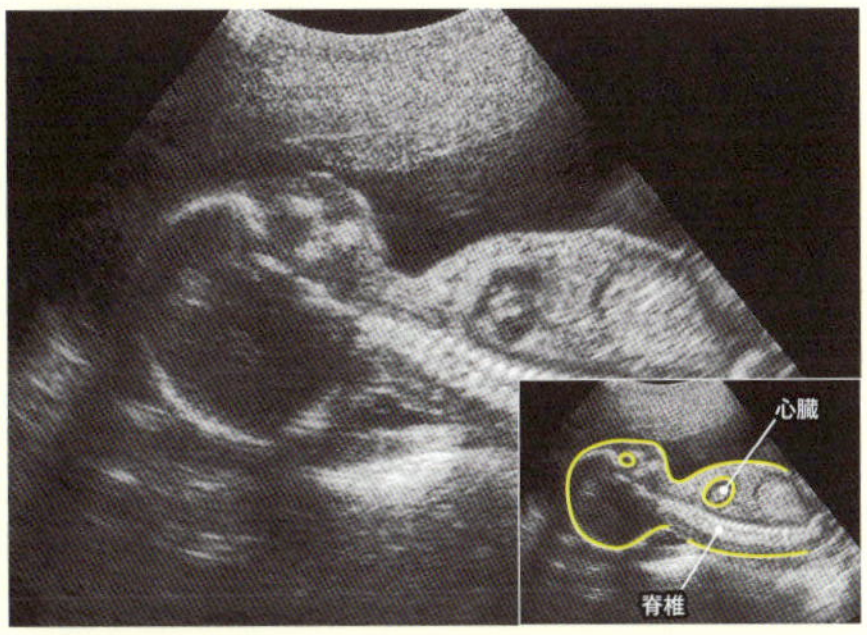

妊娠21週

まばたきのような動きが見られます

脳が再び急成長する週です。まだ色素は入っていないため白い状態ですが、眉毛や髪の毛が認識できるようになり、からだ全体が産毛で覆われます。男の子は睾丸が骨盤から陰嚢《いんのう》に下り始め、男女の区別がはっきりしてきました。目は閉じていますが、まばたきのような動きが見られます。手が大きくなって、力を入れて物がつかめるようになります。

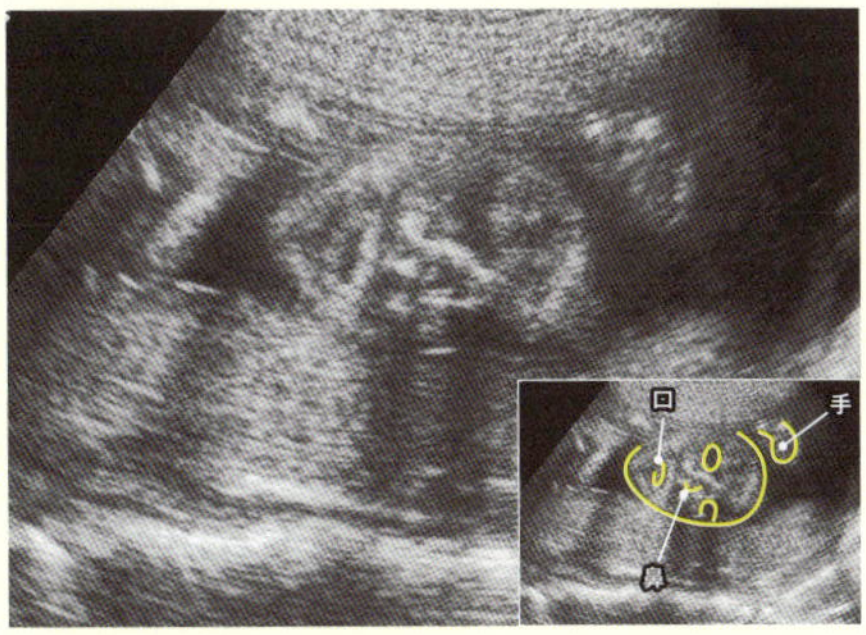

妊娠22週

物音に反応することも

中耳の骨がかたくなり、音の伝達がよくなるので物音に反応するようになります。まだ「ママの声」「パパの声」などと声の種類を判別することはできませんが、音は聞こえるため、大きな音がするとまばたきしたり、からだを動かしたりすることも。このころから体重が急激に増え、手足や胴体も発達し、出生時の体形に近づきました。

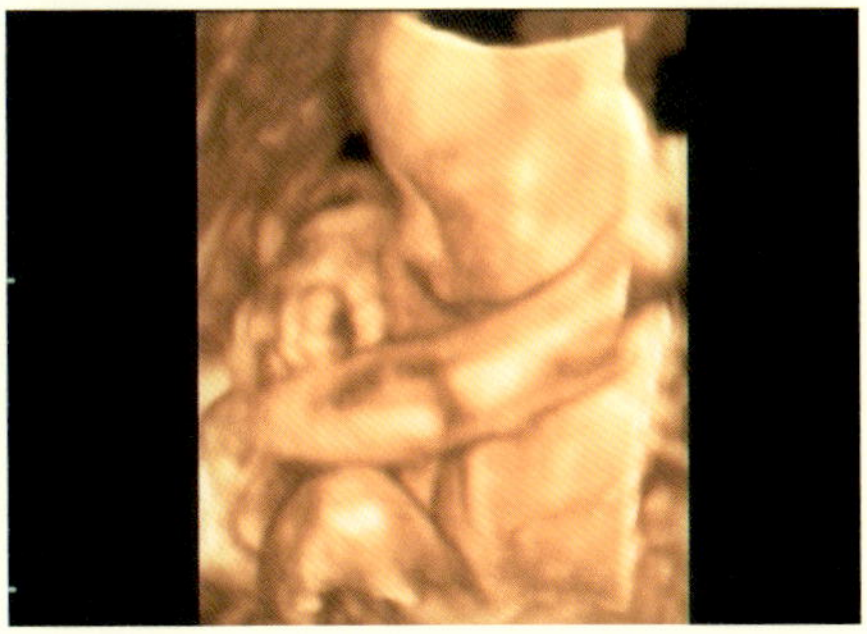

妊娠23週

透明な肌の下に血管や内臓が見えます

体重が500mℓペットボトルより、重くなりました。現在の赤ちゃんの皮膚は、シワシワで薄く透き通っていて、血管や内臓が皮膚の下に見える状態です。これから徐々に脂肪が増加し、筋肉が発達するにつれて、なめらかになってきます。相変わらず羊水の中で活発に動くので、健診時に「逆子」と診断されることもありますが、まだ心配の必要はありません。

6か月
妊娠中期
（20～23週）

胎動と胎教ってなんだろう？

妊娠中期に入ったママが経験する胎動。胎動を感じたときが、胎教の始めどき。家族のはじめてのコミュニケーションです。

胎動は、赤ちゃんが生きている証拠

ママのおなかの中で赤ちゃんが動くことを「胎動」と呼びます。妊娠6か月ごろから赤ちゃんが急激に成長し、動きも活発になるため、多くのママが「胎動」を感じるようになります。実際には、妊娠8週ごろから赤ちゃんは動いているのですが、まだからだが小さいためママが感じることはほとんどありません。

胎動の感じ方やタイミングには個人差があり、ママの体形や生活スタイル、子宮内の赤ちゃんの位置によって変わります。一般的に、はじめて胎動を感じる時期は妊娠16～22週といわれていて、経産婦より初産婦のほうが少し遅い傾向にあるようです。

短いサイクルで寝たり起きたりします

胎動を頻繁に感じるとき、少なく感じるときがあるでしょう。赤ちゃんは寝たり起きたりを繰り返し、起きている時間は元気に動いています。実際に見ることができたら、とてもかわいらしいしぐさを見せてくれることでしょう。妊娠後期には、寝たり起きたりするサイクルが約30分おきになります。

はじめての「胎動」は不思議な感覚とともに、ママになったことを実感できる瞬間。感動の瞬間を母子手帳に記録しておき、健診時に報告しましょう。また、まわりのママと比べて胎動を感じるのが遅いと思っても心配することはありません。健診時に問題がなければ、赤ちゃんは元気に成長しています。しかし、昨日あった胎動が今日はまったくないといったときはトラブルの可能性も。すぐに病院へ連絡してください。

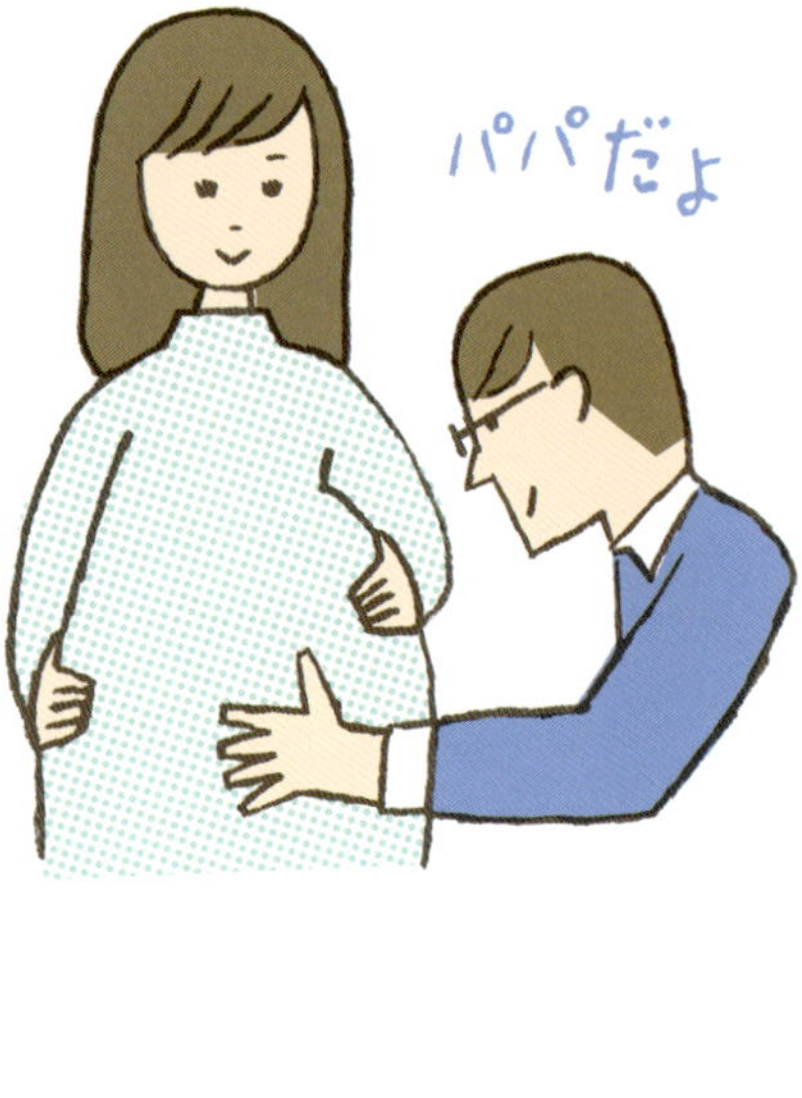

「胎動」を感じたら「胎教」を始めよう

妊娠6か月ごろから、赤ちゃんは外界の音にも反応するようになります。まだ声は聞き分けられませんが、ママやパパの声もちゃんと赤ちゃんの耳に届いているのです。脳や五感もどんどん発達しているので、このころから「胎教」をスタートするとよいでしょう。

「胎教」とは、おなかの赤ちゃんに話しかけたり、やさしくなでたりしてママと赤ちゃんの絆を深めるもの。親子のはじめてのコミュニケーションです。

おなかの中に赤ちゃんがいて母親になることを実感しやすいママとちがい、パパはなかなか父親の自覚をもちにくいものです。パパにも積極的に声をかけたり触ったりしてもらいましょう。

いちばんの胎教は、ママとパパが仲よくしてリラックスして過ごすこと。ママのストレスは赤ちゃんに伝わるので、ママとパパ、赤ちゃんの絆を深めながらストレスフリーな生活を心がけましょう。

胎教を始めよう

絵本を読み聞かせる

生まれてくる赤ちゃんのために、絵本を選んであげましょう。ママが子どものころに好きだった本をもう一度読んでもいいかもしれません。赤ちゃんに届くようにゆっくりと抑揚を聞かせて読み聞かせをしましょう。おなかの中で、赤ちゃんがじっと耳を澄まして聞いているかもしれません。

お出かけする

天気のいい日に公園に散歩に行ったり、お買い物に出かけたり。「おひさまがポカポカで気持ちいいね」「お花がきれいだよ」などと、赤ちゃんに話しかけながら、気分転換を楽しみましょう。

おなかをマッサージする

穏やかな気持ちで、おなかをやさしくなでましょう。子宮の緊張がほぐれ赤ちゃんもリラックス。ときには、パパがやさしくママのおなかをなで、パパとのふれあいも楽しみましょう。

キックゲームをする

赤ちゃんがおなかをけったら、ママがおなかを軽くたたいてこたえます。根気強く続けていると、ママがおなかをたたいたら、赤ちゃんがおなかをけってこたえてくれることも。

音楽を聞く

ママが心地よい音楽ならOK。赤ちゃんとリラックスしたひとときを楽しみましょう。音楽は赤ちゃんの右脳に刺激を与えて感受性や創造性を育てるといわれています。

胎名をつけて話しかける

おなかの赤ちゃんにつける名前のことを「胎名」といいます。もちろん正式な名前でなくて大丈夫。話しかけるときに名前があるとより親しみがわきます。「ちいちゃん、いいお天気ね」などと、毎日たわいもないことを話しかけましょう。ママの声は赤ちゃんに届いています。

妊娠中期

6か月

（20～23週）

おっぱいのお手入れをしよう

母乳育児を目指すなら、おっぱいケアは欠かせません。ママにも赤ちゃんにもうれしいおっぱいになるためのマッサージをしましょう。

産後の授乳に効果的なおっぱいケア

母乳は、赤ちゃんに免疫力をつけて病気から守る効果をもち、成長に欠かせない栄養素をふんだんに含んでいます（→206ページ）。「できるだけ最初は母乳で」と考えるママも少なくないでしょう。しかし、はじめから順調に授乳することは簡単なことではありません。

赤ちゃんは、生まれたときからおっぱいに吸いつく能力をもっていますが、生まれたばかりの赤ちゃんが吸う力は弱く、おっぱいをあげるママも初心者なので授乳の姿勢がぎこちないもの。赤ちゃんもママも授乳に慣れていないうえに、乳首がかたくて吸いづらくては、上手に授乳ができません。

そこで、授乳をスムーズに始めるために欠かせないのがおっぱいのお手入れです。健診で問題がなければ、6か月ごろから乳頭のマッサージを始めましょう。バスタイムなどのリラックスしたときがベスト。マッサージによって、やわらかく赤ちゃんが吸いつきやすい形の乳頭をつくり、頻繁に吸われても痛くならない丈夫な皮膚をつくります。はじめは痛みを感じますが、無理をしない程度に毎日行い、徐々に時間と回数を増やしていきましょう。ただ、乳首を刺激すると、子宮が収縮します。体調が思わしくないとき、おなかの張りや痛みを感じるときは、無理をせずに中止しましょう。

母乳育児のメリットって？

- 赤ちゃんの脳を刺激
- ママと赤ちゃんの絆が深まる
- 免疫物質が豊富
- 栄養バランスがよい
- 体形の戻りが早い

赤ちゃんにもママにもうれしいことばかり

ママの腕の中でおっぱいを飲む時間は、赤ちゃんにとって何よりも安心できるひとときです。また、おっぱいを吸うことで赤ちゃんのあごの力が鍛えられ、脳が刺激されるという説も。母乳そのものも消化しやすく栄養バランスが最適。とくに最初の3日間に出る初乳は免疫物質が多く、赤ちゃんを病気から遠ざけてくれます。ママも母乳を提供することで、体形の戻りが早くなるので、うれしいことばかりです。

乳頭のタイプをチェックしよう

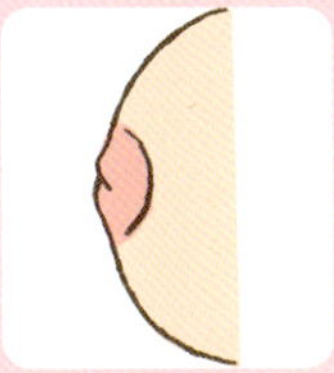

陥没

乳輪の中に乳頭が埋まっているタイプ。つまんでも伸びないようなら、乳頭吸引器を使って突出させましょう。

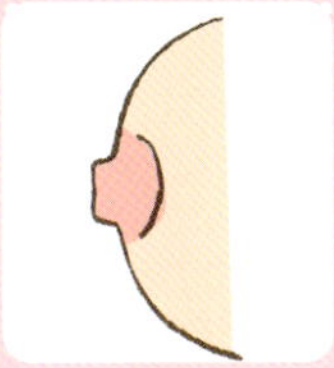

扁平《へんぺい》

乳輪から乳頭が出ていないタイプ。つまんで突出するようなら心配ありません。十分にマッサージをしましょう。

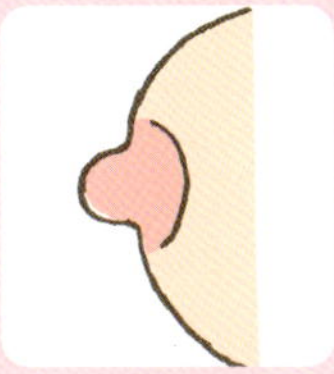

大きい

乳頭の高さや直径が1cm以上のタイプ。かたいと赤ちゃんがくわえにくいので、マッサージでやわらかくしましょう。

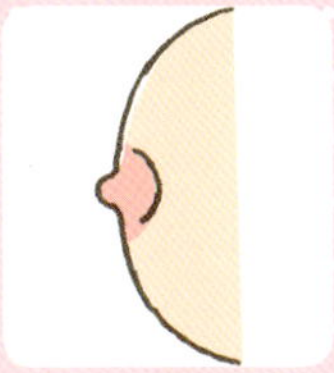

小さい

乳頭の高さや直径が0.8cm以下のタイプ。マッサージでやわらかくして、赤ちゃんが舌をからめやすい状態にします。

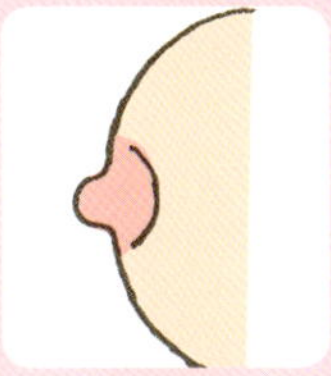

普通

乳頭が前に0.8～1cm出ているタイプ。赤ちゃんがもっともくわえやすい形です。

おっぱいのお手入れ方法

体調がよい日の、バスタイムやお風呂あがりに行いましょう。
1日1回、2～3分が目安。痛みやおなかの張りを感じたら中止して。

基本のマッサージ

①

乳頭と同じ側の手を乳房の下に添え、逆側の親指と人差し指、中指で乳首をつまみ、5秒間圧迫します。指の角度を変え、同様に圧迫します。

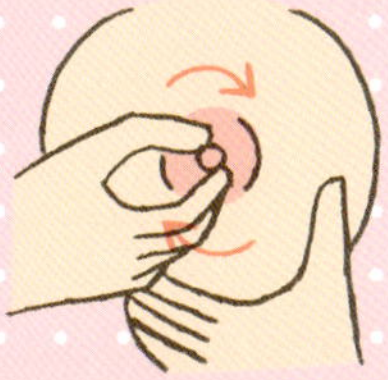

②

①と同様に乳首をつまみ、指のはらを使ってやさしくこすり合わせます。角度を変えてまんべんなくこすり合わせます。

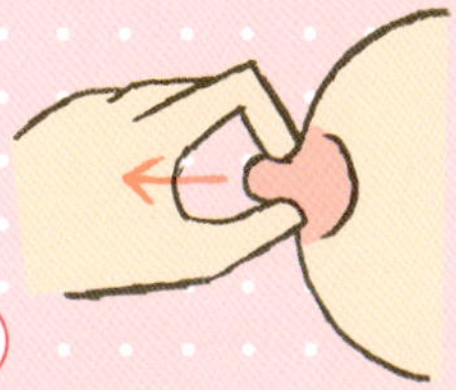

③

乳輪から乳首の先端に向かって引っ張るように圧迫します。角度を変えて同様に。乳頭のつまりを取りのぞき、母乳の通りをよくする効果もあります。

扁平・陥没の場合

乳首を引っ張り出すケアをします

基本のマッサージにプラスして、乳頭を引っ張り出すマッサージを行いましょう。痛みを感じない程度に、無理をしないで継続しましょう。

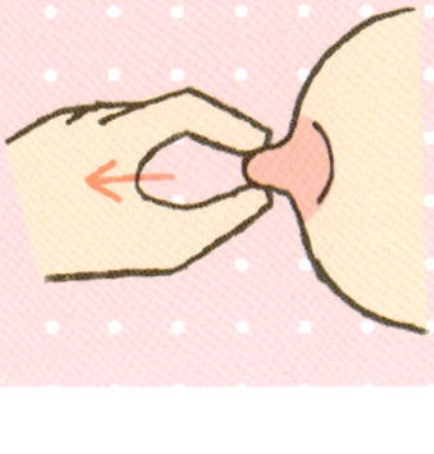

乳首をつまんだら、前に引っ張り出すようにして乳首を伸ばし、そのままキープ。これを数回繰り返しましょう。

妊娠中期

6か月

（20〜23週）

母親学級・両親学級に参加しよう

妊娠にまつわる知識や産後に必要なノウハウを知ることができる母親学級・両親学級。ぜひ参加しておきたいものです。

助産師や栄養士からアドバイスをもらえます

妊娠中のママを対象にした母親学級。出産に向けての医学的な情報や、注意点、お産の流れ、新生児のお世話の仕方などを、助産師などがわかりやすく説明してくれます。食事については、栄養士が説明してくれることもあります。時間や回数は受講する場所によってさまざまですが、たいていは1回2時間程度で、3〜5日に分けて行われます。

主催者は各自治体や病産院、育児用品店など。自治体が主催するものは、妊娠届提出後、妊娠5〜6か月ごろに役所か保健所からお知らせが届きます。自治体発行の広報誌に掲載されている場合もあるので、こまめなチェックを。病産院主催のものは、妊婦健診のときに案内があったり、待合室などに掲示されたりしています。ほとんどの場合は、通院している人が対象です。また、ベビー用品店が開催している場合もあるので、ホームページや店頭などの告知をチェックしてみるとよいでしょう。

母親学級には、近所に住む月数の近い妊婦と出会えるというメリットがあります。ベビー用品の店や病産院などの情報を交換したり妊娠中の悩みを相談したり、産後はママ友として育児の悩みを分かち合ったり。育児の不安や楽しみを分かち合えるママ友は、これからの長い子育てで大切な仲間となるでしょう。

パパも参加できる両親学級

最近では両親学級や、パパだけが参加する父親学級を開催する自治体、病産院も増えています。立ち会い出産を希望している場合は、パパの両親学級の受講を義務づけている病産院もあります。

パパが参加する講義では、立ち会い出産のときの呼吸法や沐浴の練習など、役立つ実技講習がたくさん。胎児の体重と同じ重りをパパのおなかにつける妊婦体験もあります。講義への参加がママの苦労への理解につながったり、父親としての自覚が芽生えるきっかけになることも。ぜひ積極的に参加しましょう。

母親学級・両親学級で何をするの？

1 妊娠生活の指導

助産師が今後の妊娠生活の変化について教えてくれたり、栄養士がおなかの赤ちゃんとママのための栄養学などを教えてくれたりします。また、妊婦は虫歯になりやすいので、歯科医による虫歯にならないためのデンタルケアについての講義などもあります。

2 出産の流れをレクチャー

陣痛がどのように訪れて、赤ちゃんがどのように生まれてくるのかを、出産ビデオを見ながら確認します。立ち会い出産を希望しているパパは、お産のときの呼吸法を学ぶことができます。

3 安産エクササイズのレッスン

体重コントロールに役立つエクササイズや、マイナートラブルを解消するストレッチなどを指導。自宅でも気軽にできるメニューを教えてもらえるので、ぜひ家でも継続して運動しましょう。当日は動きやすい服装で参加を。

4 母乳育児の指導

母乳育児を目標にしているママには欠かせないおっぱいのマッサージやお手入れ法を教えてもらいます。また、母乳が出るメカニズムや授乳の仕方などもレクチャーしてもらえます。

5 沐浴実習

新生児の沐浴の仕方を教えてもらいます。実際に新生児と同じサイズの人形を使って実践。「沐浴はパパ」と決めている人も少なくないようで、比較的パパの参加率が高い講義です。

6 先輩ママ&赤ちゃんとのふれあい

生後５か月程度の赤ちゃんと先輩ママを囲んで、育児生活について聞いたり、赤ちゃんを抱かせてもらったりします。病産院によっては、新生児室などの院内見学をするところもあります。

妊婦の友人と交流を!!

思いきって声をかけてみて

出産を前にして、ママの心境はうれしい反面、不安もいっぱい。そんな思いを共有してくれるのが、同じ妊婦の友人です。妊娠中だけでなく、産後も育児に対する悩みを相談しあったり、一緒に公園へ遊びにいったりと、何かと助け合える仲間になることでしょう。母親学級は、必然的に近隣のママたちが集まります。そこで気が合いそうな人を見つけたら、思いきって声をかけてみて。素敵な出会いにつながるかもしれません。

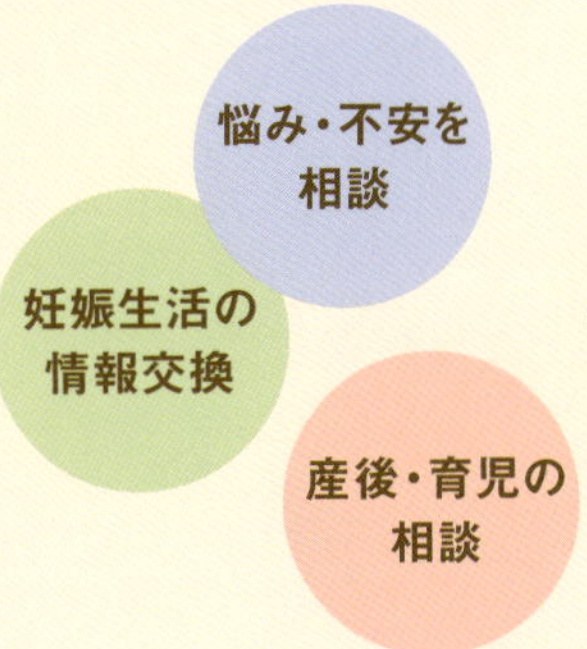

妊娠中期

6か月

（20～23週）

おなかが大きくなって気をつけたいこと

おなかが大きくなると、重心がアンバランスになり、移動や家事など日常的な動作も大変です。慎重に行動しましょう。

ゆっくりとしたペースで時間に余裕をもって行動を

おなかが急に大きくなると、妊娠前と同じペース、同じ動作で行動することがむずかしくなります。おなかの影に隠れて足もとが見えづらくなるため、つまずいて転倒する、前かがみでおなかを圧迫するなどのリスクも高まります。とくに外出時は、天候や人ごみなどのリスクがさらに高まるでしょう。また、腰痛に悩まされたり、ちょっと動いただけで動悸や息切れを感じたりすることも。

こうしたリスクを回避するためには、日常的なちょっとした動作でも慎重になることが大切です。ゆっくりとしたペースで、足もとやまわりの障害物に気を配りながら、動くようにしましょう。重い荷物を持つなどの無理をしておなかが張ったら、少し休憩をとり、治るようであれば問題ありません。しかし、痛みや出血がある場合はただちに病院で受診してください。

さまざまな〝不便〟を感じることもありますが「おなかが大きくなる」＝「赤ちゃんが順調に成長している」と思って、ポジティブに受け入れてみてください。

おなかが大きくなっていかにも妊婦らしい外見になったら、行動も妊婦らしくゆっくりペースで。そのためには、一日のスケジュールに時間の余裕をもち、焦ってイライラすることのないよう準備をしましょう。

冠婚葬祭はどうしたらよいの？

結婚式

体調に問題がなければ出席も

長時間座っていることが多い結婚式は、足のむくみを感じたり疲れておなかが張ったりすることも。もし、結婚式の最中に体調が悪くなってしまったら、せっかくの「はれの日」に迷惑をかけてしまいます。体調に問題がなければ出席してもかまいませんが、不安があれば欠席も選択肢に入れた検討が必要です。

お葬式

出席するなら、からだに配慮して

昔から「妊婦はお葬式に参列してはいけない」といわれていますが、お葬式に出席すること自体がママのからだに影響するものではありません。しかし、長時間の正座で血行が悪くなったり、長い列に並んで疲労したりすることも少なくありません。出席するなら短時間で済むようにするとよいでしょう。

日常生活で気をつけたいこと

家の中

◉階段の昇降
どんなに急いでいても速いテンポで上り下りするのは禁物。階段を踏み外したり、落下したりする危険が伴います。住み慣れた家の階段でも、手すりなどにつかまり、ゆっくりと上り下りしましょう。

◉入浴
浴室の床で滑らないよう注意を払いましょう。湯船に出入りするときは、滑ってつまずかないように慎重に。パパと一緒に入ってサポートしてもらうのもよいでしょう。

◉睡眠
あお向けで寝ることが苦しくなります。横向きになり、上の足を軽く曲げる「シムスの体位」でおなかをラクに保ちましょう。足の間に抱き枕やたたんだバスタオルなどをはさむと、さらに快適。

◉家事
- **洗濯・ふとん干し**……一度で大量に持とうとせず、少ない量をゆっくりと運ぶようにします。パパがいれば、お願いしてもよいでしょう。
- **床の拭き掃除**……股関節のストレッチにもなるのでおすすめ。両ひざをついて、ゆっくりと。
- **風呂掃除**……柄のついたブラシなどを使って前屈みにならなくてもいいような工夫をしましょう。
- **調理**……おなかをキッチンにぶつけないように細心の注意を払って。鍋の柄にぶつかって倒してしまったら大変です。立って調理するのがつらかったら、高めの椅子に座って作業するのもアイデアです。

外出時

◉服装・靴
からだを締めつけない、動きやすい服装が基本。靴はローヒールの歩きやすい靴を選んで。ひも靴は着脱が大変なので、スリッポンのように立ったままでも履ける靴がおすすめです。

◉移動
走ってくる人や自転車などに接触して、おなかをぶつけないよう気配りを。エレベーターは最後に乗り、混雑している場合は見送る余裕をもちましょう。

◉天候
雨や雪の日は滑りやすく、ビルの床や駅構内はとくに注意が必要です。靴底を確認して滑りにくいものを選びましょう。時間に余裕をもって、ゆっくりと歩きます。

◉自転車
自転車はバランスがとりにくく、転倒の危険性もあります。大きなおなかをハンドルにぶつけてしまうこともあるので、あまりおすすめできません。

◉電車
電車に乗るときは、ラッシュの時間を避けることが基本。満員電車では、おなかが圧迫されたり急に具合が悪くなったりすることも。まわりの人たちも身動きがとれないので、どうすることもできません。時間をずらして、できるだけ座れるような工夫をしましょう。また、おなかが目立たず、妊婦と気づいてもらえない場合もあります。バッグにはマタニティマークをつけておきましょう。

妊娠中期

6か月

(20～23週)

安定期にしておきたいこと

赤ちゃんが生まれる前だからこそできることはたくさんあります。体調が安定しているこの時期を、有意義に過ごしましょう。

お出かけや産後の準備を楽しみましょう

妊娠中期は体調も安定し、精神的にも穏やかな時期です。また、これからさらにおなかが大きくなるとからだの自由がきかなくなるので、今の時期にできることはしておきたいもの。お出かけを楽しんだり、赤ちゃんのための準備を整えたりして有意義に過ごしましょう。

ただ安定期とはいえ、妊婦であることに変わりはないので無理は禁物。パパと旅行を楽しむなら事前の準備とスケジュール管理は必須。妊娠後期や産後には行きにくい美容院や歯科医院も、体調と相談しながら済ましておくとよいでしょう。

美容院に行く

体調が安定しているときに行こう

妊娠初期は液剤のにおいで気持ち悪くなったり、妊娠後期はシャンプー台でのあお向けが負担になったりすることもあるので、妊娠中期の体調がよいときに美容院へ行っておくとよいでしょう。パーマ液やカラー液の使用は、安定期ならまず問題はないでしょう。しかし、妊娠中は皮膚が敏感になり頭皮がかぶれることもあるので、美容師と相談して刺激の少ないシャンプーや液剤を選ぶようにしましょう。

歯の治療

痛みを感じたら早めに受診を

妊娠中は口の中の自浄作用が低くなるため、虫歯や歯肉炎、歯周病などに悩まされるママも少なくありません。とくに歯周病は、病巣部から出産を誘発するサイトカインというたんぱく質が出るので、早産になりやすいという情報も。痛みを感じたらなるべく早く受診しましょう。抗菌剤や鎮痛剤、歯のレントゲンなどは、基本的には問題ありませんが、受診の際は、必ず医師に妊娠していることを告げましょう。

育児サポートサービスや子育て支援施設のリサーチ

どんなものがあるか知ろう

行政・自治体が、産後のさまざまな育児サポートを行っています。出産時の補助金が出たり、子育てに関する相談窓口があったり、親子イベントを定期的に行っているところも。居住地域にどんなサポートサービスがあるのか、知っているのと知らないのとでは大きく違います。今のうちにしっかりリサーチして、賢く活用しましょう。

妊娠中の旅行 注意＆ポイント

必需品

◉母子健康手帳　◉健康保険証　◉生理用ナプキン

スケジュール

◉移動時間は６時間以内　◉２時間に１回休憩
◉海外旅行は、時差５時間以内

妊娠中は、無理なスケジュールを組まないことが大前提。２時間に１回は休憩をとるようにして、さらにおなかが張るなどの症状があったときにはこまめに休憩を。

新幹線や飛行機で移動する場合は、早めに予約をとり、トイレに立ちやすい通路側の席を確保しましょう。旅先では、もしものときに備えて近くの病産院を調べて連絡先を控えておくとよいでしょう。妊娠中の海外旅行はおすすめできませんが、行くのであれば、あまり時差がない国へ。

移　動

◉車

ハンドルとおなかとの距離が短いので、おなかを圧迫するリスクがあるうえに、急に体調を崩したときに危険なので、自分で運転するのはできるだけ避けましょう。助手席に乗る場合も、シートベルトはおなかを避けて装着しましょう。同じ姿勢がずっと続くと血行が悪くなり、むくみを感じることも。渋滞が予想されるときは、サービスエリアなどの休憩ポイントを調べておきます。

◉新幹線

早めに指定席の予約をとりましょう。予約をとるときは、妊婦であることを伝え、禁煙席で移動しやすい通路側の席をお願いするとよいでしょう。ベッドがある多目的ルームが設置されている場合もあるので、体調が悪くなったときに備えて確認しておくとよいでしょう。

◉飛行機

航空会社には､妊婦向けのサービスがあるので､サポートデスクで妊婦であることを伝えましょう。出産予定日の28日前からは、医師の診断書と本人の同意書が必要になります。妊娠８か月以降はできるだけ利用を控えたほうがよいでしょう。飛行中は水分を多めにとり、こまめに手足を動かすことが大切。

過ごし方

◉温泉

温泉でゆったり過ごすのは、気持ちもリラックスしてよい気分転換になりそうです。温泉の泉質が妊娠に影響することはまずないので、安心してつかりましょう。しかし、浴室は滑りやすいため転んだり、湯船に長くつかりすぎてのぼせたりしないよう、注意が必要です。

一方でサウナや岩盤浴などは、体温が急激に上がり、赤ちゃんへの負担が大きくなってしまいます。ママも脱水症状のリスクが高くなるので、妊娠中は避けましょう。

◉テーマパーク

ジェットコースターなど激しい動きや、心臓がドキドキするようなアトラクションは避け、からだに無理のないように遊びましょう。人気のテーマパークは混雑が激しいもの。長時間立ちっぱなしで並んだり、おなかが圧迫されたりすることがないよう、気をつけましょう。

◉海外旅行

移動が多いプランではなく、滞在型でゆとりをもって過ごせるような計画を立てて。感染症などのリスクを避けるためにも、旅行先も慎重に選びます。緊急のときに備えて、日本語の通じる病産院を調べておきましょう。

妊娠中期

6か月

（20～23週）

気をつけたい早産と切迫早産

妊娠中期以降に気をつけたいのが「早産」と「切迫早産」。どのように予防し、どのような対処が必要なのかを知っておきましょう。

切迫早産は、防ぐことが可能なトラブルです

通常は、妊娠37週以降42週未満の「正産期」に出産を迎えます。しかし、なんらかの原因で妊娠22～37週未満で赤ちゃんが生まれてしまうことを「早産」といいます。

いちばんの原因は感染症で、子宮内まで炎症がおよぶことにより引き起こされます。そのほか、子《し》宮《きゅう》頸《けい》管《かん》無《む》力《りょく》症《しょう》（↓96ページ）や前置胎盤（↓149ページ）などのママ側の原因や、多胎や羊水過少（↓148ページ）など胎児側の原因によって起こります。また、ママのからだの疲れやストレス、飲酒、喫煙が原因になることもあります。

妊娠22～37週未満に、陣痛につながるおなかの張りや痛み、出血などの症状があり、早産しかかっている状態を「切迫早産」といいます。

切迫早産の場合は、安静や治療が必要となります。出血、下腹部の張りや痛み、破水などがあれば、すぐに病院へ。出血して痛みがある場合は、常《じょう》位《い》胎《たい》盤《ばん》早《そう》期《き》剥《はく》離《り》（↓149ページ）などの可能性もあるので、少量であってもすぐに受診しましょう。破水した場合も同様です。破水かどうかわからなければ、病院に連絡をとり指示に従います。いずれにしても、ママの行動が早産を防ぐカギ。体調の変化を見逃さず、いつでもどこでも病院と連絡がとれるようにしておきましょう。

切迫早産の予防と治療

予防

◉ストレスをためない

ストレスは、からだにダメージを与えます。無理をせず、まわりの人に助けてもらいながら過ごすことが大切です。

◉感染症を防ぐ

おりものが臭うようになると感染症が心配されます。性交時には、コンドームを使用するなどの予防を忘れずに。

◉からだを冷やさない

冷えは子宮の収縮を引き起こし、切迫早産につながります。とくに下半身を冷やさないよう、服装に注意して。

治療

安静に過ごすことが何より大切

とにかく安静第一。症状や、ママの生活環境によって自宅での療養か入院するかが変わるので、主治医と相談して決めましょう。たとえば、重症ではなくても、上の子がいるなど家での安静がむずかしい場合は、入院して安静に過ごすこともあります。規則的な陣痛があったり、子宮口が開き始めたりするなどの症状があるときには、子宮の収縮を抑えるウテメリンという点滴をして症状を治めます。

安静中の過ごし方

安静は、大きく分けて「自宅安静」と「入院安静」があり、症状の度合いによって安静のレベルが異なります。自宅安静より入院安静のほうが、安静レベルが高いです。

自宅安静（レベル1）

◉家事は最小限に

家事はからだに負担のかかる動作が多いもの。できるだけ最小限に抑え、立ちっぱなしにならないよう、こまめに横になって休憩をします。
△＝洗濯、炊事　×＝掃除、買い物、ふとん干し

◉外出禁止

外出は基本的に避け、買い物は宅配サービスや通販を利用するなどの工夫をします。車もNG。車の振動は子宮への負担の原因にもなります。

◉セックス禁止

からだに負担がかかるだけでなく、プロスタグランジンという精液に含まれるホルモンが子宮の伸縮を促します。安静を第一に考えてセックスは控えましょう。

◉入浴は短時間に

入浴は、体力を消耗します。シャワーにするなど、できるだけ短時間で手早く済ませ、からだに負担をかけないようにしましょう。

自宅安静（レベル2）

◉歩き回るのはNG！

入院安静とほぼ同じで、家事や入浴、仕事はNG。トイレや洗面に行ったり食事をしたりするとき以外は、横になって過ごしましょう。

入院安静

◉絶対安静

医師に絶対安静を指示されたときは、終日ベッドの上で静かに過ごします。トイレも病室内で済ませ、できるだけ立ち歩かないようにします。

◉必要以外歩き回らない

病院を歩き回ったり、売店に出かけたりすることは基本的に控えます。トイレや洗面などの許可が出ている場合でも必要最低限に。

◉読書・テレビ観賞は控えめに

何もすることがないと、ストレスがたまるばかり。読書やテレビ鑑賞は、短時間ならOK。あくまでも気分転換程度におさえ、目や神経が疲れないようにします。

◉会話は短時間

お見舞いに来てくれた人とおしゃべりを楽しむことは、よい気分転換になりますが、短時間で終わるようにお願いをして疲れないようにします。

安静解除の目安

個人差はありますが、基本的には出血が止まったりおなかの張りが治まったりして切迫早産の症状が改善すれば、解除されます。入院安静の場合は解除されても、引き続き自宅安静になることがあります。

妊娠中期

7か月

（24～27週）

おなかがどんどん重くなりトラブル頻発！

そり返った姿勢になり腰痛で悩むママが増加

子宮が大きくなり、おなかがどんどん重くなる時期です。妊婦らしいそり返った姿勢になって、足もとが見えにくくなるので、転んだり階段から落ちたりしないように気をつけましょう。姿勢の変化は、腰にも負担がかかります。さらには、分娩の進行をスムーズにするためにリラキシンというホルモンの分泌が増加し、靭帯がゆるむことも腰痛の原因となります。解消には、腰痛緩和のストレッチ（↓１４０ページ）や、骨盤とおなかを支える骨盤矯正ベルトの装着がおすすめ。インドメタシン配合の湿布薬は胎児の心臓に影響が出るため、使用しないでください。また、あお向けで寝ると息苦しさを感じることも。片ひざを立てて横向きに寝る「シムスの体位」（↓１７５ページ）にしたり、抱き枕を利用したりするとラクになります。

ママによっては、ホルモンの増加で胃腸の動きが鈍くなり、胸やけや消化不良を起こす場合もあります。さらに、胎盤ホルモンの影響から、妊婦健診で妊娠糖尿病（↓71ページ）と診断されることも。どちらも食生活を見直すことによって改善が可能です。

おなかが張ったら無理せず休んで

母子ともに安定している時期ですが、少しずつおなかの張りを感じることが増えていきます。おなかが張ったら、無理せずに休むことが大切です。痛みや出血などを伴う場合は切迫早産の危険があるので、念のために病院へ。

仕事を休職や退職するママは、そろそろ引き継ぎの準備をしておくと安心です。

妊娠7か月のママのからだのようす

おなかが大きくなることで妊娠線ができやすくなります

子宮がおへその上のほうまでせり出して、おなかがウエストあたりまで大きくなります。そのため、約７割のママに、すいかのような赤紫色の妊娠線が出ます。また、子宮が下半身の血管を圧迫するため、血行が悪くなって足がむくんだり、ふくらはぎや外陰部などに静脈瘤が出たりすることも。

大きくなった子宮が腸を圧迫することで、便秘も起こります。いきむことが増え、かたい便を出すことから痔になるママも多いようです。ほかにも､乳頭の色素沈着が進んだり、口内環境が悪くなって歯周病になってしまったりすることもあります。

不快症状が多くなる時期なので、生活や食事の改善､エクササイズで予防をしましょう。

妊娠７か月の子宮底長

約19～25cm

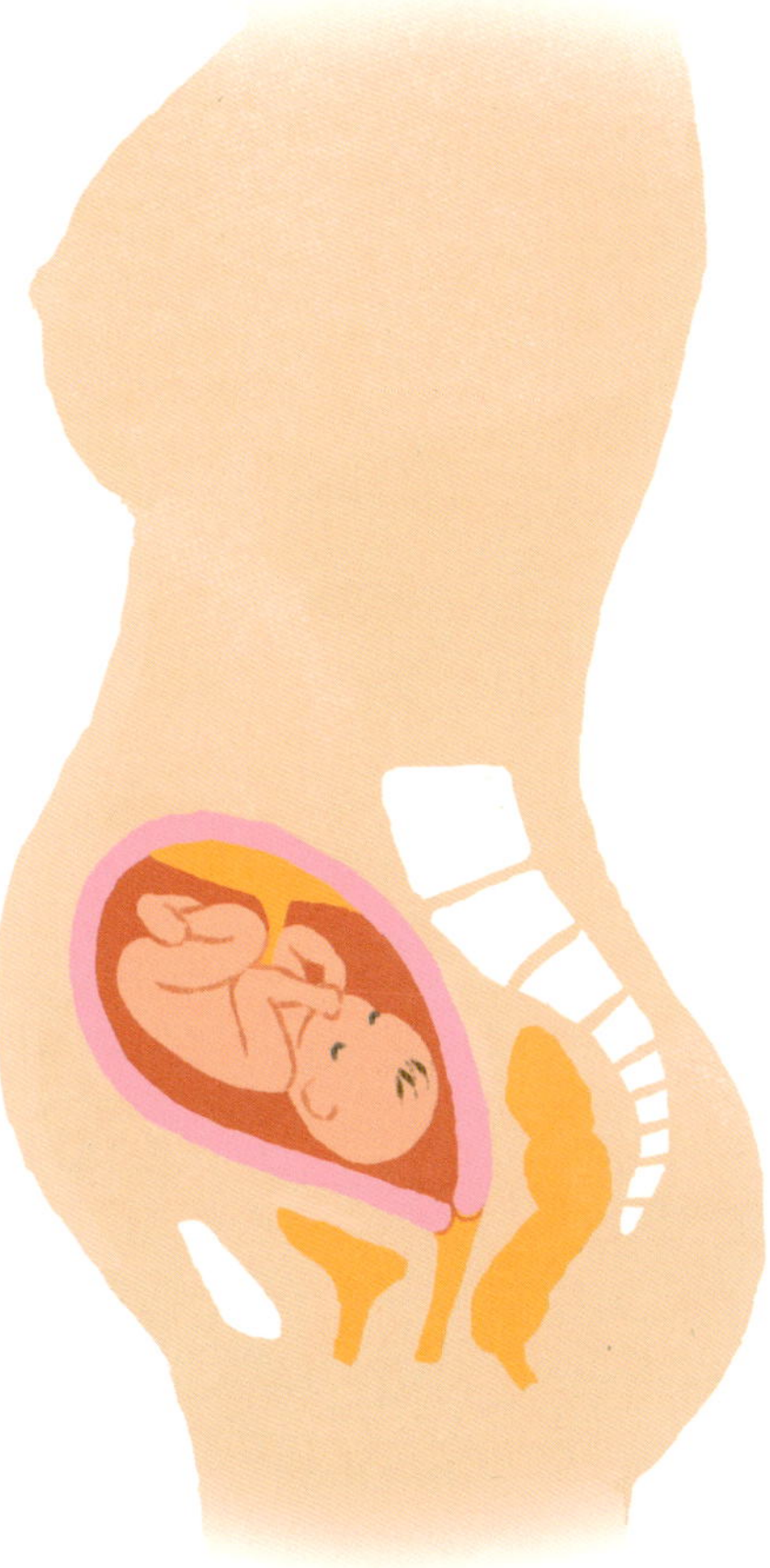

この時期気になること

仕事の引き継ぎ

早めに引き継ぎの準備を

退職するか産休に入るか結論を出しましょう。トラブルにより、お産が早まる可能性もあります。仕事をしているママは、急に会社に来られなくなったとしても問題がないように、引き継ぎの準備をしましょう。また、出産育児一時金や失業等給付の延長など各種手当の手続きもあるので、申請の準備も忘れずに行いましょう。

(⇒120ページ)

腰痛

背筋を伸ばして

そり返った姿勢が腰に負担がかかることや、リラキシンが靭帯をゆるめることから起こります。背筋を伸ばして正しい姿勢を心がけましょう。腰を回したり、よつんばいになったりして痛みを緩和するエクササイズもあります。心理的に不安でからだの緊張が原因で起こることも。気分転換してリラックスしましょう。

(⇒140ページ)

妊娠線

肌の保湿とむくみ対策を！

おなかが急激に大きくなるため、妊娠線が出やすい時期です。肌が乾燥しないようにクリームをぬってマッサージするなど、引き続き、保湿をしっかり行います。また、静脈瘤も痛みを伴うことがあるので、むくみ対策を。むくみを感じたら、お風呂でマッサージしたり、散歩をしたりして血行を促しましょう。

(⇒94ページ)

妊娠7か月の赤ちゃんのようす

身　長	約 35 cm
体　重	約 1000 g

※身長・体重は、妊娠27週のものです。

脳の発達によって自由にからだを動かせるようになるとともに、大きな物音に驚いて跳びはねるといった反射作用も備わります。からだは「胎脂《たいし》」とよばれるクリーム状の脂に覆われて、顔立ちはまつ毛や眉毛が生えてはっきりしてきました。鼻の穴が開通して肺の機能が発達し、誕生後に肺で呼吸ができるように準備が進められています。これまで目は閉じられていましたが、目の機能ができあがり、開けることができるようになりました。

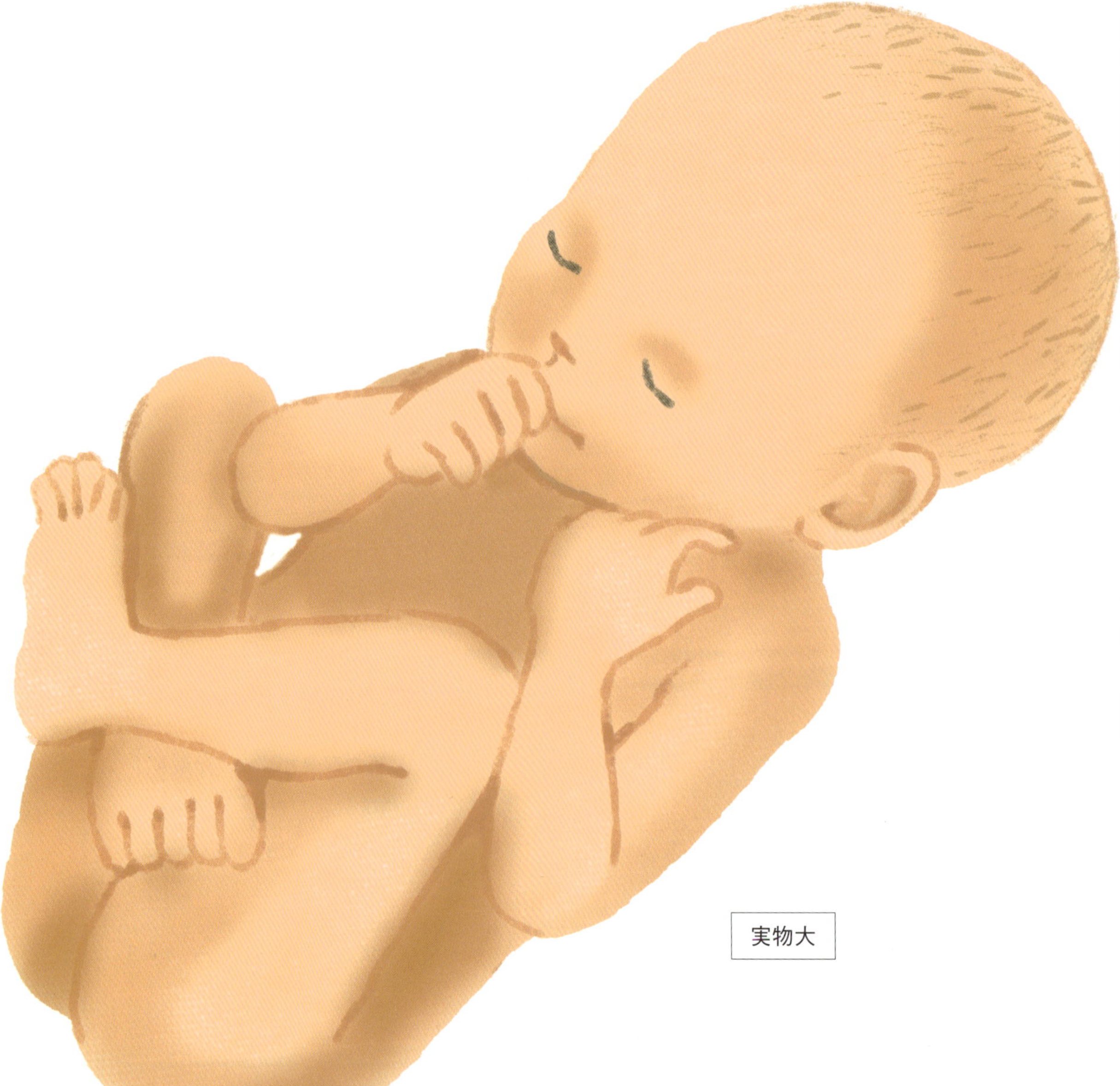

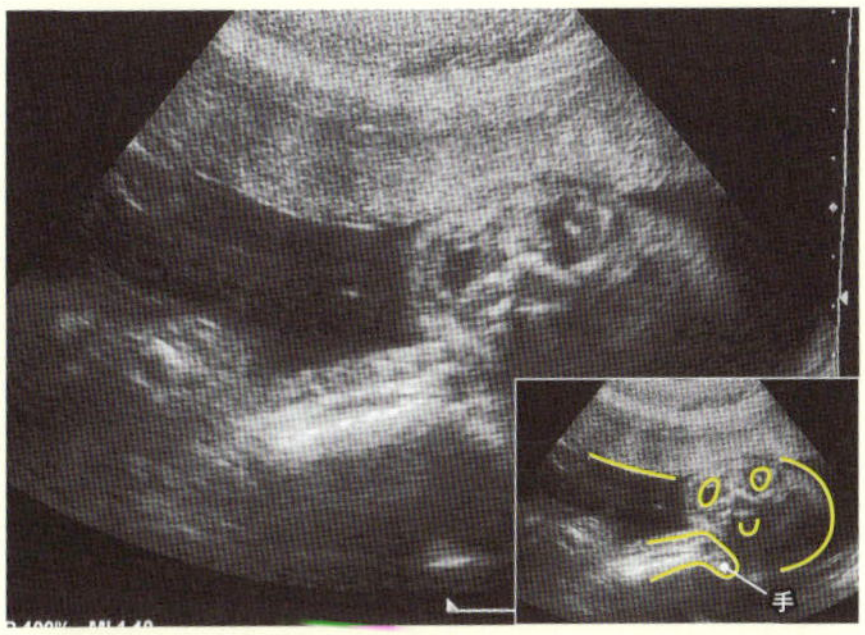

妊娠 24 週

毛細血管がつくられ、歯ができます

体重は550～750gほどに。皮膚のすぐ下に網目状に広がる毛細血管がつくられ始め、血液が流れると赤ちゃんはその名のとおり、からだの色が真っ赤になります。鼻の穴が開き始め、それによって肺の血管が発達します。この血管は誕生後に酸素を取り込み、全身へと送り出す重要な働きをするものです。手足の指にはつめが少しずつ伸びてきて、歯ぐきの奥には乳歯がすでにできあがっています。

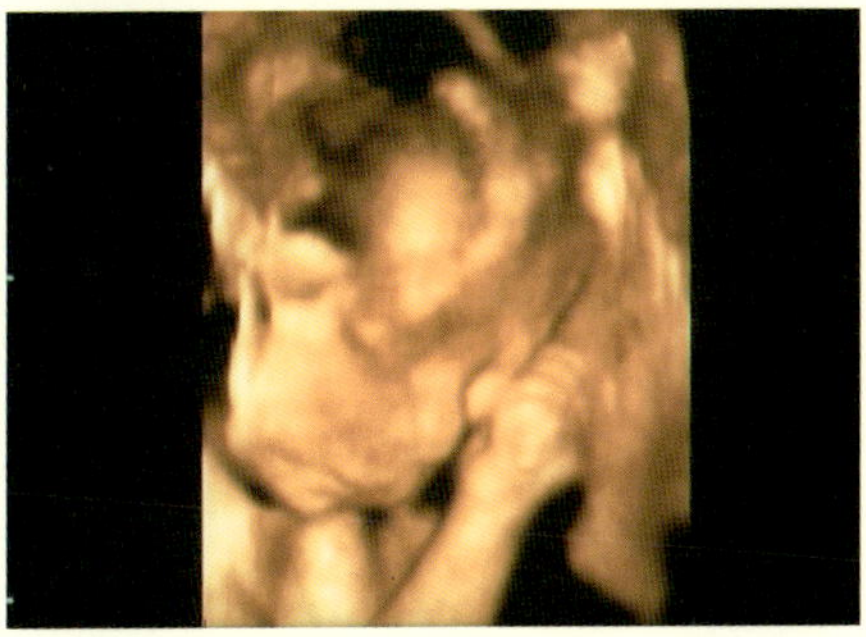

妊娠 25 週

鼻の穴が開通し、肺呼吸の準備を開始

からだにはまだ脂肪がついておらず、皮膚はシワシワの状態です。鼻の穴が開通すると肺の発達が進み、肺で呼吸をする準備が始まります。肺の容積のほとんどを占める肺胞がつくられ、肺の機能が着々と形成されていきます。目のレンズ部分がつくられたことで、物が見えるようになりました。目を守る、まつ毛や眉毛が認識できるようになります。

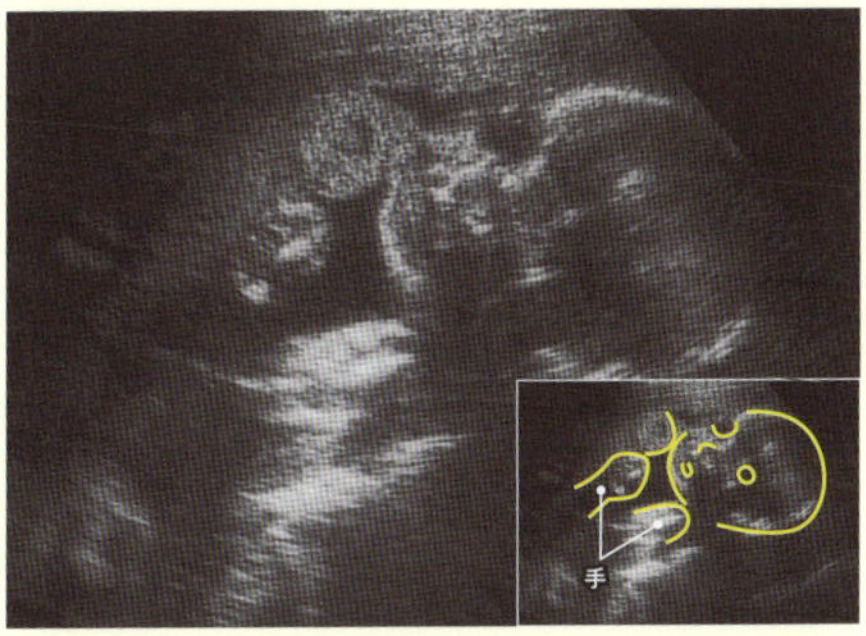

妊娠 26 週

からだ、肺、脳が急成長

体重750～1000gほどに。からだがぐんぐん成長し、呼吸の準備を始めた肺も発達し続けています。脳も急ピッチで成長し、目で見たことや耳で聞いたことを伝える脳波が新生児と同じレベルに。前脳部も発達し、自分の意思でからだの機能をコントロールしながら動けるようになりました。男の子は睾丸の細胞が増加し、精巣が陰嚢内に下りていきます。

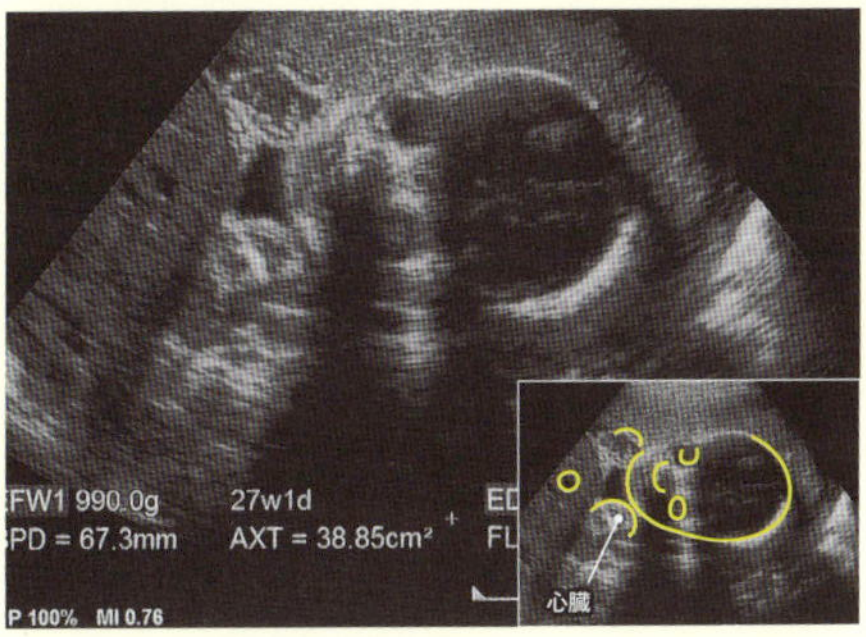

妊娠 27 週

筋肉が発達し、まぶたが動くように

筋肉が少しずつ発達し、握った手の力は誕生直後の新生児より強いくらいです。目のレンズ部分ができあがって眼球がくるくると動き始め、まぶたがうっすらと開くように。まつ毛や眉毛も生えそろってきました。舌の上とほおの内側に味覚を感知する味蕾《みらい》がつくられたことで味がわかるようになります。実験により、胎児は甘いものを好むという結果が出ています。

妊娠中期

7か月

(24～27週)

妊娠中のリラックスケア

おなかが大きくなると、からだのあちこちに不快な症状が出てきてイライラしがち。自分なりの方法でリラックスすることが大切です。

お出かけや運動で心もからだもリフレッシュ

妊娠中はホルモンバランスの影響で疲れやすく、ストレスもたまりやすいもの。心身ともにリラックスできる方法を見つけて気分転換し、赤ちゃんが生まれるまでの時間を楽しく過ごしましょう。

ウォーキングやストレッチなどの軽い運動は体重管理もできるため、おすすめ(→88ページ)。パパと旅行に出かけるのもよい気分転換です(→110ページ)。また、運動や旅行が「動」のリフレッシュ方法だとすると、ゆっくりお風呂に入ったり、スキンケアを楽しんだりなどの「静」のリフレッシュ方法もあります。

いろいろある「静」のリフレッシュ法

スキンケアを楽しんだり、長湯にならない程度にバスタイムを楽しんだり、エステに行ったりするのも、よい気分転換になります。エステは、顔のお手入れだったら問題なし。アロマオイルを使う場合は、妊娠中は避けなければいけない精油があるので、左ページのNG精油一覧を確認するようにしてください。

疲れやむくみを解消する足裏マッサージも、おなかに影響はありません。とはいえ、強い刺激は避けるようにしてもらいます。おなかが張ってきたら中止しましょう。

自分なりのリラックス方法を探そう！

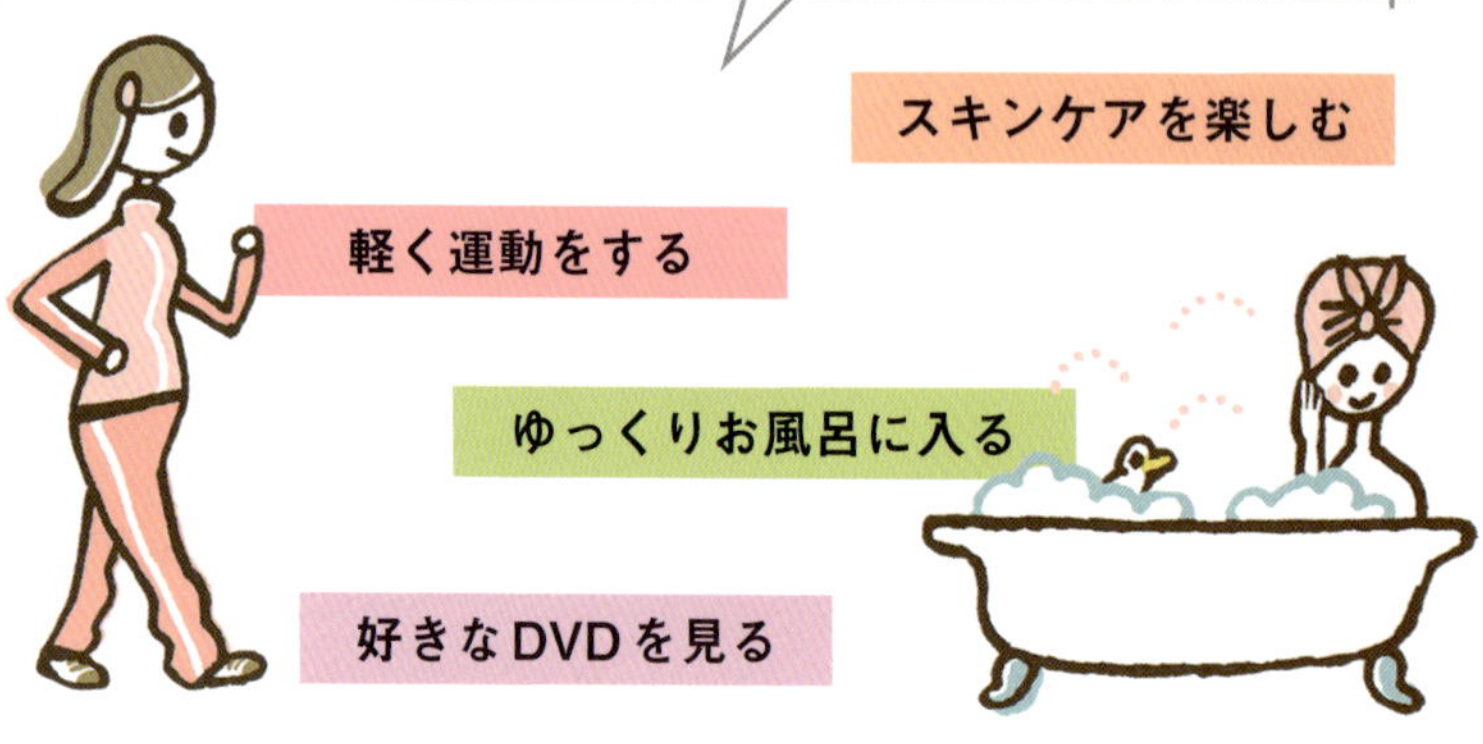

アロマテラピーでリラックスしよう

健康や美容に役立てられるアロマテラピー。心とからだをリラックスさせる効果もあり、妊娠中の不快な症状や悩みを癒してくれます。

植物から抽出した芳香成分「精油」を使い、いろいろな方法で香りを楽しみます。ただし、子宮収縮を促すなどの作用をもつ精油もあるので、妊娠中は注意が必要。初心者は専門店などで確認したほうがよいでしょう。

おすすめ精油	NG精油
スイートオレンジ	クラリセージ
ティートゥリー	サイプレス
ネロリ	シナモン
ベルガモット	ジャスミン
ラベンダー	セージ
レモン	マジョラム
イランイラン（芳香浴のみ）	レモングラス
カモミール（芳香浴のみ）	レモンユーカリ
ペパーミント（芳香浴のみ）	ローズマリー
サンダルウッド（妊娠6か月以降）	
ゼラニウム（妊娠6か月以降）	
メリッサ（妊娠6か月以降）	

アロマテラピーの楽しみ方

1 芳香浴

アロマポットなどの器具を使い、精油の香りや成分を空気中に拡散させて鼻から取り入れます。もっとも気軽に楽しめる方法です。

◉アロマポット

受け皿に湯や水を入れて精油を垂らし、キャンドルの火で温めることによって、香りや成分を気体化させます。とくに香りがよく立ちます。

◉マグカップ

熱湯に精油を垂らし、湯気とともに拡散する香りや成分を鼻から吸い込んで取り入れます。香りが弱まったら熱湯を足すことで再び広がります。

2 アロマバス

お風呂の湯に精油を垂らし、入浴することで鼻と皮膚から成分を取り入れます。香りが浴室全体に広がり、リラックス効果抜群です。長湯にならないように注意。

◉全身浴

湯に肩までつかって10～15分。精油によってより血行が促進されて新陳代謝が高まり、筋肉の緊張がほぐれます。肩こりや腰痛に効果的。

◉手浴

洗面器などに湯をはって精油を垂らし、両手を5～10分浸します。湯気を吸い込むと芳香浴にも。気軽にできて、上半身まで温まります。

3 温湿布

洗面器などにはった湯に精油を垂らし、タオルを浸して絞ったものを痛みのある部分に当てます。血行がよくなり、肩の場合は肩こり、腰の場合は腰痛がやわらぐので、特定の部分を集中的にケアしたいときに有効です。

4 アロママッサージ

マッサージによって精油の成分を皮膚から取り入れると同時に、心地よい香りに包まれることで、心身ともにリラックスできます。血行が促進され、肩こりや腰痛、むくみが改善されるほか、妊娠線や静脈瘤の予防にも効果があります。

7か月 妊娠中期 (24～27週)

働くママ②
産休・退職の準備

近ごろは産後も仕事を続けるママや育児休業を希望するパパが増えています。夫婦で育児をどう分担するか話し合っておきましょう。

産休か退職かじっくり考えて

会社の就業規則によって異なりますが、産休・育休をとる場合は産休に入る1か月前、退職する場合は退職の1か月前までに申請をすれば問題ありません。しかし、直前になってからの決定は周囲が戸惑うことも。妊娠中期ごろに復職するか退職するか、結論を出したいところです。

子どもが小さいうちは家にいてあげたいと考えるのも、育児とうまく両立しながら働きたいと考えるのも、どちらも自然なことで良し悪しはありません。ママ本人の向き不向きもありますし、職場環境や家庭の経済状況、産後の体調にもよります。迷う場合はひとまず復職を選んで、復職してみてから今後どうするかを決めるという手もあります。一度退職をすると、地域によっては子どもを保育園に入れて再就職するのが困難なこともありますので、パパと相談しながら慎重に結論を出しましょう。

引き継ぎは早めに行いましょう

安定期に入ったとはいえ、急に入院することになったり、お産が早まったりすることもあります。突然仕事を休むことになってもまわりに迷惑をかけないよう、引き継ぎは早めにしておきましょう。

引き継ぎするときは、口頭で行うだけでなく、書類やメールなど文面でも残しておくと確実です。作業の流れやスケジュールをつくったり、関係者の連絡先リストをまとめたり、必要なものは書面化しておきましょう。また、産休・育休中に連絡をとらなければならないこともあるかもしれません。後任者には産休・育休中の連絡先を伝え、積極的にコミュニケーションを図りましょう。取引先へのあいさつも忘れずに。後任者の紹介、復職する人は休業期間などを伝えます。

復職するママは出産手当金、育児休業給付金などの会社を通して行う手続き(→242、244ページ)、退職するママは失業等給付の受給期間の延長を申請(→246ページ)することも忘れずに。

どちらも出社最終日には、上司や同僚、

産休・退職までの流れ

妊娠の報告

↓

引き継ぎ

- 仕事の内容を書き出して資料を作成します
- 仕事の内容を後任者に資料をもとに説明を
- 取引先や関係者の連絡先リストを作成
- 取引先や関係者に後任者を紹介します

産休の場合

- 取引先や関係者に休業のあいさつを
- 自分の連絡先を後任者や同僚に伝えます
- 出産手当などの申請で必要な書類を揃えます

↓

産休・育休

- 子どもを預ける保育所などを探し、見学、申し込み
- 出産育児一時金、出産手当金、育児休業給付金を申請
- 仕事の内容について後任者と連絡を取り合います

↓

復職

退職

- 勤め先から離職票をもらいます

↓

ハローワークに行く

- 失業等給付の受給期間の延長を申請

〈産休のお知らせ〉取引先へのメール文例

件名：出産・育児による休業のごあいさつ

いつもお世話になっております。
株式会社○△の佐藤です。
私事で恐縮ではございますが、
４月１日より出産・育児休業をいただくこととなりました。
休業中の業務は、田中が引き継ぎます。
何かありましたら、下記の連絡先までお願い致します。

田中まゆみ
TEL：00-0000-0000
メールアドレス：tanaka@xxxxx.co.jp

なお、復帰は2017年の春ごろを予定しております。
後日、後任の田中とごあいさつに伺いますので
よろしくお願い致します。

後任者へきちんとあいさつし、すっきりした気持ちで出産準備に入りましょう。復職するママは、産休・育休中に復職後の子どもの預け先を確保しておくことを忘れないでください。

妊娠中期

7か月

(24～27週)

双子の妊娠と出産

赤ちゃんを一度にふたり授かるとママのからだは大変、でも、うれしさは2倍です。注意点を知って、無事に出産の日を迎えましょう。

一絨毛膜性の場合は健診の回数が増えます

双子を妊娠することを「双胎《そうたい》妊娠」といい、３つ子は「品胎《ひんたい》」「三胎」、４つ子は「要胎《ようたい》」「四胎」といいます。双子の種類には一卵性と二卵性があり、一卵性双胎の確率は５００人中2組です。

双子では、超音波検査で胎盤の数を調べます。胎盤がひとつの〝一絨毛膜性〟は一卵性ですが、胎盤がふたつある〝二絨毛膜性〟は二卵性と一卵性の場合があります。二絨毛膜性の場合は胎盤を通してママから送られてくる酸素や栄養をひとりずつ確保できます。しかし、一絨毛膜性の場合はふたりでひとつの胎盤を共有するため、平等に行きわたらないことも。気をつけたいのは一絨毛膜性で、ふたりの体重や羊水量に差が出る場合です。そのため、何かあったときにすぐ対応できるように、健診の回数を増やして見守ることが重要なのです。

妊娠が順調なら経膣分娩で出産も可能

おなかの中に双子がいると、2人分の栄養をとらなければと考えるママがいるかもしれません。でも、通常の妊娠と同じで、カロリーのとりすぎに注意して体重をしっかりと管理することが大切。また、双子ママの子宮は6か月ぐらいから急激に大きくなります。まわりの臓器を

双子の種類

一卵性

ひとつの卵子にひとつの精子が受精してできた受精卵が、細胞分裂することによってふたつに分かれ、それぞれ成長します。遺伝子が同じなので性別が同じで、顔立ちも似ています。

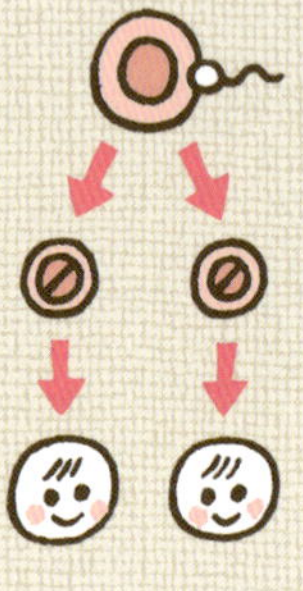

二卵性

ふたつの卵子にふたつの精子が別々に受精してできたふたつの受精卵がそれぞれ成長。遺伝子が別々なのでふつうの兄弟姉妹と同様に、性別がちがうことがあり、顔立ちも異なります。

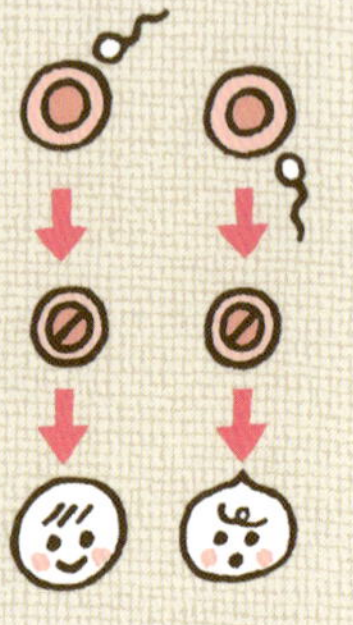

圧迫し、血圧が上がって妊娠高血圧症候群の症状を招きやすくなるため、塩分をおさえた食事に気を配ることも必要です。

双胎妊娠は早産になる確率も高くなります。おなかが張ったり、疲れたりしたときは、すぐに横になって休むこと。決して無理をせず、いつもとちがうと感じたときは早めに病院へ行きましょう。

病院では赤ちゃんができるだけ長くおなかの中にいるように管理入院を行い、早産を予防することも。36～38週に赤ちゃんの体重が2500g前後になり、ふたりとも頭が下にある頭位の場合は、経膣分娩が可能です。ただし、最近では安全を考えて帝王切開分娩になることが多くなりました。

二絨毛膜性双胎の超音波映像（妊娠8週）

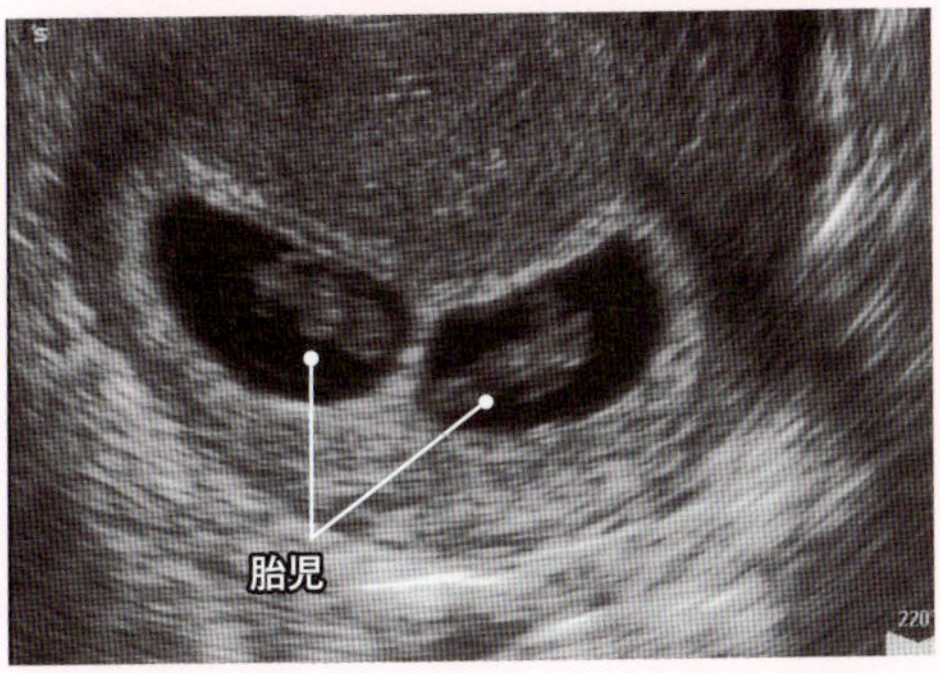

お助け制度やサークルを活用

双子の妊娠はママのからだに負担がかかり、費用も大変です。そこで、双子ママを助ける公的助成制度があります。まず、産前休業は通常6週間のところ、双子の場合は14週間に延長できます。出産育児一時金は1人につき42万円ですが、双子の場合は2人分の84万円が支給されます。

双子の妊娠や出産、育児に不安を抱えるママは多いもの。地域の自治体で双子ママのサークルを紹介してくれるところがあるので、問い合わせてみるとよいでしょう。インターネットでも双子ママ向けのページがあり、先輩ママのアドバイスを受けることができます。

双子の子宮での位置

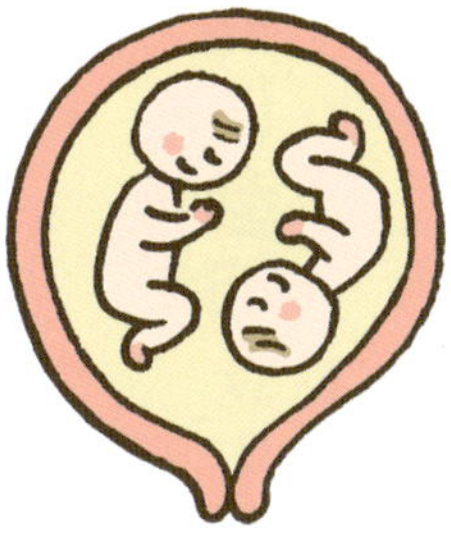

頭が上と頭が下

頭を下にした子が子宮口に近い場合、経膣分娩が可能なことも。医師とよく相談し、どうするか決めましょう。

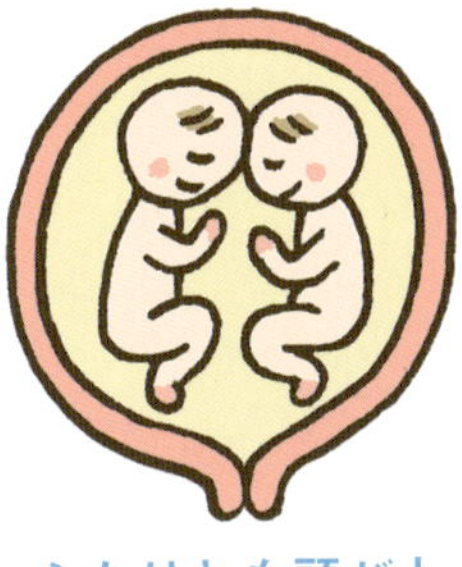

ふたりとも頭が上

どちらも頭を上にした骨盤位の場合、経膣分娩はむずかしいため、帝王切開分娩になります。

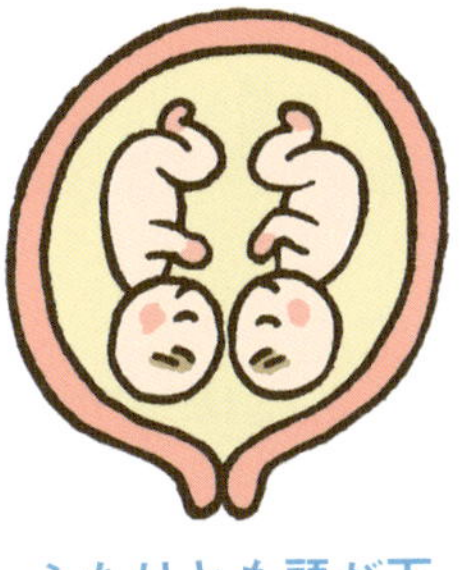

ふたりとも頭が下

どちらも頭を下にした頭位の場合、経膣分娩が可能。最近は安全を考えて帝王切開することが多くなりました。

column

パパができること

妊娠中期編

ママのからだは負担が増しているので、常に気を配るようにしましょう。両親学級に参加すると父親になる気持ちが高まります。

ママと赤ちゃんのようす

ママのからだは妊婦らしい体形に変化していき、ママ自身も妊婦生活に慣れ、いわゆる安定期に入ります。しかし安定期だからといって無理は禁物。おなかが張るときはからだを休ませ、痛みや出血を伴う場合は即病院へ。腰痛や頻尿、貧血、足がつるなどのマイナートラブルに悩まされるママも多いでしょう。

赤ちゃんもぐんぐん成長し、胎動も感じるように。超音波検査で性別を判別しやすいのもこの時期。ママもパパも、親になる実感をいっそう感じられます。

その1 ➡スケジュールには余裕をもって

出産前に旅行をするなら、中期がおすすめです。しかし、油断は禁物。ママは疲れやすく頻尿になりやすいので、時間に余裕のある計画を立てましょう。歩きっぱなしや立ちっぱなしは避け、こまめにトイレ休憩をはさむなど、ママのペースに合わせます（→110ページ）。

その2 ➡パパになる自覚をもちましょう

両親学級や父親学級に積極的に参加しましょう。妊娠中・出産時・産後のパパの役割についてプロからアドバイスを受けられ、赤ちゃんのお世話の実習などもできるので、参加したことで父親としての自覚と自信が芽生えたという人も多いよう。親同士の交流が広がるというメリットもあります（→106ページ）。

その3 ➡夫婦のスキンシップにも◎

からだが重くなってきているママは、足腰や背中が痛みやすくなっています。マッサージをしてあげると痛みがやわらぐだけでなく、夫婦のよいコミュニケーションにもなります。パパが妊娠線予防のクリームをぬってあげるのも、いいかもしれません。

パパの心得 3か条

その1 小旅行で思い出づくり！

その2 両親学級には積極的に参加を！

その3 マッサージでママのからだを支える！

これってOK? NG?

ママへの声かけ

見た目にもわかるくらい、からだが大きく変化する時期。
容姿についてはママがいちばん気にしています。

○ 無理しなくてもいいよ。

パパが苦手な家事など、ママが無理をしてやろうとすることも。「無理をしなくていい」「手を抜いてもいい」ということを伝えることで、ママは精神的にラクになります。

× 安定期だから大丈夫でしょ。

ママのからだは、おなかが大きくなるにつれて負担も増しています。疲れやすくもなっているので、つわりが終わったからといって油断せず、ママのからだを気遣う言葉をかけて。

× 太ったね。

おなかもふくらみ、妊婦らしいからだになる時期。毛深くなったり妊娠線ができたり、からだの変化をいちばん気にしているのはママ自身。冗談のつもりでもやめておきましょう。

○ 男の子かな？女の子かな？

個人差はありますが、妊娠7か月ごろには超音波検査で性別がわかるようになります。生まれてくる赤ちゃんを想像しながら夫婦で会話をすると、癒しの時間になるでしょう。

パパのぎもんQ&A

Q 胎動っていつから感じられるの？

A 早ければ妊娠7か月前後から胎動を感じられます。

パパが胎動を感じられる時期はさまざまですが、ママが胎動を感じ始める5か月ごろは、まだパパにはわからないかもしれません。ママがリラックスしていると胎動を感じやすいので、ママのおなかに手をあててスキンシップを。

Q 妊娠中にセックスをしてもいい？

A OKだけど、ママの気持ちを優先しましょう。

妊娠経過に問題がなければ大丈夫。ただし感染予防のためコンドームは必須で、負担のかかる体位も避けて。また、体調やおなかの赤ちゃんを気遣ってママがその気じゃないときは、その気持ちを優先してあげて（→72ページ）。

妊娠後期

8か月
（28〜31週）

胎動が活発に。おなかが張る回数が増えます

おなかの張りや妊娠高血圧症候群に注意

子宮がますますふくらみ、ママのからだにはさまざまな負担がかかってきます。胃や肺が圧迫されることによって、胃もたれや胸やけ、動悸、息切れを起こしやすくなるのも、そのひとつ。おなかが張る回数も増えますが、休んで治まるようであれば問題ありません。安静にしていても張りが続き、痛みや出血を伴う場合は早めに病院へ行きましょう。

妊娠後期に起こりやすい妊娠高血圧症候群は、高血圧や腎臓病などの持病がある場合や、肥満気味、高年齢、塩分のとりすぎなどが発症リスクを上げるといわれています。発症すると出産まで完治はしないので、予防が大切。日ごろの食事に気をつけてリスクを下げましょう。

そろそろ出産準備も本格的にスタート

赤ちゃんは内臓や脳の中枢神経の機能が発達し、動きが活発化しています。すでに聴覚が完成しているので、おなかに触れたり語りかけたりして、コミュニケーションを図るのが楽しい時期です。頭と足の上下の位置が逆さまになる逆子になることがありますが、自然と頭が下になる頭位に戻ることがほとんどなので、今の時期は心配しすぎずにようすを見ましょう。

そろそろ出産に向けて、赤ちゃんを迎える準備を本格化させてもよいころです。購入する物、レンタルする物をチェックして無駄なく揃えたいもの。ベビー用品を買い揃えると、ママになる実感がわいてきます。里帰り出産を考えているママは転院先の病産院で診察を受け、出産の予約をしておきましょう。

妊娠 8か月 のママのからだのようす

手足がむくみやすくなり おりものの量が増えることも

おなかが重くなることで、妊娠初期から悩まされ続けている腰の痛みが増します。下半身が圧迫されて血行が悪くなるので、足がつったり、むくんだりしやすくなります。とくに妊娠中はからだのなかの水分量が増加するためむくみやすく、そのむくみが神経を圧迫して、手のしびれを引き起こすことも。

おりものの量が多くなるママがいますが、これはホルモンの分泌が増えることによるもの。色やにおいがいつもと違うようであれば、病産院を受診しましょう。また、ホルモンの影響で肌のメラニン色素が増え、乳輪部や外陰部などが黒ずんだり、シミやソバカスが増えたりすることがあります。出産後には少しずつ治まるので、気にしなくても大丈夫です。

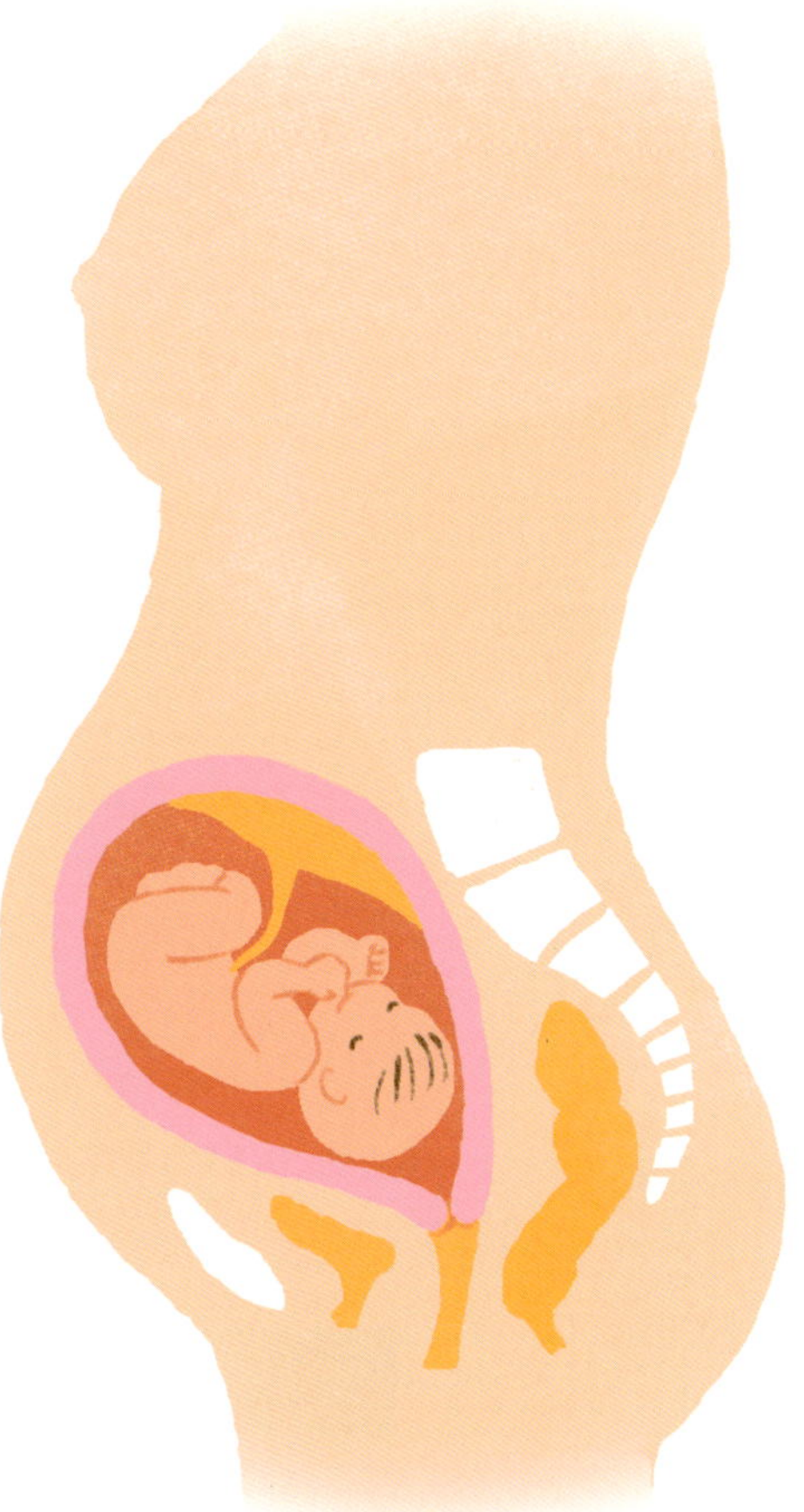

妊娠8か月の子宮底長

約23〜29cm

この時期気になること

逆子

頭位に戻ることがほとんど

逆子の診断は、妊娠27〜28週ごろに行われますが、この時期に逆子と診断されるのは珍しくありません。赤ちゃんの頭が重くなると頭が下を向き、自然と逆子が治ることも。出産直前に逆子が治るケースもあるので、あまり神経質にならなくても大丈夫です。心配なら、逆子を治す体操をしてリラックスして過ごしましょう。 (⇒136ページ)

おなかの張り

無理せず安静に

妊娠後期のおなかの張りは、おもに子宮が収縮と弛緩を繰り返すことによって起こります。長時間歩きまわったり、立ち仕事をしたり、おなかが冷えていると生じやすく、赤ちゃんの体勢や動きが刺激になることもあります。１時間以上休んでも治らない、１時間以内に何度も張る、痛みや出血を伴う場合は病産院を受診しましょう。

手のしびれ

マッサージで緩和

手根管症候群からくる妊婦特有の症状で、むくみが手の神経を圧迫することが原因です。指を動かしたり、手を振ったりすることでラクになるほか、しびれている部分をお風呂で温めたり、マッサージしたりすると症状がやわらぎます。塩分控えめの食事を心がける、疲れをためないようにするなど、むくみを予防することも大切です。

妊娠8か月の赤ちゃんのようす

身　長	約 40 cm
体　重	約 1800 g

※身長・体重は、妊娠31週のものです。

骨格や筋肉が発達し、胎動が活発です。からだが大きくなってきて、ほとんどの赤ちゃんはしだいに頭が下になり、位置が定まってきます。この時期にもし早産になっても、脳、肺、消化器を除くほかの内臓は完成しているので、無事に育つ可能性が高くなります。また、五感が発達します。子宮内では鼻から息を吸い込まないため、ほかに比べて嗅覚はあまり発達しません。

実物大

妊娠 28 週

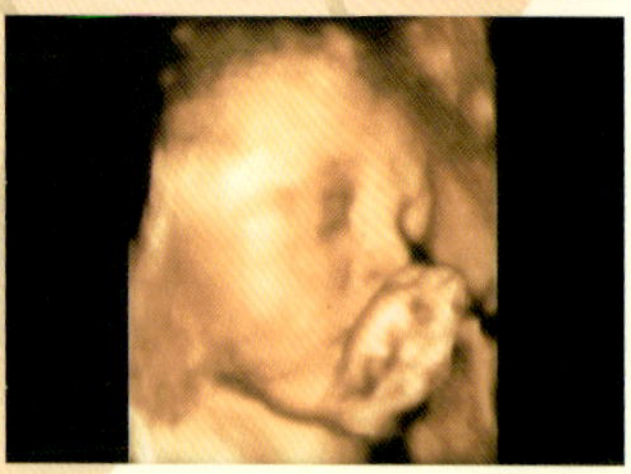

からだに脂肪がつき皮膚がなめらかに

体重が1000gを超え、1ℓのペットボトルと同じくらいの重さになりました。からだに脂肪がついて丸みを帯び、シワシワだった皮膚がなめらかに白っぽくなってきます。聴覚、味覚、嗅覚に対して敏感になり、触覚はすでに完成しています。また、体温を調節する機能も備わってきました。まぶたが開くようになった目は光には反応しますが、見たものを認識することはまだむずかしく、その力は生まれてから少しずつ養われます。

妊娠 29 週

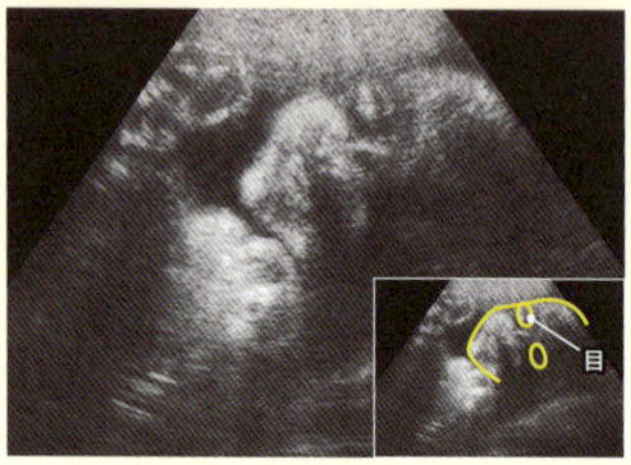

考える能力や感情が芽生えます

脳の表面にシワができ、ものを考えたり、覚えたりする認知能力や、うれしい、楽しい、悲しいといった感情が芽生えてきます。目を開いたり閉じたりすることができるようになりますが、目を開いているのは見る練習をしているとき。やがてその時間が少しずつ長くなっていきます。頭には色素のない髪の毛がだんだんと伸びていきますが、からだを覆っていた産毛は一部を除いて抜けていきます。

妊娠 30 週

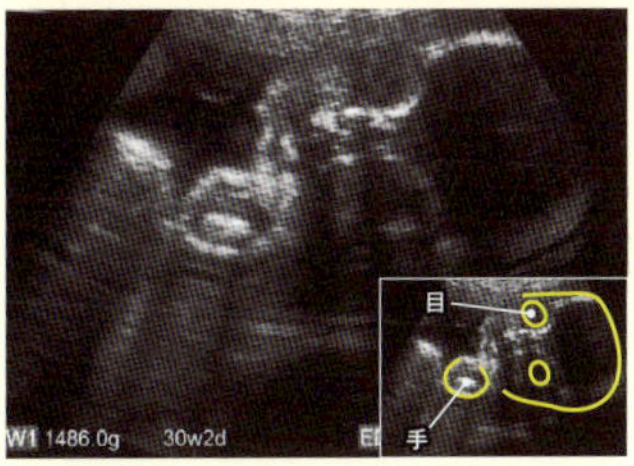

睡眠と覚醒を繰り返すように

身長と体重の増え方がスローダウンしてきました。すでに手足を伸ばすことができないほど成長し、足を抱え込むようにからだ全体を折り曲げた「胎児姿勢」をとるように。サイズ的には成長がスローダウンしていますが、体内組織などは成長中です。目を開いているときと閉じているときがはっきりと分かれ、睡眠と覚醒のリズムがつくられてきました。

妊娠 31 週

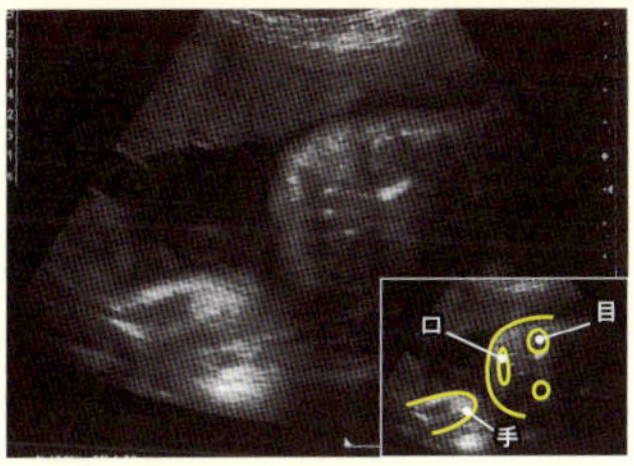

五感が完成し、表情も豊かに

視覚、聴覚、触覚、味覚、嗅覚の五感がしっかりと発達しました。表情が豊かになり、まばたき、あくび、指しゃぶりをしている姿も見られます。なかには、親指に吸いダコが見られる赤ちゃんも。目は光の強弱に反応するようになり、まぶしければ閉じ、薄暗ければ開きます。これは「瞳孔反射」とよばれる反射行動のひとつです。足のつめが生えそろい、髪の毛がさらに伸びます。髪の毛の量には個人差があるので、薄くても心配ありません。

8か月 妊娠後期
（28～31週）

赤ちゃんを迎える準備をする

ベビー用品をパパと一緒にあれやこれやと揃えていくのは楽しいもの。赤ちゃんが快適に過ごせるスペースづくりを始めましょう。

ベビー用品の入手法は「買う」「借りる」「もらう」

まず、必要なものをリストアップすることから始めます。インターネットのショッピングサイトをチェックしたり、専門店やドラッグストアなどをまわったりすると、商品の種類や値段がわかります。また、本や雑誌、育児サイトに載っている先輩ママの口コミ情報を参考にすると、失敗が少なくてすむでしょう。

リストができたら、「ベビーバスは使う期間が限られるのでリース会社から借りる」「ウエアは先輩ママからお下がりをもらう」などと、買うもの、借りるもの、もらうものに分けて、それぞれ揃えていきます。なかには赤ちゃんと相性が合わなくて使えないものが出てくることもあるので、とりあえず必要最低限の数だけ用意するのが賢い方法です。

出産間近になると動くのがたいへんになり、予定より入院が早まってあわててしまうこともあるので、妊娠9か月ごろまでに揃えておくと安心です。

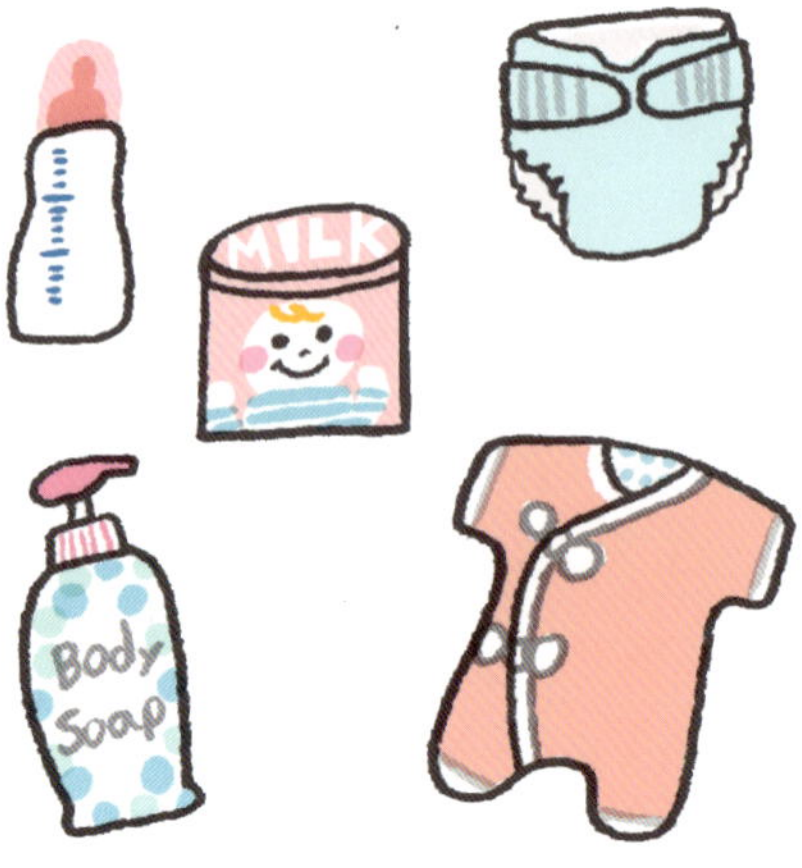

揃えておきたいベビー用品

お世話

新生児のおむつ替えは、1日に何度も行うので、大量に必要です。

- 紙おむつ　・布おむつ
- おしり拭き　・哺乳びん＆乳首
- 哺乳びん用消毒グッズ
- 粉ミルク　・清浄綿　など

衛　生

赤ちゃんを清潔に保つために、必要なグッズです。

- ベビーバス　・沐浴布
- 湯温計　・ベビーソープ　など

ウエア

汚したり、汗をかいたりして1日に何度も着替える必要があります。

- 短肌着　・コンビ肌着
- ツーウェイオール　など

ねんね

寝て過ごすことが多いので、快適な環境を整えましょう。

- ベビー布団　・ベビーベッド　など

お出かけ

安全な外出のために揃えておきます。

- チャイルドシート　・スリング　など

※詳しくはとじこみ付録の「ベビー用品準備リスト」で確認・チェックしてください。

ベッドか布団かは環境を考えて決めて

　赤ちゃんは、はじめのうちは寝ている時間がほとんど。まず考えたいのはベビーベッドとベビー布団、どちらを選ぶかということ。「ベビーベッドは柵があるので安全で、床に舞うハウスダストから赤ちゃんを守ることができる」「ベビー布団は昼間はリビングのねんねスペース、夜は寝室と、ママがいるところに合わせて移動できる」と、それぞれメリットがあります。ママとパパがベッド派か布団派かによって選ぶとよいでしょう。

　ただし、ペットを飼っている場合は、衛生面やペットの思わぬ行動を考えると、ペットが赤ちゃんのねんねスペースに近づかないようにベビーベッドを利用するのがおすすめ。猫はベッドにも飛び乗れてしまうので、ベビーベッド用の蚊帳があるとよいでしょう。ベビー布団を使用する場合は、ねんねスペースの入り口にペットガードなどのフェンスを張るなど、ペットが近づけない工夫をしましょう。

ねんねスペースは安全第一！

　ベッドか布団かが決まったら、どの部屋にねんねスペースを設定するか考えましょう(→202ページ)。

　自分ではまだからだを動かすことができないので、ママの目がいつも届く場所を選ぶことが第一条件です。落ちてきそうなもの、倒れてきそうな家具はないかもしっかりと確認を。そして、風通しのよさも考慮し、赤ちゃんにとって安全で快適な環境をつくりましょう。

赤ちゃんの名前を考えよう！

　名前は赤ちゃんが一生つき合っていくもの。名前の印象によってその人のイメージが変わることもあるので、さまざまな面から考えることが必要です。

　産後は慣れない赤ちゃんの世話に追われて、ママとパパがゆっくりと話し合える時間がない場合もあります。妊娠中にふたりでじっくりと考えて、いくつか候補をしぼっておくことをおすすめします。あとは赤ちゃんの顔を見てから、これだ！　と思える名前を選びましょう。

名づけのルール

- 漢字、ひらがな、カタカナ、漢数字はOK。
- アルファベット、算用数字はNG。
- 漢字で使えるのは常用漢字や人名用漢字。
- 漢字の読み方は自由です。
- 正式に届けた名前は、よほどの理由がない限りは変更できません。

ポイント

- 正しく読んでもらいやすい名前にしましょう。
- 姓と名のバランスをとります。
- 画数が多すぎないようにしましょう。
- 言いやすさ、聞き取りやすさを考えます。
- 本人が誇りをもてる名前にしましょう。

妊娠後期

8か月

（28～31週）

里帰り出産のスケジュールと注意

リラックスして過ごせる実家で、出産にも育児にも専念できる里帰り出産。お産で疲れたからだをゆっくりと休めることもできます。

妊娠35週までに帰省します

里帰り出産を予定している人は、そろそろ帰省の準備を始めましょう。36週以降は移動中にお産が始まってしまう危険性があったり、飛行機の搭乗に医師の同意書が必要だったりするので、帰省は遅くとも妊娠35週までに。できれば産休に入ったあと、妊娠34週以降の健診は帰省先で受けるとよいでしょう。帰省前には転院先の病院への紹介状を書いてもらうことを忘れずに。

　帰省の日は、時間に余裕のあるスケジュールで、なるべく負担がかからない移動手段を選びます。転院先の病産院では出産までに最低3～4回健診を受けておくと、医師やスタッフとコミュニケーションも図れ、安心して出産を迎えられます。

里帰り中の段取りをパパと共有して

里帰り出産の場合、約2か月自宅を空けることになります。家事や生活のこと、緊急連絡先、産後の手続きなどを書面化してパパと共有しましょう。冷蔵庫などすぐ目につく場所に貼っておくと、伝えもれややり忘れの心配もなく、安心です。

　里帰りは、パパに父親としての実感が生まれにくいというデメリットも。密に連絡をとり、健診結果や、産後は赤ちゃんのようすなどをこまめに伝えましょう。

●パパへの伝達事項　書面例

パパへ

＜緊急連絡先＞
00-0000-0000／ママの実家
000-0000-0000／ママ母の携帯電話
○△×クリニック　00-0000-0000

＜支払い＞
家賃の振り込み／110,000円
（4月28日まで！）
※電気・ガス・インターネット料金は、
28日に引き落とし

＜自治会＞
掃除当番／4月10日、5月15日
回覧板／お隣の○○さんへ

＜おうちのこと＞
・燃えるごみは月・木、プラスチック類は火。
・印鑑は、リビングの白い収納棚一番上。
・ティッシュペーパー、トイレットペーパーのストックは、納戸に入ってます。
・ママが帰る日までに、掃除！

＜手続きが必要なもの＞
①出生届⇒14日以内に○○市役所へ！
②児童手当金⇒出生届提出と同時に○○市役所で申請！
③赤ちゃんの健康保険⇒パパの勤務先の健保へ！ 保険証が届いたら市役所で乳幼児医療費助成の手続きを！

里帰り出産のスケジュール

	自宅近くの病産院	転院先の病産院
妊娠初期～中期	●里帰りするか決める ●健診を受ける	●分娩予約 ●中期に一度、健診を受ける
妊娠後期	●健診を受ける ●紹介状を書いてもらう	**実家に帰る** ●臨月の健診 ●出産
産後	**自宅に帰る**	●1か月健診を受ける

里帰りのときの注意

- 遅くとも妊娠35週までに帰省する
- 連休、夏休み、年末年始の混み合う時期の移動は避ける
- 夫や実家の家族に付き添ってもらう
- 荷物は宅配便で送り、身軽な格好を
- 飛行機を利用する場合は出産予定日28日前から医師の診断書と本人の同意書が必要。条件や手続きは航空会社によって異なるので、事前に確認する

里帰り出産Q&A

Q 里帰り中に親とケンカするという話を聞くので不安なのですが？

A 出産前に親と娘でよく話し合っておくと安心です。

時代とともに育児の常識が変わり、育児のことで親と娘が衝突することは確かによくあるようです。ケンカをせずに過ごすには、出産前に自分はどういう育児をしたいか、親にはどうサポートしてもらいたいかを話し、また、親にも思っていることを話してもらうことが大事です。気持ちのすれ違いがなければ、きっとうまくいきます。

Q 姑から夫の実家に里帰りするように誘われていますが、行くべき？

A まずは夫婦ふたりで子育てをしてはいかがでしょう。

里帰り出産のメリットは、サポートしてくれる親がいること、産後のからだを休められることです。義実家に里帰りをして産前も産後も義両親に気を遣い、心労がたまる心配があるならば、ふたりでがんばってみてはいかがでしょう。最近では、里帰りせず夫婦で出産・育児を乗り越えるケースも増えています。

8か月

妊娠後期

（28〜31週）

妊娠後期にとりたい栄養と食事

赤ちゃんの発育は、ママがとる栄養がたよりです。栄養バランスに気をつけながら、カロリーや塩分をとりすぎないことも忘れずに。

低カロリーの食事で体重コントロールを

おなかが大きくなると動くのがおっくうになり、体重が増えやすくなります。太りすぎは妊娠高血圧症候群（→１３８ページ）にかかりやすくなったり、産道に脂肪がついて難産になったりするので、妊娠後期はとくに体重コントロールに気を配ることが大切です。

そのため、毎日の食事では脂肪や糖分を多く含むものを控えるなどして、カロリーを抑えることが必要。かといって、食べる量を減らしたり、栄養がかたよったりすると、赤ちゃんの発育にもママのからだにもよくありません。赤ちゃんが元気に育つために欠かせないたんぱく質やビタミンなどを中心に、栄養バランスが行きとどいた食事を1日3食しっかりとることを心がけましょう。

塩分のとりすぎはトラブルのもと

妊娠後期に起こりやすい手足のむくみや妊娠高血圧症候群の予防のため、塩分のとりすぎにも注意したいところ。日本人の平均的な塩分摂取量は1日10〜12gですが、妊娠中は1日7g程度に抑えることが望ましいので、できるだけ減塩を心がけましょう。ただし、塩分不足は血行不良や夏場の熱中症につながるので、適度な調整が必要です。

カロリーや塩分をカットしつつおいしく食事をとるには、食材や調理法が重要です。左ページを参考にヘルシーでおいしい食生活を習慣づけましょう。

食欲がないときは小分けにして食べて

妊娠後期になると赤ちゃんが大きくなるとともに、子宮が押し上げられて胃が圧迫されます。そのため、胸やけを起こしたり食欲がなくなったりすることもあります。しかし、食べずにいると栄養不足の心配があるため、つわりの時期と同様に、1日5〜6回を目安にこまめに食事をとります。食事は、消化のよいうどんやスープを選ぶとよいでしょう。

カロリー・塩分カットのポイント

カロリーカット

① 肉なら低カロリーの食材を選ぶ

鶏肉はささみ、牛肉や豚肉はヒレなど脂肪の少ない部位を。また、鶏肉の皮、牛肉や豚肉の脂身は包丁で切り落とすなどして取りのぞきます。ひき肉は脂肪が多くて高カロリーなので、油をひかずに調理しましょう。

② 網焼き・湯通しで脂肪を減らす

脂肪が多い肉や魚は網焼きにするか、いったん湯通ししてから調理すると余分な脂肪を取りのぞけます。ほかにも油揚げやがんもは熱湯をまわしかけることで油抜きができ、油くささも取れて料理がおいしく仕上がります。

③ 下ごしらえで油の量を減らす

野菜を炒めるとき、フライパンにひいた油が野菜の水分ではじかれるため、油を足すことがあります。このような場合は野菜に油をまぶしてレンジで加熱し、あらかじめ油を行きわたらせてから炒めると油の量が少なくてすみます。

④ 海藻やきのこでかさ増しする

わかめやひじきなどの海藻、まいたけやしめじなどのきのこは低カロリーで、おなかいっぱい食べてもカロリー摂取量はほとんど増えません。また、食物繊維が多く含まれているので、便秘解消にもおすすめです。

⑤ フッ素加工のフライパンを使う

食材が焦げつきにくいフッ素樹脂加工のフライパンを使うと、油少なめ、または油なしで炒め物ができます。脂肪が多い肉や魚は、にじみ出た油をキッチンペーパーで吸い取りながら焼くとカロリーカットになります。

塩分カット

① 柑橘類を調味料に代用

焼き魚にしょうゆ、サラダにドレッシングをかける代わりにレモンなどの果汁をしぼってかけます。魚は臭みが消えてさっぱりと味が引き締まり、サラダは香辛料やハーブを加えるとさらにおいしく味わえます。

② だしをとる

汁ものや煮ものを作るときは、かつおぶし、こんぶ、煮干しなどでしっかりととっただしを使うと、薄味でも満足できます。ねぎ、しそ、みょうがなどの薬味を合わせるとまた風味が豊かになって、塩分カットにつながります。

間食はフルーツやヨーグルトを

間食はなるべく控えるのが理想ですが、どうしてもおなかがすいたときや甘いものを食べたいときは、ふだんの食生活で不足しがちな栄養素をとれるフルーツやヨーグルトを食べましょう。

フルーツは、カロリーが低くてビタミンを多く含むいちご、りんご、みかんがおすすめ。バナナは食べごたえがあり、ビタミンとカリウムが豊富です。そして、ヨーグルトはカルシウムがたっぷり。便秘の改善と予防にも役立ちます。

8か月 妊娠後期
(28～31週)

逆子といわれたらどうしたらよい？

妊娠後期になると健診で赤ちゃんが逆子といわれることがあります。でも、ほとんどの赤ちゃんは出産の日までに自然に直ります。

逆子のままでの出産は3～5%

妊娠27週ぐらいまでは、ママのおなかの中で赤ちゃんが動きまわり、さまざまな姿勢をとっています。それが妊娠28週を越えるとからだが大きくなって窮屈になり、頭を下にした「頭位」の姿勢をとっておさまります。このときに頭を上にした姿勢をとってしまう赤ちゃんもいて、それを「逆子」とよんでいます。健診で逆子といわれると不安になりますが、心配しすぎることはありません。赤ちゃんの頭は成長とともに重さが増し、重力の法則によって下を向きます。そのため、逆子は自然に直ることが多く、逆子のま

子宮内での赤ちゃんの姿勢

単《たん》殿《でん》位《い》

頭が上、両足を上げて、おしりが下にある姿勢。分娩時には頭の次に大きなおしりが最初に出るので、経腟分娩が可能な場合があります。逆子にいちばん多い姿勢です。

頭　位

頭を下、足を上にした姿勢。分娩時にはからだのなかでいちばん大きな頭が最初に出るので、経腟分娩が可能です。妊娠8か月以降の赤ちゃんの多くがこの姿勢になります。

複《ふく》殿《でん》位《い》

頭が上、両足を折り曲げて、おしりと足が下にある姿勢。分娩時にはおしりが最初に出ると経腟分娩が可能ですが、足が最初に出てしまうと途中で帝王切開に切り替えます。

足　位

頭が上、両足か片足が先進している姿勢。分娩時には足が最初に出ることになり、姿勢が直らなければ出産に時間がかかって危険なので、帝王切開になります。

膝《しつ》　位《い》

頭が上、両足か片足を折り曲げて、ひざが下にある姿勢。分娩時にはひざが最初に出ることになり、そのあとに頭を出すのは時間がかかって危険なので、帝王切開になります。

ま出産となるママは、全体の3～5％と少ないのです。

逆子の原因は何でしょうか？　ママが前置胎盤や子宮筋腫の場合、赤ちゃんが双子や奇形の場合など、原因がわかることもあります。しかし、トラブルに関係なく逆子になることも多く、もしかすると、赤ちゃんにとってラクな姿勢という理由だけだったりするかもしれません。

逆子の赤ちゃんがおなかの中でどんな姿勢をとっているかを具体的にいうと、大きく分けて4パターンあります。多いのはおしりが下にある「単殿位」と「複殿位」。経腟分娩では赤ちゃんのからだのなかでいちばん大きな頭が最初に出ることによって産道が広がり、からだも続いて難なく出てきます。単殿位や複殿位は頭の次に大きなおしりが最初に出ることが多いため、経腟分娩が場合によっては可能な姿勢です。それから、ひざが下にある「膝位」と伸ばした足が下にある「足位」。これらはひざや足が最初に出ることになるため、産道が十分に開きません。頭やからだを出すのがむずかしいので、帝王切開になります。

リラックスがもっとも効果的？

逆子を直すといわれる方法があります。「胸膝位《きょうしつい》」「仰臥位《ぎょうがい》」という逆子直し体操は、ママの骨盤から赤ちゃんのからだをずらして、回転しやすい状態にするのが目的です。事前に医師や助産師の指導を受けることが必要で、おなかの張りを感じたらやめるようにしましょう。

また、お灸でツボを温めることで胎動を促し、回転を試みる方法もあります。

しかし、これらは必ずしも根拠がある方法ではありません。体操をすることで子宮が収縮して、逆に赤ちゃんが動きにくくなることもあるでしょう。リラックスして過ごしたり、ゆったりした服装でおなかをラクな状態にしたりするほうが効果が現れるかもしれません。

逆子を直すには？

◉胸膝位
うつぶせになってひざをつき、胸を床につけておしりをできるだけ高く持ち上げます。腕を頭の前に伸ばし、この姿勢を10分ほど保ちます。

◉仰臥位
あお向けに寝て、おしりが高さ30cmくらいまで持ち上がるように、腰の下にクッションなどを入れます。この姿勢を10分ほど保ちます。

◉リラックスして過ごす
赤ちゃんが動きやすい環境をつくるため、リラックスして過ごします。

◉からだを締めつけない
締めつけの強い下着やガードル、腹帯を着用せず、からだがラクな状態にします。

直らないときは“帝王切開”で出産

ママと赤ちゃんの安全がいちばん

単殿位や複殿位だと場合によっては経腟分娩が可能ですが、一般的にはママと赤ちゃんの無事を最優先に考え、安全性の高い予定帝王切開を行う病院がほとんどです。逆子で経腟分娩を行う場合、頭が産道を通らなかったり、ママの骨盤と赤ちゃんの頭の間にへその緒がはさまって赤ちゃんに酸素が流れなくなったりすることがあります。その場合は途中で緊急帝王切開に切り替えられます。

また、逆子で気をつけたいのは破水です。逆子は前期破水（→170ページ）をしやすく、破水すると赤ちゃんより先にへその緒が出てしまい、赤ちゃんに酸素が行き届かなくなって危険な状態になることがあります。破水に気づいたらすぐに受診を。緊急帝王切開での分娩になります。

8か月 妊娠後期

（28～31週）

妊娠高血圧症候群ってなんだろう？

妊娠によって血管に負荷がかかることで発症する病気です。重症化するとママも赤ちゃんも危険な状態になることもあります。

血圧が高い人はとくに要注意

妊娠中はママから赤ちゃんに血液をたくさん送りこむので、妊娠後期のママの体内血流量は妊娠する前の約1・5倍になります。妊娠高血圧症候群は、その血流の変化に適応しようとする血管に負荷がかかることで発症し、２００５年までは「妊娠中毒症」とよばれていました。

体重が急激に増える、おしっこの回数が減るといった症状が見られることがあり、「妊娠20週以降から分娩後12週までに高血圧が見られる場合」、「高血圧にたんぱく尿を伴う場合」に診断されます。

以前はおもな症状として、高血圧、たんぱく尿のほかにむくみがあげられていましたが、下半身の血行不良や水分量増加は妊娠中によく見られる症状で、ママや赤ちゃんに影響はないという理由から外されました。

もともと高血圧や腎臓病などの病気をもつ人がかかりやすく、妊娠前から太りぎみだった人、妊娠してから急激に太った人、濃い味つけのものが好きな人、ストレスをためこみがちな人なども注意が必要。多胎妊娠の人、35歳以上で初産の人もかかる確率が高いとされています。

高血圧とは？

最高血圧が140㎜Hg以上、最低血圧が90㎜Hg以上である状態。最高血圧が160㎜Hg以上、最低血圧が110㎜Hg以上になると重症と診断されます。

発症のリスクが高い人

- 高血圧、腎臓病、糖尿病などの持病がある
- 妊娠前から太りぎみ
- 妊娠してから急激に太った
- 濃い味つけのものが好き
- ストレスをためこみがち
- 双子などの多胎妊娠
- 高年齢で初産

健診を欠かさず生活習慣に注意

血圧が上がって重症化すると、血液の流れが悪くなるため、胎盤に酸素や栄養が十分に送れなくなります。それによって、赤ちゃんの発育がストップしたり、出産の前に胎盤がはがれてしまう常《じょう》位《い》胎《たい》盤《ばん》早《そう》期《き》剥《はく》離《り》を引き起こしたりする場合があります。また、ママのからだにも影響が出て、脳出血やけいれん発作を起こしたり、出血が止まらなくなる状態になったりする場合も。いちばんの治療法は出産なので、赤ちゃんの発育の状態を見ながら、帝王切開分娩になることもあります。

妊娠高血圧症候群は着床時の要因で胎盤の形成が障害されることにより起こるとも考えられているため、必ずしも予防はできませんが、早めに発見するために健診を欠かさず受け、定期的に血圧を確認することが重要。リスクを低くするためには、日ごろの食事や運動など生活習慣をよく見直すことが大切です。

妊娠高血圧症候群のリスクを低下させるには？

薄味にし、塩分のとりすぎに注意

塩分をとりすぎると血圧が上がるので、塩分は１日７ｇ程度に抑えましょう。ちなみに、しょうゆ小さじ１杯は約0.9ｇ、みそ小さじ１杯は約1.9ｇです。加工食品に含まれる塩分も、かまぼこ１本は約5.0ｇ、ちくわ１本は約1.9ｇと意外に多いので、注意が必要。最初は薄味で、もの足りないなと思っても、すぐに慣れます。

油分・糖分のとりすぎに注意

妊娠後期の１日の摂取カロリー量は2150kcalが目安。脂っこいものや甘いものをなるべく避け、低カロリーで高たんぱくの栄養バランスのとれた食事を心がけましょう。妊娠中の体重増加は標準体型であれば７～12kgに抑えるのが理想で、１週間で500g以上増えたら要注意。体重が増えすぎると内臓の負担が増して、高血圧になりやすくなります。

適度な運動をする

妊娠の経過が順調で、体調に問題がない日は、散歩や軽いストレッチなどでからだを動かしましょう。肥満防止になるほか、血液の流れがよくなるので高血圧予防を期待できます。

規則正しい生活を心がける

毎日決まった時間に起床や就寝、食事をするなど、生活リズムを整えることが必要。不規則な生活を送ると体調をくずしやすく、疲労もたまるため、血圧の上昇につながります。

定期的に健診を受ける

高血圧や腎臓機能の低下は、軽症のうちは自覚症状を感じにくいので、妊婦健診の検査を定期的に受けることが重要。受けていれば、早期発見につながるので安心です。

ストレスをためない

過度のストレスがたまると血行が悪くなったり、血管の細胞機能が悪化したりします。好きなことをする時間を大事にして気分転換を図り、ストレスを上手に発散しましょう。

妊娠後期

8か月

（28～31週）

マイナートラブルを緩和しよう

妊娠後期は、マイナートラブルに悩まされます。簡単なストレッチでそれらをやわらげ、あと少しの妊娠生活を快適に過ごしましょう。

ストレッチで気分転換して

出産が近づくと、からだにいろいろな不快な症状が現れます。すっきりしない体調に不安を感じるママもいるかもしれませんが、それらは妊娠によるホルモンバランスの変化や、おなかが大きくなったことによる負担が原因で起こるもの。出産が終われば治ることが多いので、心配しすぎないようにしましょう。

　しかし、そうはいっても不快な症状があるとイライラすることが多くなり、ストレスもたまります。簡単なストレッチを行うと、血行がよくなって不調を緩和できるとともに、気分転換にもなります。

頭痛

妊娠するとエストロゲンというホルモンが増加し、血管を拡張するために起こりやすくなるといわれています。また、おっぱいが大きくなって重くなるため、肩がこることが増え、頭痛につながることもあります。肩こり解消のストレッチをしたり、こっている部分に熱めのシャワーをあてて温めたりすると効果的。出産へのストレスから頭痛を起こすママもいます。不安なことは家族に話し、ストレスをためないようにしましょう。頭痛薬を処方してもらうのもひとつの手です。

　耐えられないほどの痛みや長時間続く場合は、妊娠高血圧症候群やくも膜下出血の可能性も。すぐに病院へ。

悩み別ストレッチ

肩こり

あぐらをかいて座るか、椅子に座ります。両腕を肩の高さまで上げたらひじを曲げ、ぐるぐると前に向かって肩を回します。何回か回したら、後ろ向きにも回しましょう。

腰痛１

床に両手と両ひざをつきます。息を吐きながら、おへそを見るように背中を丸めます。そして再度息を吐きながら、ゆっくり背中をそらします。この動作を２～３回繰り返します。

腰痛

大きなおなかを支えるために背中がそり返った状態になり、腰に負担がかかること、リラキシンというホルモンが骨盤の関節をゆるめることでその周囲の筋肉に負荷がかかることが原因となって、腰痛が引き起こされます。背中をまっすぐにして姿勢を正すことを第一として、敷き布団をかためにする、腹帯やガードルでおなかをしっかり支えるなども、おすすめの対処法です。

むくみ

多くのママが経験する症状で、足のすねを押すとなかなか戻らない、靴下の跡がなかなか消えない状態になります。それほど心配はいりませんが、疲れをためないこと、カリウムが多く含まれた野菜や果物などを食べることで緩和されます。また、むくむことで耳管が狭くなり、耳が聞こえにくくなったり、耳鳴りがするようになったりすることもあります。数日で治らない場合は耳鼻科を受診しましょう。

足がつる（こむらがえり）

ホルモンの影響で筋肉が疲労しやすくなっていること、子宮が下半身を圧迫して血行が悪くなっていることが原因。マッサージをしたり、靴下を履いて冷やさないようにしたりして血液の流れをよくすることが大切です。つってしまったら、ふくらはぎを伸ばしましょう。

胃もたれ

子宮が大きくなり、いつも胃を押し上げている状態になることから起こります。消化のよいものをよくかんで食べ、胃の負担を軽くすることが大事。1回に食べる量を減らし、食事の回数を増やすようにしてもよいでしょう。

眠れないときは……

寝方を変えてリラックス

子宮が血管を圧迫して血液の流れが悪くなり、息苦しくなって熟睡できないことがあります。シムスの体位や、上半身を少し起こした姿勢で寝るようにしましょう。また、出産の不安やストレスから睡眠不足になることも。イライラするとよけいに眠れなくなるので、気にしすぎないことも必要。悩みは家族や医師に話し、音楽やアロマテラピーなどの効果も利用してリラックスを心がけましょう。

足がつる

片ひざを伸ばして座り、つま先を持ちます。からだのほうにゆっくりと引っ張り、ふくらはぎの筋肉を伸ばします。つま先に手が届かない場合はタオルをつま先にひっかけて引っ張ります。

むくみ

両手を肩の高さまで上げます。手をぎゅっと強く握りしめ、数秒数えたらパッと思いきり開きます。この動作を数回繰り返します。気軽にできるので気分転換などのときにも。

腰痛2

あお向けになり、手のひらを床に向けて両腕を開き、両ひざを立てます。息を吐きながらひざを片側に倒し、もとに戻します。左右交互に繰り返します。倒すときに床から背中が浮かないように。

妊娠後期

9か月（32〜35週）

大きなおなかで子宮が圧迫され不快症状もピーク

あお向けに寝るのも苦しくなります

おなかが大きくなると、足のつめが切れなくなったり、あお向けに寝られなくなったり、日常生活で行う動作がつらく感じることがあります。横になるときは子宮が右半身を通る下大静脈（下半身の血液を心臓へ送る血管）を圧迫しないように、からだの左側を下にするとよいでしょう。抱き枕やクッションを使ってラクな姿勢を探しましょう。「シムスの体位」（→175ページ）も安定します。

ほかにも、おなかが大きくなることでひどい便秘や頻尿、尿もれなどのマイナートラブルに悩まされる人も増えます。おなかが重たくなると、足への負担も大きくなります。足がつる、足の付け根が痛む、むくむなどの症状も出てくるでしょう。ふくらはぎを下から上へマッサージしたり、足首を回したり、お風呂にゆっくりつかって血液の循環をよくしたりするとよいでしょう。

早産・切迫早産の原因となる感染症にも気をつけたいところ。感染を防ぐために、セックス時はコンドームを着用する、人ごみを避けるなどの対策をしましょう。

出産に向けてしっかり体力づくりを！

からだが重たくて動くのがおっくうになる時期ですが、だからといって休んでばかりいるのもよくありません。体重が増えすぎるのを防ぎ、出産に向けて体力をつけるためにも、散歩や軽いストレッチなど適度な運動を続けましょう。

ただし、おなかの張りを頻繁に感じるようになるので、張りが続いたり、痛みが強くなってきたりしたときには病産院へ連絡してください。

妊娠 9か月 のママのからだのようす

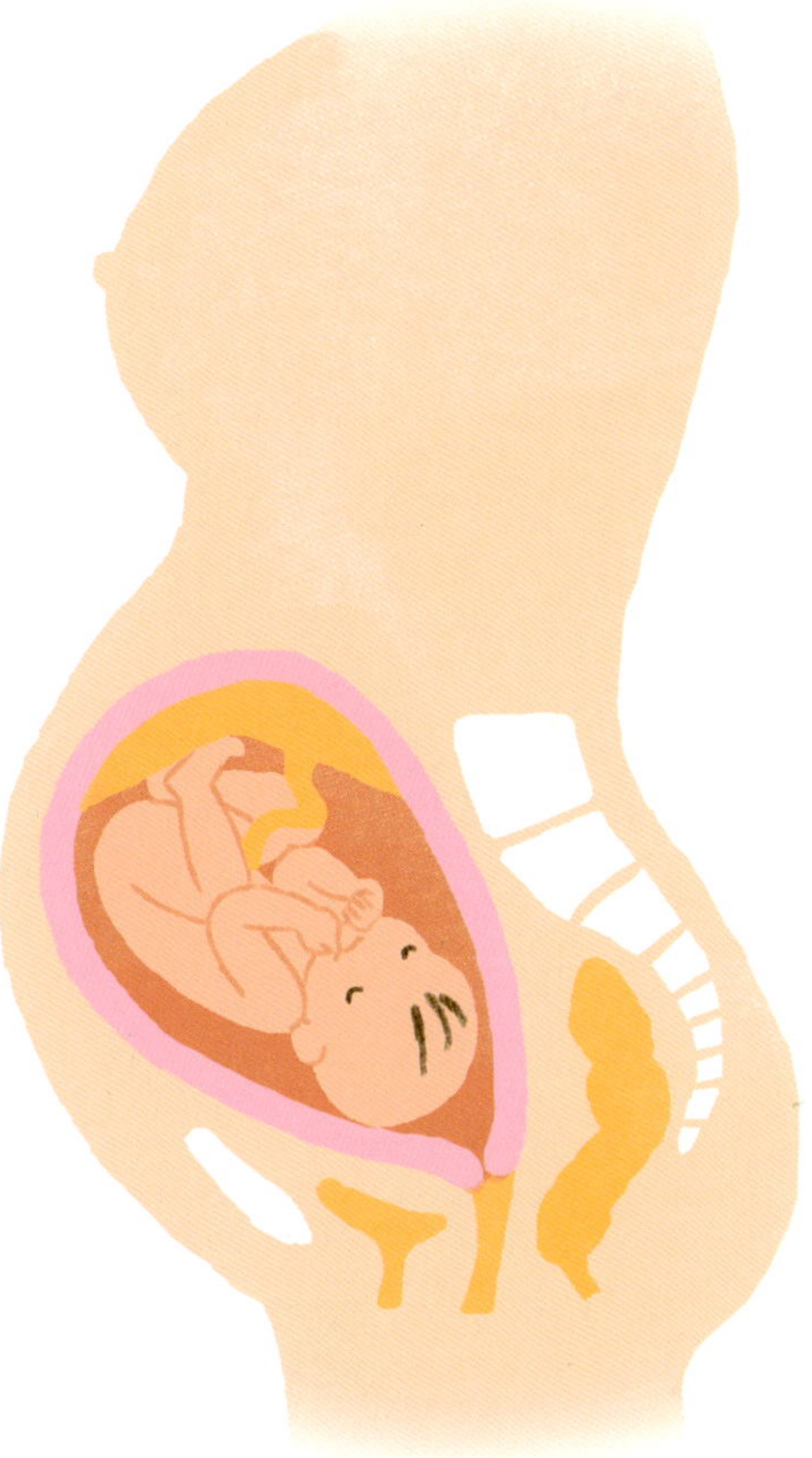

子宮が大きくなることで からだのあちこちが圧迫されます

子宮が大きくなって、みぞおちあたりまで上がってくるため、胃が圧迫され、胃もたれや胸やけを感じる人もいます。腸や膀胱もますます圧迫されるので、便秘や頻尿、尿もれなどが起こることがあります。心臓や肺も圧迫されるので、動悸や息切れなどの症状も現れます。出産が近づいてくると、ホルモンの作用で恥骨の結合部がゆるんできますが、これは分娩時に赤ちゃんの頭がスムーズに骨盤内を通過できるように起こる変化です。そのため骨盤の痛みを感じやすくなります。歩行が困難なほど痛むようなら、医師・助産師に相談しましょう。腟や子宮口が徐々にやわらかくなってくる時期でもあり、おりものが増えてきます。

妊娠9か月の子宮底長

約27～33cm

この時期気になること

頻尿・尿もれ

がまんしないでトイレへ

子宮が大きくなるとすぐ近くにある膀胱が圧迫されるため、尿が少ししかたまっていなくても尿意を感じたり、くしゃみやせきなど少しの刺激で尿もれを起こしたりします。トイレに行っても少量しか出ないので、がまんしてしまいがちですが、膀胱炎になることもあるので、尿意を感じたらトイレへ行きましょう。尿もれはパッドなどを使って対策を。

前期破水

破水したらすぐ病院へ

通常の破水は陣痛が始まってから起こりますが、陣痛がくる前に破水することを前期破水といいます。赤ちゃんを包む卵膜が弱くなることが原因。細菌感染の恐れがある、24時間以内に陣痛が起こる可能性があるので、すぐ車で病産院へ向かいましょう。その際入浴は避け、生理用ナプキンを当てておきます。

(⇒148ページ)

入院準備

持ち物を準備する

臨月になるといつ陣痛が始まるかわかりません。まだ余裕のあるうちに、入院の準備を始めましょう。病院によって必要な持ち物が異なるので、もらったリストを確認したり、問い合わせたりして持ち物を揃えましょう。陣痛が始まったら何を持ってどうやって行くのかなどパパと打ち合わせておくと安心です。

(⇒146ページ)

妊娠9か月の赤ちゃんのようす

身　長	約 45 cm
体　重	約 2500 g

※身長・体重は、妊娠35週のものです。

皮下脂肪がついてからだつきがふっくらとし、皮膚のしわもなくなって新生児と変わらないほど赤ちゃんらしい体形になっています。髪の毛やつめが伸び、顔の表情もわかるほどになります。男の子は睾丸がおなかから下りてきます。排尿機能や肺機能が整い、もし早産になった場合でも生きていける状態です。超音波写真にはからだの一部分しか写らなくなっています。

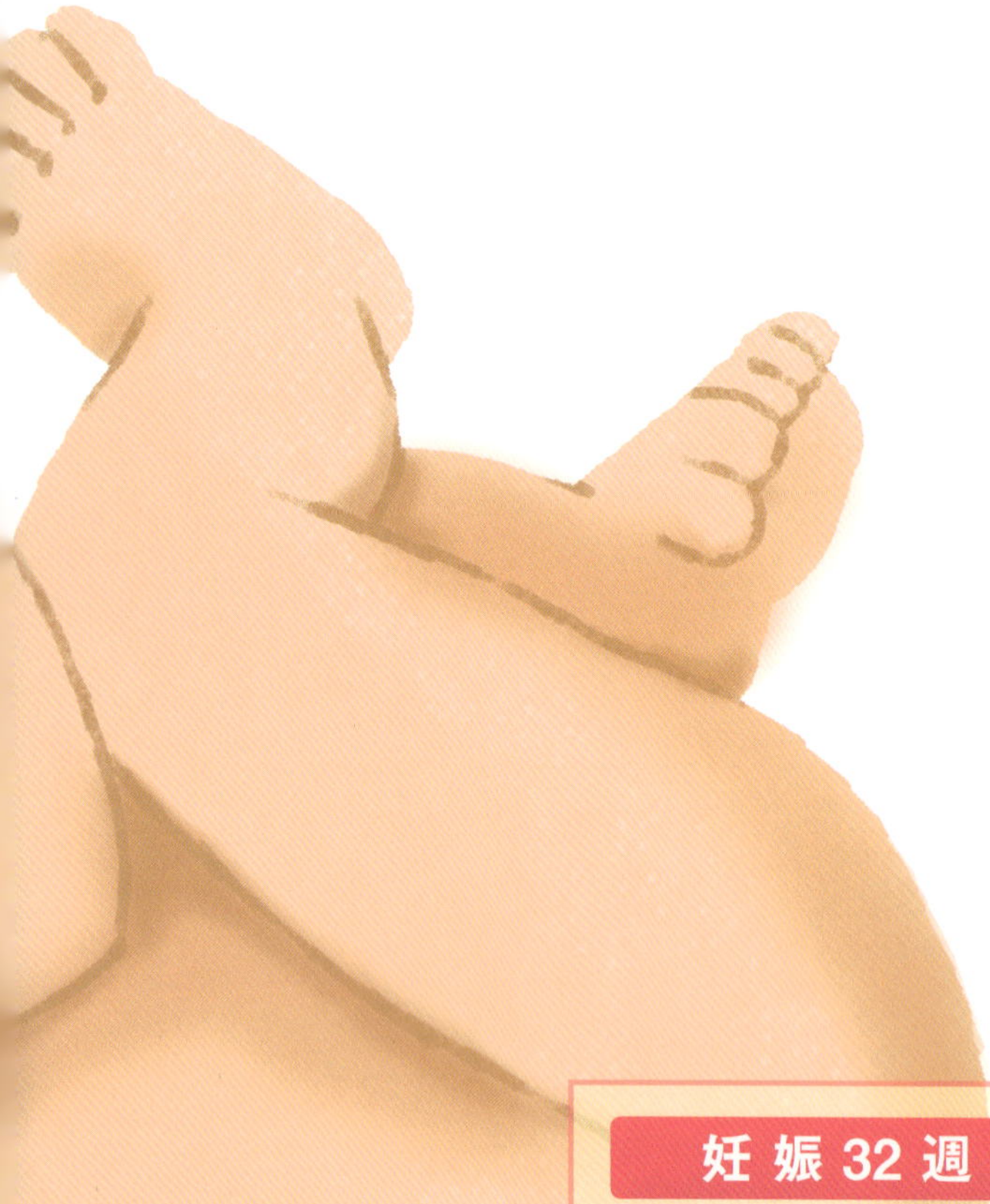

実物大

妊娠 32 週

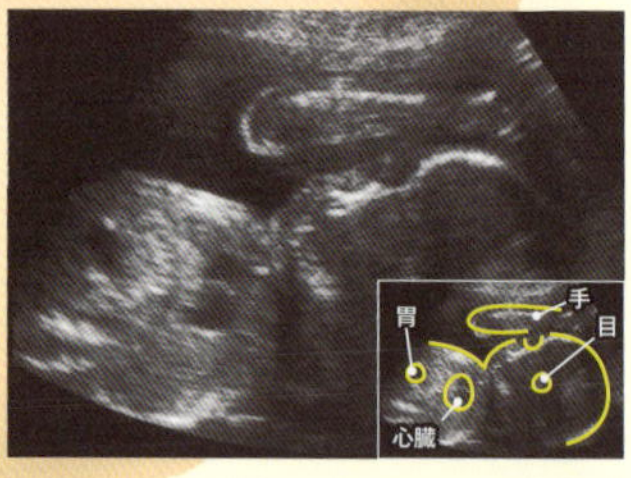

羊水の量が最大になります

羊水の量が最大になり、今後は赤ちゃんが成長するにつれて羊水の量が減り、胎児の占める割合が大きくなっていきます。そのため、胎動がさらにはっきりと感じられるようになります。出産に向けて、赤ちゃんの頭が下になってくることが多く、ママの胃や胸のあたりをキックすることもあります。逆子といわれていても、頭位になる可能性はまだ十分にあります。

妊娠 33 週

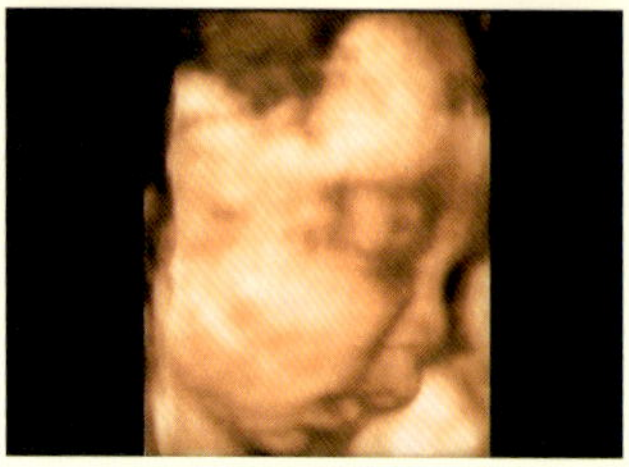

外でも生きていけるほどに成長

骨がほとんどできあがりましたが、まだやわらかくて曲がりやすい状態。それでも今生まれてきても、外の環境に適応して生きていけるほどに成長しており、いつ出産になってもおかしくありません。まだ目の色素が沈着しておらず、瞳は青色。これは、出生後の瞳の色に関係なく青色です。赤ちゃんは羊水を飲んでは尿として出していますが、これは、生まれてきてから母乳を飲んで排泄する準備でもあります。

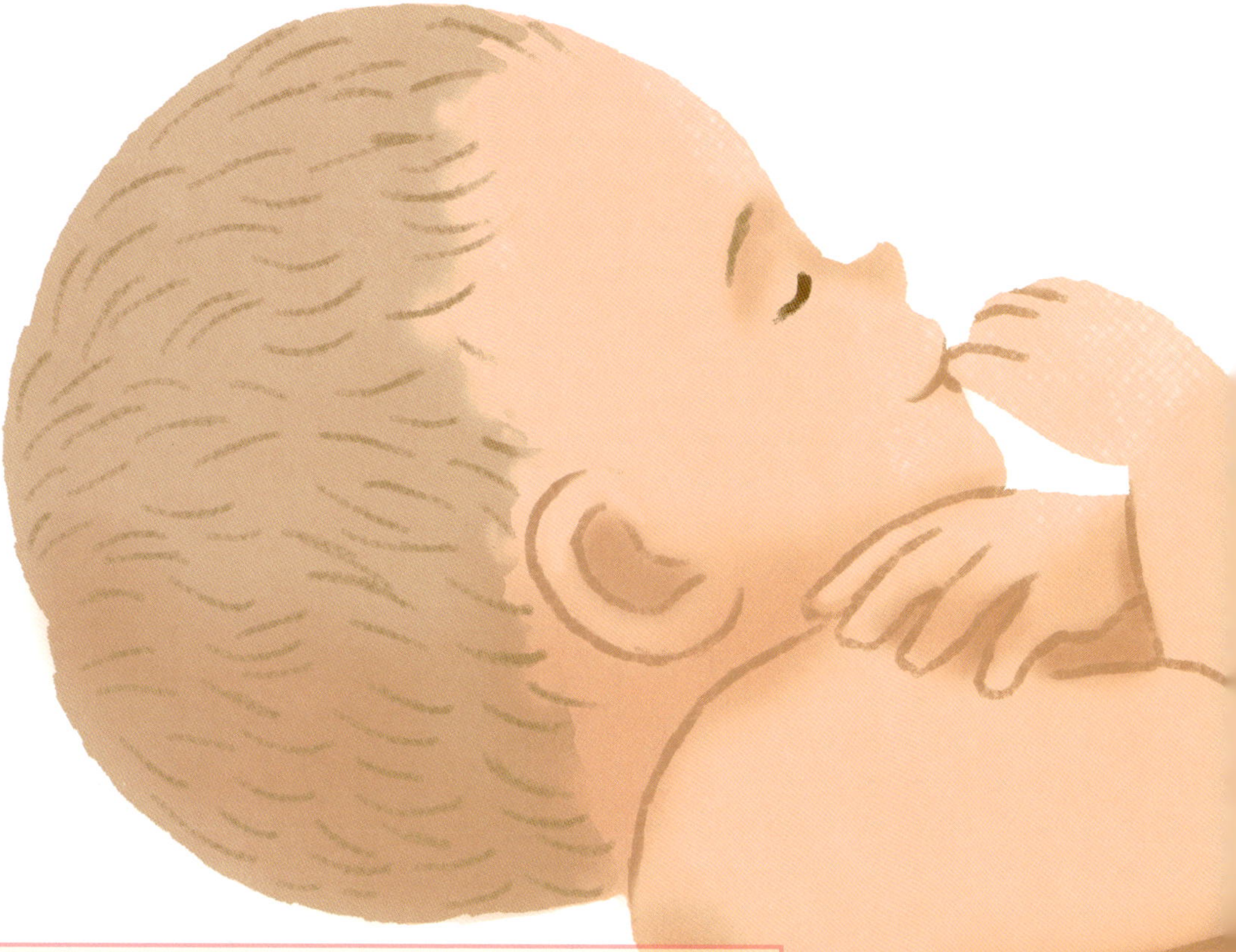

妊娠34週

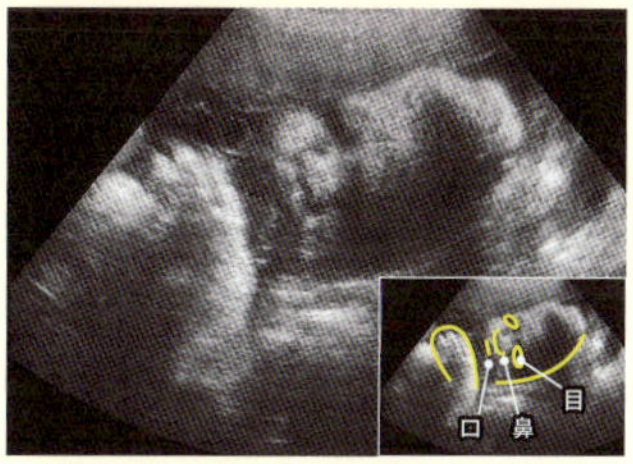

感情を表情で表せるように

新生児のように手足がふっくらとし、つめは指先までしっかり伸びてきました。筋肉を上手に動かすことができないので、自分の顔をつめでひっかいてしまうことがあります。顔の筋肉が細かく動くようになって、外からの刺激に反応して、感情を表情で表せるようにもなります。自律神経が発達し、交感神経と副交感神経のバランスも整い、心拍や呼吸の働きも安定してきました。身長がこの時点で45cm近くあります。

妊娠35週

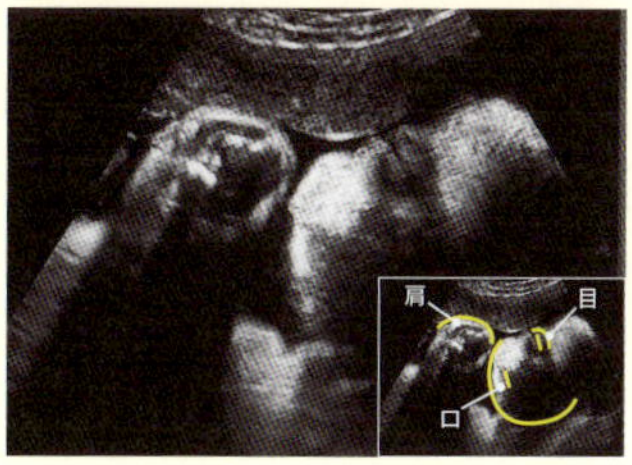

胃腸も機能し始めます

赤ちゃんの発達はいよいよ最終段階に入り、胃腸もゆっくりと機能し始めます。赤ちゃんの脳は発達を続けていますが、まだまだ十分ではありません。脳は生まれてから数年かけて完成していきます。それは、子宮の中でこれ以上脳が発達すると、頭が大きくなりすぎて生まれてくることができなくなってしまうからです。必要最低限の発育で生まれてきて、未熟な機能は生まれてから成熟していくのです。

妊娠後期

9か月（32～35週）

入院&出産の準備をしよう

いつ出産が始まってもいいように持ち物を準備し、家族に入院の段取りや家事などについても伝えておきましょう。

早めに準備して出産に備えよう

出産予定日までもう少し。いつ入院してもよいよう、持ち物を準備し、いざというときの対応を家族と話し合いましょう。

◎入院&出産セットの準備

病産院で入院、出産に必要な物のリストを用意してくれることが多いようです。不明な物は、スタッフに確認しておきましょう。荷物は、病院へ行く際に必ず必要な物を入れるバッグと、入院中や出産後に必要な物を入れる大きなバッグに分けておくと使いやすいでしょう。

◎緊急連絡先リスト作成

いつ、どんな状況で出産が始まっても対処できるように、病院の夜間受け付けやタクシー会社、おたがいの実家、パパが仕事中でも連絡可能な電話番号、いざというときに頼れそうな友達の連絡先などのリストを作っておきましょう。冷蔵庫など家族の目につく場所に貼っておき、いつも持ち歩くバッグにも入れておくと安心です。

◎パパへの家事の引き継ぎ

出産に伴う入院は、経腟分娩なら4～6日、帝王切開なら1週間くらいが目安です。入院中パパが困らないように、またママの退院後の生活に支障がないように、ひととおりの家事、ごみの出し方、日用品の置き場所などをパパに伝えておきます。ママが家にいるうちに、実際にパパが家事をしておくとよいでしょう。

パパへの確認・引き継ぎ事項

入退院
- 病産院への移動手段
- 病産院の連絡先
- タクシー会社の連絡先
- おたがいの実家の連絡先
- 頼れそうな親族・友達の連絡先
- 退院時に持ってきてもらいたい物
- 退院時に支払う費用

日常生活
- ゴミ出しのルール
- 日用品のストック場所
- 生活費
- 家賃や公共料金の支払い
- 印鑑の保管場所
- 自治体、町内会の当番
- 回覧板を回す順番

入院持ち物チェックリスト

必ず持っていく物

妊娠中の経過が記録されている母子健康手帳は、分娩時や赤ちゃんの記録のためにも必要です。健康保険証や診察券も本人確認やカルテ作成のために必要なので持っていきます。病産院によっては入院時に頭金が必要なこともあるので、頭金の有無、金額は確認しておきましょう。

- [ ] **母子健康手帳**
- [ ] **健康保険証**
- [ ] **診察券**
- [ ] **現金**
- [ ] **印鑑**
- [ ] **携帯電話**
- [ ] **携帯電話の充電器**
- [ ] **出産手当金支給申請書(産休中のママ)**
- [ ] **出産育児一時金の産後申請用書類**

入院中に使う物

パジャマは、産後もそのまま使えるように、授乳口がついた丈の長い前開きタイプが便利です。エアコンが自分で調節できないときのために、カーディガンや靴下も用意して。産後は寝たままでも股の部分が開閉できる、産褥ショーツが必要になります。また、陣痛を乗り切るためのグッズもあると安心です。

- [ ] **パジャマ**
- [ ] **羽織り物**
- [ ] **靴下**
- [ ] **スリッパ**
- [ ] **タオル・バスタオル**
- [ ] **洗面用具**
- [ ] **化粧品**
- [ ] **産褥《さんじょく》ショーツ**
- [ ] **ショーツ**
- [ ] **時計**
- [ ] **ティッシュペーパー**
- [ ] **筆記用具**
- [ ] **コンタクトレンズ・めがね**
- [ ] **陣痛乗り切りグッズ** ゴルフボールやテニスボール、音楽プレーヤーなど(→175ページ)。
- [ ] **骨盤ベルト**
- [ ] **ハーフトップ**
- [ ] **生理用ナプキン**

あると便利な物

- [ ] **ハンガー・洗濯ばさみ**
- [ ] **ビニール袋**
- [ ] **紙コップ・紙皿**
- [ ] **ヘアピン・ゴム**
- [ ] **カメラ・ビデオカメラ**

退院時に使う物

母乳パッドや生理用ナプキン、おむつは帰宅後もすぐに使う物なので、多めに用意しておくと安心です。自動車で帰宅する場合はチャイルドシートに乗せなければならないので、忘れずに用意しましょう。

- [ ] **授乳用ブラジャー**
- [ ] **退院時の服**
- [ ] **ベビー肌着・ウエア**
- [ ] **おくるみ**
- [ ] **母乳パッド**
- [ ] **生理用ナプキン**
- [ ] **チャイルドシート**
- [ ] **おむつ**

9か月 妊娠後期
(32～35週)

知っておきたい羊水と胎盤のトラブル

羊水や胎盤は、おなかの中の赤ちゃんを守るために重要な働きをしています。トラブルの際は帝王切開や陣痛促進の処置を行います。

羊水過多、羊水過少はお産を早めることも

羊水には、おなかの赤ちゃんを守るクッションのような役割があります。また、赤ちゃんは羊水を飲み込み、腎臓で尿をつくり排出することを繰り返しながら、腎機能を発達させていくのです。

羊水過多

羊水はこの時期、通常500mℓほどになりますが、800mℓを超えた状態を「羊水過多」といいます。ママの妊娠糖尿病、赤ちゃんの消化管異常や羊水を飲めなくなることなどが原因で、急激に子宮が大きくなる、おなかが張りやすくなる、動悸、呼吸困難、足のむくみなどの症状が現れます。とくに問題ないことが多いですが、子宮収縮が起こって早産や前期破水を引き起こすことも。

羊水過少

妊娠後期の羊水の量が100mℓ以下の状態を「羊水過少」といい、胎動が強く感じられることがあります。胎盤機能の低下や赤ちゃんの尿路が詰まることなどが原因で、赤ちゃんの発育不良や血液量が減少することがあります。

超音波検査で羊水過少とわかったら、ママは胎動をチェックし、赤ちゃんが元気でいるかどうかを確かめましょう。赤ちゃんの安全を最優先し、必要に応じて早めにお産を始めることもあります。

前期破水

通常は陣痛が始まって子宮口が開いてから破水しますが、陣痛前に破水することを「前期破水」といいます。赤ちゃんを包む卵膜に細菌感染などが起こり、弱くなってしまうことが原因です。37週以降で母子ともに状態がよければ、自然に陣痛が起こるのを待ちます。陣痛が始まらない場合は、陣痛誘発剤を使って人工的に陣痛を起こす処置を行います。気づいたらナプキンを当て、すぐに病産院へ行きましょう。

胎盤のトラブルは胎児への影響が大

おなかの中の赤ちゃんのベッドともいわれる胎盤。胎盤の完成後は、胎盤と赤ちゃんがへその緒でつながり胎盤を通じてママから栄養や酸素が赤ちゃんへ受け渡され、赤ちゃんからは二酸化炭素や老廃物が送り返されます。胎盤は、完成したあとも成長を続け、胎盤が成長できないと、赤ちゃんも成長できません。

前置《ぜんち》胎盤

胎盤は子宮の上のほうにできるのが普通ですが、正常より低い位置にでき、胎盤が子宮口の一部にかかったり、覆ったりする状態を「前置胎盤」といいます。前置胎盤であってもとくに症状はなく、赤ちゃんの成長にも影響はありません。

問題は、腹痛を伴わない突然の出血や大量出血を起こす可能性があること。分娩時の大量出血を避けるため、前置胎盤と診断された場合は位置に関わらず、予定帝王切開となり、妊娠9か月ごろに手術日を決めます。これらの症状は、おなかが大きくなり張りやすくなる妊娠32週以降に増加します。医師の指示を守って無理をせずに過ごしましょう。

常位胎盤早期剥離《じょういたいばんそうきはくり》

通常、胎盤は出産後にはがれて出てきますが、まれに出産前の胎児がまだ子宮内にいるうちに子宮からはがれてしまうことがあります。これが「常位胎盤早期剥離」で、母子ともに危険な状態に陥る可能性が非常に高いといわれています。原因ははっきりしていませんが、妊娠高血圧症候群の人に起こりやすいほか、子宮筋腫、子宮内感染、強い打撲などの衝撃がきっかけになることもあります。

初期症状は腹痛やおなかの張りで、症状が進むとおなかがカチカチにかたくなり、強い腹痛や出血も起こります。目で確認できる出血は少なくても、子宮内では大量出血していることもあり危険です。少しでも兆候が現れたらすぐに病院へ行きましょう。常位胎盤早期剥離と診断されたら、ただちに帝王切開を行います。

胎盤の位置

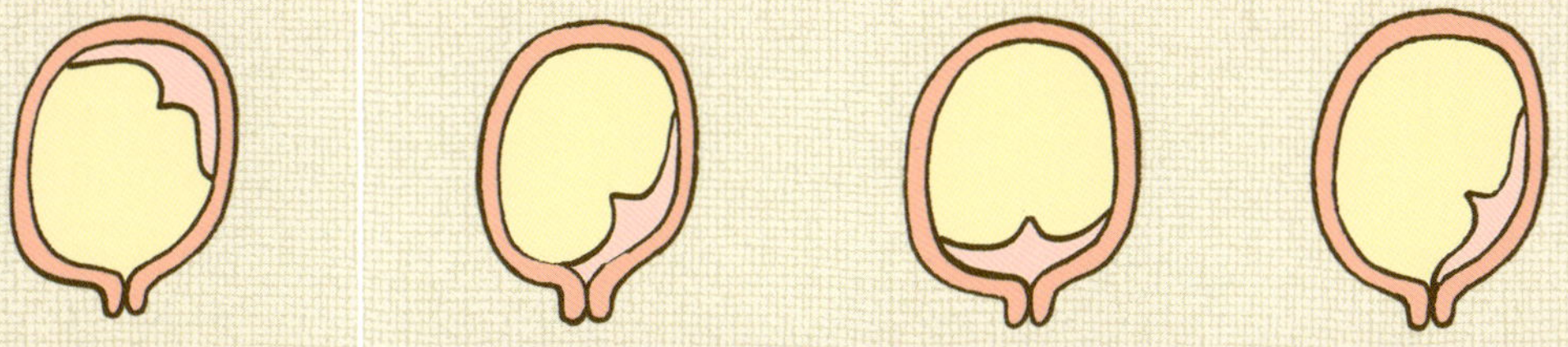

正常な胎盤
胎盤が子宮口から離れた、子宮底部（子宮の上のほう）にできます。

部分前置胎盤
胎盤が子宮口の一部をふさいでいる状態です。子宮が大きくなるにつれて前置胎盤でなくなることも。

全前置胎盤
胎盤が子宮口を完全にふさぎます。子宮収縮が起きると大量出血が起こり、危険な状態になります。

辺縁《へんえん》前置胎盤
胎盤の縁が子宮口にかかっている状態です。前置胎盤のなかでは比較的軽度。後期に治ることもあります。

9か月 妊娠後期 (32～35週)

妊娠後期に気をつけること

おなかが大きく重たくなるので、日常生活の動きにも注意が必要です。足もとに気をつけ、ゆっくりと動くようにしましょう。

ゆっくりと行動 バランスに注意

おなかが大きくなり、重みも増して、からだを動かすのがますます大変になります。立つ、座るなどのなんでもない動作がむずかしくなり、足もとが見えづらくなるため、つまずきやすくなります。

動作の基本はゆっくり動くこと。おなかに圧力をかける前かがみの姿勢、反動をつけた動き、片足立ち、重い荷物を持つなどはしないようにしましょう。歩くときは一歩先を見て、障害物がないかを確認し、階段は必ず手すりにつかまるようにします。何をするにも、おなかをぶつけないように注意して動きましょう。

安全な動き方

床から立ち上がるとき

まず両ひざをついてから片ひざを立て、何かにつかまってバランスを崩さないようにしながら、ゆっくりと立ち上がります。

落とした物を拾うとき

ゆっくりと腰を落とし、姿勢を安定させてから手を伸ばします。立った姿勢のまま前かがみになるのは避けましょう。

椅子に座るとき

いったん浅く腰かけ、それから深く座って背もたれに背中をつけます。

床に座るとき

片方の足を曲げてひざをつき、何かにつかまりながらゆっくりと座ります。ドシンと座らないように注意し、あぐらをかくのがいちばんです。

靴下を履くとき

立ったまま履くのは危険です。椅子などに腰かけてから、履きましょう。

おなかの張りは多くが生理現象

個人差はありますが、おなかの張りは妊娠20週前後から感じられるようになり、30週を過ぎると頻繁になります。妊娠中のトラブルを見つけるための大切なサインのひとつではありますが、元の大きさに戻ろうと子宮が収縮しようとする生理的なもので、赤ちゃんへの影響はありません。しばらく安静にしていれば落ち着くようなら、たいていは心配ありません。

これから出産に向けて、もっと頻繁に張りを感じるようになるでしょう。夜間に張りやすいので心配に思うかもしれませんが、朝には治まっていることが多く、ほとんどが心配ないものです。それでも気になる強い張りを感じる場合は、医師に相談してみましょう。

注意が必要なのは、おなかが張るだけでなく、おりものに血液が混ざったり、発熱したり、張りが規則的に続いたりするときです。そのようなときは病産院に連絡して受診しましょう。

分娩時に抗菌薬を点滴する B群溶連菌

妊娠していなければ症状はない

B群溶連菌は、常在菌といってからだのどこにでもいる細菌です。弱い菌なのでママ自身に悪さをすることはありません。しかし妊娠中は卵膜に炎症を起こしたり、前期破水や早産を起こしたりすることがあります。また、経腟分娩の際に母体から赤ちゃんに産道感染すると、レアケースですが重大な病気を起こす可能性もあります。赤ちゃんを守るために、通常は妊娠中期と後期に検査を受け、菌の有無を調べます。

陽性の場合は赤ちゃんへの感染を予防

B群溶連菌の検査で陽性だった場合、分娩時にペニシリンなどの抗菌薬を点滴注射しながら、赤ちゃんへの産道感染を防ぎます。そうすれば､赤ちゃんへの感染リスクは低くなります。

2000～3000分娩に1例と非常にまれですが、赤ちゃんに感染してしまった場合は、「新生児ＧＢＳ感染症」といって呼吸困難、髄膜炎、肺炎などの重大な症状が起こる病気になり、命に関わることもあります。

ママが感染
⇒ 前期破水、早産

赤ちゃんが感染
⇒ 呼吸困難、肺炎、髄膜炎

赤ちゃんに感染する恐れがあるため 必ず検査を!!

10か月

妊娠後期

（36～39週）

赤ちゃんが下がり出産間近。もうすぐ対面！

いよいよ正産期。妊婦健診は週1回に

妊娠生活もいよいよクライマックスですね。妊娠37週から41週の5週間を「正産期」といいます。赤ちゃんのからだの機能が十分に整い、母体の外に出てもスムーズに適応できる時期です。つまり、いつお産が始まってもおかしくないということ。ママのからだは、出産に向けていろいろな変化が現れてきます（→162ページ）。日常生活では無理をせず、からだの変化に耳を傾けましょう。

妊娠36週目からは妊婦健診も週に1回のペースになります。これまでの健診内容に加え、子宮の収縮が起こる頻度や子宮口の広がり、胎児の下がり具合などを診て、どれだけ出産に近づいているかを確認する大切な健診なので、きちんと受けましょう。

出産に向けて準備やシミュレーションを

いつ出産が始まっても大丈夫なように、もう一度入院準備の確認と、陣痛がきてからの行動の確認をしておきましょう。

陣痛がきたときに一報を入れなくてはいけない病産院、パパの会社やおたがいの実家などの電話番号は目立つ場所に貼っておきましょう。また、だれも側にいないときに陣痛がきても病院に向かえるよう、タクシー会社の連絡先も控えて。なかには、「陣痛タクシー」といって事前に出産予定日や病産院を登録しておけば、陣痛がきたときに迅速に対応してくれるサービスも。乗車時に、大きめのバスタオルやビニールシートを求められることが多いので準備しておきましょう。万が一、破水してシートを汚したとしても、費用がかからないことがほとんどです。

妊娠10か月のママのからだのようす

赤ちゃんの位置が下がり胃がスッキリします

みぞおちまで上がってきていた子宮底が下に下がり始めます。見た目にも、だんだんとおなかのふくらみが下がっていることが確認できることでしょう。胃や心臓への圧迫がなくなるため、これまで感じていた胃のもたれや息苦しさからは解放されますが、逆に膀胱や腸が圧迫されるため、尿もれ、頻尿、便秘、恥骨の痛みなどの症状が現れるようになります。妊娠37週ごろになると、赤ちゃんの頭が骨盤内に入って動きが制限されるため、胎動はあまり感じなくなることが多いようです。また、ホルモンの作用で産道がやわらかくなります。骨盤の関節もゆるんで広がってきますが、この影響で歩くと足の付け根に痛みを感じることもあります。

妊娠10か月の子宮底長

約31～37cm

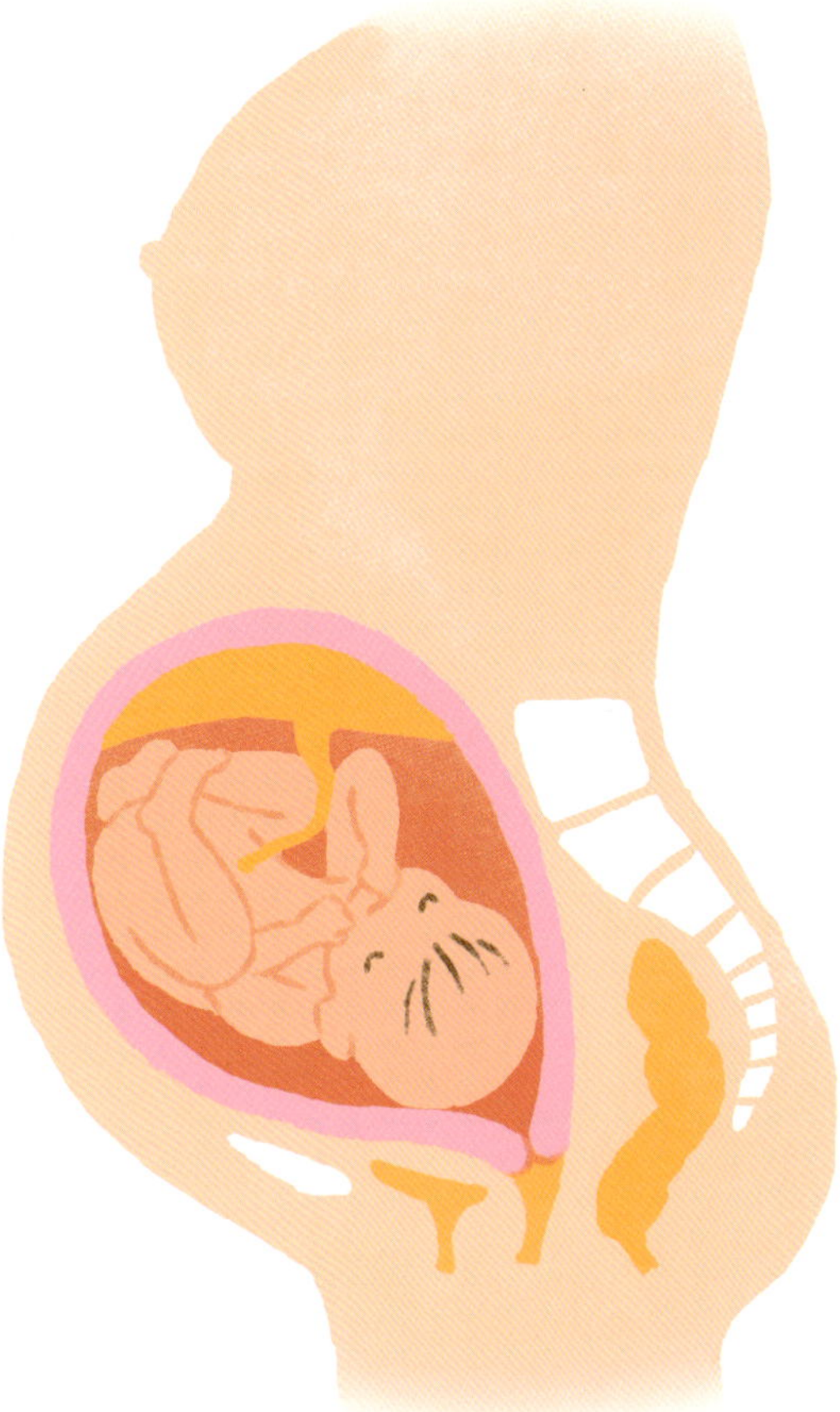

この時期気になること

予定日

過ぎてもあわてずリラックス

予定日が近づくと、気持ちがそわそわしてくるでしょう。予定日ぴったりに産む人もいれば、早まったり遅くなったりする人もいます。予定日を過ぎても正産期であれば、問題ありません。リラックスした気持ちで、サインがくるのを待ちましょう。ただし1週間以上遅れた場合は、処置が行われることもあります。

（⇒165ページ）

おしるし

お産が近いというサイン

卵膜と子宮壁がこすれあうことで起こる出血が「おしるし」。お産が近づくと子宮収縮が頻繁になり出血することが多いため、お産が近いサインとして知られています。おしるしがあってから数日以内に陣痛がくることも多いのですが、そのタイミングには個人差があり、おしるしがまったくない人もいます。

（⇒170ページ）

お産

定期的な陣痛や破水からスタート

お産がどんなタイミングで起こるかは人によって異なります。初産の場合は子宮口が開くまでに時間がかかるので、陣痛がきてもあわてることはありません。まずは病産院へ連絡し、落ち着いて入院準備をしましょう。しかし、急に破水してお産が始まることも。破水したら細菌感染の心配があるので、すぐに病院へ連絡しましょう。

妊娠10か月の赤ちゃんのようす

身　長	約 50 cm
体　重	約 3000 g

※身長・体重は、妊娠39週のものです。

この時期の赤ちゃんは、4頭身くらい。皮下脂肪がつきふっくらしたからだつきになって、体重は出産時とほぼ同じくらいに。赤ちゃんの体重が2500gを超えると、肺呼吸や体温調節が可能になるといわれているので、健診時の体重が2500gを超えていれば一安心。からだの各機能も成熟し、病気に対する免疫も胎盤を通して受け取っているので、いつ外の世界に出てきても大丈夫です。おなかの中では20～30分周期で寝たり起きたりを繰り返しています。

実物大

妊娠 36 週

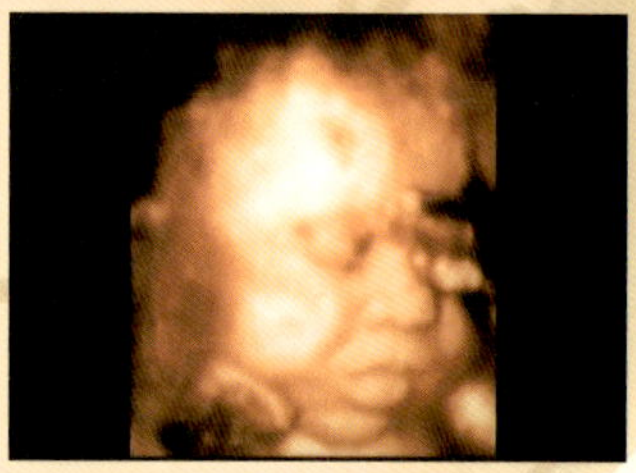

すべての臓器がほぼ完成！

呼吸器や消化器などすべての臓器が成熟し、握力なども強くなります。子宮内に余分なスペースがなくなるので、赤ちゃんが動くたびにおなかの表面に手形や足形が見えることも。このころになると、光の方向に自然と向くオリエンティング・レスポンス（定位反応）を示します。赤ちゃんはおなかの中で、ママより0.5℃くらい高い体温をキープしています。

妊娠 37 週

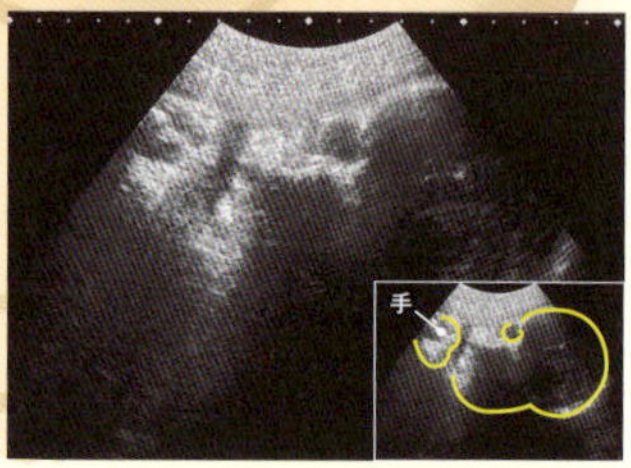

骨盤の中へ移動し始めます

頭囲が肩幅やおしり回りと同じくらいになり、足の大きさは太ももの長さよりも少し長くなります。あごを胸につけ、手足は胴体にくっつけるように折りたたんで体を丸くし、徐々に骨盤の中へと移動を始めます。また、消化器官の発達により、腸内には緑色の胎便がたまるようになります。胎便は、赤ちゃんが外の世界に出たときにすぐに便として排泄します。また、女の子は性器に大陰唇がつくられます。

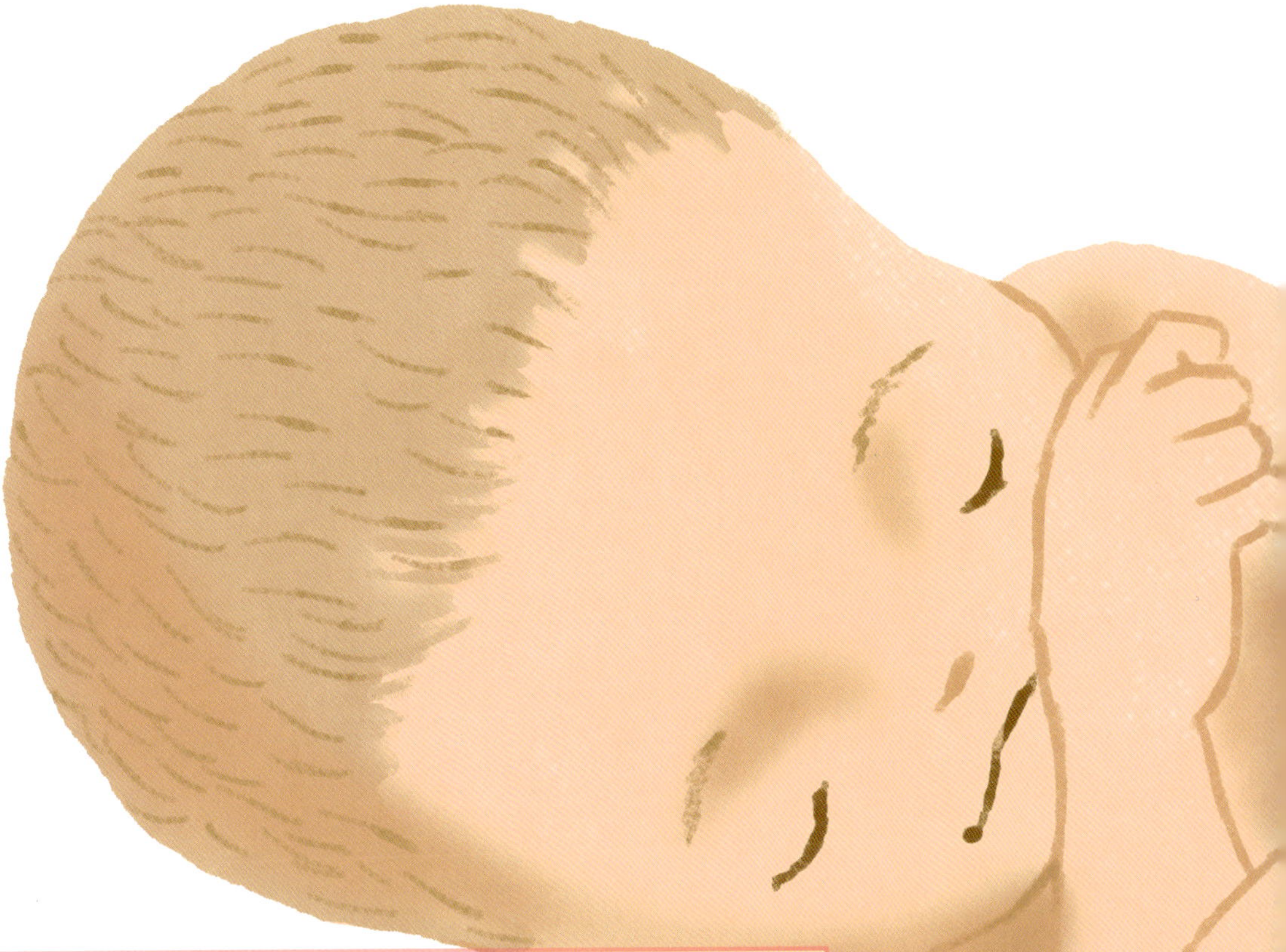

妊娠38週

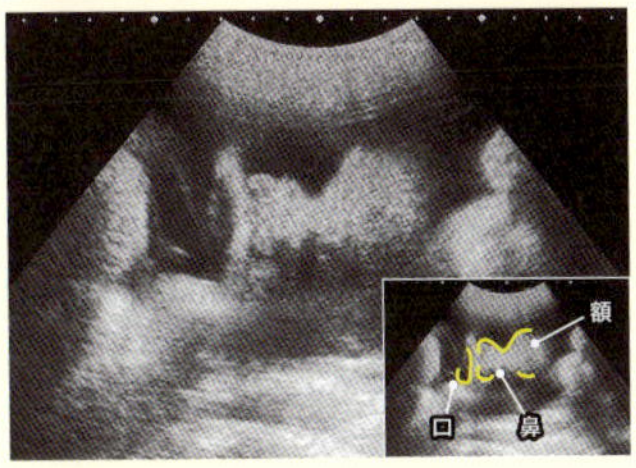

脂肪がつき皮膚が厚くなります

この週の赤ちゃんは1日につき約14ｇもの脂肪をたくわえるため、半透明で赤みがかっていた皮膚は厚くなり、白または青みがかったピンク色へと変わります。出生後に少し残っているかもしれませんが、からだを包んでいた産毛は少なくなりました。肺では、肺胞嚢《はいほうのう》をふくらませる役割のあるサーファクタントという物質の生産量が増えていきます。この物質が十分でないと、出生後に呼吸器疾患が生じます。

妊娠39週

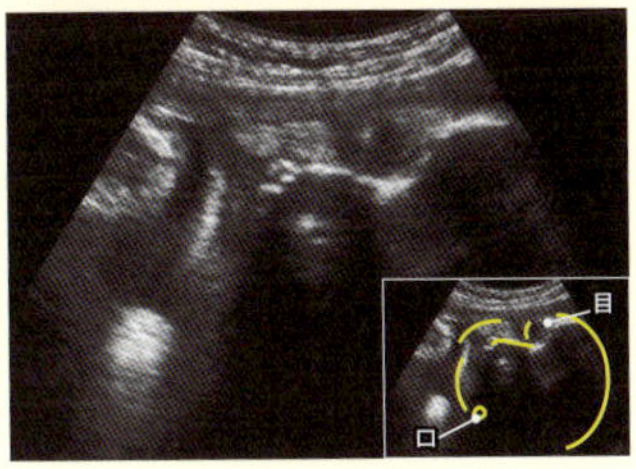

胎脂がとれて体脂肪率は15%近くに

赤ちゃんのからだを保護するために皮膚表面についていたクリーム状の胎脂がとれ、いつでも外に出られる状態に。外に出たときのためにたくわえられた脂肪は、からだ全体の15%にも及んでいます。また、エストロゲンという女性ホルモンの影響を受け、性別に関係なく、赤ちゃんの胸はふくらんでいます。赤ちゃんの準備はできています。もう間もなく、予定日です。

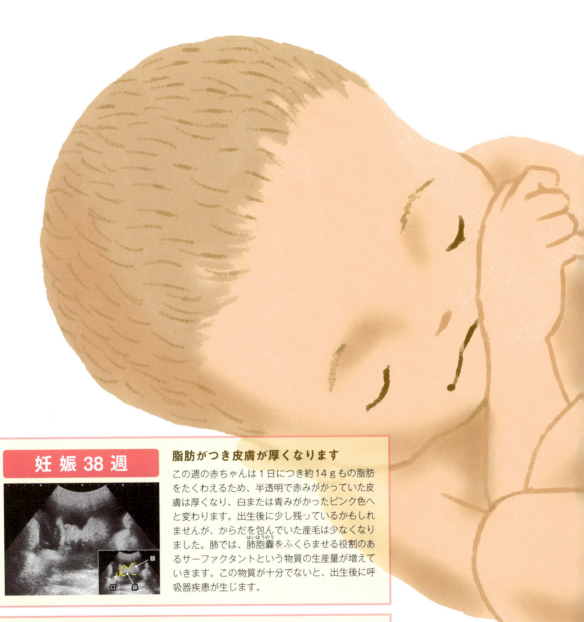

妊娠後期

10か月

(36～39週)

臨月の妊婦健診

臨月からは、週に1回になる妊婦健診。お産に向けて新しく加わる検査や推奨されることがあるので、しっかりチェックしましょう。

内診によってお産のはじまりを予測

いよいよ、赤ちゃんと対面するときが近づいてきました。臨月になると1週間ごとにからだが変化するため、妊婦健診も週に1回のペースで行われるようになります。今までのようにママのからだの状態、赤ちゃんの成長を確認するとともに、赤ちゃんが下りてきているか、子宮頸管の長さや子宮口のやわらかさはどうかなど、内診によってお産の徴候も確認します。赤ちゃんの心拍とママの子宮収縮を感知してグラフ化する、NST（ノンストレステスト）という検査も行われるようになります。

検査で問題がなければ自然に陣痛がくるのを待ちますが、胎盤機能の低下や妊娠高血圧症候群などにより、予定日より早く出産したほうがよいと診断された場合は、帝王切開分娩を行う可能性もあります。

子宮口がまだかたい場合など、からだを動かすことを推奨されることもあります。動けば動くほど早く陣痛がくるという根拠はありませんが、運動をすると血液が循環して赤ちゃんに酸素が行きわたり、ママは体力をつけることができるため、お産に向けてからだの調子を整えることができます。

検査の流れ

1. 尿検査
2. 体重測定
3. 血圧測定
4. NST（ノンストレステスト）⇒⑩のあとに行われる場合もあります。
5. 問診
6. 腹囲・子宮底長測定
7. 浮腫検査
8. 超音波検査
9. 血液検査
10. 内診
11. 骨盤X線検査
12. 検査結果の説明

臨月の妊婦健診　気になる検査

ママの状態をチェック

✔ 内診

お産の準備ができているかをチェック

子宮口のかたさや開き具合をチェックして、お産の準備ができているかどうかを確認します。

ママたちの間で「内診グリグリ」などとよばれるものがありますが、これは卵膜剥離（→182ページ）という処置で、基本的には、予定日近くまたは予定日を過ぎても子宮口がかたく、出産が始まる傾向がないときに行われる処置です。医師の方針によっては、予定日前でも内診のたびに行われる場合もあります。

✔ 骨盤X線検査

医師の判断によって行われます

赤ちゃんが下がってこない場合や、赤ちゃんの頭の大きさより骨盤が狭いと疑われるときに行う検査です。児頭骨盤不均衡（→164ページ）や狭骨盤を診断します。X線がママや赤ちゃんに影響を与えることはありません。

胎盤機能低下について

胎盤機能の状態は、NSTでわかる胎児の心拍と、超音波検査でわかる羊水量から判断されます。それぞれの検査で胎児の心拍数が落ちた、羊水過少の疑いがあると評価された場合は胎盤機能が低下しているため、帝王切開分娩を行います。

赤ちゃんの状態をチェック

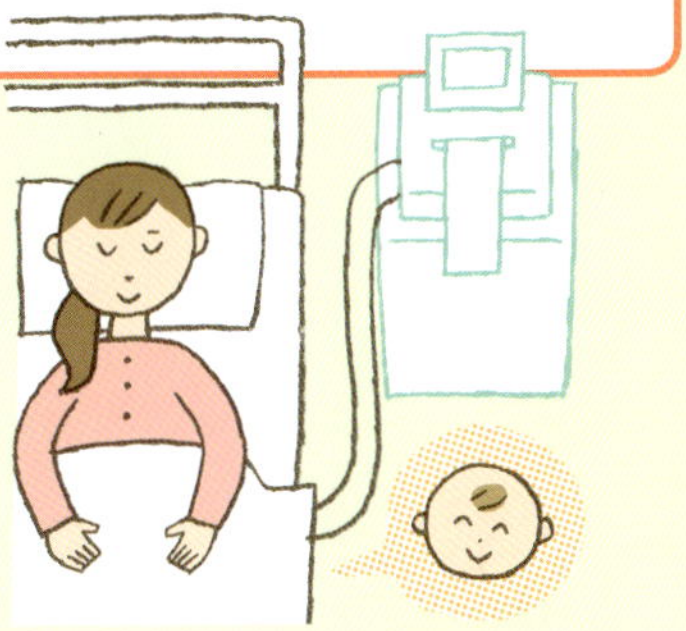

✔ NST（ノンストレステスト）

赤ちゃんが元気か確認します

予定日近くに行われる検査。分娩監視装置という医療機器をおなかにつけ、赤ちゃんの心拍数をモニターし、赤ちゃんが分娩のストレス（子宮収縮）に耐えられるかを検査します。異常が出た場合は「胎児機能不全」といい、赤ちゃんが分娩のストレスに耐えられない可能性があり、帝王切開分娩になることもあります。また、検査ではママの子宮収縮の状態も知ることができます。

検査は、陣痛などのストレスを感じていない状態でベッドやリクライニングシートに横になり、胎動があったときにボタンを押します。所要時間は約20～40分ほど。この装置は、分娩時につける「分娩監視装置（→181ページ）」と同じです。

●記録紙の見方

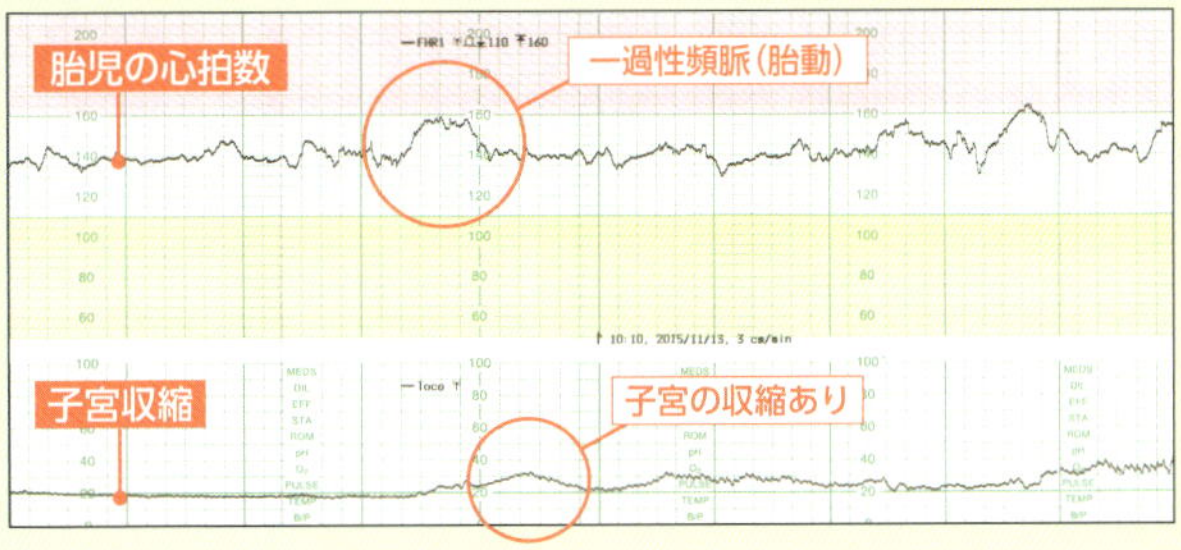

妊娠後期

10か月

(36～39週)

臨月でもできる安産エクササイズ

おなかが大きくなってからだを動かすことがおっくうになりますが、臨月でもできるエクササイズで安産ボディをつくりましょう。

安産ボディのポイントは筋力・柔軟性・体力

臨月になると、おなかが大きくなってからだを動かしにくくなりますが、安産を迎えるためにはお産に適切なからだづくりが必要です。

お産をするときには、骨盤底筋とよばれる骨盤組織(子宮、膀胱、腸)を支える筋肉を使うため、鍛えることで産道がスムーズに広がります。また、足を大きく開くために股関節の柔軟性も大切。

初産だと赤ちゃんが生まれるまでに11時間以上かかるといわれているため、体力をつけるためにも意識してからだを動かし、安産ボディをつくりましょう。

始める前に注意！

- 紹介するエクササイズは、できれば毎日続けるとよいでしょう。
- 各エクササイズは、1日10回を限度に行いましょう。
- 体調に合わせて無理をせず、おなかの張り、疲れ、痛み、めまいを感じたらすぐに中止してください。
- 医師から安静の指示があった場合は、行わないでください。

準備運動

深呼吸をしてから行いましょう。

❶足を軽く開いて両手を組み、手のひらを天井に向けながら腕をまっすぐ伸ばします。
❷あぐらをかいて座ったら、両肩を上げ下げします。下げるときは、肩の力を抜いて。
❸❷の姿勢のまま、首を前後左右にゆっくり回します。

股関節をほぐす

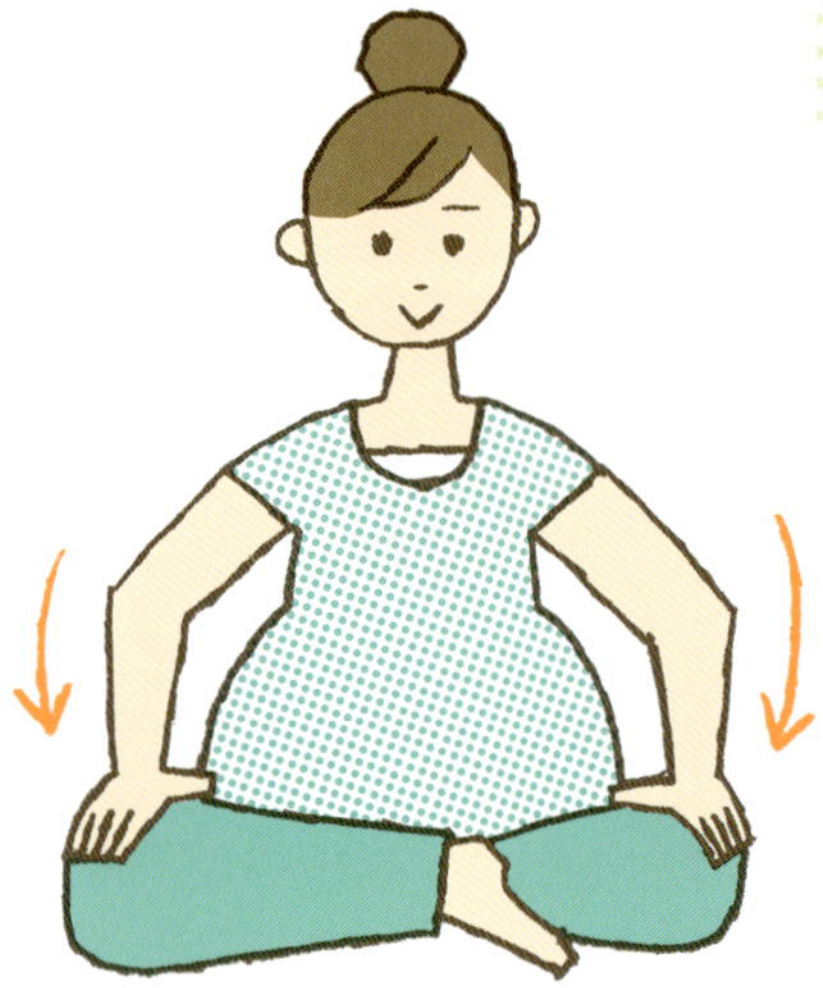

1 あぐらをかいて座ります。背筋を伸ばしたら、何回か深呼吸をします。

2 姿勢を維持したまま、鼻からゆっくりと息を吸います。

3 口からゆっくりと息を吐きながら、両手で両ひざを押して、股関節を伸ばします。5秒間キープしましょう。

慣れてきたら……

あぐらをかいたときに、両足の裏を合わせて座ると、より伸ばすことができます。

太ももを伸ばす

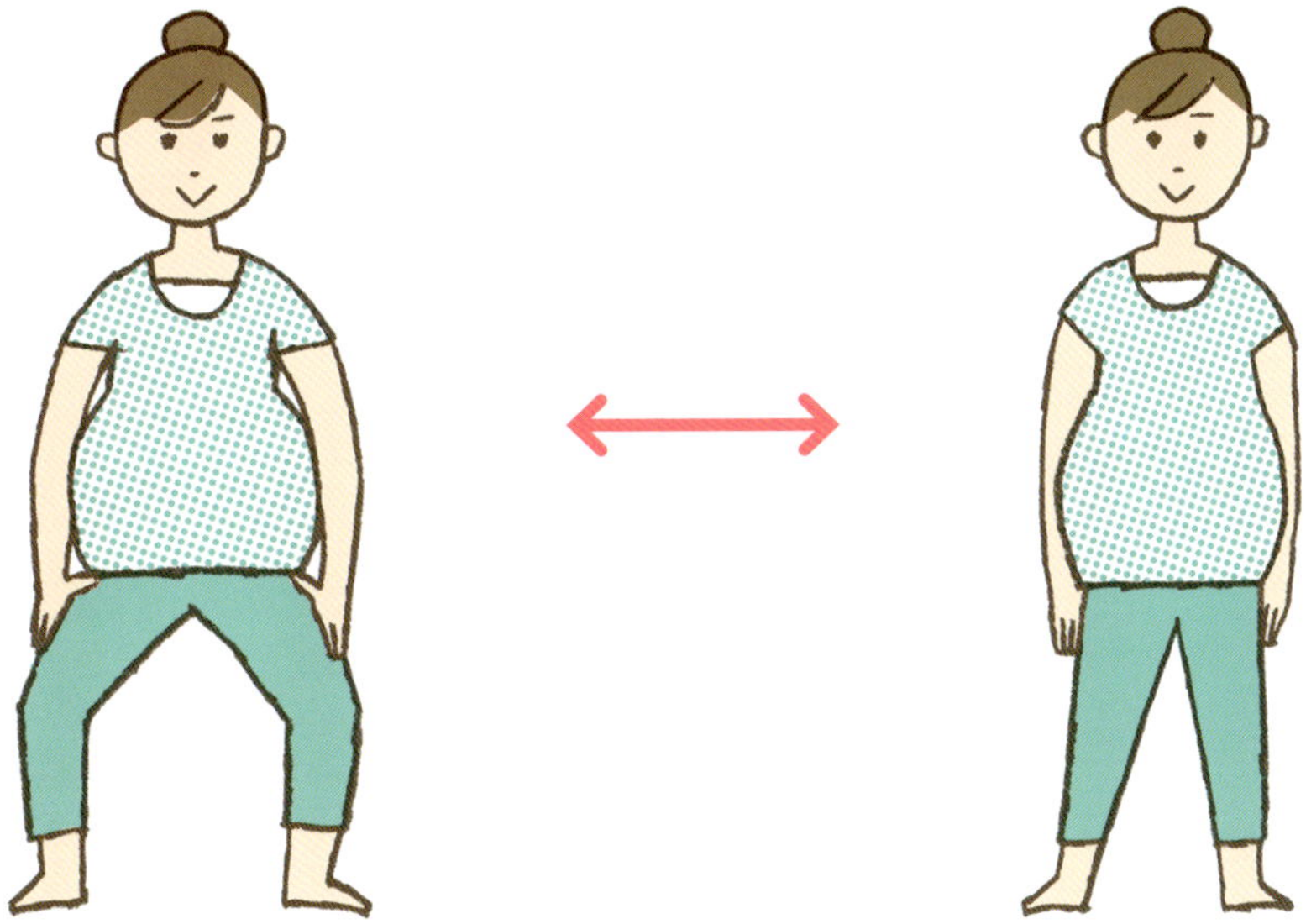

1 足を肩幅に開いて立ちます。背中が丸まらないよう、背筋をまっすぐ伸ばします。

2 背筋をまっすぐ伸ばしたまま、ゆっくりと息を吐きながら、腰を落とします。落とせるところまででOKです。1に戻って、繰り返し行います。

スクワットのポーズ

1 足をできるだけ大きく開いて立ったら、そのままゆっくりと腰を落としてしゃがみます。

2 手をからだの前に出して床につき、体重を少し前にかけます。そのままの姿勢で、ゆっくり腹式呼吸をします。

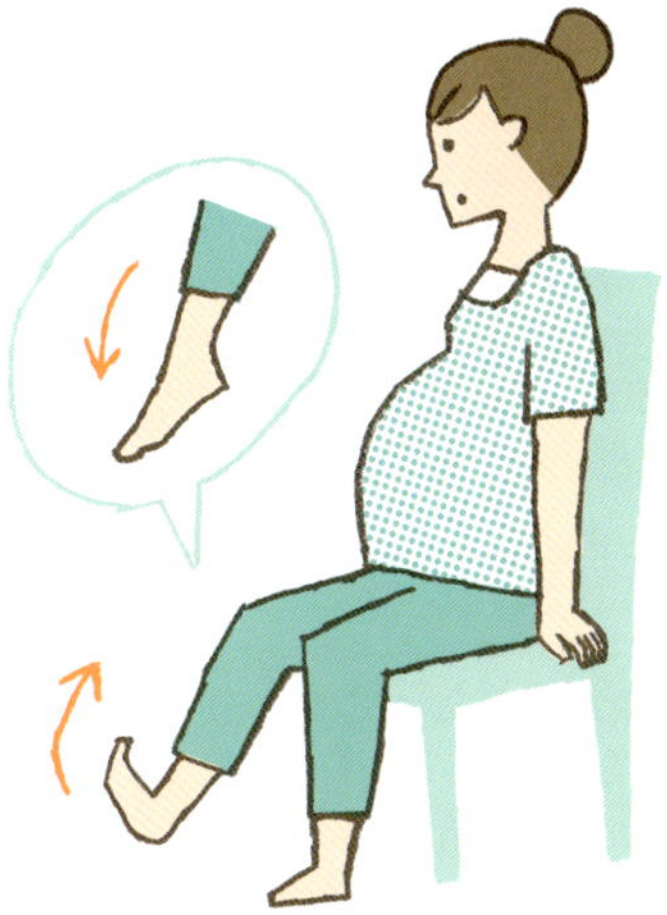

足首を伸ばす

1 椅子に座って行います。深く腰かけて姿勢を正し、両手で椅子の縁をしっかり持ちます。

2 片足を少し伸ばしたら、つま先を上げて3秒間キープ。

3 つま先を下げて足首を伸ばし、2と同様に3秒間キープします。反対側の足も同様に行いましょう。

妊娠後期

10か月

（36～39週）

安産呼吸法を覚えよう

陣痛の痛みを逃がすための呼吸法を今のうちに練習して、シミュレーションをしておくと安心して出産にのぞめます。

痛みを逃がし、赤ちゃんに酸素を供給

陣痛がくると、強い痛みでパニックになってしまうこともあります。そうなる前に、あらかじめ痛みを乗り切る呼吸法を覚えておくとよいでしょう。また、覚えておくだけでなく、実際に練習してからだにも覚えさせることが大切です。

痛みを乗り切るには、一定のリズムで行う腹式呼吸をする呼吸法が効果的です。この呼吸法には「痛みから意識をそらすことができる」「からだの力を抜いてリラックスできる」「赤ちゃんに酸素を送れる」という3つのメリットがあります。ぜひ実践してみましょう。

第1段階

陣痛間隔10分のころ

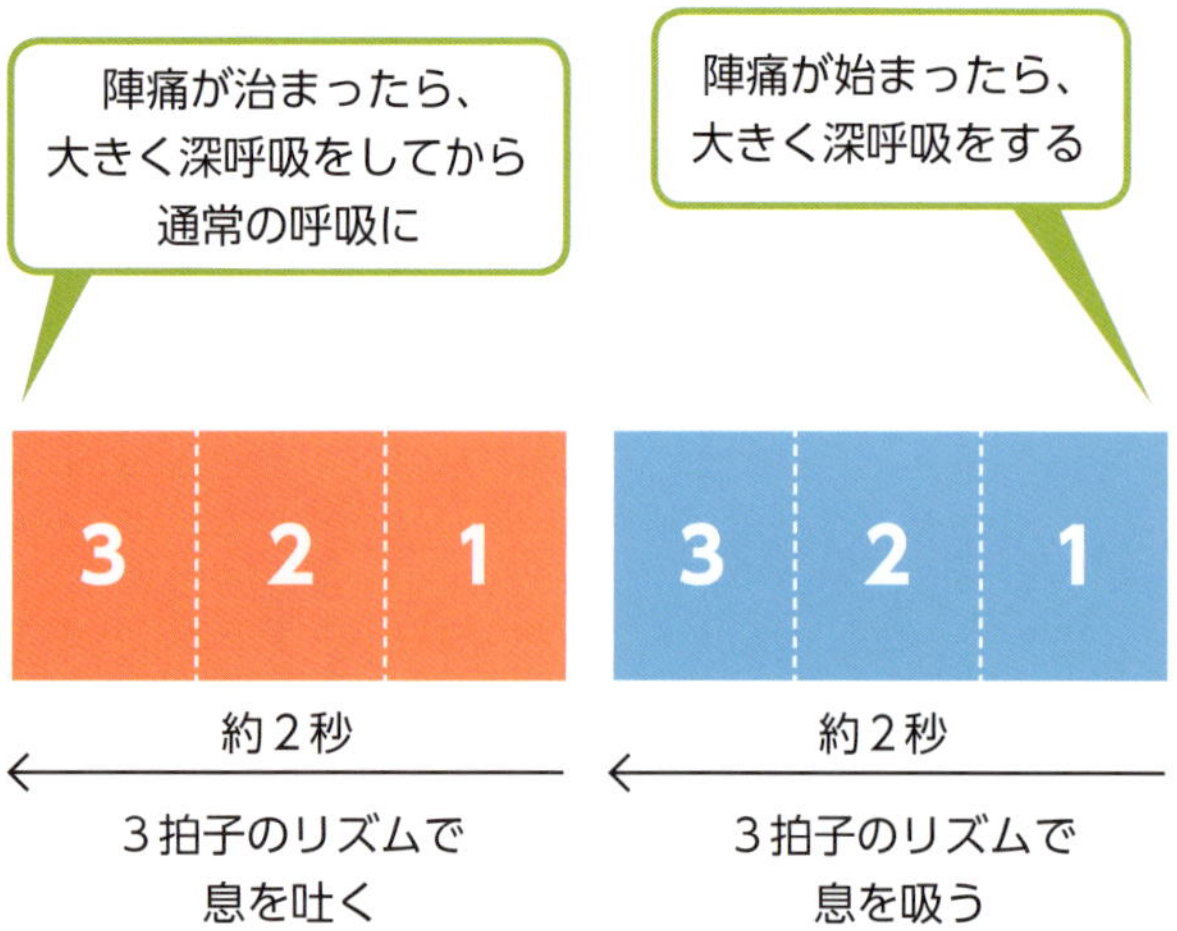
陣痛が始まったら、大きく深呼吸をする
3 2 1
約2秒
3拍子のリズムで息を吸う
陣痛が治まったら、大きく深呼吸をしてから通常の呼吸に
3 2 1
約2秒
3拍子のリズムで息を吐く

第2段階

陣痛間隔5～6分のころ

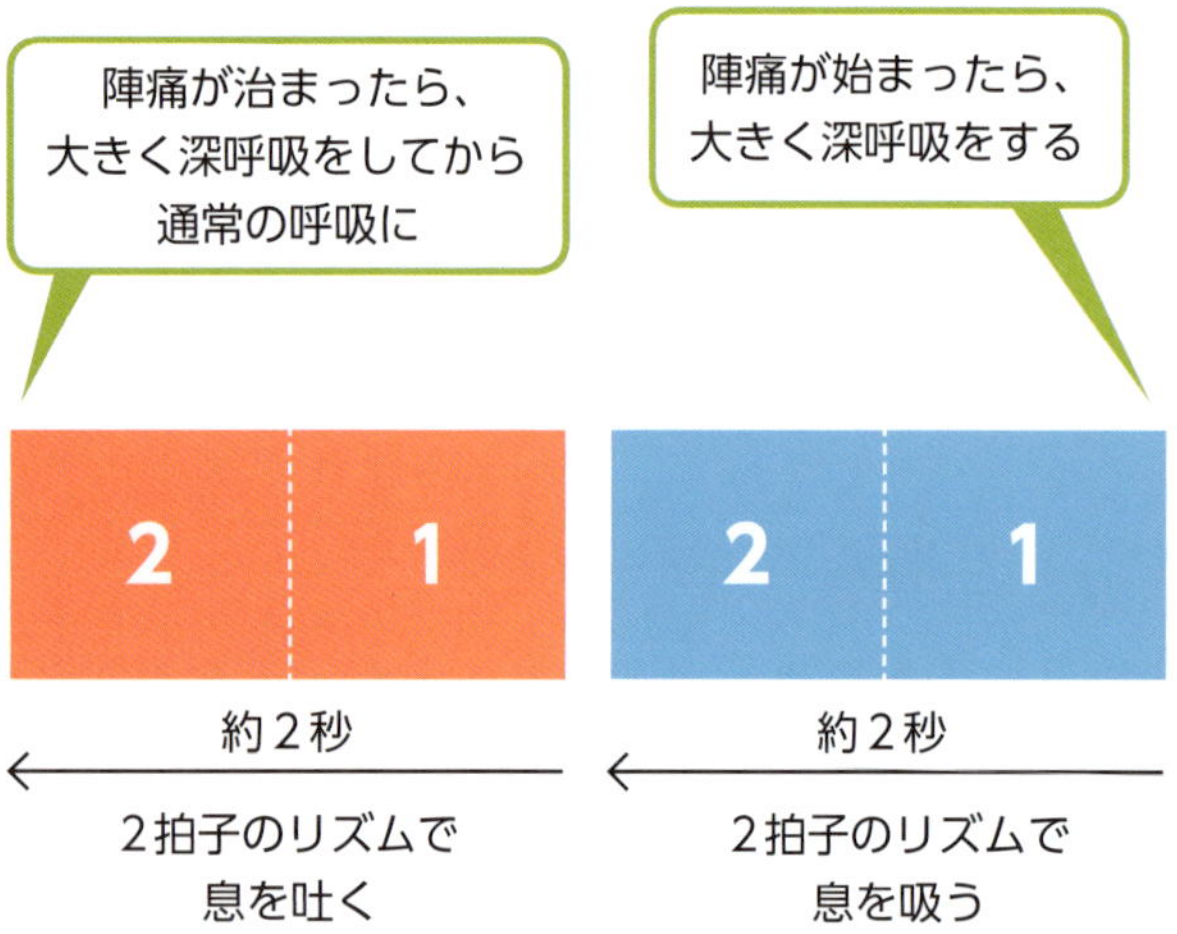
陣痛が始まったら、大きく深呼吸をする
2 1
約2秒
2拍子のリズムで息を吸う
陣痛が治まったら、大きく深呼吸をしてから通常の呼吸に
2 1
約2秒
2拍子のリズムで息を吐く

呼吸法の基本

息を吸う

鼻からゆっくりと息を吸います。2～3秒かけて、鼻から入った空気がおなかに入るように意識しましょう。

息を吐く

口をすぼめて、口からゆっくりと息を吐きます。できるだけ時間をかけて、おなかの空気を吐ききります。

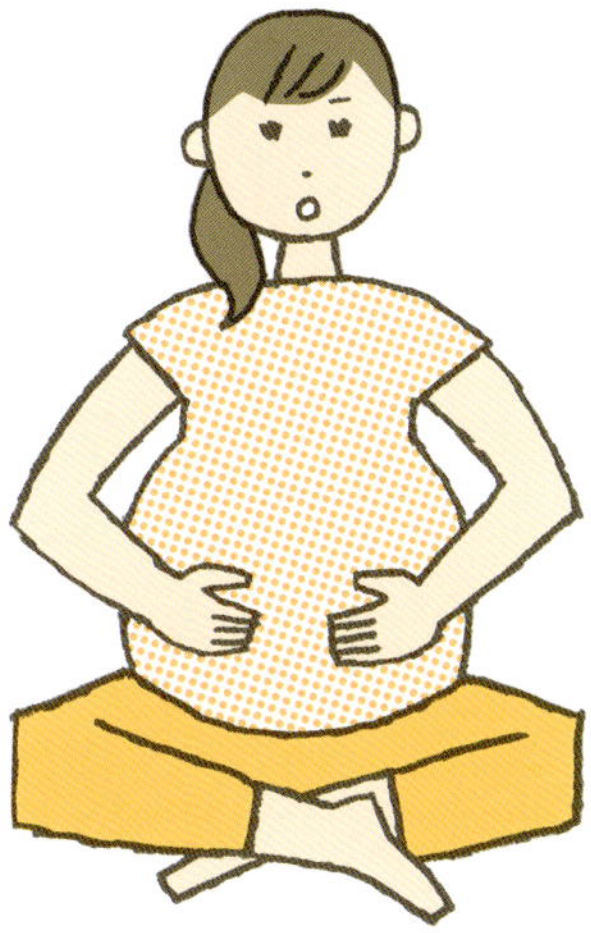

- **からだを締めつけない服装で行います。**
- **姿勢を正し、背筋をピンと伸ばします。**
- **あぐらをかいて、おなかを手でさすります。**
- **肩の力を抜きます。**
- **目は開けておきます。**

第3段階　陣痛間隔3～4分のころ

陣痛が始まったら、大きく深呼吸をする

吸う → ヒッ（約1秒） → 吸う → ヒッ（約1秒）

「ヒッ、ヒッ」と短く2回呼吸をする

吸う → フー（約2秒）

長く1回息を吐く

陣痛が治まったら、大きく深呼吸をしてから通常の呼吸に

いきみたくなったら

「ヒッ、ヒッ」と短く2回呼吸をしてから、長く1回息を吐き、軽く腹圧をかけながら鼻から息を抜く。いきまないように注意！

吸う → ウン → フー（約2秒）

第4段階　出産中、いきむとき

大きく吸う

吸う → ウン（約2秒）

力を入れてから、吸う

フー（約2秒）

長く息を吐く

力を抜いて、短く浅い呼吸をする

練習中は、いきまないで！

妊娠後期

10か月
（36～39週）

お産が近づくとどうなるの？

臨月にはお産に向けて、さまざまなからだの変化が現れます。ママにとってはつらいこともありますが、あと少しの辛抱です。

おなかが下がり、頻繁に張るように

赤ちゃんはからだの機能が整うと外に出る準備を始めます。具体的にいうと、赤ちゃんがだんだんと下がってくるのですが、それに伴い、個人差はありますがおなかの位置も下がってきます。子宮が下がることでより圧迫されるため、頻尿、腰や足の付け根の痛みがますます強くなります。ママにとってはマイナス要素の多い変化ですが、「もうすぐ赤ちゃんに会えるサイン」とポジティブに受け止めましょう。また、大きくなった赤ちゃんがおなかの中で動くと重心が変わり、平衡感覚も不安定になります。思わぬところで転びそうになったりするので、歩くときには注意をしましょう。

臨月には、おなかの張りも頻繁に起こるようになります。それが不規則であったり痛みが引いたりするようであれば前駆陣痛、規則的に痛みが続くのであれば本陣痛です。前駆陣痛なのか、本陣痛なのか迷ったときは遠慮せずに病院に連絡をし、確認するとよいでしょう。また、臨月はいつお産が始まってもおかしくない時期。「いつもと違う」と感じたら見過ごさず、病産院に連絡してください。

体重管理は最後まで怠らないで

赤ちゃんが下がると胃の圧迫感がとれるので食欲が出ます。また、お産に向けてのストレスや「あと1か月だから」という気のゆるみからつい食べすぎてしまい、最後の1か月で急激に体重が増加するケースが多いのです。急激な体重増加は妊娠高血圧症候群を引き起こしたり、お産を長引かせたりする原因に。赤ちゃんのためにも、最後まで体重管理を心がけましょう。

お産が近づくと……

以下は、赤ちゃんが下がってきている証拠。お産まであと少しです。でも、だれにでも起こるわけではありません。

頻尿になる

赤ちゃんの頭で膀胱が圧迫され、トイレに行く回数が増えるように。個人差がありますが、10～15分おきに行きたくなったり、残尿感を感じたりする人もいるようです。

腰が痛む

赤ちゃんの頭が下がると腰の神経を圧迫するため、腰痛を感じるようになることがあります。もともと腰痛があった人は、これまでより強い痛みを感じることも。

恥骨や足の付け根が痛む

お産が近くなると、ホルモンの影響で恥骨の結合部分がゆるみ始めます。子宮が骨盤内に入り神経を圧迫するため、恥骨や足の付け根の痛みを感じやすくなります。

胎動が穏やかになる

赤ちゃんの頭が骨盤の中に入ってくると、赤ちゃんの動きが制限されるため、これまでより胎動が穏やかに感じられるようになります。安静時に1時間で10回以上動くようなら心配いりません。動かない場合はもう一度行い、同じ結果であれば病産院へ連絡して。

おりものが増える

白くて水っぽいおりものが増えてきます。これは、赤ちゃんが産道を通りやすくするための準備です。

胃の圧迫感がやわらぐ

赤ちゃんが子宮口のほうへ下降することで、これまで圧迫されていた胃や胸の違和感が無くなります。食欲が増進しますが、食べすぎには注意しましょう。

こんなときは病産院へ！

おなかが張る

おなかの張りが規則的で、10分間隔で起こるようになったときは本格的な陣痛の可能性があるので病院へ連絡を。また、陣痛は徐々に痛みが強くなるもの。突然、激しい痛みを感じたときは何らかの異常が考えられるので病産院に連絡を。

出血が多い

お産が近づくと「おしるし」といって、出血が起こることがあります。生理のときと同じくらいの出血量ならようすを見ていて大丈夫ですが、出血量が増えたり、血のかたまりが出たりするようなら受診しましょう。

水が出ている

お産が近づくと尿もれが起こることもあります。尿もれなら心配いりませんが、水がずっとチョロチョロと出ているときは破水の可能性が。破水の場合は赤ちゃんへの細菌感染が心配されるので、疑わしいときはすぐに病産院へ連絡を。

妊娠後期

10か月

（36～39週）

臨月の気がかり

お産を控えてナーバスになってしまうママもいるでしょうが、不安に思うことはひとつずつ解消していきましょう。

赤ちゃんの大きさはあくまでも推定値

妊婦健診時に赤ちゃんが「大きめ」「小さめ」といわれることがありますが、大きさはあくまで推定値。超音波で見える赤ちゃんの頭の横幅、おなかの断面積、太ももの骨の長さから算出しており、３００～５００ｇ程度の誤差が出ることも。医師から検査などの指示がなければ、あまり気にすることはありません。

「首にへその緒が巻きついている」場合も、赤ちゃんに異常がなければ問題なく経膣分娩ができるでしょう。生まれてくる赤ちゃんの３割が、このような状態で生まれてくるようです。

児《じ》頭《どう》骨《こつ》盤《ばん》不《ふ》均《きん》衡《こう》の場合帝王切開になることも

お産が間近な時期に赤ちゃんの大きさで問題になるのは、ママの骨盤のサイズより赤ちゃんの頭が大きいときです。赤ちゃんの頭がママの骨盤より大きい場合、またはママの骨盤がもともと狭かったり、形が細長かったりする場合は、赤ちゃんが骨盤内を通ることができません。これを児頭骨盤不均衡といいます。

ママの身長が１５０㎝以下と小柄な場合は骨盤も小さいことが多いものです。児頭骨盤不均衡が疑われる場合は、あらかじめＸ線検査を行い、経膣分娩が可能かを判断します。経膣分娩がむずかしいと判断された場合は、帝王切開分娩になります。ただし、児頭骨盤不均衡が疑われても、ママの骨盤がゆるんだり、赤ちゃんの頭の骨が動いたりして経膣分娩になることも多いので、実際はお産の経過を見て児頭が下降してこない場合に児頭骨盤不均衡と診断され、帝王切開に切り替わることが多いようです。

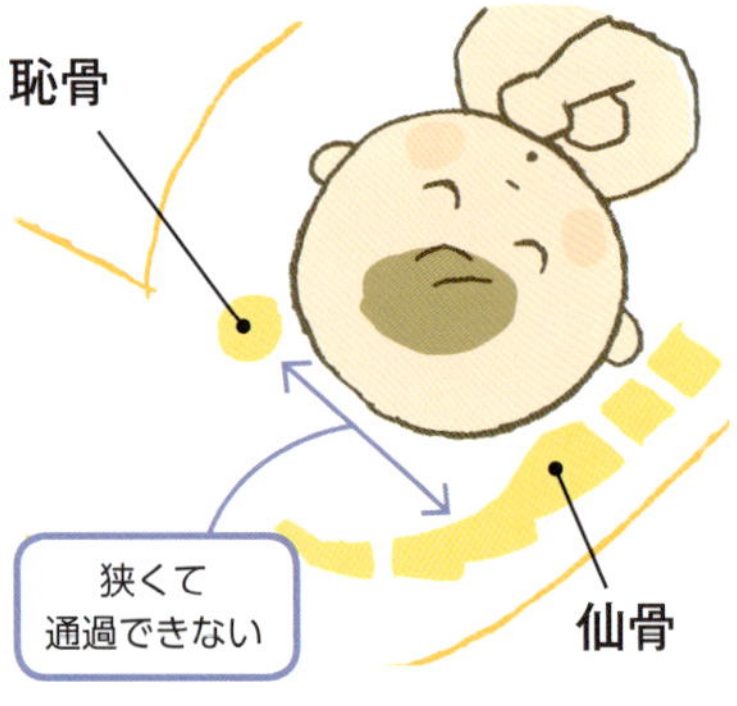

仙骨と恥骨を結んだ長さが、赤ちゃんの頭の直径より狭いと、赤ちゃんの頭がつかえて外に出ることができないため、医師の判断により帝王切開分娩になります。

適度な運動や外出はOK

外出時にお産が始まったら大変……と、臨月は行動が控えめになりがちですが、とくに医師から注意をされていなければ、そう神経質になる必要はありません。体調がよければ外出するのもいい気分転換になり、適度な運動も体重増加の解消や、お産に向けた体力づくりに役立ちます。ウォーキングやエクササイズは無理のない範囲で取り入れるとよいでしょう。

ただし、外出する際には、いつお産が始まっても対応できるよう準備をしていくことが必須。いつでも病院に行けるよう、次の物は必ず持っていきましょう。

【外出時の持ち物】

- **母子健康手帳**
- **健康保険証**
- **病院の診察券**
- **携帯電話**
- **緊急時のタクシー代**
- **生理用ナプキン**

また、パパや両親などと一緒に外出するのが理想ですが、ひとりの場合は家族に行き先を伝えておくと安心です。

予定日を過ぎたら

健診で異常がなければあせらなくて大丈夫

臨月に入ってからずっと気を張っていたママ。予定日には「もう産んでしまいたい」という気持ちが大きくなっているのではないでしょうか。予定日を過ぎるとあせりや不安が襲ってくると思いますが、予定日はあくまで予定日。実際に、予定日に生まれてくる確率はなんと5%なのです。予定日を過ぎても妊婦健診で異常がなければ、近日中には生まれる可能性が高いので、あせらずにリラックスして過ごしましょう。

ウォーキングやスクワットなどでからだを動かすと、振動で子宮口が刺激されるともいわれています。お産につながらなかったとしても気分転換になるので、無理のない範囲でからだを動かすとよいでしょう。

妊娠42週を過ぎると、赤ちゃんが大きくなりすぎる、胎盤機能の低下や羊水量の減少、赤ちゃんの心拍の異常などのトラブルが起きやすくなります。そのため、予定日を過ぎると妊婦健診の回数はさらに多くなり、胎盤機能や赤ちゃんのようすをこまめにチェックします。異常がなければ自然なお産を待つことができますが、多くの病院では妊娠42週目以降のリスクを防ぐため、妊娠41週目には陣痛促進剤などを使い、計画的にお産を行います。

column

パパができること

妊娠後期編

赤ちゃん誕生までもうすぐ。産後の生活に向けてできることは準備しておきましょう。出産間近のママの心とからだのケアも大切に。

ママと赤ちゃんのようす

ママのおなかはどんどん大きくなり、張りや息切れ、動悸なども頻繁に感じるように。足の付け根が痛んだり、手足がむくんだり、頻尿や不眠に悩まされたりもします。早産や逆子の心配がある時期なので、気になるサインがあれば、すぐに病産院へ行くようにしましょう。

赤ちゃんは循環器や消化器などの機能が充実し始め、妊娠9か月の終わりごろには新生児と変わらないほどの外見になります。臨月には、ママのからだも赤ちゃんも、出産に向けての準備が整います。

パパの心得3か条

その1 協力して赤ちゃんを迎える準備を！

その2 ママと入院準備について話し合う！

その3 いつでも連絡をとれる状態にする！

その1 ➡ママと一緒に買い物をしましょう

出産が近づき、赤ちゃんを迎える準備もいよいよ本格化。ママと一緒にベビー用品を買いに行くことで、パパになる気分がさらに高まります。チャイルドシートやベビーベッドの設置、部屋のもよう替えなどの力仕事も率先して行い、気持ちよく赤ちゃんを迎えましょう。

その2 ➡いざというときの段取りを確認

いつ出産が始まってもいいように、出産・入院中・産後のことをきちんと話し合っておきましょう。病産院までの道のりを確認したり、緊急連絡先や、やるべき家事・手続きをリスト化したり、立ち会い出産を希望する場合は休暇申請をしたりして、事前準備をしっかりと。

その3 ➡まめに連絡をとるようにして

いつ出産が始まってもおかしくない時期。すぐに連絡がとれるように携帯電話の電源は常に入れておきましょう。飲み会などのつき合いもできる限り控え、いざというときに備えて。まめに体調を気遣う連絡を入れてあげるとママも安心します。

これってOK? NG?

ママへの声かけ

出産を目の前にして不安になることも。
そんなときパパの前向きな言葉はママを後押ししてくれます。

○ ママだったら大丈夫！

出産まであと少し。妊娠中のつらい時期も近くで支えてきてくれたパパからの「大丈夫！」という言葉は、ママにとっていちばんのエールになります。

○ 僕がついているから。

やっぱりママがいちばんたよりにしているのはパパ。出産への不安を感じることも多い時期ですので、力強い言葉はママを勇気づけてくれるだけでなく、安心感も与えてくれます。

× 同僚の奥さんは平気だったって言ってたよ。

妊娠中の症状は人それぞれ。ママのためを思って情報を集めるのはいいですが、それがママにも当てはまるとは限りません。人と比べず、ママの言い分をしっかり聞きましょう。

× 予定日いつだっけ？

出産目前にもかかわらず、無関心とも思えるような発言はママにとって大ショック。出産はふたりで迎えるものだという意識を常に忘れずに。

○ 赤ちゃん、どんな顔かな？

赤ちゃんの誕生を待ち遠しく思う気持ちを素直に伝えましょう。ママも「元気な赤ちゃんを産もう」と強い励みになります。

パパのぎもんQ&A

Q 育休ってとったほうがいい？

A できるならパパも積極的に育休を。

パパ・ママ育休プラス制度（→245ページ）が設けられ、パパの育休取得を応援する動きが高まっています。夫婦で育児の負担を共有でき、パパの視野が広がる、ママが仕事に復帰しやすいなどメリットが多いので、ぜひ検討して。

Q 情緒不安定なママにどう対応したらいい？

A そばで話を聞いてあげましょう。

妊娠中はホルモンの影響で情緒不安定になるとされます。そんなときは言い返したり、無理に励ますのではなく、相づちをうって最後まで話を聞いてあげて。感情を吐き出す場所があることは、ママの心の大きな支えになります。

とじこみ付録の
バースプランチェックシートを
使おう

バースプランを立ててみよう

バースプランとは？

バースプランとは、出産の計画や希望のこと。病院が記入用紙を用意して、書き込んで提出するスタイルも増えています。すべて希望どおりにいくとは限りませんが、理想の出産を思い描き、計画を立ててみましょう。とじこみ付録のバースプランチェックシートを使うことで、自身の希望がはっきりと見えてきます。活用してください。

出産方法

分娩台で出産したい、好きな体勢で産みたい、家族に立ち会ってもらいたいなど。出産方法については、分娩する病産院を決める前に考えをかためておく必要があります。

例 無痛分娩がよい、夫の立ち会い出産を希望

陣痛中

できるだけ陣痛促進剤を使いたくない、などの意向を伝えておくと安心。好きな音楽を流したい、といった希望を受け入れてくれる病産院もあります。

例 剃毛をしたくない、好きなアロマオイルをたきたい

分娩中

分娩室では助産師に呼吸法をリードしてほしい、出産の経過を教えてほしいなど、自分が落ち着いて分娩できる環境をイメージしてみましょう。

例 できるだけ会陰切開をしたくない、分娩中の姿を動画に残したい

赤ちゃん誕生後

カンガルーケアをしたい、生まれたての赤ちゃんをパパにも抱いてほしいなど、赤ちゃんが生まれたときのことを想像して、希望を伝えておきましょう。

例 記念撮影をしたい、胎盤を見てみたい

入院中

個室で過ごしたい、赤ちゃんは母乳で育てたい、沐浴指導はパパも立ち会ってもらいたいなど、入院中の希望もきちんと話しておくとスムーズです。

例 赤ちゃんと添い寝をしたい、面会は家族のみにしてほしい

バースプランの立て方

STEP 1

自分の理想の出産を考えましょう。

まずは自分がどんな出産をしたいか考えて整理すると、出産のイメージがより具体的に。可能かどうかは、まわりと話し合いながら決めていきましょう。

STEP 2

パパと一緒に話し合いましょう。

自分の理想の出産が決まったら、夫婦で話し合いましょう。おたがいの希望を話し合うことで「出産は夫婦でがんばるもの」と感じられ、より絆も深まります。

STEP 3

医師や助産師に相談しましょう。

バースプランを相談することで、医師や助産師はママたちの考え方を理解することができます。希望どおりにできるかを話し合うなかで、信頼関係も生まれます。

Part 2 陣痛から出産

いよいよ、赤ちゃんと対面できるときがやってきました。
あらかじめお産の流れや出産方法を知り、
お産に備えましょう。

陣痛から出産

出産のサインと入院までの流れ

ママのからだは出産に向けて準備が始まっています。出産のサインが現れたら、いつでも病産院に行けるように準備しておきましょう。

出産開始のサインは人によってさまざま

出産の始まりには「おしるし」「陣痛」「破水」のいずれかのサインが現れます。

◎おしるし

出産が近づくと子宮の収縮が頻繁になり、子宮口が開き始めます。このとき、赤ちゃんを包んでいる卵膜と子宮の壁がこすれて起こる出血がおしるし。鮮血の場合もあればピンクや茶褐色のことも。量も個人差がありますが、生理と同じくらいまでなら正常です。ただ、おしるしのあとすぐに陣痛がくるとは限らないので、経過を見守りましょう。

◎陣痛

赤ちゃんを外へ押し出そうとして子宮が収縮するのが陣痛。早い人で36週ころから不規則な痛みを感じることもありますが、これは本格的な陣痛の予行練習のようなもので、「前駆《ぜんく》陣痛」といいます。痛みは生理痛程度で一時的なもの。痛みの間隔が規則的になると、いよいよ本格的に陣痛の始まりです。徐々に痛みの間隔が短くなり、強い痛みを感じるようになります。陣痛が始まっても初産の場合は子宮口が開くまで時間がかかるので、あわてずに入院の準備をしましょう。

◎破水（前期破水）

赤ちゃんを包んでいる卵膜が破れて羊水が流れ出ることを破水といいます。通常は陣痛が進み、子宮口が全開近くなると起こりますが、前期破水（→１４８ページ）といって陣痛前に起こることもあります。流れ出る羊水の量は人によって違い、ザーッと大量に出る人もいれば、少しずつ出続ける人も。尿と違って意識しても止められないのが破水。赤ちゃんの細菌感染が心配なので、すぐに病産院へ。

陣痛や破水に気づいたら迷わず病院へ連絡を

陣痛が10分間隔になったら、または破水したら、病院へ連絡しましょう。病院までの移動は車がベスト。運転する人がいない場合はタクシーを呼びましょう。

入院までの流れ

自宅で

1 出産のサインに気づく

おしるし・前駆陣痛

出産が近いサイン。入院の荷物の確認や身支度の準備をし、可能であれば食事や睡眠をとって安静にしてようすを見ましょう。

破水（前期破水）

生理用ナプキンをあてたり、腰にタオルを巻きましょう。破水後の入浴は避けて。

陣痛

痛みを規則的に感じるようになったら、陣痛の間隔を計ります。

こんなときは すぐに病産院へ！

- ✱ 生理よりも多い量の出血があった。
- ✱ 血のかたまりが出た。
- ✱ 腹部に強い痛みがある。
- ✱ 破水した。

↓

2 病院へ連絡

破水したとき、10分間隔の陣痛がきたときは、迷わず病院に連絡を。いつから、どのような症状なのかを伝え、病院スタッフの指示に従いましょう。

↓

3 家族に知らせる

病産院へ行くことになったら、家族に伝えて。付き添う人がいないときは、スタッフに病産院までの交通手段とひとりで向かうことを伝えておくと安心。

→

4 出発前の確認

入院の荷物を再度確認しておきましょう。家の戸締りや火の始末も忘れずにチェック。ひとりで向かう場合は、無理をせずにタクシーなどの手配を。

出発前チェックリスト

- □ 入院用の荷物は全部ある?
（→147ページ）
- □ 移動手段は確保できている?
- □ 化粧やマニキュアは落とした?
- □ ガスの元栓は閉めた?
- □ 電気は消した?
- □ 窓や玄関のカギは閉めた?

病産院で

問　診

陣痛の経過、おしるし、破水の有無などを確認。医師が出産の進み具合を診て、陣痛室や分娩室へ。

検査の内容

- 血圧測定
- 尿検査
- 触診
- 超音波検査
- 内診
- 子宮口の開き具合
- 赤ちゃんの心拍数と陣痛のようす

知っておきたい出産の進み方

出産のとき、赤ちゃんはどうやって生まれてくるのでしょうか。その過程を知ることは、分娩中に、きっとあなたの支えになります。

出産を進めるために必要な3つの力

出産をスムーズに進めるには、「娩出《べんしゅつ》力《りょく》」「産道」「赤ちゃん」の3つの要素が重要とされています。この3つの状態が整い協調することで出産にいたります。

◎娩出力

娩出力とは、赤ちゃんを外に押し出そうとする力のこと。陣痛やいきみのことです。規則的に子宮が収縮することで赤ちゃんはリズムに乗って少しずつ押し出されてきます。そして、赤ちゃんの頭が子宮口を圧迫すると、ママは自然といきみたくなります。陣痛の波に合わせていい

分娩期	分娩第1期		
	準備期	進行期	移行期
赤ちゃんのようす	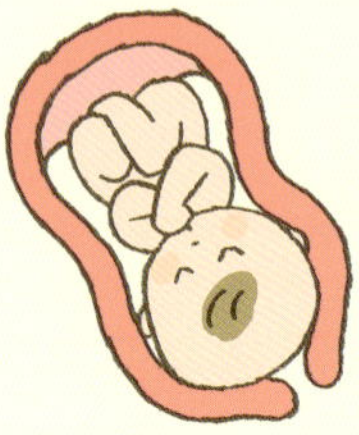 あごを引いてからだを丸め、横向きになって骨産道に入り始めます。	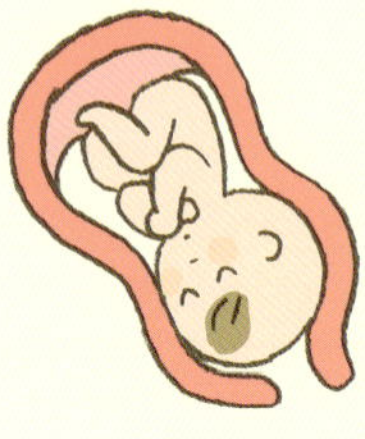 骨盤の出口に合わせ、ママの背中のほうへ向くように、からだを回転させながら下りていきます。	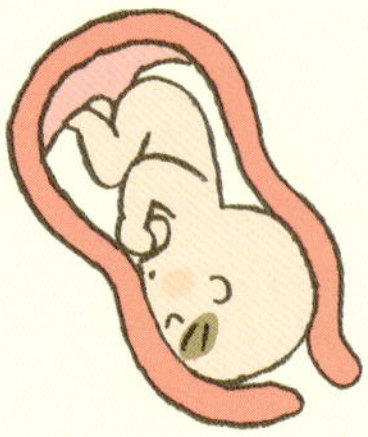 頭が骨盤底に達すると回転が止まります。顔を完全にママの背中のほうに向け、からだを丸めます。
ママのからだのようす	前駆陣痛から規則的な陣痛が起こるようになり、おしるしが出ることも。 ●陣痛の間隔 約10分 ●1回の陣痛の長さ 約60秒 ●子宮口 0～3cm	陣痛の間隔が短くなり、子宮口が徐々に開くとともに、おなかと腰の痛みが強くなります。 ●陣痛の間隔 約5～6分 ●1回の陣痛の長さ 約60秒 ●子宮口 3～7cm	1回の陣痛が強くなり、いきみや排便感を感じます。子宮口が全開に近づくと破水。 ●陣痛の間隔 約3～4分 ●1回の陣痛の長さ 約60秒 ●子宮口 7～10cm

きむことで押し出す力が強まり、産道を下りる赤ちゃんの助けとなります。

◉産道

産道とは、赤ちゃんが通ってくる道のことで、骨盤の内側を指す骨産道《こつさんどう》と子宮《しきゅう》頸管《けいかん》や膣など筋肉からできている軟産道《なんさんどう》からなります。骨産道が赤ちゃんが通過できるくらい広がるか、軟産道が伸びやすくなっているかによって、出産の進行が変わります。個人差がありますが、リラックスすると産道が開きやすいといわれています。

◉赤ちゃん

何より赤ちゃんのがんばりなくして出産は成り立ちません。赤ちゃんは狭い産道を通るため、自分のからだをできるだけ小さくします。あごを引き、からだを丸め、さらに頭蓋骨の継ぎ目を重ね合わせ頭のサイズをも小さくするのです。そして、骨盤や産道の形に合わせて頭やからだを自分で回転させながら出てきます。出産はママだけががんばっているのでなく、ママと赤ちゃんの共同作業なのです。

分娩第3期	分娩第2期	
胎盤娩出期	児娩出期	児頭娩出期
 ママと対面後へその緒を切り、からだをきれいにして計測や健康状態のチェックを受けます。	 産道から頭が出たら横向きになり、肩を片方ずつ出します。全身が出たら産声を上げます。	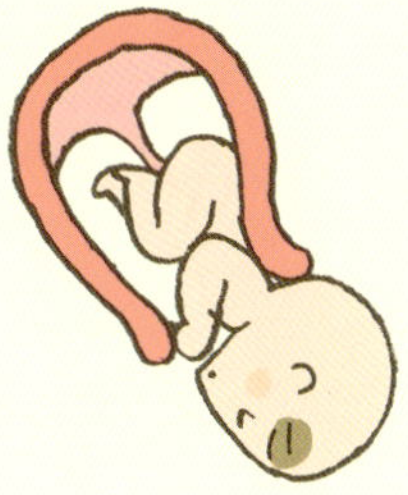 頭が骨産道を抜け、軟産道に入ります。産道のカーブに合わせてあごを上げ、背中をそらせます。
軽い陣痛が起き胎盤が出ます。会陰切開をした場合は縫合するなど、産後の処置を受けて休みます。  ●児娩出から胎盤娩出が完了するまでの時間（初産） 約5〜40分	赤ちゃんの頭が出たらいきむのをやめ、ゆっくり息を吐きます。 ●陣痛の間隔 約1〜2分 ●1回の陣痛の長さ 約60秒 ●子宮口 10㎝（全開大）	分娩室へ移動し、強い陣痛がきたら医師や助産師の指示に従っていきみます。 ●陣痛の間隔 約1〜2分 ●1回の陣痛の長さ 約60秒 ●子宮口 10㎝（全開大）

陣痛から出産

陣痛を上手に乗り切る方法

陣痛は想像以上に体力を使うもの。上手に痛みを逃がし、リラックスしながら分娩に向けて体力を温存しましょう。

平常心を保ち リラックスを心がけて

「陣痛の痛みってどれくらい？」「いつまで続くの？」と、はじめての出産では誰もが不安にかられることでしょう。痛みの感じ方や出産にかかる時間は人によって異なりますが、陣痛から出産まで、一般的には初産で14～15時間、経産なら7～8時間かかるといわれています。

確かに陣痛はつらいものですが、それでも徐々に痛くなるため、痛みにからだを慣らすことができます。また、陣痛はずっと痛みが続くわけではなく、波のように痛みがきたり引いたりするもの。出産が進むにつれ1回の陣痛は長くなりますが、休み時間があると思うと少し気がラクになりませんか？　痛みに弱い人も耐えられるようにできているのです。

まずは痛みにパニックにならず、「この痛みは必ず引く」ということを忘れずに平常心を心がけましょう。痛みが引いているときは食事や水分補給をしたり、家族と会話をして気分をそらし、リラックスして過ごしましょう。

陣痛をやわらげる方法は 現場で試行錯誤

いくら想像してみても、陣痛の痛みは本番にならないとわかりません。下腹部、腰、肛門、どの部分の痛みを強く感じるかは人によって異なり、痛みをやわらげる方法も、自分で試行錯誤して探していくしかありません。陣痛が軽いうちにいろいろと試し、自分がいちばんラクでいられる姿勢や呼吸法を探しましょう。また、子宮口が全開に近づくといきみたくなってしまいますが、子宮口が開ききる前にいきむのはトラブルのもと。付き添いの人に肛門や会陰あたりを押してもらうとよいでしょう。

陣痛の痛みをやわらげる ポーズ＆マッサージ

◉シムスの体位

横向きに寝て、上の足を軽く曲げます。枕やクッションを足にはさむと、もっとラクになります。

◉壁にもたれかかる

壁に腕と頭をつけ、もたれるようにします。息を吐きながら両手で壁を押し、痛みを逃がして。

◉あぐらをかく

あぐらの姿勢でラクになることも。両手でおなかをさすったり、クッションにしがみついたりするのも◎。

◉ひざを曲げて、うつぶせに

よつんばいで上半身がクッションに覆いかぶさるようにします。痛みが強いときは腰を突き上げるとラクに。

パパのサポート

◉腰をマッサージ

背中から腰へ、痛みが強い部分をゆっくりさすってもらうと痛みがやわらぎ、緊張もほぐれます。

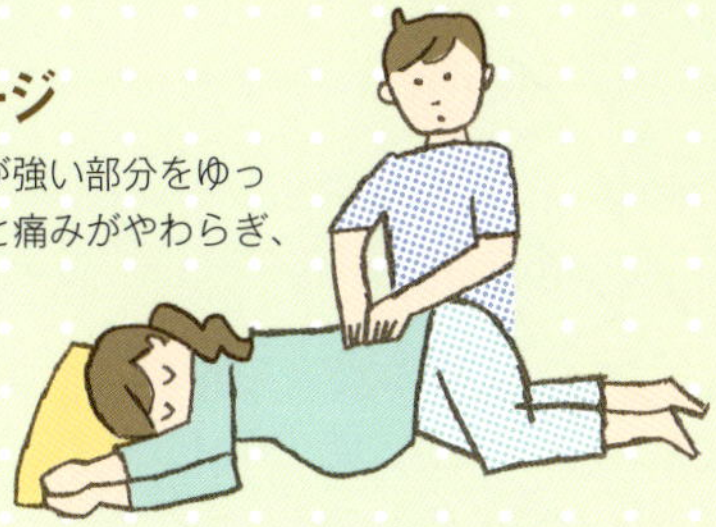

パパのサポート

◉肛門あたりを押す

いきみたくなったときに、肛門のあたりを握りこぶしで圧迫してもらいましょう。

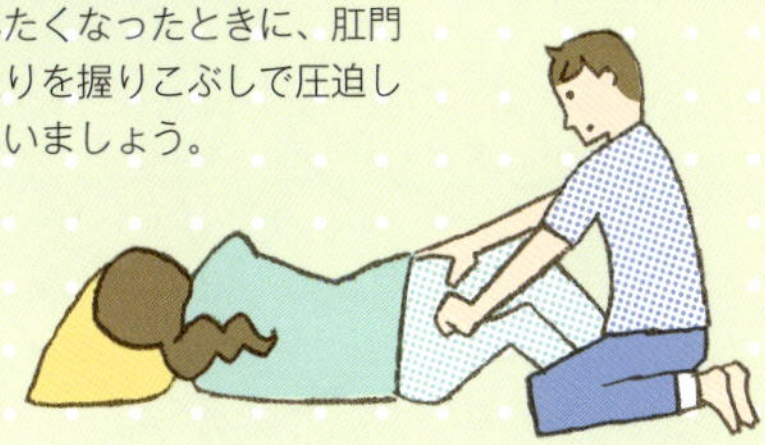

お役立ちアイテム

◉テニスボール・ゴルフボール

腰のマッサージや、肛門の圧迫に使えます。

◉うちわ・扇子

陣痛が進むにつれ暑くなります。家族にあおいでもらうとよいでしょう。

◉カイロ

腰やおなかを温めると痛みがやわらぎます。

◉趣味のグッズ

リラックスするため、好きな音楽を聴いたりアロマオイルを利用しても。

◉リップクリーム

声を出したり、呼吸法を続けたりすると唇が乾くので準備しておくと役立ちます。

◉ストローつきペットボトルキャップ

陣痛中はのどが渇きやすいので、どんな体勢でも飲めるストローつきのものが便利。

いろいろな出産方法

出産は、新しい家族が誕生する特別な瞬間。自分が納得できる出産方法を選び、積極的に出産にのぞみましょう。

自分に合った出産方法を選ぶことができます

最近ではさまざまな分娩の種類があり、それを選ぶことができる時代。どんなふうに出産したいかを決めるために、分娩の種類を把握しておきましょう。

一般的な方法は、分娩台での出産。分娩台の背もたれと足のせ台の位置は調整ができるので、自分がラクな姿勢をとりましょう。

分娩台に上がらず、自分の好きな体勢で産むことができるフリースタイル分娩は、自分のペースで出産を進めることができます。ただし、どの病産院でもできるわけではありません。赤ちゃんやママ

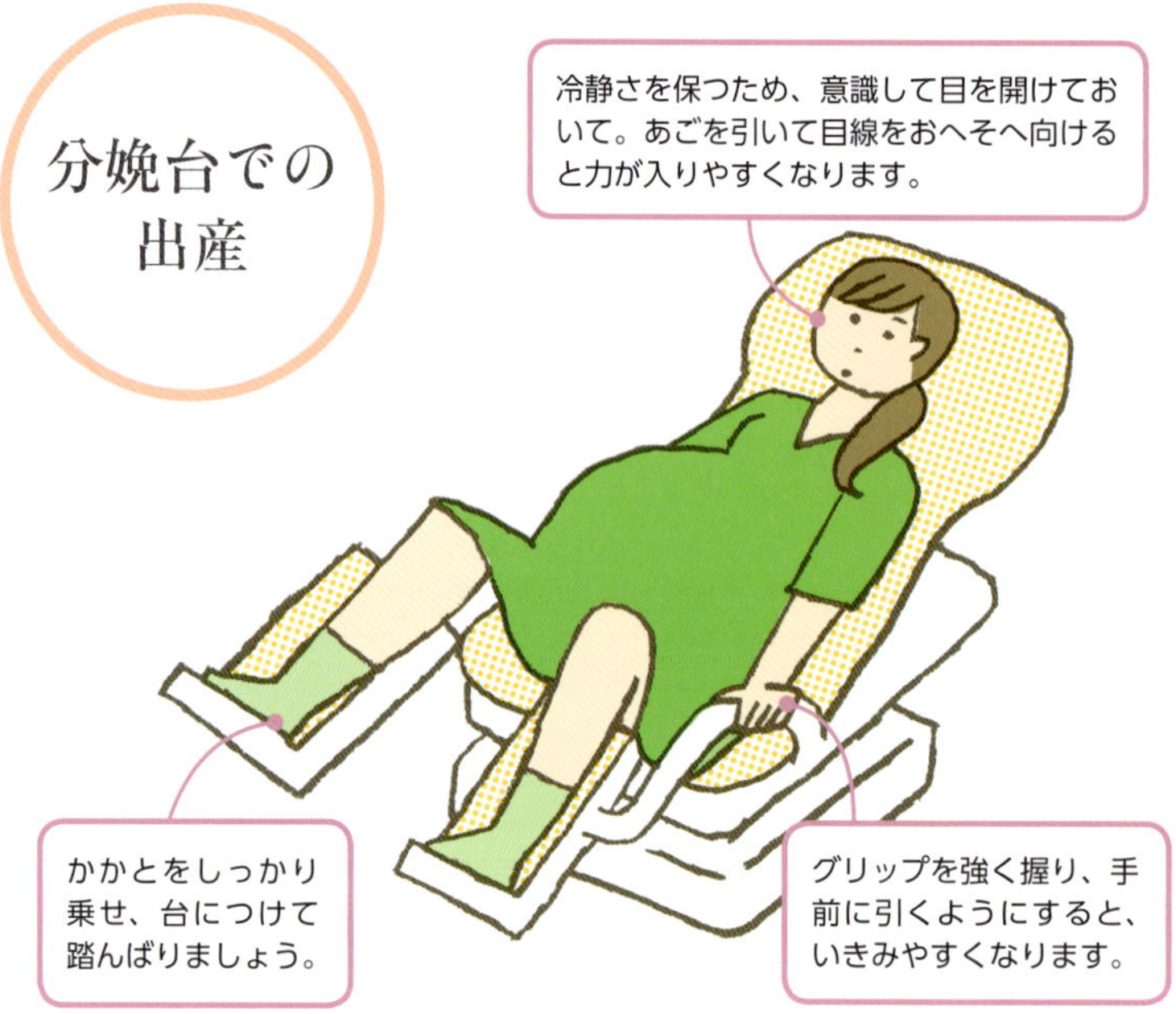
分娩台での出産
冷静さを保つため、意識して目を開けておいて。あごを引いて目線をおへそへ向けると力が入りやすくなります。
かかとをしっかり乗せ、台につけて踏んばりましょう。
グリップを強く握り、手前に引くようにすると、いきみやすくなります。

希望によっては……

分娩法とまではいえませんが、最近では出産時にアロマテラピーを取り入れている病院もあります。エッセンシャルオイルの香りやマッサージにより陣痛の痛みを緩和させたり、分娩を促進する効果があるといわれます。実践している施設は多くはありませんが、なかには希望をすれば分娩室でアロマをたくことが可能というところもあります。

の状態によって不可能な場合もあります。フリースタイル分娩を希望する場合は、行っている病産院を探し、早い段階で診てもらう必要があります。

立ち会い出産や自宅出産も

夫婦で感動を共有したい、と立ち会い出産を希望する人も多いでしょう。ほとんどの病産院で立ち会い出産は可能ですが、施設によって事前に申請が必要なところ、両親学級への参加が必要であるところなどがあります。確認をしておきましょう。

リラックスできる場所で産みたいと考えるなら、自宅や助産院での出産という選択肢もあります。どちらも助産師によるもので、帝王切開や会陰切開などの医療行為が行えない場合のため、妊娠経過に問題がない場合のみ可能です。また、最近では陣痛から分娩、産後の回復までをすべて同じ場所で過ごすことができるLDRという部屋を設けている病院もあります。

フリースタイル分娩

どんな体位で出産するかなどの決まりはなく、ママが自由に決めることのできる分娩方法。助産院や自宅出産で多いスタイルです。分娩台での出産は、医師や看護師による指導や介助がなされますが、フリースタイル分娩は基本的にママと赤ちゃんのペースを尊重。助産院では会陰切開などの医療行為は行えませんが、畳の部屋などの落ち着いた空間でリラックスして出産することができます。

◉よつんばい

両手両ひざをついた姿勢で分娩します。自然と骨盤が広がるため、腰に負担がかかりにくく、赤ちゃんが産道を通りやすいようです。

◉ひざ立ち

両ひざをつき、上半身はイスによりかかったり、パパにしがみつく場合も。重力が手伝って出産が進みやすいといわれます。

◉座位

おなかに力が入りやすく、骨盤に沿って赤ちゃんが下がりやすいようです。病産院によっては、分娩台を座位にできることも。

いろいろな呼吸法

◉ソフロロジー式分娩

ヨガと禅の呼吸法と考え方を取り入れた出産方法。妊娠中にイメージトレーニングし、出産への恐怖心をやわらげていきます。基本姿勢はあぐらのポーズで、陣痛のときもあぐらで腹式呼吸を行います。

◉ラマーズ法

事前に出産のプロセスを理解し、呼吸法と補助動作でリラックスして出産することを目的とします。「ヒッ、ヒッ、フー」という呼吸法に集中することで、陣痛の痛みをやわらげるという目的も。

◉リーブ法

中国の気孔をヒントにしてつくられた出産方法。今の自分自身を受け入れるという東洋的な考えのもと、自信をもって出産に臨めるよう妊娠中から呼吸法やリラックスする練習をします。

麻酔で痛みをやわらげる無痛分娩

無痛分娩とは、麻酔を使って陣痛の痛みをやわらげる分娩方法です。欧米では一般的ですが、日本ではまだ施設が限られています。

無痛分娩には、陣痛が始まる前から麻酔をかける場合と、陣痛が強くなってから麻酔をかける場合があります。陣痛が始まる前から麻酔をかける場合は、あらかじめ出産日を決めておき、陣痛誘発剤を使いながら出産を進めていきます。陣痛が強くなってからの場合は、痛みの状態を見ながら麻酔の量を調節して分娩を進めていきます。

「無痛」といっても、完全に痛みがなくなるというわけではありません。しかし、自然分娩より痛みが緩和されるので、からだへの負担や恐怖心が軽減され、落ち着いて出産にのぞむことができます。そのため心臓病などの持病がある人は、医師から無痛分娩をすすめられることもあります。

無痛分娩の流れ

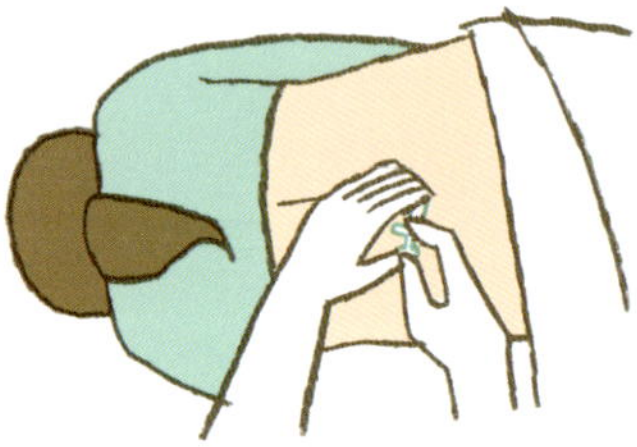

1 無痛分娩に使う麻酔薬を注入するための管、カテーテルを挿入する前に、皮膚表面の痛みをやわらげる局所麻酔を打ちます。

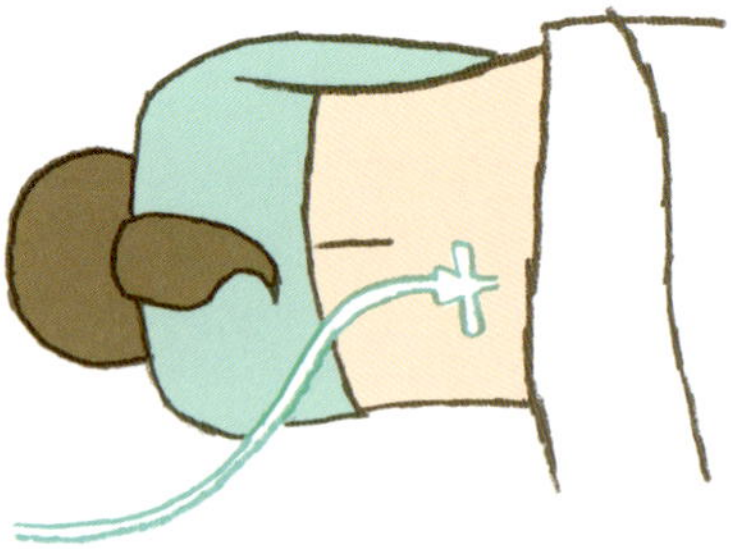

2 少し太めの硬膜外麻酔用の針を脊椎の硬膜外に刺します。針が硬膜外腔まで達したらカテーテルを挿入し針を抜きます。

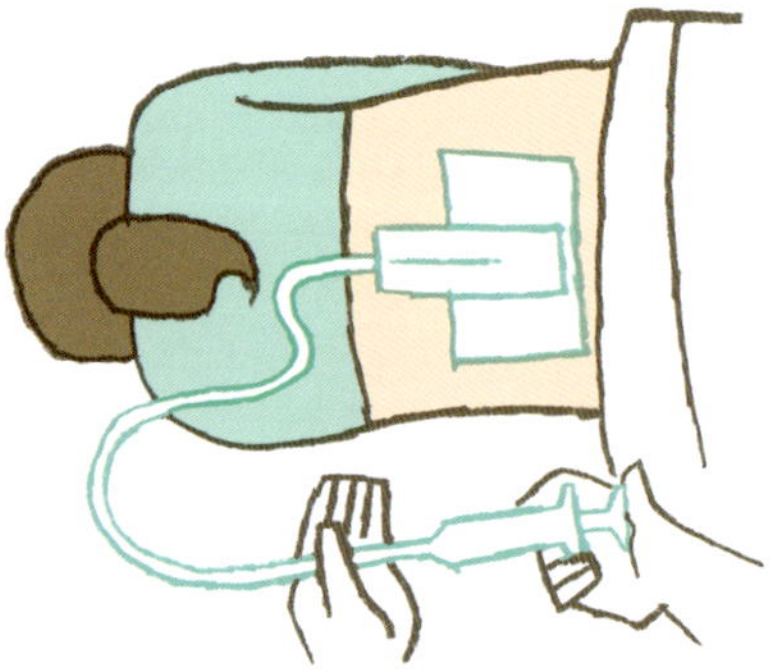

3 最初は麻酔薬や鎮痛薬を少しだけ注入。からだに異常が現れないかを確認します。

無痛分娩は出産がスムーズで回復も早い

無痛分娩でも痛みがないわけではありませんが、自然分娩に比べれば格段に痛みをやわらげることができるため、からだに余計な力が入らずスムーズに出産が進められます。麻酔薬を入れる以外は自然分娩と過程は変わりませんが、実際に出産にかかる時間は短く、会陰切開も少ないため、産後の回復も早いといわれています。また、麻酔後もママの意識はあり、赤ちゃんが下りてくる感覚もわかります。陣痛やいきみも経験するので、産んだ実感を得ることもできるでしょう。

よく心配されるのは麻酔薬による影響ですが、赤ちゃんに影響を及ぼすことはほとんどありません。ただ、微弱陣痛になったりうまくいきめないことがあるので、その場合は陣痛促進剤を投与したり、吸引分娩を行う場合があります。また、薬の副作用で血圧低下や発熱、頭痛などが起こる場合もありますが、大きなトラブルになることはほとんどありません。

4　陣痛が強くなってきたら、麻酔薬や鎮痛薬を注入していきます。分娩監視装置で陣痛のようすを確認しながら、医師が薬の量を調整。

5　子宮口が全開大になったら分娩室へ移動し、助産師や医師の合図に合わせていきみます。

6　赤ちゃんが誕生し胎盤の娩出が終わったら、必要な処置を受けます。出産後1～2時間程度で麻酔が切れます。

陣痛から出産

出産を助ける医療処置

病産院では出産をスムーズに進めるための医療処置が行われます。当日、不安にならないために医師と事前に確認しておきましょう。

出産時の医療処置はママと赤ちゃんを守るため

出産中はどんなトラブルが起こるかわかりません。万が一のときのために備えて、点滴、浣腸、導尿、剃毛《ていもう》といった医療処置を行うことがあります。これらは出産の状況を見ながら必要に応じて行われますが、出産に異常があるときに行うというよりも、出産をスムーズに進めるため、また、ママと赤ちゃんの安全のために行われるものです。

ほとんどの場合、医療処置をする前に医師や助産師から、どういった処置をするか説明がありますが、はじめての陣痛で苦しんでいるときにはうなずくだけで精いっぱい……という人が多いのではないでしょうか。何が何だかわからないまま医療処置を進められることで、不安感を抱いてしまうこともあるので、あらかじめどのような処置があるのかを把握し、出産に臨みましょう。

処置は必要最低限に行う施設がほとんど

分娩監視装置の装着と点滴はほとんどの病産院で実施されますが、浣腸、導尿、剃毛を実施するかどうかは病産院や医師の考え方によって異なり、方針によっては産婦全員に行うところもあります。ただ最近では、ママのからだや心への負担になることを考慮して、浣腸と剃毛は基本的に行わず、導尿は状況に応じて行うなど必要最低限にとどめる傾向にあります。

もし処置に関して不安や希望があるようなら、あらかじめ病院の方針を確認して、方針と自身の希望が違っている場合は医師や助産師とよく話し合いましょう。とくに問題がなければ、ほとんどの病産院がママの意向に応えてくれます。

いざというときのための医療処置

点　滴

万が一のときに備えて血管を確保

出産の最中に輸血や陣痛促進剤が必要になることもあります。そのようなときにスムーズに対応できるよう、ほとんどの施設では子宮口が全開大になるころにあらかじめ血管に点滴用の針を指しておきます。とくに異常がない場合は、ブドウ糖や生理食塩水を注入し、栄養を補います。

剃　毛

会陰切開や帝王切開の縫合をスムーズに

会陰切開や会陰裂傷があった場合、また帝王切開の場合は、出産後に傷口の縫合をしなくてはいけません。縫合をスムーズに行うためや、陰毛についた細菌からの感染を防ぐために、前もっておなかから会陰部のまわりの陰毛を剃ることがあります。最近では剃毛しないところが増えています。

浣　腸

赤ちゃんの動きを助ける

腸に便がたまっていると産道を下る赤ちゃんの動きを妨げる可能性もあるので、浣腸して出産をスムーズに進めます。また、いきんだときには排便しやすいもの。赤ちゃんが生まれてくる環境をより衛生的にし、会陰部に傷ができたときの細菌感染予防のため、病産院によっては事前に浣腸をすることもあります。

導　尿

スムーズな分娩と排尿困難に備えて

膀胱は産道の隣にあるため、尿が膀胱にたまっていると陣痛が弱くなったり、赤ちゃんの動きを妨げることも。病産院によってはそのような事態を防ぐため、尿道にカテーテルを挿入し膀胱を押すことで尿を出せるよう処置を行います。また、産後、排尿が困難になると思われるときにも導尿を行います。

経過を確認するために

分娩監視装置

陣痛の強さと赤ちゃんの心拍を確認

陣痛が始まると、ほとんどの病産院では分娩監視装置をつけて出産の進行を確認します。おへその上側には陣痛の強さを測定するセンサー、下側には赤ちゃんの心拍を確認するセンサーをつけ、子宮収縮の状態や赤ちゃんのようすをチェック。異常がなければ途中で外し、必要に応じて再度つけることも。

出産が進まないときは？

陣痛が始まらないときや、陣痛が弱くて出産が進まないときは、ようすを見ながら陣痛を誘発、促進させる処置が行われます。

妊娠41週を過ぎたら陣痛を誘発する処置を

出産予定日を2週間過ぎても出産が始まらないことを「過期妊娠」といいます。過期妊娠になると、胎盤の機能低下や羊水の減少、赤ちゃんが育ちすぎてしまうなどのリスクがあり、ママの精神的負担も大きくなることから、多くの医療機関では妊娠42週を過ぎないよう、必要に応じて誘発分娩を行います。

陣痛を誘発する方法はいくつかあります。内診のときに赤ちゃんを包んでいる卵膜をはがして刺激を与える卵膜剥離《らんまくはくり》や、陣痛促進剤の投与、子宮口がかたい場合は、ラミナリアなどの処置を行うことも。

誘発 促進 陣痛促進剤

陣痛を誘発、促進するときに使われます。破水後に陣痛が始まらないときや、予定日を過ぎても出産の兆しがないとき、出産の途中で陣痛が弱くなってしまったときに、医師や助産師が経過を見ながら進めます。点滴と内服薬がありますが、効き目を見ながら調節できる点滴が主流です。

誘発 卵膜剥離

赤ちゃんを包んでいる卵膜を子宮壁から少しだけはがす処置のこと。出産予定日近くになっても、または予定日を過ぎてもまだ子宮口がかたい場合、医師が内診時に行います。卵膜をはがしたときの刺激で陣痛が始まったり、子宮口が開き始めることも。内診後、出血することがあります。

促進 人工破膜

出産が始まり、子宮口が開いているのに陣痛が弱まり出産がなかなか進まないときは、内診時に赤ちゃんを包んでいる卵膜を破って、人工的に破水をさせることがあります。破水をすると赤ちゃんの頭が下がり、その刺激で陣痛が強まります。破水後、多くは24時間以内に分娩にいたります。

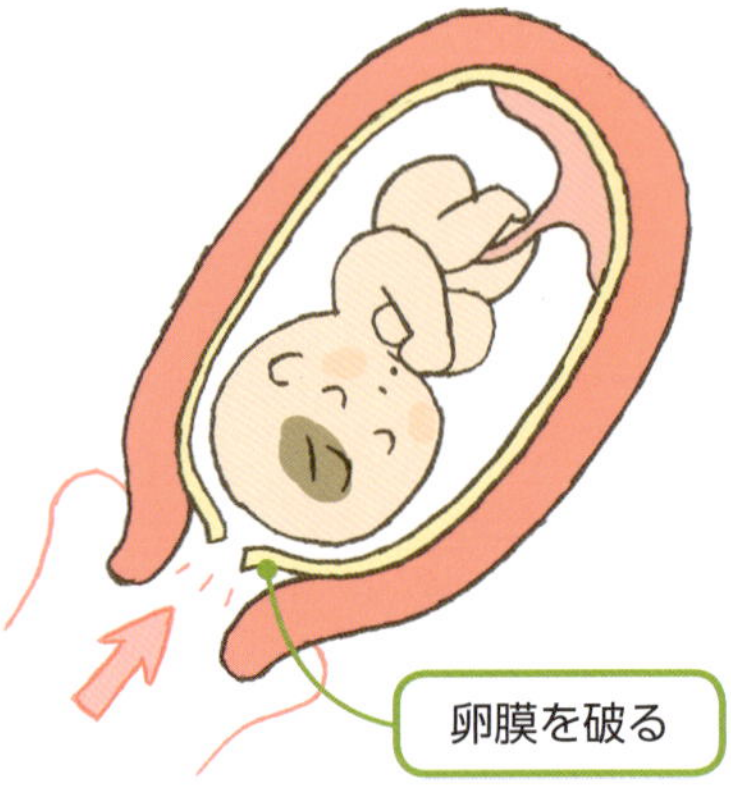

赤ちゃんとママのからだのようすや、ママの希望を考慮したうえで適切な処置が行われます。

出産が進まないときは 陣痛を促進する処置を

「微弱陣痛」といって、陣痛は始まっているのに、弱くて出産が進まないことも。階段の上り下りをするなどして陣痛を促す場合もありますが、陣痛促進剤で子宮を収縮させる処置もあります。ただし、使用方法や量が定められており、効果も人それぞれ。効き目がないときは、帝王切開へと切り替えることもあります。また、子宮口が開いていて陣痛もあるのに出産が進まない場合は、人工的に破水させて出産を進めることがあります。

赤ちゃんやママの状態に問題がない限り、自然な陣痛がくるのを待つこともできますが、陣痛促進剤を使う理由、使わなかったときのリスクをきちんと理解しておきましょう。薬に抵抗や不安があるママは、医師の説明をよく聞いて判断することが大切です。

陣痛促進剤を使えないとき

児《じ》頭骨盤《とうこつばん》不《ふ》均衡《きんこう》

ママの骨盤のサイズより赤ちゃんの頭が大きい場合。

前置胎盤

胎盤が下のほうにでき、子宮口を覆っている場合。

開腹手術経験がある

過去に、子宮筋腫の手術や帝王切開を経験している場合。

赤ちゃんの位置が悪い

赤ちゃんのからだが横向きになっている場合。

ママが喘息のとき

陣痛促進剤に使われるプロスタグランジンは気管支を収縮させるため。オキシトシンは使用可。

陣痛促進剤を使えるとき

微弱陣痛

陣痛はあるが弱く、出産が進まない状態が続いた場合。

前期破水

破水後、24時間たっても陣痛が起こらない場合。

予定日超過

妊娠41週を過ぎ、過期妊娠となる恐れがある場合。

遷延《せんえん》分娩

初産で30時間、経産で15時間以上出産が長引いた場合。

ママに病気がある

妊娠高血圧症候群や糖尿病で、出産が長引くと危険な場合。

子宮口がかたくて開かないときは……

子宮口を広げる

ラミナリア

乾燥した海藻でつくられた棒状の子宮頸管拡張器を子宮口に挿入します。乾燥した海藻は水分を含むと膨張するので、その力を利用してゆっくりと子宮口を広げていきます。

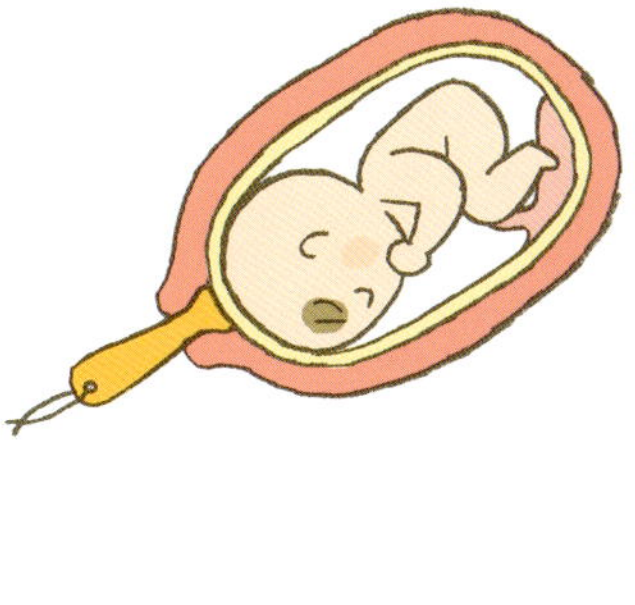

メトロイリンテル

先端にしぼんだ風船をつけた管を子宮口に挿入し、風船の中に滅菌水を注入しながらふくらませていきます。風船がふくらんだ分だけ、子宮口が押し広げられていきます。

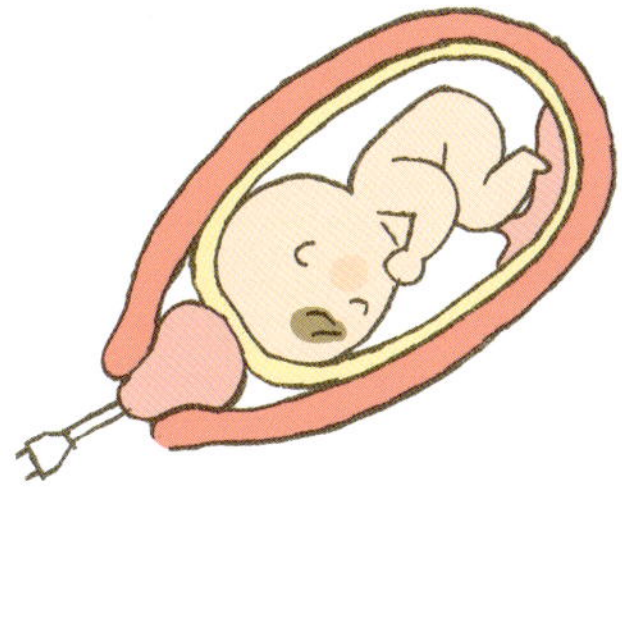

出産時のトラブル処置

陣痛が始まっても何らかの理由で出産がスムーズに進まないことも。そんなときはさまざまな処置で医師が出産をサポートしてくれます。

時間がかかりすぎると、赤ちゃんとママの負担に

出産にかかる時間は人それぞれですが、陣痛が始まってから初産で14～15時間、経産で7～8時間が平均といわれています。ある程度の時間がかかっても赤ちゃんやママの状態がよければ、そのまま分娩を進めることも。しかし、何らかのトラブルがあって赤ちゃんがなかなか出られない場合や、赤ちゃんの心拍数が下がったり、ママの体力が落ちてきた場合には、医師の手助けが必要となります。起こりうるトラブルと、いざというときの処置を知っておくことで、落ち着いて出産に臨むことができます。

出産時に処置が必要なケース

微弱陣痛

陣痛が弱い、陣痛の時間が短いなど赤ちゃんを押し出す力が足りないとき、ようすを見て陣痛促進剤の使用や帝王切開への切り替えを行います。

臍帯巻絡《さいたいけんらく》

赤ちゃんのからだにへその緒が巻きついた状態のこと。全体の約3割に見られ、多くは問題ありませんが、赤ちゃんの心拍が低下した場合は吸引分娩や帝王切開に。

遷延《せんえん》分娩

陣痛から初産で30時間以上、経産で15時間以上かかっても生まれないとき、吸引分娩や帝王切開になることがあります。

回旋異常

赤ちゃんがうまく回旋できず、なかなか出てこられない場合、吸引分娩や鉗子分娩で引き出したり、帝王切開に切り替えたりします。

軟産道強靭《なんさんどうきょうじん》

赤ちゃんが通る軟産道の伸びが悪く、出産が進まないことがあります。微弱陣痛、遷延分娩になると、帝王切開を行うことも。

胎児機能不全

出産中に赤ちゃんが心拍低下や酸素不足になるケースがあります。経過を見て医師の判断で、吸引分娩や帝王切開を行います。

赤ちゃんがうまく出てこられないときの対処法

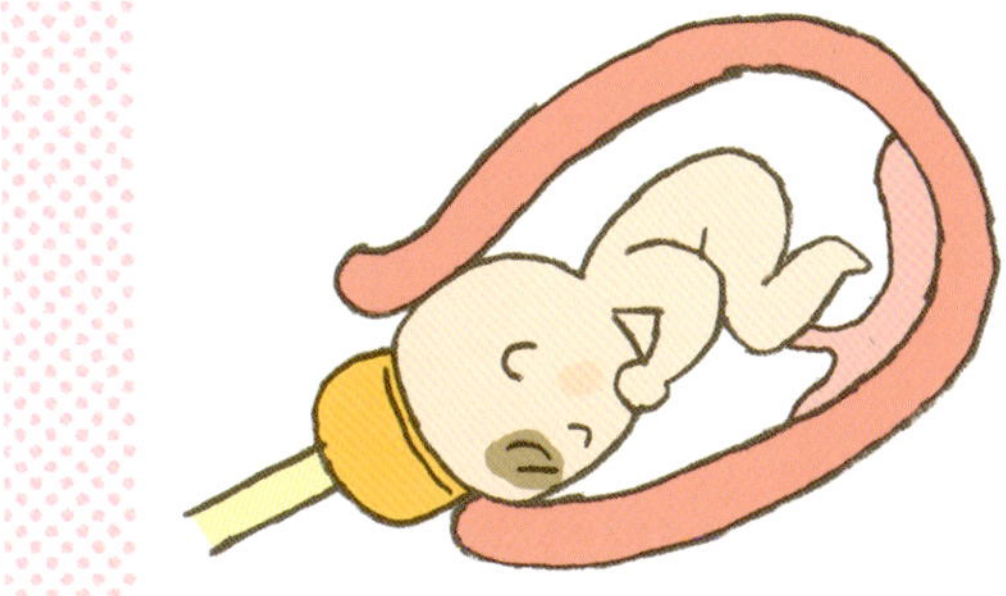

吸引分娩

シリコン製または金属製のカップを赤ちゃんの頭に密着させ、吸引装置をつないで赤ちゃんを誘導します。一時的に吸引時の跡が残ることもありますが、1週間程度で消えてなくなります。

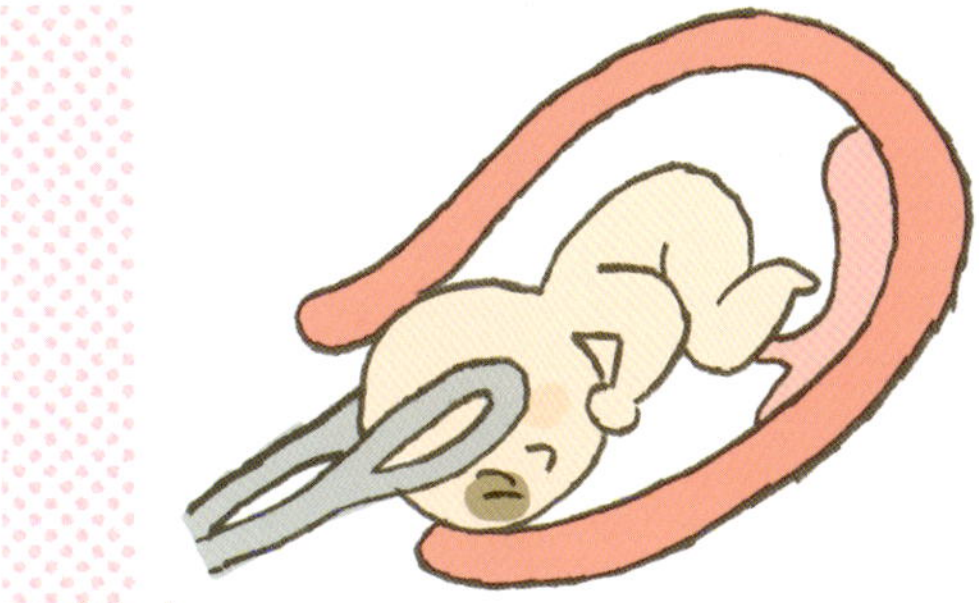

鉗子《かんし》分娩

金属製の2枚のヘラを合わせたサーバーのような器具で赤ちゃんの頭をはさみ、ママがいきむタイミングに合わせて誘導します。出産直後は跡が残ることもありますが、1週間くらいで消えていきます。

会陰切開の処置から回復まで

分娩中

麻酔

陣痛の波によって赤ちゃんの頭が見え隠れするとき（排《はい》臨《りん》）に会陰切開の判断をします。常に赤ちゃんの頭が見える状態（発露《はつろ》）になったら局所麻酔をします。

切開

先の丸いはさみで切開をします。麻酔をしているので痛みは感じません。どこをどれくらい切るかは医師の判断によりますが、正中側切開が一般的とされています。

分娩後〜入院中

縫合

赤ちゃんが生まれて胎盤が出たら縫合します。抜糸のいらない溶ける糸を使うのが主流になっています。まだ麻酔が効いているので痛みはあまり感じません。

抜糸

溶けない糸を使用した場合は、産後4日ほどで抜糸をします。麻酔はしないので痛みを感じることも。

産後

術後の痛みは1週間ほど経つとほぼなくなりますが、違和感はあるかもしれません。個人差はありますが、産後1か月くらいまでには気にならなくなります。

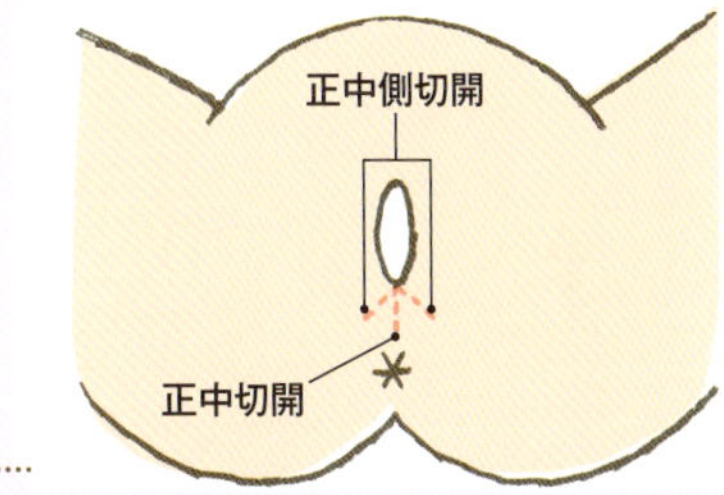

会陰切開の位置

正中切開と正中側切開があり、どこを切開するかは会陰の伸び具合によって判断されます。正中側切開でも左右どちらを切開するかは医師によって異なります。

会陰切開

会陰とは膣の出口から肛門の間のこと。通常は出産時にホルモンの影響で伸びやすくなり自然に押し広げられますが、伸びが悪かったり、赤ちゃんが大きかったりすると頭が出にくく、会陰が裂けてしまう、遷延分娩になるなどの恐れがあります。こうしたトラブルを回避するため、会陰部を切開して出産を進める場合も。会陰切開を行うかは病院によって方針が違うので、自分の意向を医師と相談しておきましょう。

帝王切開分娩とはどういうもの？

なんらかの理由で経膣分娩がむずかしいと判断されたときに行う帝王切開分娩。予定帝王切開と緊急帝王切開の2種類があります。

帝王切開は赤ちゃんを安全に産むための手術

帝王切開分娩とは、ママのおなかを切開し、子宮から直接赤ちゃんを取り出す出産方法のことです。赤ちゃんが産道を通って生まれる経膣分娩に比べると、産後の経過が大変などのリスクがありマイナスなイメージをもたれがちですが、決して危険な手術ではありません。最近では母子の安全を優先し、帝王切開が増加傾向にあります。赤ちゃんとママの状態を見て、経膣分娩よりリスクが少ないと判断されたときに帝王切開が行われるのですから、ネガティブにならず、元気な赤ちゃんを産むことに集中しましょう。

事前に手術日を決める予定帝王切開

妊娠中の検査において、胎盤が子宮口にかかる前置胎盤や、赤ちゃんの頭がママの骨盤より大きい児《じ》頭《とう》骨《こつ》盤《ばん》不《ふ》均《きん》衡《こう》、双子以上の多胎妊娠、逆子など経膣分娩ではむずかしいと判断された場合、計画的に帝王切開を行います。手術日は妊娠37週目以降に設定されますが、手術の前に陣痛がきてしまった場合は、状況を見て緊急帝王切開になります。帝王切開のほとんどは下半身だけの局所麻酔なので、手術中もママの意識ははっきりとしており、赤ちゃんの産声もきちんと聞くことができます。

分娩中のトラブルで緊急帝王切開になることも

経膣分娩を予定していても、出産に時間がかかり赤ちゃんの心拍数が下がったり、ママの体力消耗が激しい場合など、早急に赤ちゃんを取り出す必要があると判断されたときには、緊急帝王切開に切り替わります。ほかにも、赤ちゃんの回旋異常や赤ちゃんが生まれる前に胎盤がはがれてしまう常《じょう》位《い》胎《たい》盤《ばん》早《そう》期《き》剥《はく》離《り》、へその緒に異常が起こり赤ちゃんに酸素が届かなくなってしまうなど、トラブルがあったときに助けとなるのが帝王切開です。帝王切開もきちんとしたお産のひとつなので、安心してください。

帝王切開分娩の流れ

1 手術前の準備

予定帝王切開では前日か当日朝に入院。検査や手術の説明、同意書の提出、超音波検査、血圧測定、浣腸や剃毛などを行います。手術8時間前から絶食。2時間前からは飲水も禁止です。

2 麻酔をする

背中の脊椎から麻酔薬を注入。胸下あたりから足までの局所麻酔が一般的で、手術中は意識もはっきりしています。緊急時には即効性のある全身麻酔を使うことも。

3 切開

麻酔が効いていることを確認したら切開に入ります。下腹部を横に切る方法と縦に切る方法があります。

横に切る

恥骨のすぐ上を横に切開します。縦切りに比べ、横切りのほうが傷跡は目立ちにくく、痛みも少ないといわれています。

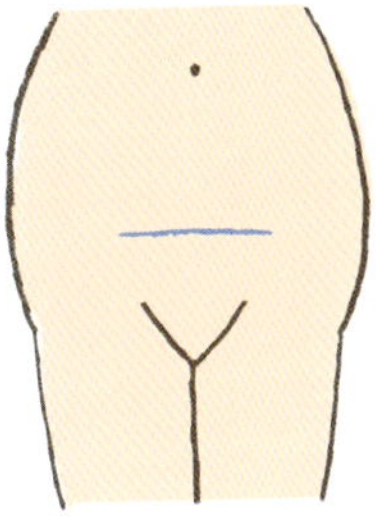

縦に切る

おへその下から恥骨に向かって切開します。以前はほとんどが縦切りでしたが、最近では横切りが増えています。

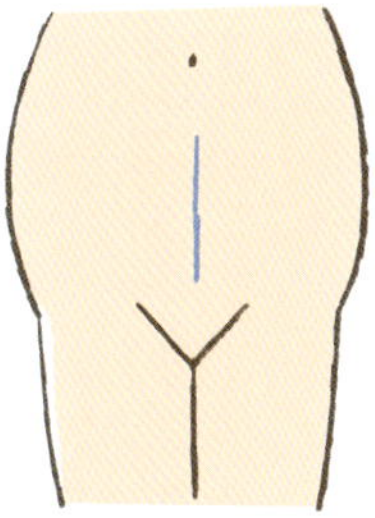

4 赤ちゃんの誕生

赤ちゃんを取り出して、へその緒を切ります。全身麻酔でない場合は意識もあるので、赤ちゃんの産声を聞くことができます。おなかを切開し始めてから赤ちゃん誕生までは5～10分程度。

5 胎盤の娩出～縫合

胎盤を取り出し、子宮内をきれいにしたら、切開した部分を縫合。子宮の縫合には溶ける糸を、おなかの縫合には糸またはホチキスのような医療器具を使います。

医療用ステープラー

ホチキスのように、針で傷口を留めます。帝王切開ではこの縫合方法が一般的。30分～1時間という短時間ででき、針を抜くときもあまり痛くありません。

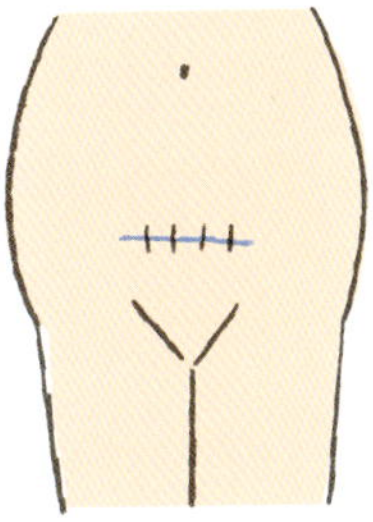

糸を使う

抜糸が必要な場合と必要でない場合があります。後者は表皮下を溶ける糸で縫い、表皮はテープを留めます。傷跡は目立ちませんが縫合に時間がかかります。

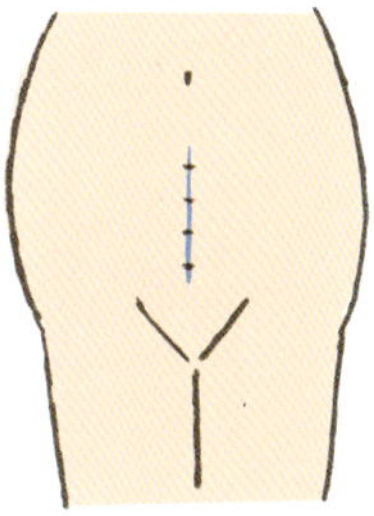

6 手術後

麻酔から覚める状態や、血圧、脈拍などを確認し、問題がなければ病室に戻って休みます。麻酔が切れて痛みが強い場合は痛み止めを処方してもらいます。状態が安定していれば早期授乳も可能。

生まれた直後の赤ちゃんとママ

無事出産して一安心。でも、戦い終えたママと生まれたばかりの赤ちゃんのからだはまだ不安定で、さまざまな処置が必要です。

赤ちゃんもママも慎重に経過を見守ります

出産後、赤ちゃんはママとの対面もつかの間、さまざまな処置や検査のため、助産師などが預かります。羊水や粘膜を取り除いてきれいに拭き、からだに異常がないかを確認します。身長や体重、頭位、胸囲などを測定し、感染症予防のためおへその消毒、抗生剤の点眼なども行い、それらを済ませたら産着を着せてもらい、再びママと家族のもとへ。そこでやっとゆっくりご対面となります。

病産院によっては、出産直後にママが赤ちゃんを裸で抱っこする「カンガルーケア」を行うことも。おたがいに肌のぬくもりを感じることで絆が深まるなどのよい影響があるといわれています。ただ、赤ちゃんはまだ呼吸が不安定な時期。おかしいな、と思うようなことがあったら、すぐに医師や助産師を呼びましょう。

赤ちゃんが検査を受けている間、ママも分娩台の上で産後の処置を行います。後陣痛によって胎盤などが出たあと、子宮内に不要物が残っていないか確認、膣や外陰部の状態をチェック。会陰切開した場合は縫合します。また、産後すぐは膀胱の筋肉が麻痺し尿意を感じにくいので、導尿することも。急な体調の変化に備え、2時間ほどは出産場所で休みます。

出産直後の流れ

ママのからだの検査

血圧、脈拍数、体温チェックのほか、子宮の収縮の状態と出血・悪露の量、膣や外陰部の状態を確認し必要な処置を行う。

↓

初回授乳

出産後1時間以内に分娩台の上で最初のおっぱいをあげる病産院も。病産院により異なるので、希望がある場合は事前にスタッフに伝えて。

↓

赤ちゃんの診察

産後すぐに、からだの形状や機能に異常がないかの確認、サイズの計測。生まれて24時間は子宮外環境に適応していく大切な時間なので注意深く観察。

↓

帰室・初回歩行

分娩室で2時間休み、異常がなければ病室へ。車イスで帰室し、出産後5～8時間後に助産師とともに初回歩行。経過がよい場合は帰室時に歩行することも。

↓

産褥《さんじょく》体操

血栓防止や悪露排出促進のため、ベッドの上で軽く体操をします。最初は寝ながら足を屈伸するなど軽い動きから。助産師やスタッフが指導してくれます。

生まれた直後の赤ちゃん

鼻

鼻の頭に見える白いブツブツは、皮膚が薄いため透けて見える皮脂腺。皮膚が発達すると目立たなくなります。

頭

頭の骨はやわらかく、てっぺんには「大泉門」という頭蓋骨の隙間があります。産道で頭蓋骨の継ぎ目を重ねるので形がいびつなこともありますが、成長するにつれて整います。

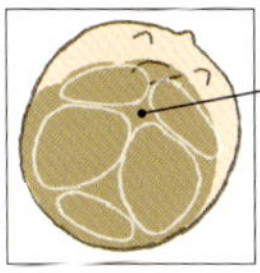

目

視力は0.01～0.02ほどで、明暗はわかりますが、20～30㎝先くらいまでしか見えません。

呼吸・脈拍

新生児は胸筋が未発達のため、腹式呼吸をしています。呼吸は1分間に40～50回、脈拍は1分間に120～140と、大人の約2倍です。

手

手を軽く握りしめた状態なのは本能によるもの。つめは生まれたときから伸びています。

体重

生まれてすぐは、飲む量より排出する水分量の方が多いため、生後は一時的に体重が減る「生理的体重減少」が見られます。生後4～7日ごろには、もとの体重に戻ります。

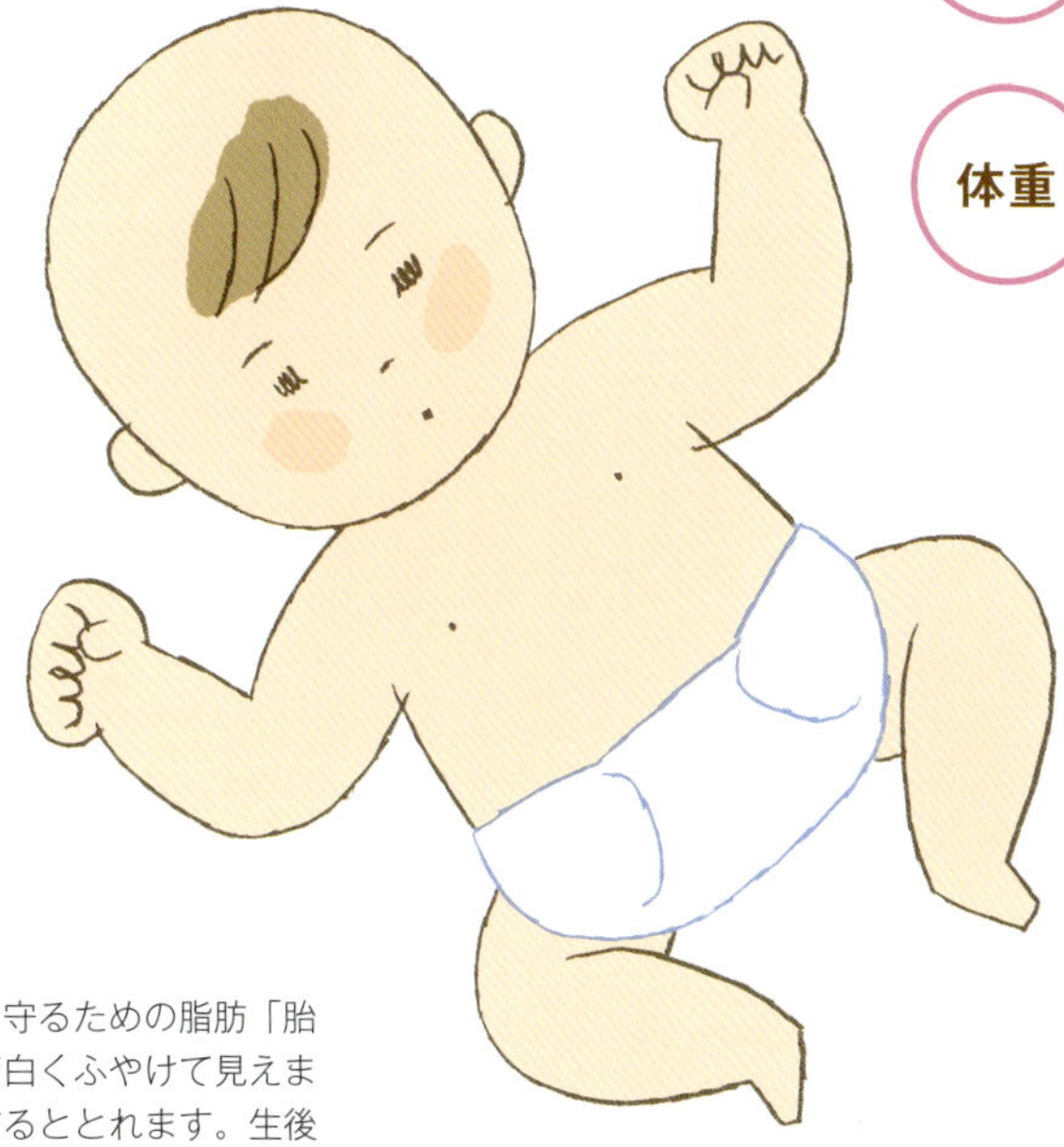

口

おっぱいや指を近づけると吸いつきます。歯はまだ生えておらず、生後6～8か月ごろから生え始めます。

おへそ

生まれたては、へその緒が乾いておらず、ジュクジュクした状態。生後1～2週間ほどで乾燥し、かさぶたのように自然にとれます。

肌

羊水から肌を守るための脂肪「胎脂」の影響で白くふやけて見えますが、沐浴するととれます。生後2～3週間で肌はむけかわります。

おしり

おしりや背中に蒙古斑《もうこはん》とよばれる青いあざが見られます。個人差がありますが、10歳ごろまでに消えていきます。

性器

男の子の睾丸と女の子の外陰部は、出産時に水分がたまることと、ホルモンの影響で大きくはれて見えますが、どちらも自然に目立たなくなります。

胎便

生まれてはじめて出る便で、黒っぽい緑色で粘り気があります。生後3日くらい続き、母乳を飲み始めると徐々に黄色くなります。

原始反射とは？

外の世界で生きるため、生まれながらに備わっている動きのことで、特定の刺激に反応して無意識に動いてしまう反射行動です。乳幼児に見られ、前頭葉が発達すると失われます。

モロー反射
衝撃や大きな音がすると手足を伸ばし、ゆっくり手を前で交差して抱きつくような反応をします。生後4か月ごろに消失するに伴い、首がすわるようになります。

把握反射
手に何かが触れると無意識に握ろうとする反射行動。人間が猿であったころから残る原始反射ともいわれます。生後3～4か月くらいで消失します。

吸啜《きゅうてつ》反射
口に入ってきたものに吸い付く反応のこと。唇に何かが触れるとそちらに首を回すルーティング反射、おっぱいを飲み込む嚥下《えんげ》反射とともに、自分で栄養を得るために必要な反射。胎児のころから備わっており、生後6か月ごろに消失します。

陣痛から出産

入院から退院までの過ごし方

入院期間は、ママのからだを回復させ、赤ちゃんのお世話に慣れるための期間。周りに協力してもらいながら少しずつ覚えましょう。

不調や不安は入院中に解決して

通常の出産であれば、入院期間は4〜6日。母子同室の場合は分娩直後から赤ちゃんと一緒に過ごすことができます。授乳は赤ちゃんが欲しがったらするという自律授乳が一般的。一日中一緒にいることは、はじめは大変かもしれませんが、赤ちゃんとの生活に早く慣れることができます。一方、母子別室の場合は、授乳時間になると授乳室に行き、おっぱいをあげる規律授乳が多いです。夜は新生児室で預かってもらえるので、ママは比較的ゆっくり休むことができます。

入院中は「ちゃんとお世話をしなきゃ」と気を張ってしまいがちですが、無理は禁物。退院後の育児のため、からだをきちんと回復させることもママの大切な仕事です。疲れたときやからだに異変を感じたときは、スタッフに相談しましょう。とくにしこりができた、乳頭が痛むなどのおっぱいトラブルは、そのつど解決するようにしましょう。悪露の量がいつまでも多い場合も要注意。子宮の収縮がうまくできていない可能性があります。この時期は、自分のからだの変化に対し、敏感になることが大切です。

また、手取り足取りお世話の仕方を教えてもらえるのも、入院中ならでは。退院後にスムーズな育児生活をスタートさせるためにも、お世話のコツや疑問に思ったことは積極的に聞いておきましょう。

帝王切開は手術翌日から赤ちゃんのお世話スタート

帝王切開で出産した場合の入院期間は、病院にもよりますが1週間程度。入院中に行うことは経膣分娩のママと基本的に同じ。血栓症予防や回復を早めるため動いたほうがいいので、手術の翌日から歩行を始め、赤ちゃんのお世話も少しずつ始めていきます。ただ、傷が痛んでおなかに力が入らず、授乳やおむつ替え、赤ちゃんを抱っこするのも思うようにいかず、気分が落ち込むこともあるかもしれません。スタッフにサポートをしてもらいながら、あせらずにできるところからやれば大丈夫です。

入院中のスケジュール

	ママ	赤ちゃん
産後1日目	**ママのからだの検査** 子宮の戻り具合、痛みの有無、血圧、脈拍、体温、膣・外陰部の状態などを確認。子宮収縮をよくするため、こまめにトイレへ行きましょう。 **シャワー** 出産の翌日から洗髪、シャワーが可能になりますが、湯船にはつかれません。帝王切開の人は通常、産後２～３日目からシャワー可。 **授乳指導、おむつ指導** 授乳時の姿勢やげっぷのさせ方、おっぱいマッサージなどを学びます。おむつ替えと、うんちの状態チェックも指導してもらいます。	**赤ちゃんのからだの検査** 黄疸の測定などを受けます。ビタミンK欠乏による出血症状予防で、ビタミンK_2シロップを飲みます。 **ドライテクニック** 出産後まもなくは、赤ちゃんの体温が下がらないようにからだを拭くだけにとどめます。
産後2日目	**体調チェック** 体温、血圧測定、尿検査などを行います。 **調乳指導** 希望制のところもありますが、母乳育児の場合でも、ミルクのつくり方や飲ませ方は学んでおきましょう。	
産後3～4日目	**沐浴指導** 沐浴の手順や沐浴後の肌のケア、おへその消毒、耳や鼻のお手入れについて学びます。パパが参加できる場合も。 	**沐浴** 赤ちゃんの心拍や体温が安定する３～４日目の沐浴指導ではじめて沐浴する病産院が多いです。
産後5日目	**退院後の生活指導** **退院準備** 荷物の整理や入院・分娩費用の支払い準備をします。また、退院後の赤ちゃんのお世話について不安なことがあれば聞いておきましょう。	**診察を受ける** 身体測定、原始反射のチェック、聴覚スクリーニング検査、先天性代謝異常の有無を調べる検査などを行います。
退院	**医師の診察** 体温、血圧、尿所見、貧血の有無をチェックし、子宮や悪露の状態、会陰の傷の状態などを診察します。会陰を縫合している場合は抜糸をすることも。 **必要書類の受け取り** 母子健康手帳と記入済みの出生証明書、出産手当金の申請書を受け取ります。出産育児一時金を産後申請する場合は合意書と入院・分娩費の領収書も忘れずに。 **入院・分娩費用の清算** 妊娠中に出産育児一時金を申請している場合は差額を、産後申請の場合は全額を支払います。（→234ページ）	**着替え** ママの準備や手続きが済んだら、赤ちゃんを用意していた産着に着替えさせて退院です。 

column

パパができること

陣痛から出産編

出産そのものの痛みや不安と戦うのはママ。パパは代わることができなくても、マッサージや気遣いでママを支えることはできます。

ママと赤ちゃんのようす

陣痛が始まるといよいよ出産の始まり。陣痛から出産まで初産で約14～15時間、経産でも約7～8時間かかるといわれます。陣痛が強くなるにつれママは子宮口を広げ、赤ちゃんはからだを回転させて産道を下へと進んでいきます。

ママと赤ちゃんの共同作業が続くなか微弱陣痛（→183ページ）、遷延《せんえん》分娩（→184ページ）といったトラブルが起こることも。陣痛促進剤の投与や帝王切開への切り替えなど、医師や助産師の適切な判断で出産を安全に進めます。

その1 ➡楽しいおしゃべりでリラックス

陣痛をうまく逃がすポイントは、リラックスすること。陣痛が軽いうちは、会話を楽しんでリラックスさせてあげましょう。ほかにも好きな音楽を聴いたり、好きな香りをかいだり、ママがリラックスできるものを準備しておき、気分転換をさせるといいでしょう。

その2 ➡痛みがつらそうなときはマッサージを

陣痛が強くなってきたら、腰や背中をマッサージして痛みをやわらげてあげましょう。ママがラクな体勢を一緒に探しながらしましょう。うまくできなくても大丈夫。パパがそばにいるという安心感が、ママの支えになります（→175ページ）。

その3 ➡パパの気配りが大きな支えに

陣痛が進むにつれ、その痛みからママのからだは熱くなっていきます。汗を拭く、飲み物を飲ませてあげる、うちわであおぐなど、長丁場になる出産では、パパのサポートが不可欠です。

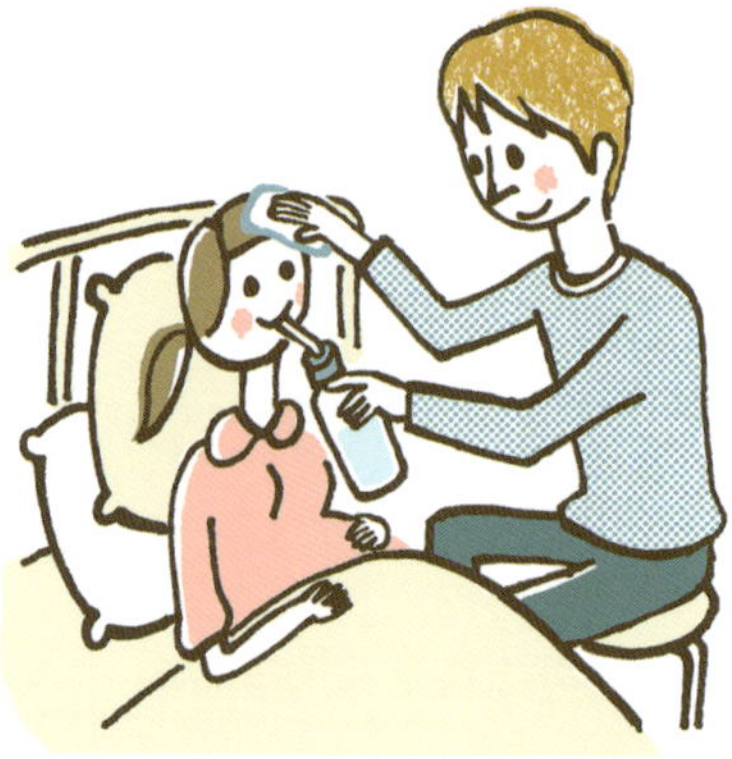

パパの心得3か条

- その1 ママの気持ちをリラックスさせる！
- その2 マッサージで陣痛の痛みをやわらげる！
- その3 汗拭き、水分補給のサポートをする！

これってOK? NG?

ママへの声かけ

出産当日はママと赤ちゃんが主役ですが、
パパのやさしい気遣いがあると安心して出産を迎えられます。

○ もうすぐ赤ちゃんに会えるよ！

出産目前で不安になっているママには、もうすぐ会える赤ちゃんの話をすることで、前向きな気持ちにさせてあげましょう。手を握ってあげると、緊張もやわらぎます。

○ 何をしてほしい？

出産中はボーッとしているのではなく、ママのサポート役に徹してあげて。常に何かできることがあるか聞いてあげると、ママはとても助かります。

○ がんばったね！ありがとう！

出産が終わったら、まずはママへ「がんばったね」「ありがとう」の言葉をかけてあげて。ママもパパのうれしそうな姿に「がんばって産んでよかった」と思えるはずです。

× 疲れた。眠い…。

立ち会い出産で疲れてしまうのは仕方ないことですが、ママも赤ちゃんもがんばっています。ネガティブな発言は控えて、疲れたら少し休んだり、仮眠をとりながら出産を待ちましょう。

パパのぎもんQ&A

Q ビデオやカメラはいつ撮ったらいい？

A ママや病産院と相談して決めて。

赤ちゃんが生まれる瞬間をビデオカメラやカメラに残したいパパも多いでしょう。しかし、ママの負担になったり、「立ち会い出産」ではなく「立ち見出産」になってはいけません。まわりと相談をしてから段取りを決めましょう。

Q 立ち会い出産する場合はどうしたらいい？

A まずは周囲へ報告。当日はママの頼れるサポート役に。

両親学級への参加が必要な病産院もあるので、妊娠8か月ごろまでに医師へ申告し、職場にも伝えて日程調整を。また、事前に出産の流れを把握しておき、当日は落ち着いた姿勢でママをサポートしましょう(→170～175ページ)。

出生届を提出しよう

出生届とは？

出生届とは、赤ちゃんを戸籍に入れるための手続きです。提出して受理されることで、赤ちゃんは法的に社会の一員として認められます。出生届の用紙は役所の戸籍窓口、あるいは病産院でもらうことができます。

提出先

赤ちゃんが生まれた地域、ママとパパの本籍地、住民登録をしている地域のいずれかの役所。

提出する人

出生届の記入・押印はパパかママですが、役所への提出は祖父母や友人でもOK。ただし、代理人は加筆や訂正ができません。

提出期限

出生日を含む14日以内に提出。14日には土日祝日も含まれ、14日目が休日にあたる場合は休み明けまで期限が延長されます。提出が遅れると5万円以下の罰金が科せられる場合もあるので注意しましょう。

必要なもの

- **記入済みの出生届と出生証明書**
  出生証明書は医師や助産師に記入・押印してもらいます。
- **届出人の印鑑**
  不備があったときの訂正のために使用。シャチハタは不可。
- **母子健康手帳**
  出生届出済証明の欄に記入してもらいます。後日持参でも可。

出生届の書き方

❶赤ちゃんの名前

大きな字ではっきりと記入しましょう。提出して一度受理されると簡単には変えられないので注意して。よみがなは住民票の処理に使われるもので、戸籍には記載されません。

❷父母との続き柄

正式に婚姻中の夫婦間に生まれた子を「嫡《ちゃく》出《しゅつ》子《し》」といいます。婚姻届を提出する前に赤ちゃんが生まれても、出生届と同時に婚姻届を提出すれば嫡出子と記載。

❸生まれたところ

出生証明書に書かれた住所と同じ住所を記入します。ただし、病院名などを記入する必要はありません。

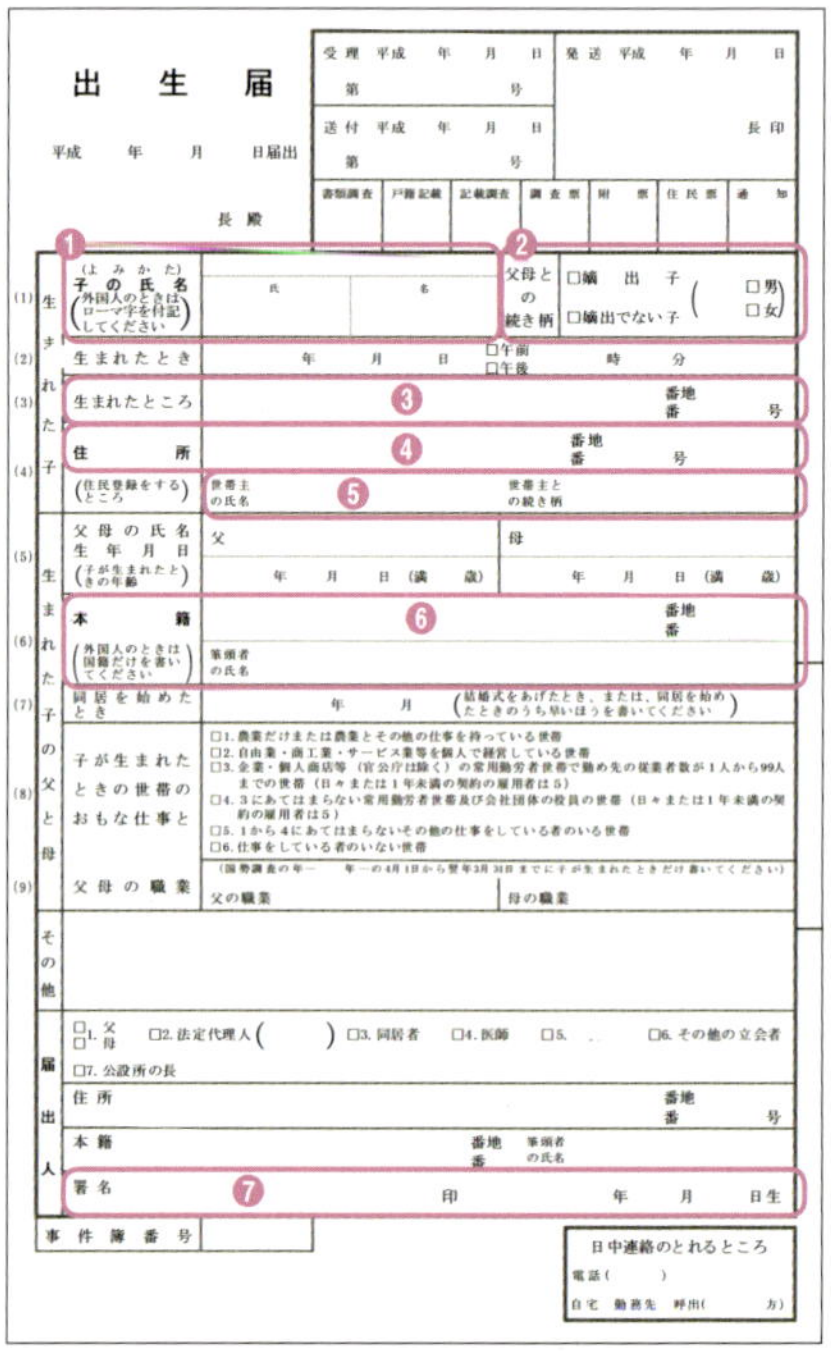

❹住所

住民票に書かれた住所を記入します。

❺世帯主の欄

パパが世帯主の場合はパパの名前を書き、続き柄は「子」、世帯主が赤ちゃんから見て祖父の場合は祖父の名前と、続き柄は「子の子」とします。

❻本籍

本籍と現住所が違い、わからない場合は、本籍地が記載された住民票をもらい、確認しておくと安心です。

❼届出人

届出人とは「届出義務者」のことでパパかママが原則です。何らかの事情がある場合、「同居者」「出産に立ち会った医師、助産師またはその他の者」が届出人になる場合も。

Part 3 産後１か月

とうとう赤ちゃんとの生活が始まります。
パパや実家のサポートを得ながら
はじめての赤ちゃんのお世話に慣れていきましょう。

産後1か月

からだの変化と過ごし方

産後のからだは、約1〜2か月の時間をかけてもとに戻ります。この時期、無理や焦りは禁物。からだの回復を第一に過ごしましょう。

出産で疲れたからだをまずはゆっくり休めて

産後1か月は、産後のからだへと変化する時期。この時期を「産褥期《さんじょくき》」といい、とくに最初の1週間は、もとに戻すためにからだが大きく変化します。

出産を終えると、ふくらんでいた子宮は少しずつ収縮を始めます。これを「子宮復古」といいます。このとき、「後陣《こうじん》痛《つう》」とよばれる月経痛よりもやや強い痛みを感じることがあります。順調な回復のサインといえるでしょう。

また出産直後から、「悪露《おろ》」という経血に似たおりものが出ます。悪露は、子宮や産道に残った血液や組織が混ざったもので、産後1週間は量も多く、赤褐色をしています。その後しだいに量が減り、黄色、白へと変化していきます。悪露が多い時期は、産褥パッドという大きめの月経用ナプキンのようなものを使います。悪露が止まったあと出血がある場合は、感染症が心配されるのですぐに受診を。

退院後も無理をせず、家事は家族に任せて、からだの回復につとめましょう。

産後1か月のスケジュール

産後1週間

経過が順調なら、退院して自宅に戻ることができます。ただし、まだまだ安静が必要な時期。家事は家族にやってもらい、疲れたらすぐ横になって、からだを休めてください。月経2日目程度の量の悪露があるので、産褥パッドのこまめな取り替えが必要です。会陰切開をした人は、傷の痛みが落ち着いてくるでしょう。入浴は、感染防止のため1か月健診までは、シャワーのみで済ませます。

産後2週間

子宮は妊娠前の大きさに近くなり、おなかを触ってもわからないぐらいになり

ママのからだのようす

出産直後の子宮はまだ大きく、おなかもすぐにへこむわけではありません。出産直後の子宮底はおへその高さにありますが、骨盤底筋が回復したり、膀胱におしっこがたまったりすることで一時的に上昇し、その後しだいに下降していきます。産後２週間ほどで外見上は妊娠前と同じ状態になりますが、子宮がもとの大きさに戻るには、一般的に約６～８週間かかります。

子宮がもとの大きさに戻るときに感じる痛みが、後陣痛です。子宮収縮を促すホルモンは、赤ちゃんが乳頭を吸うことで盛んに分泌されるので、授乳時に後陣痛を強く感じるでしょう。後陣痛の感じ方には個人差があり、一般的に初産よりも２人目以降の出産のほうが強く感じるといわれます。

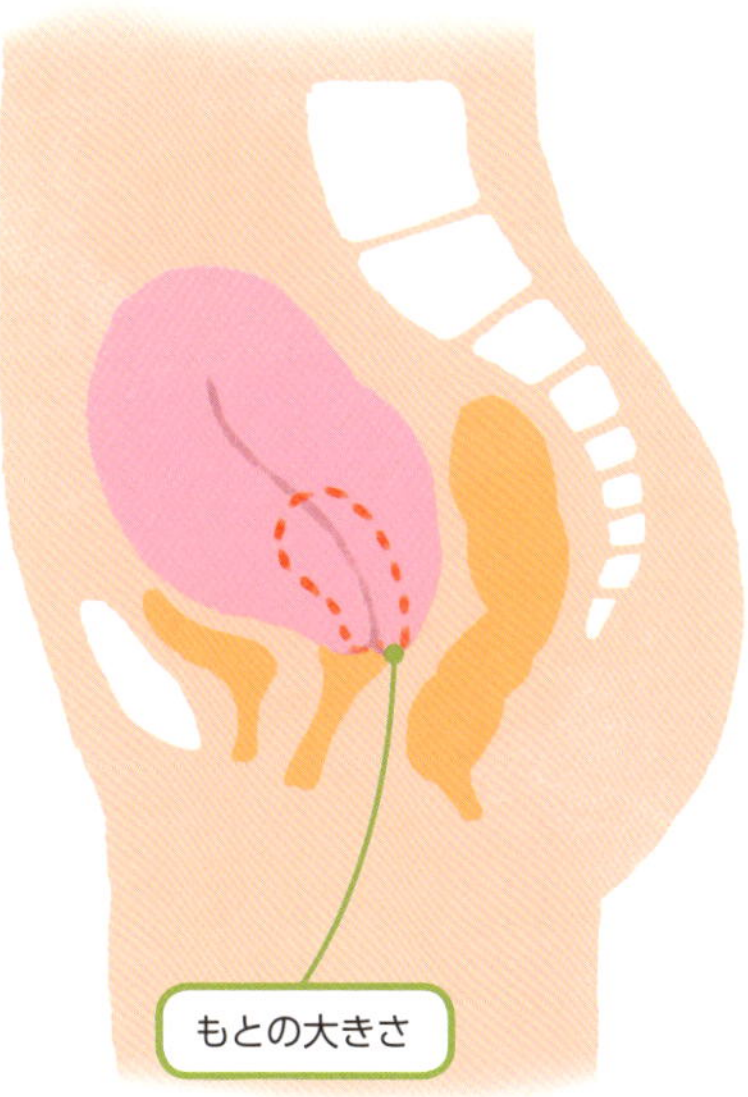

この時期気になること

会陰切開の傷

出産時に会陰切開をすると、縫合部に痛みが残ることがあります。縫合部の大きさにもよりますが、ほとんどの場合、痛みは１週間程度で治まるでしょう。産後１か月たっても痛みがある場合は、健診で相談してください。

乳房の張り

産後２～３日目に、乳房が張って、熱を帯びたり痛みを感じたりすることがあります。これは母乳の分泌が始まった証拠。赤ちゃんにしっかり飲んでもらうことで張りは緩和され、授乳リズムが整うにつれて落ち着いてきます。

月経の再開

いつから再開するかには個人差がありますが、早い人は産後２～３か月ごろに再開します。１年以上たっても再開しない人もいますが、月経再開前の最初の排卵で妊娠することもあるので、妊娠を望まない場合は、きちんと避妊をしましょう。

ます。悪露の量も落ち着き、色も赤色から黄色、白色に変化してきます。出産の疲れがとれ、からだは回復してきますが、夜間の授乳で睡眠不足が続きます。赤ちゃんと一緒に昼寝をして、疲れをためないようにしましょう。家事の再開は、負担にならないことから始めて。

産後3週間

悪露の量はさらに減り、会陰縫合部の痛みもほとんどなくなります。母乳育児の人は、分泌が盛んになってくるので、乳腺炎にならないように注意を。家事を再開してもかまいませんが、力仕事はNG。赤ちゃんのお世話にも慣れてきますが、ストレスもたまりやすい時期。ひとりでため込むのではなく、パパや親に話しをしたり家事を任せたりして、赤ちゃんと穏やかな気持ちで過ごしましょう。

産後4週間

悪露はほとんどなくなり、あっても少量か透明なものになります。会陰縫合部の痛みもなくなるでしょう。1か月健診を受け、ママと赤ちゃんの気になる症状があれば医師に相談しましょう。お出かけやセックスは、1か月健診で問題なければできるようになります。

産後の気になるからだのトラブル

妊娠・出産を通じ、ママのからだには大きな負担がかかっています。気になる痛みはひとりで抱え込まず、医師や助産師に相談して。

産後のからだは痛いところだらけ

出産は、赤ちゃんの命を世に送り出す大仕事です。当然、それを終えたママのからだには大きな負担がかかっています。産後はからだがあちこち痛み、想像していなかったトラブルも起きるでしょう。

でも、心配いりません。産後のトラブルは、時間がたてば自然に解消するものや、きちんと対処すれば予防できるものがほとんどです。また、起こりうるトラブルを事前に把握しておけば、いざというときにあわてずにすみます。気になる症状はひとりで抱え込まず、医師や助産師などの専門家に相談しましょう。

下半身のトラブル

膣のゆるみ

出産時に赤ちゃんの頭が通るとき、膣の内部が広がるため、産後しばらくはゆるい状態が続きます。たいていの場合、何もしなくても数か月でもとに戻るので、心配はいりません。早く回復させたい場合、尿もれ改善と同様の、膣を引き締めるエクササイズ（→91ページ）が効果的です。生活のなかで無理せず取り入れてみましょう。

尿もれ

自然分娩をしたママの多くが経験するトラブル。妊娠中のおなかの重みや出産時のいきみによって、子宮や膀胱を支えたり、肛門や尿道を引き締めたりする筋肉（骨盤底筋）が、伸びきってしまうことが原因です。時間の経過とともに治ることがほとんどですが、骨盤底筋を鍛えるエクササイズ（→91ページ）で、症状を改善できます。

恥骨の痛み

出産時に開いた骨盤がもとに戻るときに、恥骨のあたりに痛みを感じることがあります。自然に治まることがほとんどですが、腰に負担をかけない生活を心がけて。痛みが強い場合は医師に相談を。

便秘・痔

便秘は、母乳に水分がとられて便がかたくなることや、出産時にできた会陰切開の傷を気にしていきめないことで起こりがち。縫合した傷は、いきんだぐらいでは開きません。食物繊維の多い食事と水分補給を心がけて。

痔は、下半身の血行不良に、出産時のいきみが加わって起きやすくなります。医師の診察を受け、患部を清潔にして、処方された薬でケアしましょう。

膀胱炎

頻尿になったり排尿痛があったりしたら膀胱炎です。出産の影響で膀胱が一時的に麻痺すると、尿意を感じにくくなることがあります。細菌感染が原因のことも。尿意を感じたらトイレへ行く、排便後は前から後ろへ拭くを徹底しましょう。

おっぱいのトラブル

乳腺炎

乳腺が炎症を起こし、乳房がはれて痛むのが乳腺炎です。38度以上の熱が出ることも。授乳時に赤ちゃんに噛まれた傷から細菌が入ったり、乳腺に母乳がたまりすぎたりすることが原因です。軽度の場合は抗生剤の服用で治りますが、重症化すると手術が必要になることも。乳首を清潔に保ち､乳管をつまらせないことで予防しましょう。

乳汁うっ帯

乳管が開いていないため乳管がつまって母乳がたまり、乳房がかたく張って痛む状態。マッサージをして、つまりを取り除きましょう。また、授乳後は母乳が残らないよう、軽くしぼるとよいしょう。

乳頭部亀裂症状

乳頭部が傷ついたり、ただれたりする症状です。授乳時間が長くて乳頭に負担がかかったり、赤ちゃんが強く噛んでしまったりしたときに起こります。授乳のたびに痛むので、乳頭保護器というゴム製の乳首をかぶせたり、母乳を哺乳びんで飲ませたりすることで、乳首を休ませます。医師や助産師に相談して、対処法を考えましょう。

1 乳房と逆側の手で包むように押さえ、同じ側の手を重ね、内側へ押します。

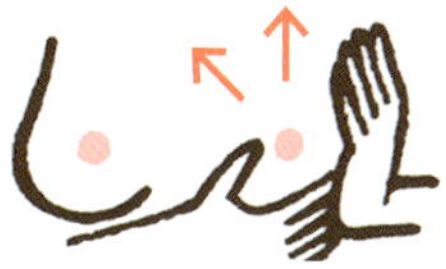

2 上や斜めにも押します。表面だけでなく、乳房全体を持ち上げるように。

その他のトラブル

腰　痛

赤ちゃんのお世話は抱き上げたり、沐浴でからだを支えたりと中腰の姿勢が多く、腰に負担がかかりがち。疲れがたまって痛んだり、妊娠中からの腰痛が治らないこともあります。予防や解消にはエクササイズが有効ですが、中腰の姿勢は避け、腰への負担を減らすことも大切。カイロなどで腰を温めて、痛みをやわらげましょう。

抜け毛

産後、卵巣から分泌されるホルモンが一時的に少なくなることが原因で、抜け毛が増えます。洗髪時にごっそり抜けるとびっくりしますが、半年ほどで自然に落ち着くので心配はいりません。

貧　血

貧血は妊娠中に起きやすいトラブルですが、出産時に大量に出血したことがもとで、産後に貧血を起こすことがあります。鉄分を含む食材を意識的に取り入れ、栄養バランスを考えた食事をとるようにしましょう。また、疲れをためないように、休養することも大切です。赤ちゃんが寝ているときは一緒に昼寝をして、体力を回復させましょう。

おなかの皮膚のたるみ

妊娠中に伸びたおなかの皮膚が、産後はたるみます。さらに、年齢とともにたるんでいくので、今のうちに戻しておきたいところ。しかし、産後は育児に体力を使うので、無理なダイエットは禁物です。

妊娠線

妊娠中にできた妊娠線は、残念ながら完全には消えません。しかし、産後しばらくすると赤みが消え、白っぽくなって目立たなくなります。

足や手首の痛み・しびれ

赤ちゃんのお世話で頻繁に抱っこしたり、立ったり座ったりすることで、腱鞘炎《けんしょうえん》や関節痛を引き起こすことがあります。抱っこのときは同じ腕に負荷がかからないようにしましょう。新生児用のスリングを使うのも手です。座るときは足組みや横座りを避け、なるべく椅子に座って。痛くなったときは患部を冷やし。痛みが引かなければ整形外科を受診してください。

指が動かしにくい・カクッとする

これはばね指(弾撥《だんぱつ》指《し》)とよばれるもの。指が動かしにくくなり、伸ばそうとすると指がカクッと動き痛みを伴います。痛みを感じたら、冷やしてできるだけ安静にしましょう。いちばんの予防法は使いすぎないことですが、なかなかむずかしいので、症状が出たらしっかり治すことが大切です。

骨盤のゆがみ

分娩時に広がった骨盤は、時間はかかりますが戻ります。ただし、歩行に違和感を感じる場合は骨盤ベルトも有効です。助産師に装着の仕方を相談するとよいでしょう。

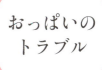

産後1か月

産後の気になる心のトラブル

産後、ママの心が不安定になるのはとても自然なこと。ママはがんばりすぎないこと、パパはママをやさしくサポートすることが必要。

だれにでも起こるマタニティブルーズ

産後、わけもなく涙もろくなったり、急に気分が落ち込むことを、マタニティブルーズといいます。妊娠中に多く分泌されていた黄体ホルモンや卵胞ホルモンの急激な減少、慣れない育児や産後の疲れが重なって起こるといわれています。

マタニティブルーズは、産後2~3日後から始まり、10日以内には自然に治まります。産後の沈みがちな気分は、多かれ少なかれ、だれもが経験する生理現象のようなもの。短期間で終わるのであまり神経質にならず、「産後は気持ちが不安定になるもの」としてパパや家族に甘え、マタニティブルーズを乗り切りましょう。

不眠や憂うつが続くなら産後うつの疑いも

さほど心配がいらないマタニティブルーズですが、「産後うつ」には注意が必要です。

産後うつは、産後1か月から3か月ぐらいの間に起きやすいといわれている、心の病気です。気分が沈んだり、不安や緊張が続いたり、必要以上に自分を責めたり、何をやっても楽しいと思えなくなるなどの症状があります。食欲不振、不眠などの身体的な症状も現れます。

特徴的なのは、赤ちゃんや育児に関す

“産後クライシス”とは？

離婚につながる夫婦関係の危機

産後2年以内にパパとの関係が悪化し、急速に夫婦関係が冷え込む現象を「産後クライシス」といいます。主に、ママのパパへの愛情が急激に薄れることで起こります。

なぜ、産後に愛情が薄れてしまうのでしょうか。原因は大きく3つ、ホルモンバランスの変化によって敵対的感情が強くなること、赤ちゃん中心の生活にがらり変わること、それらに対するパパの理解や協力が足りないこと。適切に対処しないと、おたがいの心が離れ、離婚につながることもあります。

る不安が多いこと。「赤ちゃんが泣きやまないのは、何か病気があるからだ」「私のような人間が母親になってはいけない」などの気持ちにとらわれ、育児そのものがつらくなってしまいます。

　産後うつは、軽度のものを含めると、約1割のママが経験するといわれます。ほかの心の病気と同様に、周囲の理解とサポートが必要です。夫婦でコミュニケーションを図り、パパがママの不安が強いと気づいたなら、医師や助産師などの専門家に相談し、心をラクにする方法を考えていきましょう。

マタニティブルーズと産後うつの違い

マタニティブルーズ	産後うつ
産後２～３日後から始まって、10日以内に治まります。	産後１か月ほどたってから、不安な気持ちに。
ブルーな気持ちのピークは産後３～５日ごろ。体調を崩すこともあります。	不安な気持ちが２週間以上続き、不眠や食欲不振などの症状もあります。
ホルモンバランスの変化による生理現象。涙もろくなるのが特徴。	涙もろくなるというより、不安な気持ちにとらわれてしまいます。

育児相談窓口リスト

●エンゼル110番

0800-5555-110

受付時間／月～土曜 10:00～14:00（祝日・年末年始を除く）
森永乳業株式会社が提供する、無料電話相談サービス。保健師、管理栄養士、心理相談員等が相談にのってくれます。

●ママさん110番

03-3222-2120

受付時間／月～金曜 10:00～16:00（祝日・年末年始を除く）
日本保育協会による無料の育児相談電話。相談員が相談にのってくれます。

●明治赤ちゃん相談室 0570-025-192

受付時間／月～金曜 10:00～15:00（第３火曜・土日祝日・年末年始を除く）
株式会社明治が提供する相談窓口で、授乳や離乳食、ママの栄養について栄養士・管理栄養士が相談にのってくれます。

●子育て・女性健康支援センター

各都道府県助産師会が提供する相談窓口で、助産師による電話相談が行われています。原則的には月～金曜の 10:00～16:00ですが、各都道府県に設置されているセンターによって曜日や時間帯が異なるので、下記のURLからご確認ください。
http://www.midwife.or.jp/general/supportcenter.html

●自治体の相談窓口

各市区町村の保健所・保育課・子育て支援センター・児童相談センター・児童館・認可保育園では、育児相談を受け付けてくれます。相談方法は各自治体のホームページで確認を。

回避するためには、事前の対策が大切

　では、どのような対処が必要なのでしょうか。まず、妊娠中にふたりで産後クライシスとはどういうものなのか学びましょう。産後のパパへの気持ちの変化が、ホルモンによる一時的変化であるということを知っておくだけで、おたがいの気持ちのもちようが違ってきます。

　また、産後の家事や育児をママがひとりで抱え込まないよう分担したり、両親学級に参加したりして、夫婦で協力して育児をするという意識をもつこともとても大切です。

　産後の危機を乗り越えることで、夫婦・家族の絆はより深まります。事前に対策をして、円満で幸せな家庭を築いてください。

産後1か月

ママと赤ちゃんが過ごす環境と過ごし方

いよいよ始まる、赤ちゃんとの暮らし。家の間取りや生活スタイルに合わせて、赤ちゃんを迎える環境を整えておきましょう。

赤ちゃんをお世話しやすい安全・快適な環境を準備

生まれて間もない赤ちゃんは、ほとんどの時間を寝て過ごします。赤ちゃんが過ごすスペースを出産前から考え、準備しておきましょう。

赤ちゃんが過ごすスペースは、安全面、衛生面、快適性を条件に決めましょう。ママと赤ちゃんが寝るスペースの近くには、地震で落下したり倒れたりするものがないようにします。赤ちゃんは体温調節が苦手なので、温度・湿度をコントロールしやすく、風通しのよい部屋を選んでください。エアコンの風や直射日光が当たる場所は避けましょう。

❶安全の確保

まわりに倒れたり落ちたりするものがない安全な場所に。掛け時計、カレンダーなども移動させます。布団の場合は、棚の上のものにも注意。

❷適度な室温、湿度

快適な室温は、夏は26～28度、冬は22～23度、湿度は50～60%が目安。エアコンの風が赤ちゃんに直接あたらないように注意をしてください。

❸ケア用品の収納

替えのおむつや着替えなどのケア用品を入れた棚は、ねんねスペースの近くに置くと便利。頻繁に使うおむつ替えと授乳のグッズはすぐ手の届く場所にまとめて。

❹風通し◎

風通しがよく、換気しやすい部屋が最適。ただし、赤ちゃんに直射日光が当たらないよう、窓のそばを避けた場所に寝かせましょう。

夜はどう過ごす？

ママ・パパ・赤ちゃんの3人同室で過ごし、夜も協力して育児を。ベッドでも布団でも同じスペースに寝る場合は、川の字で寝るのがおすすめ。パパもママも夜中の授乳やおむつ替えにすぐに対応できます。ベビーベッドの場合はママ側に設置を。

産後しばらくして家事ができるようになったときは、家事をしていてもママの目が届く場所にねんねスペースを設置し、落下物などがないようにしてください。

汗っかきの赤ちゃんを清潔に保つ衣類を

赤ちゃんは新陳代謝が活発なため、たくさん汗をかきます。季節や個人差もありますが、一日に数回着替えが必要なことも。肌着はゆとりをもった枚数を用意しておくとよいでしょう。

赤ちゃんの衣類で第一に考えたいのが、お世話のしやすさと快適性です。首や腰の座らない赤ちゃんの衣類は、前開きのものが基本。短肌着にコンビ肌着、ツーウェイオールなどを重ねて着せ、季節に合わせた調整をしてください。

赤ちゃんに、靴下は必要ありません。赤ちゃんは手足で体温調節を行っているため、靴下を履かせると熱がこもって体温調節がうまくできなくなってしまうからです。寒い時期は1枚プラスしたり、布団を掛けたりするとよいでしょう。

ねんねスペースづくり

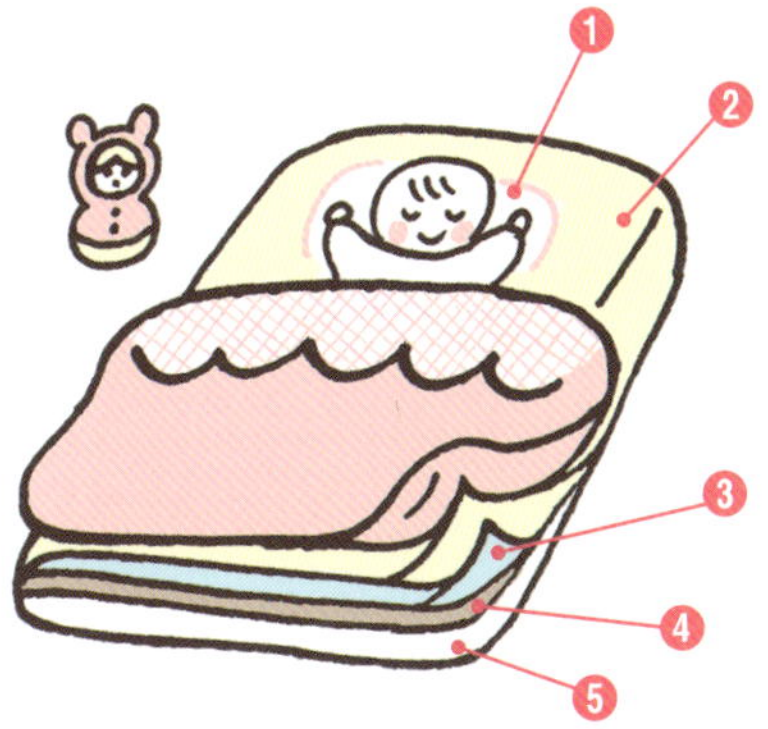

❶枕
赤ちゃんは頭に汗をかくので、こまめに交換を。フェイスタオルを４つ折りにして使えばＯＫ。顔にタオルがかからないよう注意。

❷シーツ
吸湿性と肌触りのよいものを選んで。お昼寝後の赤ちゃんは、全身汗だくなことも。必ず洗い替えを用意し、清潔さを保ちましょう。

❸キルトパッド
汗を吸収してむれを防ぎます。防水シーツとともに、敷布団を汚さないために必須のアイテムです。最低１枚は洗い替えを用意します。

❹防水シーツ
キルトパッドと敷布団の間に敷いて、汗やおしっこが敷布団に染み込むのを防ぎます。

❺敷布団
かためのものを選ぶのがポイント。やわらかいと、赤ちゃんがうつぶせになったときに顔が沈んでしまい、窒息する危険性があります。

季節に合わせて
寒い時期は掛け布団、やや涼しい時期は肌掛け布団を使い、タオルケットや毛布で調節します。暑い時期はタオルケットのみでもＯＫ。

春・秋
短肌着 or コンビ肌着
＋
ツーウェイオール
※寒いときはベストをプラス。

夏
短肌着
＋
ツーウェイオール
※暑いときはコンビ肌着のみでも。

冬
短肌着＋コンビ肌着
＋ツーウェイオール
※寒いときはカーディガン、おくるみをプラス。

基本のウエア＆肌着

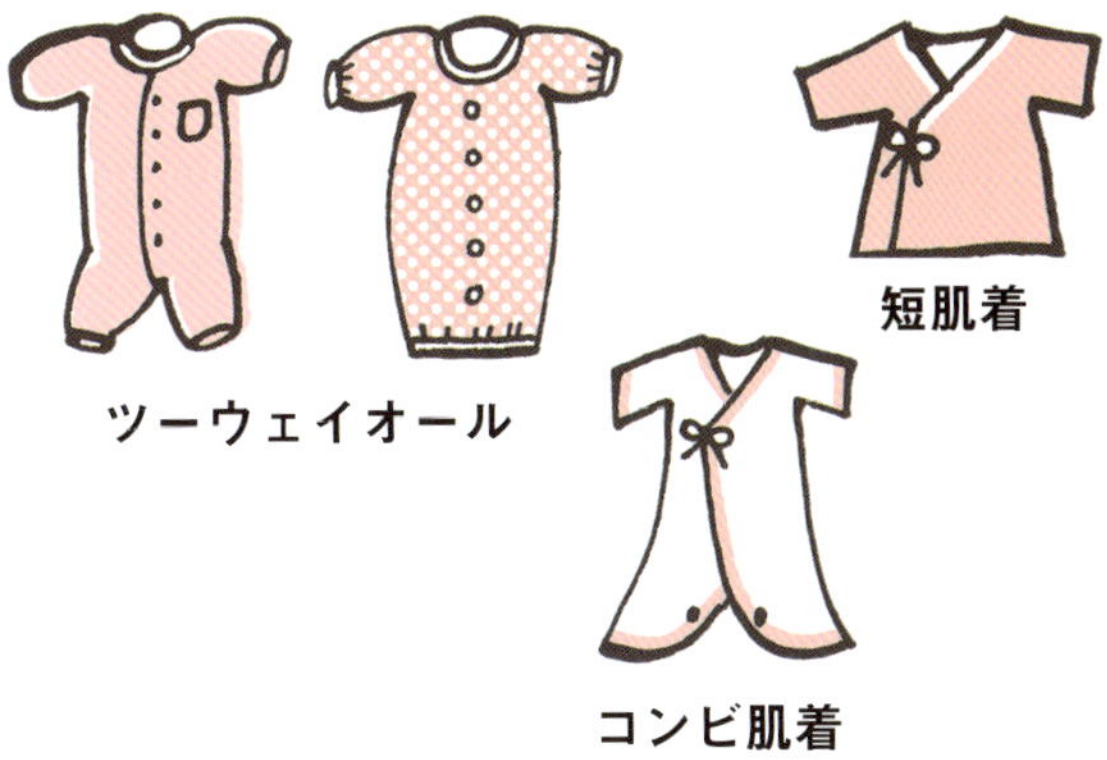

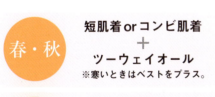

産後1か月

お世話① 抱っこの仕方

抱っこは、親子の大切なスキンシップ。しっかり抱っこされることで赤ちゃんは安心し、ママやパパへの信頼感を深めていきます。

たくさん抱っこして赤ちゃんに愛情を伝えて

お世話の第一の基本となるのが抱っこです。生まれたばかりの赤ちゃんは、目から20～30㎝の位置に焦点を合わせやすくなっています。つまり、抱っこされたときに、ちょうどママやパパの顔が見やすくなるということになります。

新生児は首の筋肉がまだ発達していないため、首はぐらぐら。抱くときは、片方の手で首を支えましょう。

赤ちゃんは抱っこが大好きで、やさしく抱っこされると安心します。親子の絆を深めるためにも、たくさん抱っこしてあげてください。

抱っこのポイント
20～30cmの位置に赤ちゃんの顔がある
首の後ろを支える
赤ちゃんのからだを腕全体で支える

抱っこQ&A

Q 泣いたら抱けばいいの？

A まずはおっぱい、そのあと原因を探して

まずはおっぱいをあげて。それでも泣くのであれば、おむつが濡れていないか、暑がっていないか、からだに異常はないかを確認します。原因がわからない場合は、抱っこであやしてようすを見てみましょう。

Q 抱きぐせがついたらどうしよう？

A 気にせず、たくさん抱っこして

昔は「泣くたびに抱っこしていたら、抱きぐせがつく」といわれたものですが、今は抱っこの大切さが見直され、抱きぐせを気にせず抱っこしてあげるのが主流です。心配せず、できるだけ抱っこしてあげてください。

抱っこの仕方

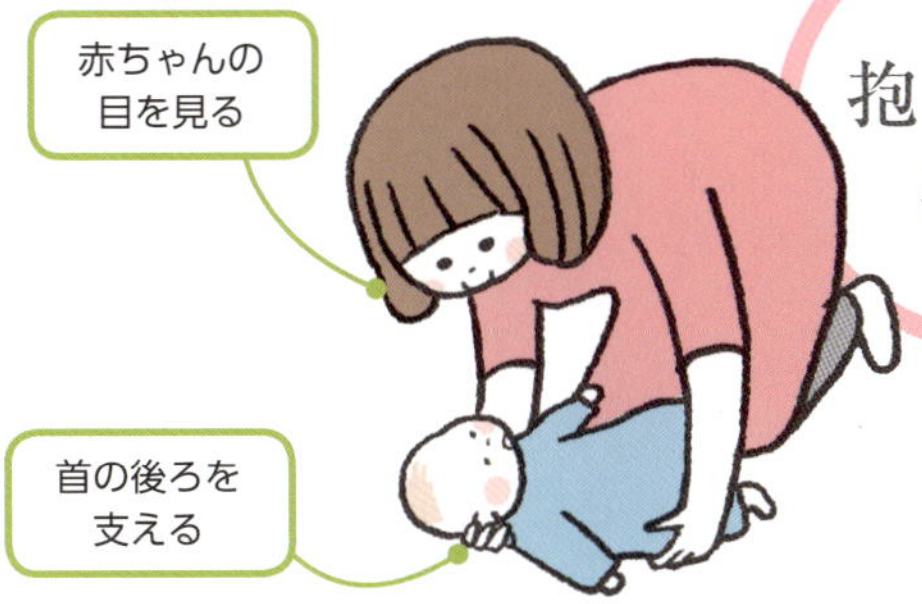

1 赤ちゃんに声をかけ、手をからだの下に入れる

赤ちゃんと目を合わせ「抱っこしようね」と声をかけながら、一方の手を頭の下に、もう一方の手をおしりの下に差し入れます。抱き上げるときは、首の後ろを支えて。

2 赤ちゃんのからだをママのからだに引き寄せる

首とおしりを支えながら赤ちゃんを引き寄せ、ママのからだに密着させます。腕全体で赤ちゃんのおしりを支え、上半身で赤ちゃんのからだを受け止めるようにして、縦抱きします。

3 赤ちゃんの頭をゆっくりと倒す

おしりを支点にして首を支えている手をゆっくり倒しながら、おしりを支えている側のひじに赤ちゃんの頭をのせます。

4 赤ちゃんの頭をひじで安定させ、股の間からおしりを支える

ひじを曲げ、赤ちゃんの頭を安定させ、腕全体で赤ちゃんの上半身を支えます。もう一方の手は、赤ちゃんの股の間をくぐらせ、おしりを下から支えます。

下ろし方

1 腰を落としておしりから着地させる

まず、腰に負担をかけないよう、ママは腰を落として座りましょう。その後、赤ちゃんのからだを両手でしっかり支えながら、おしりのほうからやさしく布団の上に下ろします。

2 からだを着地させてからおしり、頭の順で腕を抜く

赤ちゃんのからだを布団の上に下ろしたら、まずはおしりの下の手を抜き、次に頭を支えていた手をゆっくりと抜きます。赤ちゃんの頭はやわらかいので、頭はやさしく下ろして。

産後1か月

お世話② 母乳・ミルクのあげ方

授乳タイムは、赤ちゃんにとって、おなかと心が満たされる幸せな時間。ママも、ゆったりとした気持ちで楽しみましょう。

赤ちゃんにとって母乳は豊富な栄養源です

赤ちゃんにとって、母乳はもっともすぐれた栄養源です。母乳には、赤ちゃんの成長に必要なたんぱく質、脂肪分、炭水化物、ビタミン、ミネラルなどの栄養がバランスよく含まれています。

産後3～4日ごろまでに出る母乳を「初乳《しょにゅう》」といいます。まだ母乳の出る量は多くありませんが、初乳には、分泌型免疫グロブリンAという免疫物質が豊富に含まれています。初乳には、生まれたばかりの赤ちゃんを病気から守ってくれる効果があるのです。

1回の授乳のなかでも、最初は低脂肪、しだいに高脂肪へと母乳の成分が変化し、ママの食事内容によっても母乳の味が変わります。じつは赤ちゃんは、母乳を通していろいろな味を経験しているのです。

また、授乳中に分泌されるホルモン、オキシトシンが作用して子宮を収縮させ、分娩後の出血を止めたり、授乳することで体脂肪が消費されたり、授乳にはママのからだにもうれしい作用があります。

「泣く→吸わせる」の繰り返しからスタート

はじめての授乳は、ママも初心者なら、赤ちゃんも初心者。母乳は最初からたっぷり出るわけではなく、赤ちゃんの飲み方も上手ではありません。でも、授乳を

母乳が出るしくみ

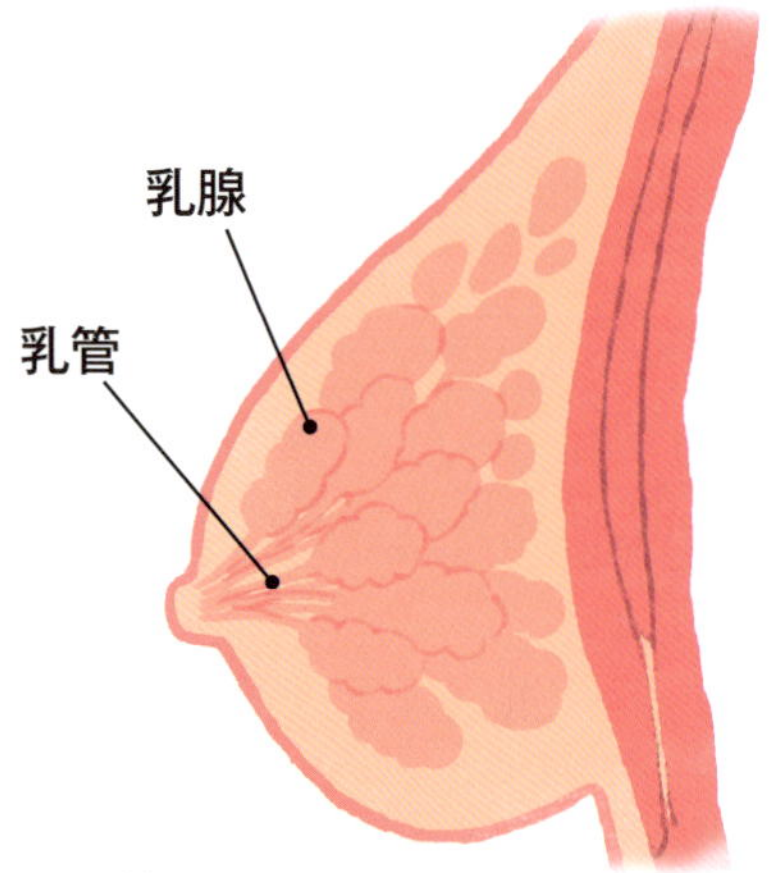

乳頭への刺激で母乳が分泌

プロラクチンの作用で血液から母乳がつくられます。乳腺でつくられた母乳はオキシトシンの働きで押し出され、乳管を通り、乳頭から出ます。プロラクチンとオキシトシンは、赤ちゃんが乳頭を吸うことで分泌されます。

続けるうちに、しだいに慣れて量も出るようになります。

出産直後から「泣いたら、吸わせる」のが授乳の基本。赤ちゃんが乳頭を吸う刺激により、ママの乳腺で母乳がつくられます。最初は数分ずつ左右を替えて、こまめに吸わせてみましょう。この時期は量が少なくても大丈夫。貴重な初乳を赤ちゃんに飲ませてあげましょう。

入院中は、助産師が授乳の仕方をアドバイスしてくれ、母乳の出や乳腺が開いているかどうかもチェックしてくれます。

ママのからだが疲れていると、母乳の分泌が少なくなります。疲れたときは無理せずミルクを足しても。休んだあとのほうが、母乳の出はよくなるようです。

赤ちゃんがおっぱいを飲んでいる目安

授乳回数が１日７回以上

１日７回以上(＋夜間に１回以上)授乳できれば、回数として十分。授乳間隔にばらつきがあってもかまいません。しだいに赤ちゃんとママの授乳リズムが整ってきます。

おしっこの回数が１日６回以上

おしっこが出るということは、母乳で十分に水分がとれているという証。おむつ替えのとき、１日６回以上おむつが濡れていれば大丈夫。

●不安なときは、出産した病院の助産師や、母乳外来のある病院で相談してみましょう。

授乳の気がかり

おっぱいの出が悪い

母乳の出には、個人差、体調、乳管の開き具合などがかかわっています。出が悪いと感じたら、助産師に相談をするのも手です。食生活を見直したり、おっぱいをマッサージしたりすることで改善することも。

げっぷが出ない

げっぷを出すコツは、赤ちゃんの背中を伸ばすことです。軽くたたいても出ない場合は、しばらく縦抱きにしているだけでも、自然に出てきます。それでも出ないときは、クッションなどで頭を高くして、顔を横に向けて寝かせましょう。

乳頭が痛い

いつも同じ方法で授乳すると乳頭の同じ場所に負担がかかり、痛んだり切れたりします。姿勢を変えて負担を減らしましょう(→208ページ)。濡らしたガーゼで乳頭を冷やすと、痛みが多少軽くなります。傷があるときは、乳頭保護器を利用すると赤ちゃんの口から乳頭を守ることができます。また、授乳後はきれいな水かお湯に浸したガーゼで乳頭と乳輪部を拭きとり、完全に乾いてから馬油やランシノーを塗って保湿しましょう。

姿勢

要点は、赤ちゃんの顔がまっすぐ乳頭に向くこと、赤ちゃんのからだがねじれないこと。授乳クッションを利用し、負担のない姿勢を探しましょう。

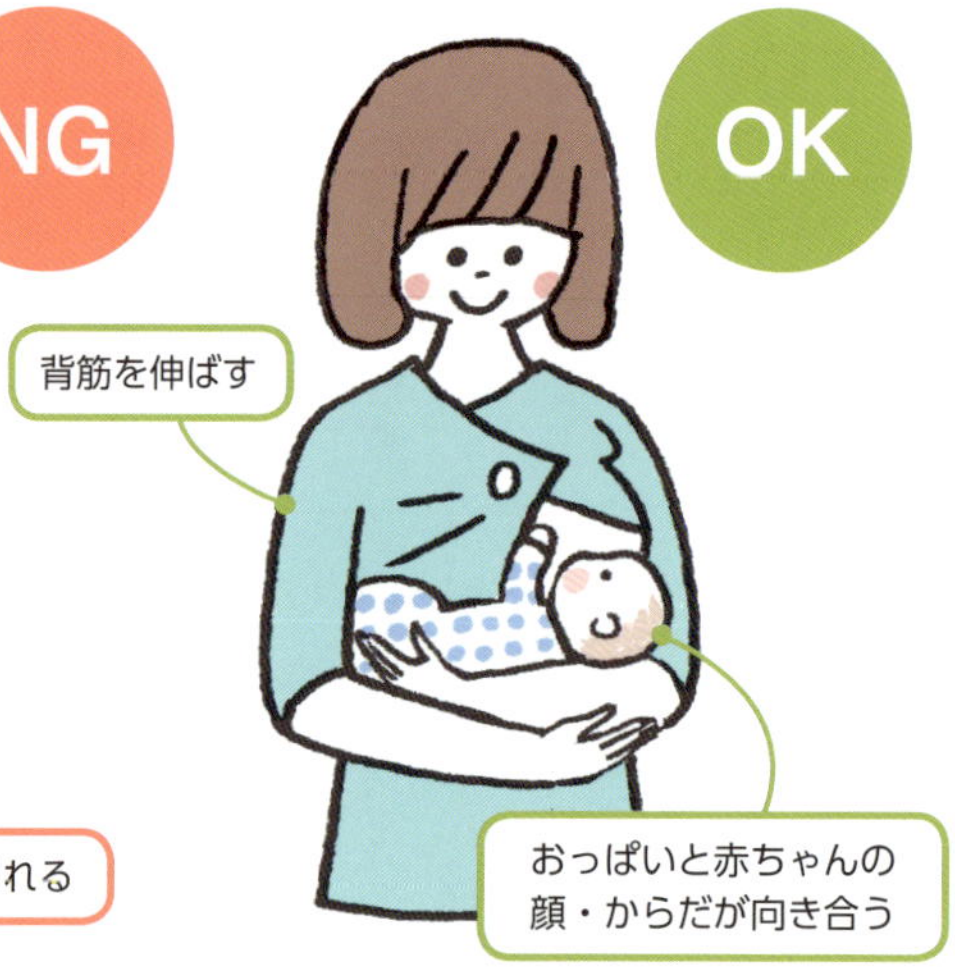

姿勢の種類

いつも同じ姿勢だと、乳頭の同じ場所に負担がかかります。赤ちゃんとママがラクに授乳ができるよう、いろいろな姿勢を試してみましょう。

縦抱き

縦抱き（→205ページ）にして、赤ちゃんがママの片方の太ももをまたぐように支え、ママと向き合う姿勢に。赤ちゃんが正面から乳頭をくわえるので、小さめの乳頭や陥没乳頭の人におすすめ。

横抱き

基本は、横抱きです（→205ページ）。赤ちゃんのからだがママに密着するように抱きかかえます。腕だけに赤ちゃんの全体重がかからないよう、授乳クッションを上手に使いましょう。

テーブル乗せ

ママは椅子に座り、テーブルの上にタオルを敷いて赤ちゃんを寝かせ、ママがからだを寄せて授乳します。両腕は赤ちゃんに添えて。赤ちゃんの体重がかからずラクな姿勢です。

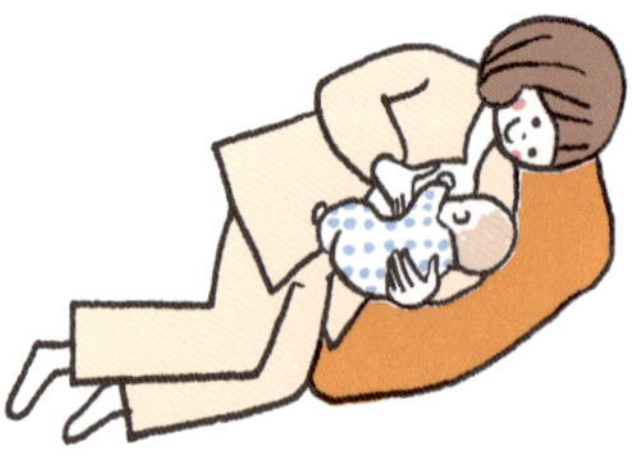

添い寝

ママと赤ちゃんが平行になるように寝て、赤ちゃんを引き寄せて授乳します。上側に来る乳房で授乳するときは、赤ちゃんのからだの下に授乳クッションを入れて高さを調整します。

ラグビー抱き

授乳クッションなどを利用し、赤ちゃんの顔と乳房の高さを合わせて、赤ちゃんを小脇にかかえる抱き方です。乳房にしこりがあって痛いときや、大きめの乳房の人に向いています。

母乳のあげ方

赤ちゃんが泣いたら、まずおっぱいです。とくに産後1か月間は「泣いたら吸わせる」を繰り返しましょう。

1 石けんで手を洗い、清浄綿や清潔なガーゼで乳首のまわりを拭きます。乳輪部がかたければ、乳首と乳房を軽くマッサージし（→104、199ページ）、母乳を出しやすくしましょう。

2 赤ちゃんの首の後ろをひじで支え、ママの乳首の前に赤ちゃんの口がくるように抱きます。腕の下や赤ちゃんのからだの下にクッションを敷くと、姿勢が安定します。

3 乳房を持ち上げ、赤ちゃんが大きく口を開けたらすばやく乳首を深めにくわえさせましょう。赤ちゃんの鼻を乳房でふさがないように注意。

4 左右を替えたいときは、赤ちゃんの口角に少しだけ指を入れ、乳首から口を外します。飲んでいる途中に無理に外そうとすると、乳首を傷つける原因になるので気をつけて。

くわえさせ方

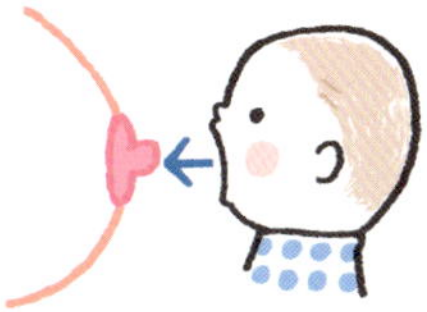

赤ちゃんの口を乳頭へまっすぐ向かせ、乳輪部が隠れるまでくわえさせます。くわえたときに上下の唇がラッパのようにめくれるようにし、唇を巻きこんだときは手で引き出します。

5 反対側のおっぱいも同様に飲ませます。母乳は左右の乳房から同じぐらいの量が出るのが望ましいので、できるだけ左右均等に吸わせます。左右を交替する時間は5分ほどを目安に。

6 そっと乳首から離したら、ママの肩にタオルをかけ、その上に赤ちゃんのあごが乗るようにして、縦抱きにします。赤ちゃんの背中を軽くたたいて、げっぷをさせましょう。

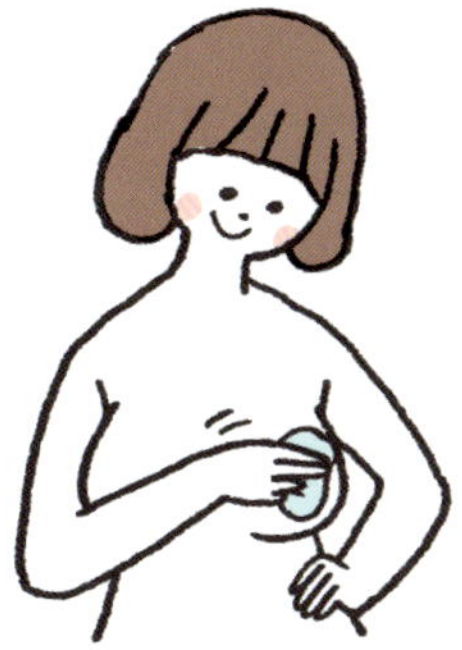

7 清浄綿や清潔なガーゼで乳首のまわりを拭きます。母乳がまだ残っている場合は軽くしぼって出しておきましょう（→211ページ）。母乳パッドを使うと、下着を母乳で汚さず安心です。

便利なミルクは育児の強い味方

　母乳だけでは足りない場合や、ママの感染症などが原因で母乳をあげられない場合があります。そんなときに便利なのがミルクです。

　ミルクは牛乳を主原料としています。母乳に限りなく近い栄養バランスでつくられていて、味も母乳に近いようです。ミルクのすぐれた点は、ママ以外の人でも授乳できること。赤ちゃんのお世話をママひとりで抱え込まないためにも、ミルクは強い味方になってくれるでしょう。完全母乳を目指している人も負担軽減のため、授乳リズムが整うまで少量足してみるのもよいかもしれません。

　近年、母乳育児のよさが推奨されているので、ミルクを使うことに後ろめたさを感じてしまうママもいるかもしれません。でも、母乳でもミルクでも、ママが愛情をもって与えれば、赤ちゃんは同じように幸せです。自信をもって、ミルクを与えてください。

ミルクのあげ方

ミルクは雑菌が繁殖しやすいので、作り置きはせず、授乳のたびにつくります。授乳時は赤ちゃんをしっかり抱っこして、やさしくほほえんだり、目を見て語りかけたりしてあげましょう。

1

石けんで手を洗います。消毒した哺乳びんに、正しくはかった粉ミルクを加えます。濡れた計量スプーンをミルク缶に戻すと、腐敗の原因になるので注意。

2

沸騰した湯と沸騰後に完全に冷ました水を用意したらそれを同量程度混ぜて、70℃くらいのミルクをつくります。湯はできあがり量の3分の2程度。

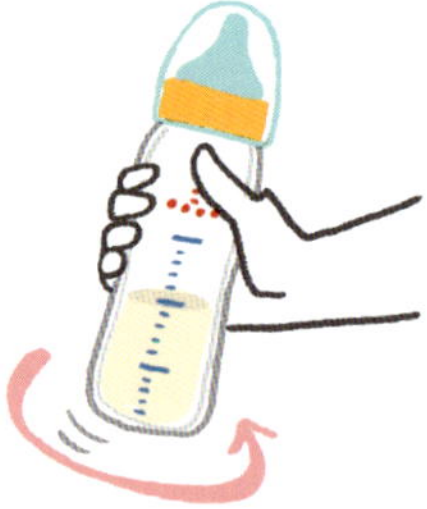

3

哺乳びんのキャップをしめ、円を描くように哺乳びんを振り、ミルクを湯に溶かします。その後、できあがり量まで湯を足し、ゆっくりと振って全体を混ぜ合わせます。

4

ミルクがまだ熱い場合は、哺乳びんを水道の流水にあて、人肌程度に冷まします。水が哺乳びんのキャップにかからないよう、びん部分に流水をあてるようにしましょう。

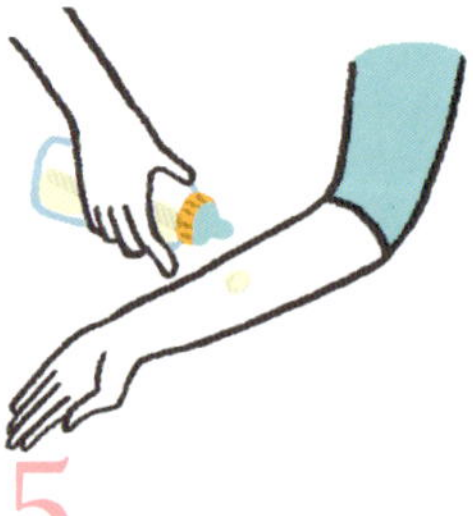

5

適温になったかどうかは、腕の内側にミルクを1滴垂らして確認します。生温かいと感じるぐらいが適温です。まだ熱ければ、ふたたび流水にあてて冷まします。

6

赤ちゃんの口に哺乳びんの乳首を入れて、ミルクを飲ませます。哺乳びんの底を高く持ち上げ、乳首全体にミルクが入るようにしましょう。飲み終わったらゲップをさせます。

搾乳の仕方

乳頭が傷ついて休めたいときは、搾乳して哺乳びんで母乳を与えましょう。また、おっぱいが張ってつらいときにも絞っておくとラクになります。ただし、しぼりすぎると新たに母乳がつくられて張るので注意してください。

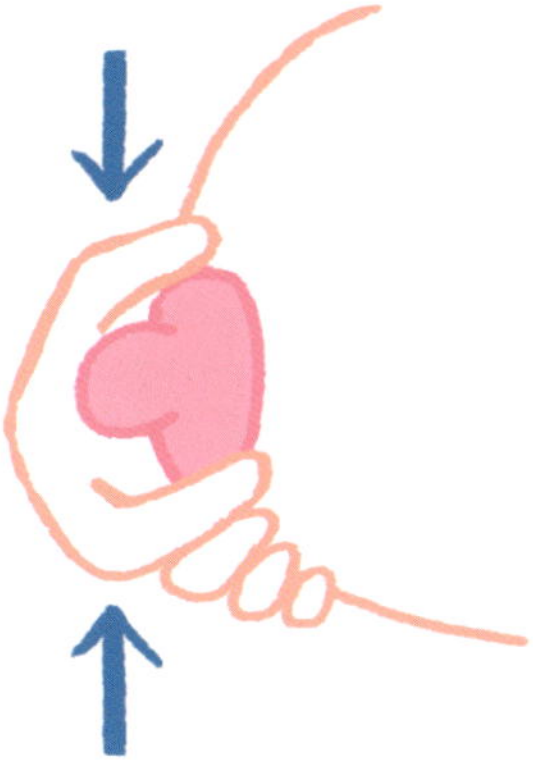

1 石けんで手を洗い、清潔な手で行います。乳房を片手で支え、上下左右に数回動かしてから、乳輪部をつまみます。

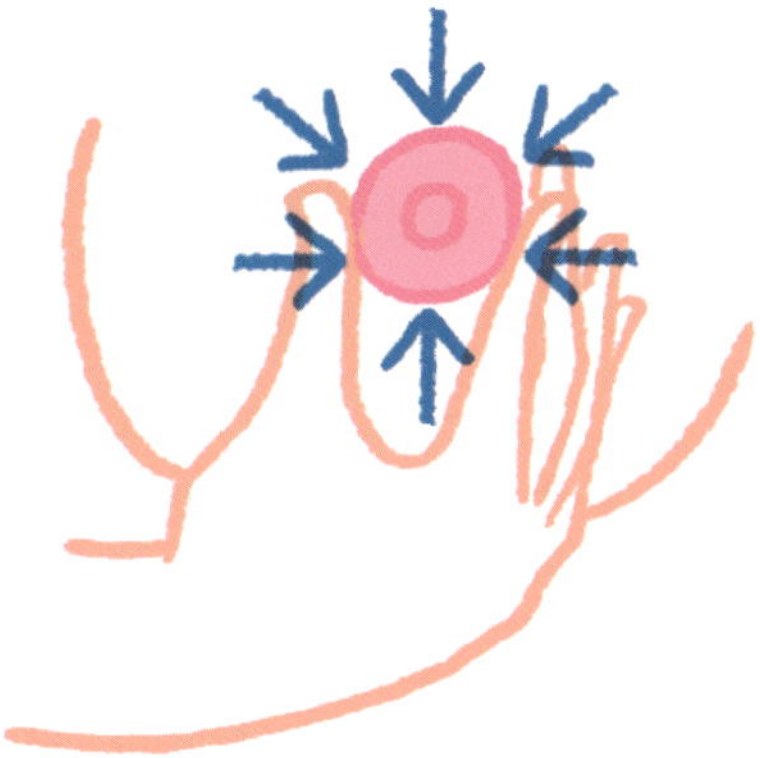

2 縦、横、斜めなど、乳輪部の位置を変えながらしぼります。乳頭ではなく、乳輪部の縁をつまむようにしましょう。

3 指のはらに力を入れて押し出すのがポイントです。１回の搾乳の目安は10～15分。搾乳した母乳は、冷蔵保存または冷凍保存します。

母乳の保存方法

冷蔵する場合は、消毒をした哺乳びんに入れてキャップをし、冷蔵庫に入れて保存します。24時間以内に飲ませましょう。与えるときは40℃くらいの湯せんで温めてください。

冷凍の場合は、母乳冷凍バッグに入れて日付を書いたシールを貼り、できるだけ平らな状態で冷凍庫に保存します。１か月ほど保存可能で、飲ませるときは40℃ほどのお湯に入れて解凍し、哺乳びんに移してから飲ませましょう。

哺乳びんの消毒方法

洗った哺乳びんは、雑菌の繁殖を防ぐため、いずれかの方法で消毒します。生後４か月ごろまでは消毒を続けるようにしましょう。

電子レンジ消毒

市販の専用容器や専用パックの中に哺乳びんと乳首を入れて、電子レンジで加熱して消毒します。短時間でできるメリットがあります。

薬液消毒

哺乳びん用の、消毒薬液と専用つけ置きケースが市販されています。説明書に従って薬液を作り、哺乳びんと乳首を薬液に浸して消毒します。

煮沸消毒

沸騰した湯に、哺乳びんと乳首を入れて煮沸します。煮沸時間は５分程度が目安ですが、乳首は熱に弱いので２～３分ほどで引き上げて。

お世話③ おむつの替え方

おむつ替えは、清潔を保つだけでなく、健康観察や赤ちゃんとのコミュニケーションに役立ちます。替えながらやさしく語りかけて。

お昼寝後や授乳前後におむつチェック

赤ちゃんは一日に何度もうんちやおしっこをします。おむつが汚れたままだと不衛生なので、こまめな交換が必要です。

交換のタイミングは、寝起きや授乳の前後。赤ちゃんが泣いたタイミングでおむつをチェックするとよいでしょう。

おしっこの回数やうんちの状態は、赤ちゃんの健康状態を把握するバロメーターです。腸の働きが未発達な赤ちゃんのうんちは、黄色っぽくゆるいのが特徴。ふだんのようすをよく見ておけば、赤ちゃんの体調変化にも気がつきやすいでしょう。

紙おむつの替え方

紙おむつは、後始末が簡単で使い捨てができるので便利です。しかし、ごみの量が増えたり経済的負担が多くなったりします。

1

新しいおむつを下に敷いたらおむつを開き、片手で赤ちゃんの両足首を持ち上げます。真上に引っ張らないように注意。おしり拭きでうんちを落とし、汚れを拭き取ります。

2

おしりを持ち上げながら、再度ていねいに拭いていきます。おしっこだけのときもすみずみまで拭いて。拭き終わったら、汚れたおむつを引き抜きます。

3

おむつがへそにあたらないよう注意しながら、おむつをつけてテープを留めます。おなかまわりがきつくならないよう、ママの指が１～２本入るほどのゆとりをもたせて。

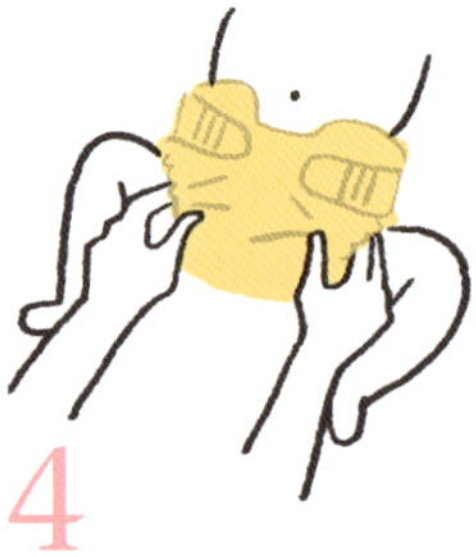

4

足まわりのギャザーが、きちんとフィットしているかを確認します。ギャザーが内側に入り込んでいると、おしっこやうんちがもれる原因となるので、外にきちんと出します。

5

使用後は、使ったおしり拭きをおむつの中に入れて汚れた部分を内側にして丸め、テープを留めます。ビニール袋に入れるとにおいの防止にもなります。

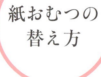

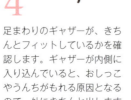

おしりの拭き方

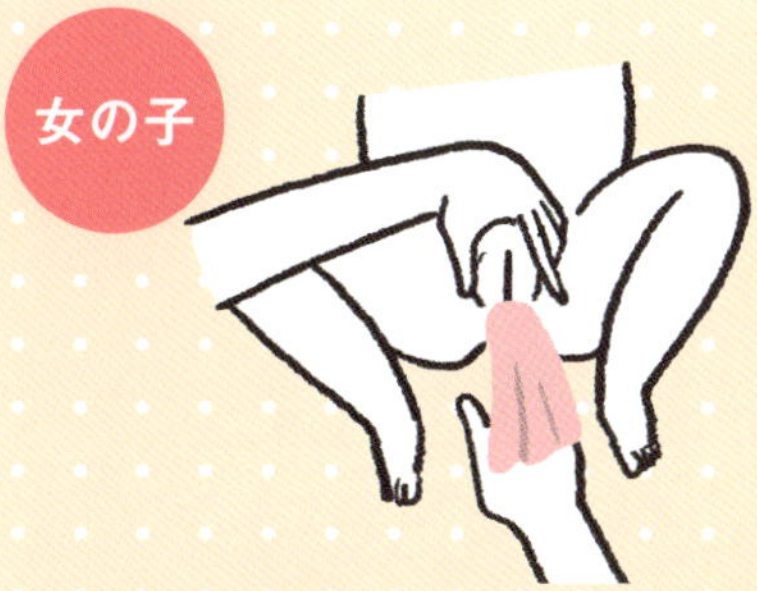

うんちが広範囲に広がりやすいので、足の付け根や背中の拭き残しがないように。外陰部は割れ目を指で広げ、尿道口から汚れが入らないよう、前から後ろに拭きます。細かい部分は、指におしり拭きを巻きつけて拭いて。

おちんちんのまわりに汚れが残りやすいので注意。しわやひだは指でそっと伸ばし、しわの奥まで拭きます。おちんちんを持ち上げて、陰嚢の裏側、両わきも拭きます。足の付け根、肛門も忘れずに。

布おむつの替え方

布おむつは、繰り返し使えて経済的などの利点がありますが、手間がかかります。日中は布おむつ、夜間は紙おむつと使い分けても。

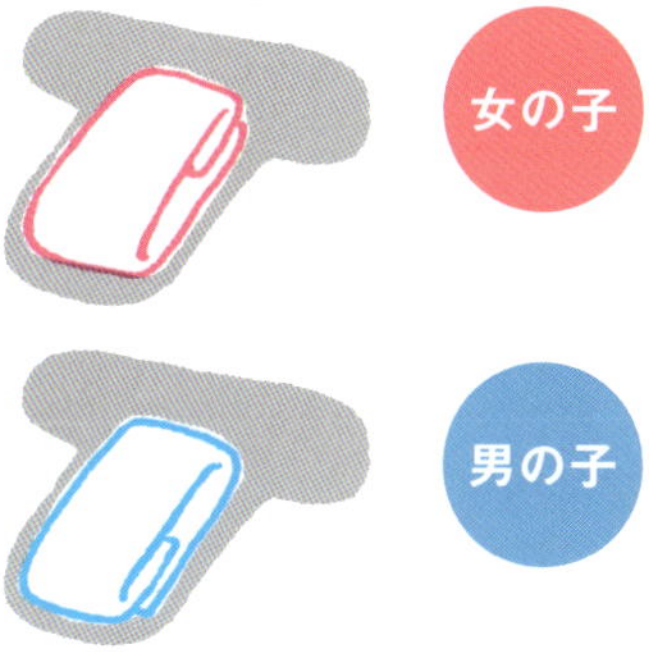

1 輪型のおむつは、あらかじめ適当な大きさにたたんでおきます。男の子の場合は前を、女の子の場合は後ろを多めに折り返して使うほうが、おしっこを効率的に吸収できます。

2 おむつカバーをはずしたら、布おむつの汚れていない面で、股やおしりを押さえるようにして、汚れを拭き取ります。細かい部分はおしり拭きを使ってきれいに拭きましょう。

3 赤ちゃんのおしりを持ち上げて、汚れた布おむつを取り、新しい布おむつを差し入れます。赤ちゃんの足を真上に持ち上げないように、両足をおなかのほうに押すようにするのがコツ。

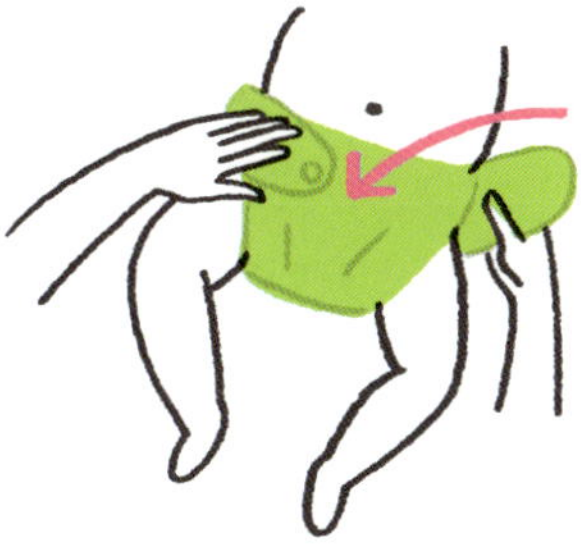

4 布おむつを股にあて、布おむつを包み込むように、おむつカバーをあてます。おむつカバーのベルトが左右対称になるように留めると、よじれを防ぐことができます。へそに触れないように注意。

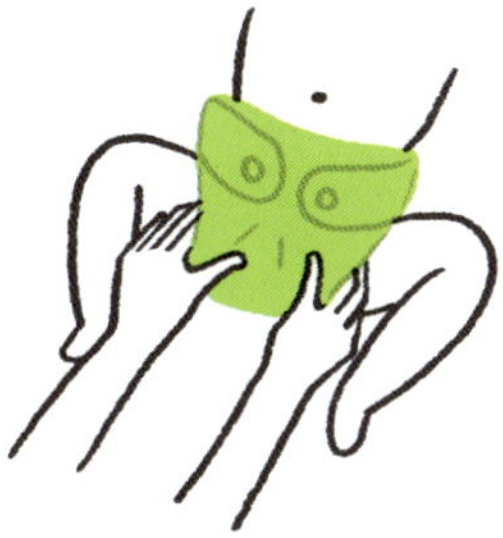

5 おなかまわり、足まわりに、指1～2本が入る程度のゆとりがあることを確認します。おむつカバーから布おむつがはみ出ているともれの原因になるので、内側に収めます。

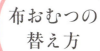

産後1か月

お世話④ 沐浴のさせ方

新米パパ&ママにはドキドキのおふろタイム。でも、繰り返すうちに手順に慣れてきます。意外と力仕事なので、パパの担当にしても。

生後1か月まではベビーバスで沐浴を

赤ちゃんに湯浴させることを「沐浴」といいます。赤ちゃんは新陳代謝が活発なので、毎日行いましょう。へそが乾くまでは細菌感染の恐れがあるので、1か月健診までベビーバスを使います。

沐浴の時間は、夜遅くを避ければ午前でも午後でもかまいません。生活リズムをつくるためにも、毎日同じ時間帯に行うとよいでしょう。ただし、赤ちゃんの負担になる授乳後30分程度は避けて。

意外に力仕事なので、慣れるまでパパの担当にし、ママはサポート役になってもよいでしょう。

沐浴の手順

用意するもの

ベビーバス
沐浴剤 or ベビーソープ
ガーゼ(沐浴布)
湯温計
バスタオル
着替え(おむつ、肌着など)

1 ベビーバスに湯をはり、湯温計で温度を確認します。適温は38~40℃程度。慣れないうちは、すすぎのいらない沐浴剤が便利。沐浴剤を湯に入れ、よく混ぜます。

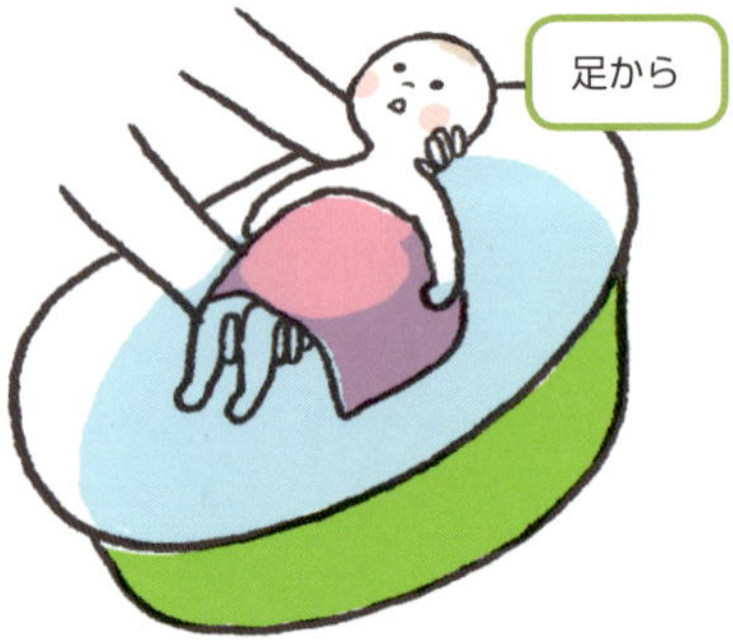

2 赤ちゃんが不安にならないよう、沐浴布(大判のガーゼ)をおなかにかけ、足からゆっくりとお湯に入れます。抱っこのときと同様、首の後ろをしっかり支えます。

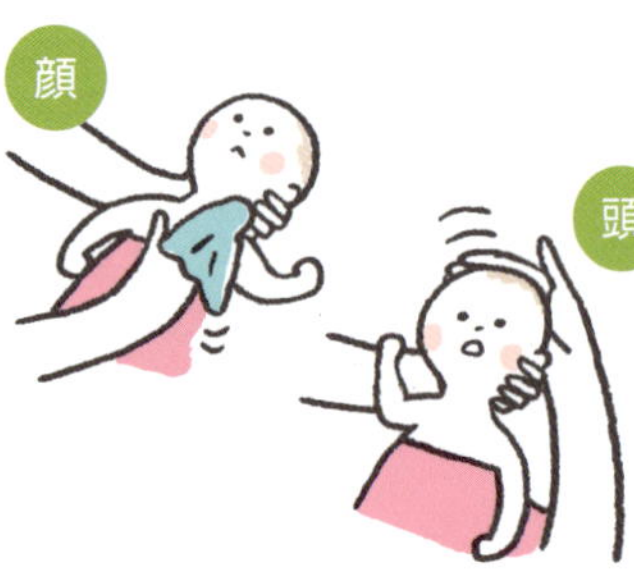

3 ガーゼを濡らして軽くしぼり顔を拭きます。目のまわりを最初に洗い、皮脂汚れのたまりやすい髪の生え際もていねいに。その後、ガーゼで髪を濡らし、頭を洗います。

着せ方

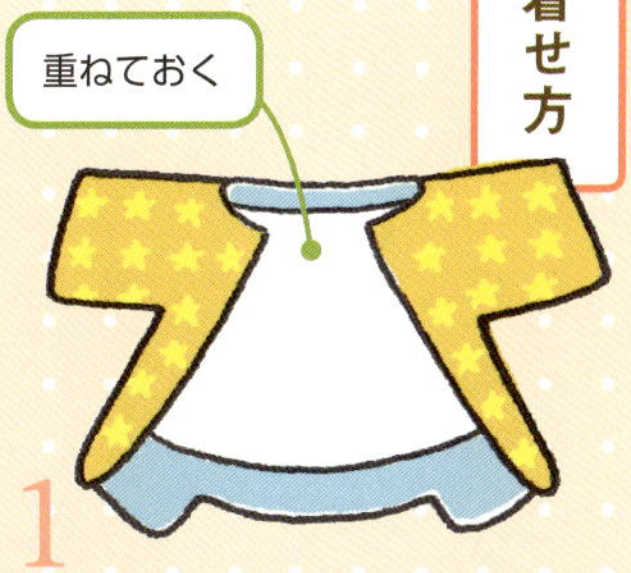

1 肌着やウエアは、着せやすいように、あらかじめ重ねて袖も通しておきます。下着のひもなどは、外に引き出しておくとよいでしょう。

2 重ねた肌着とウエアの上に、赤ちゃんを寝かせます。赤ちゃんの腕を袖に通すときは、袖口から手を入れ、赤ちゃんの手をそっと引き出します。

3 下着の前身ごろを合わせ、ひもを結びます。ウエアのスナップは、赤ちゃんのからだに押しつけず、指をスナップの下に入れて留めていきます。

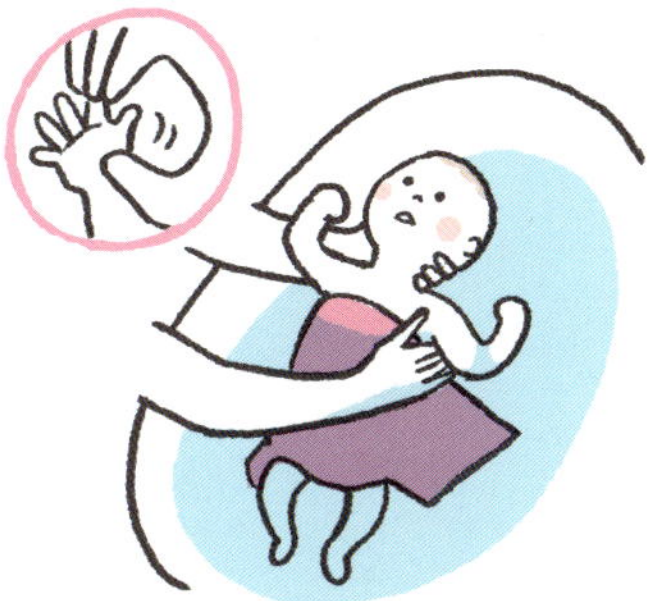

4 胸、おなか、足の順で洗っていきます。首の下、わきの下にも指を差し入れるようにして洗います。手指は軽く握るように洗い、指の間も忘れずに。

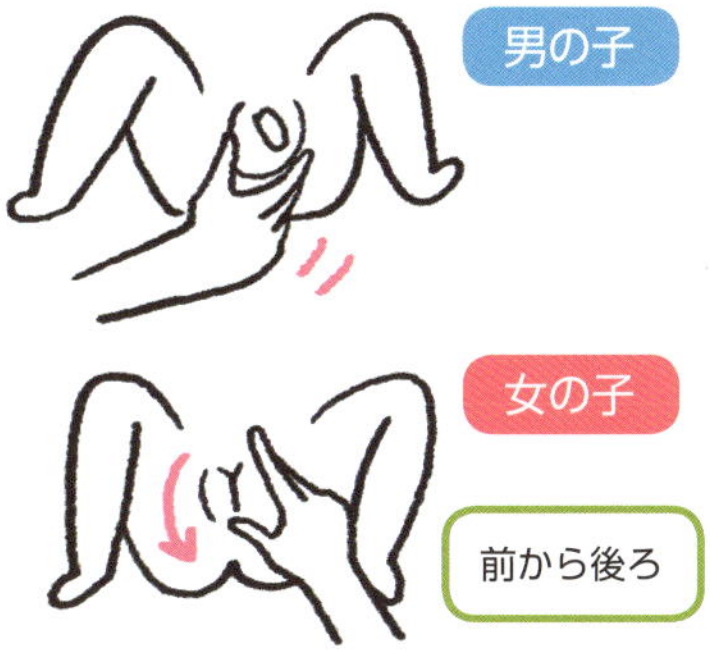

5 男の子は、おちんちんを持ち上げて陰嚢の裏や両わきまで洗い、女の子は、細菌感染を予防するため、割れ目の内側の表面を、指のはらで前から後ろに洗います。

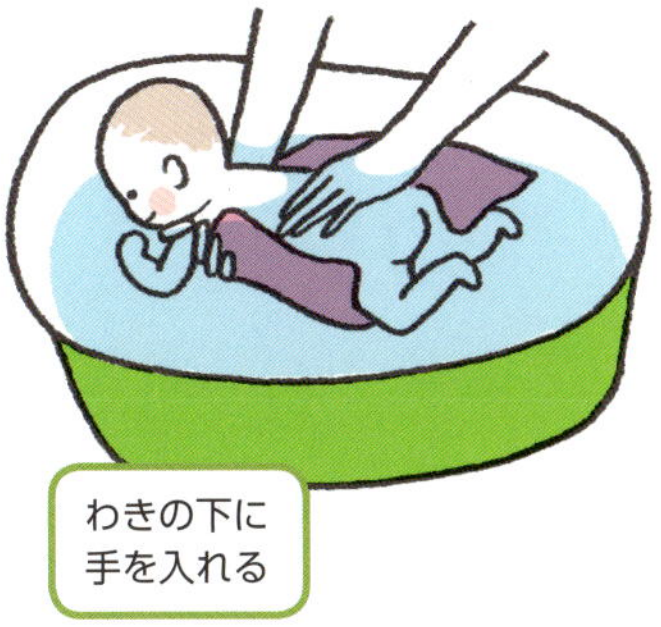

6 首を支えている手と逆の手を赤ちゃんのわきの下に入れ、腕の付け根を下からつかみ、赤ちゃんをうつぶせにします。からだの裏側の背中、おしり、足を洗います。

7 ベビーソープを使った場合、すすぎ用の湯を手おけなどに用意し、赤ちゃんを湯から引き上げる前にかけます。沐浴の時間は3～5分程度を目安にして終えましょう。

8 沐浴布をとり、湯から赤ちゃんを引き上げます。広げておいたバスタオルに赤ちゃんを寝かせてくるみ、上から押さえるようにして、やさしく水気を拭きとります。

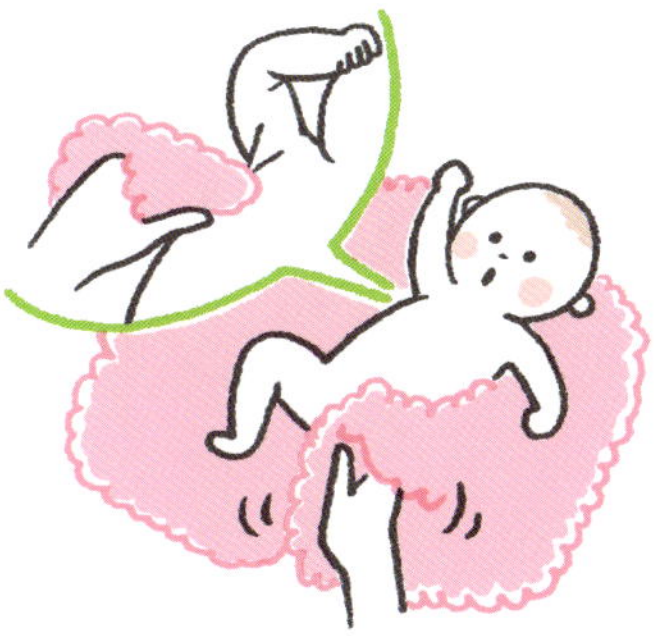

9 首の下、わきの下、腕や足のくびれ、またの部分など、細かいところに水分が残らないよう、ていねいに拭きます。握りしめた手の内側も忘れずに。

産後１か月

赤ちゃんの病気・トラブル

赤ちゃんは病気になっても自分で伝えることができません。赤ちゃんは重症化しやすいので、おかしいと感じたら、すぐに受診を。

気になることがあればすぐに病院へ

赤ちゃんの病気やトラブルは、生まれつきもっているもの、出産時のダメージが原因のもの、からだの急激な変化によるものなどがあります。心配なのが、治るかどうか。治療によって治ることもあれば、成長につれよくなることもあります。正しい知識をもち、心配なことはすぐに医師に相談することが大切です。

また、赤ちゃん、とくに新生児はからだの働きが未熟なので、体調を崩しやすく、症状が急激に悪化することもあります。まずは、赤ちゃんの平熱をふだんから確認しておきましょう。熱の高さには個人差がありますが、生後6か月以内に平熱を超える発熱があった場合は、すぐに小児科を受診しましょう。

赤ちゃんのうんちは水っぽいもの。うんちに血が混ざっていたり、白っぽかったり、明らかにいつもと異なるときは、すぐに病院へ行きましょう。

胃の筋肉が未熟な赤ちゃんは、よく母乳やミルクを吐き出します。機嫌がよくて体重が順調に増えているなら、とくに問題はありません。ただし、繰り返し吐く、発熱がある、機嫌が悪くて母乳やミルクの飲みが悪いときは、すぐに受診して医師に症状を伝えましょう。

赤ちゃんの病気やトラブルは気づきにくいもの。ふだんからこまめにようすを見ることが大切です。

赤ちゃんの健康チェックリスト

- □ 顔色はよいか
- □ 涙目でないか
- □ 目やに、充血はないか
- □ 耳をしきりに触っていないか
- □ 鼻水、鼻づまりはないか
- □ 息づかいは荒くないか
- □ おなかは張っていないか
- □ 湿疹や発疹はないか
- □ 赤くはれていないか

気になる病気とトラブル

トラブル❶ 目

これって大丈夫？

赤ちゃんは視力が未発達なため、白目をむいたり目つきがおかしかったりしますが、ほとんど問題ありません。白目が出血していることもありますが、分娩時の圧力が原因で２週間ほどで治ります。

鼻涙管閉塞症《びるいかんへいそくしょう》

鼻涙管とは、目から鼻への涙の通り道。赤ちゃんの鼻涙管は狭く、そこがつまると、目がうるんで目やにがたまりやすくなります。治療には抗菌薬を点眼しますが、効果がないときには、細い針金でつまりを解消する処置をすることがあります。

眼瞼下垂《がんけんかすい》

生まれたばかりの赤ちゃんは、あまり目を開きません。片目だけ開く状態が長く続く場合、まれではありますが「眼瞼下垂《がんけんかすい》」が疑われます。

トラブル❷ 耳と口

これって大丈夫？

赤ちゃんの左右の耳の大きさが違ったり、いびつだったりすることの多くは成長につれて目立たなくなります。また、歯ぐきにできる白いできものは歯がつくられるときに残った組織で、乳歯が生えるころに消えます。

先天性耳《じ》ろう孔《こう》

赤ちゃんの耳の付け根のあたりに、小さな穴があることがあります。これは「先天性耳ろう孔」といい、生まれつきのものです。特別な処置は必要ありませんが、炎症や膿を確認したら、小児科を受診しましょう。

鵞口瘡《がこうそう》

口の内側や舌に白いかすが見られ、ガーゼでもとれないときは、「鵞口瘡」というカンジダ真菌による感染症が考えられます。痛みやかゆみはありませんが、母乳やミルクの飲みが悪くなることも。小児科で抗真菌薬を処方してもらえば、数日で治ります。

新生児黄疸《おうだん》

生後2～3日後に肌が黄色っぽい色になることを新生児黄疸といいます。これは出生後に赤血球が破壊されてできた黄色のビリルビンを、赤ちゃんの肝臓が処理できないため起こる生理現象で、1週間～10日ほどで自然に消えます。

黄疸が強い・消えないときは……

ビリルビン値が高くなる「高ビリルビン血症」、ビリルビンが脳にたまる「核黄疸」、胆道が閉鎖・狭窄する「胆道閉鎖」の可能性があります。どれも治療が必要で、高ビリルビン血症、核黄疸は光線療法を、胆道閉鎖は手術を行います。いずれも早期発見・早期治療が大切です。

トラブル❸ 器官

新生児仮死

原因はさまざまですが、生まれたときから酸素不足や循環器系の障害が続いている状態。チアノーゼなどの症状が見られます。軽いときは、鼻や口の羊水を吸引する、軽くたたくなどの衝撃を与えることで、呼吸ができるようになります。

トラブル❹ 皮膚

新生児にきび

生後1週間ごろからできる赤いにきびを「新生児にきび」といいます。ママの性ホルモンが赤ちゃんの体内に残っていることが原因で起こります。かゆみや痛みはなく、生後1～2か月ごろには自然に治ります。

皮膚カンジタ症

小さな赤い湿疹がたくさんできて、皮膚がただれる「皮膚カンジダ症」。おしりや股にできやすく、おむつかぶれの症状と似ていますが、おむつのあたらない部分にも炎症が起きるのが特徴です。早めに受診し、薬を使えば1～2週間ほどで治ります。

これって大丈夫？

おしりや背中などに見られる灰青色のあざは「蒙古斑《もうこはん》」といい、10歳ごろまでには自然に消えます。なかには、手足やおなかにできる「異所性蒙古斑」もあり、通常と同様に10歳ごろまでには消えます。

いちご状血腫

生後1週間～数週間のうちに赤いあざができ、急速に盛り上がって、表面にいちごのつぶのようなブツブツができます。生後6か月ごろにもっとも大きくなりますが、成長に従って消えていきます。レーザー治療や手術で治療することも。

単純性血管腫

生まれたときからある赤いあざで、毛細血管の拡張が原因。大きさや色の濃淡はさまざまで、自然に消えることはありません。成長とともに盛り上がったり濃くなったりすることもあるので、早期のレーザー治療がすすめられます。

乳児脂漏性《しろうせい》湿疹

生後3か月くらいまで、皮脂が過剰に分泌されることで頭皮や髪の生えぎわにできる「乳児脂漏性湿疹」。放置するとかさぶたのようになり、炎症を起こしてただれることも。沐浴の際にやさしく皮脂を洗い、肌を清潔に保てば3～4週間ほどで治ります。

トラブル⑤ 性器

停留睾丸《ていりゅうこうがん》

おちんちんの下の陰嚢に、睾丸がひとつしかない、もしくは両方ない場合は睾丸が陰嚢内に下りていない「停留睾丸」の可能性が。多くは生後6か月～1歳までに下りてくるでしょう。1歳を過ぎても下りてこなければ、手術をすることもあります。

陰嚢水瘤《いんのうすいりゅう》

陰嚢に水が溜まり、はれてしまうのが「陰嚢水瘤」です。片方だけはれることがほとんどで、痛みはありません。1歳ごろに自然と治ることがほとんどですが、1歳を過ぎても治らない場合は手術をすることもあります。

トラブル⑥ おへそ

臍肉芽腫《さいにくげしゅ》

へその緒は生後しばらく湿った状態ですが、へその緒がとれたあとに感染や刺激が原因で、おへその中に赤い肉の固まりができる場合があります。これが臍肉芽腫です。硝酸銀で焼いたり、糸で縛ったりして除去します。

臍《さい》ヘルニア

へその緒を通した穴は産まれたときに閉じますが、閉じずに残ってしまうことがあります。いわゆる「でべそ」です。泣いたときに力が入って、腸管が飛び出してしまうこともありますが、1歳ころまでには自然に治ります。

トラブル⑦ 足

先天性股関節脱臼

股関節がゆるく、大腿骨の先端が骨盤から外れてしまう症状です。痛みなどはなく、股関節の開き具合、太もものしわの数が違うなどでわかります。3～4か月健診で発見されることが多く、ベルト装着による矯正治療を行います。

先天性内反足

生まれつきの足の変形で、片足もしくは両足が、足首の下から内側に反り返っている状態です。足の裏が内側に向いてしまい、放置すると普通に歩くことがむずかしくなるので、矯正用のギプスを使って治療します。

赤ちゃんが突然死亡する!?

乳幼児突然死症候群

元気だった赤ちゃんが眠っている間に突然死亡してしまう「乳幼児突然死症候群(SIDS)」。日本では6,000～7,000人に1人の確率で起こり、生後2～6か月の赤ちゃんに多いようです。

はっきりとした原因はわかっていませんが、厚生労働省によると「男児」「早産児」「低出生体重児」に多いとされているほか、「両親の喫煙」「うつぶせ寝」「人工栄養児(ミルクを与えている)」も発症率を高める原因とされています。

予防方法

●うつぶせ寝を避けましょう

あお向けで寝るより、うつぶせで寝たほうがSIDSの発症率が高いそう。医師からの指示があるとき以外はできるだけあお向けに寝かせ、注意して見守りましょう。

●禁煙をしましょう

両親が喫煙しない家庭に比べて、両親が喫煙する家庭での発症率は約4.7倍も高いことが報告されています。ママ自身はもちろん、パパも喫煙をしないようにしましょう。

●できるだけ母乳育児をしましょう

ミルク育児の赤ちゃんに比べ、母乳育児の赤ちゃんは発症率が低いという報告があります。発症を防ぐほか、免疫力が高まったり口腔の発達を促進したりする効果もあります。

産後1か月

低出生体重児のお世話とトラブル

予定日より4週以上早く生まれた赤ちゃんは、からだの働きが十分ではないことから、生後しばらく保育器で過ごすことがあります。

医療ケアが必要な低体重の赤ちゃん

低出生体重児とは、生まれたときの体重が２５００ｇ未満の赤ちゃんをいいます。予定日より４週以上早く生まれた赤ちゃんや、双子の赤ちゃんなどは小さく生まれることが多く、ママのおなかの中にいた週数によっては、からだの機能がまだ十分でなく、生後に保育器やＮＩＣＵでのケアを必要とします。

低出生体重児は体温調節機能が未熟で、感染症を防ぐためにも、しばらくはようすを見ながら保育器の中で過ごします。

ママにできることは、赤ちゃんを見守ることと、母乳を届けることです。母乳

低出生体重児の病気とトラブル

未熟児黄疸

小さく生まれた赤ちゃんは、黄疸が強く出て、期間も長引く傾向にあります。ビルビリン値が高ければ、新生児黄疸(→218ページ)と同様、光線療法で治療を行います。

未熟児貧血

造血機能が低いことや鉄分不足が原因で、早く生まれた赤ちゃんは貧血になりがちです。症状としては顔が白っぽくなります。造血作用のある薬と鉄剤を投与し、貧血を防ぎます。

未熟児網膜症

目の網膜の血管の発達が不十分なうちに、外界の光や酸素を浴びてしまうために起こる、網膜の血管が増えすぎてしまう病気です。レーザー光凝固治療で増殖を抑制します。

脳室《のうしつ》周囲《しゅうい》白質《はくしつ》軟化《なんか》症《しょう》

主に出産時に酸素が足りなくなることで、生後に脳室周囲の白質という部分が壊死を起こして軟化し、神経細胞が損傷してしまう症状です。成長してから手足にまひが起こることがあります。

呼吸《こきゅう》窮迫《きゅうはく》症候群《しょうこうぐん》

肺を十分にふくらませることができず、呼吸が速く、酸素不足でチアノーゼになってしまう症状です。治療では、気道に肺をふくらませる物質を送り込み、肺を広げる措置をします。

脳室内出血

脳の脳室に出血が起こることをいいます。出血の範囲が小さければ経過を観察しますが、大きくなると水頭症などを起こします。妊娠32週以前に生まれた赤ちゃんに起こりやすい症状です。

無呼吸発作

呼吸中枢が未熟なために、呼吸が止まり、心拍数が低下してしまう症状です。妊娠32週以前に生まれた赤ちゃんに多く見られます。心拍モニターで、24時間監視をして対応します。

動脈管開存症

大動脈と肺動脈をつなぐ動脈管が閉じないことが原因で、呼吸や心拍が速くなる症状です。体重が増加しない原因にもなります。薬で治療しますが、副作用が大きいので注意が必要です。

は消化機能が未熟な赤ちゃんにいちばん適した栄養源で、しかも初乳には赤ちゃんを強くする免疫物質が含まれています。

早く生まれた赤ちゃんは「修正月齢」を使って、その後の発育のようすを見ていきます。修正月齢とは、実際に生まれた日から数えた月齢ではなく、出産予定日を基準として数えた月齢をいいます。修正月齢では、出産予定日が生後0日となります。たとえば、赤ちゃんの首がすわるのは生後3〜4か月ごろが目安ですが、予定日より1か月早く生まれた赤ちゃんは、生後3か月で「修正月齢が生後2か月」となるため、生後3〜4か月では首がすわらないということになります。早く生まれると、修正月齢による発達のようすで判断するのが適切というわけです。

小さく生まれた赤ちゃんは、1歳ぐらいまで小柄な傾向がありますが、順調に発達していれば心配いりません。

NICUとは？

医療措置を必要とする新生児を24時間態勢で治療する、新生児特定集中治療室（Neonatal Intensive Care Unit）の略称です。細菌などの感染から赤ちゃんを守るために厳重な管理がされ、人工呼吸器などさまざまな医療器具が完備されています。

双子の赤ちゃんのお世話

双子の育児に大切なのは、ひとりでがんばりすぎず、周囲にサポートしてもらうことです。

家族の協力を得ながら、利用できるサービスは利用して

双子の赤ちゃんのお世話は、ママひとりでは抱えきれません。パパも積極的に育児に参加しましょう。パパだけでなく、まわりの人に助けてもらうことも必要です。協力が得られない人は、子育て援助活動支援事業（ファミリー・サポート・センター事業）に登録して、地域の人に手助けしてもらう方法もあります。

育児と家事の両立がむずかしければ、家事はパパやヘルパーに頼んでもOK。買い物は、宅配サービスやネットスーパーなどを利用すれば手間が省けます。何もかも完璧にこなそうとせず、赤ちゃんとふれあう時間も楽しんでください。

おむつ替え

赤ちゃんが2人いると、どちらのおむつをいつ替えたのかわからなくなることも。替え忘れを防ぐためにも、メモをとっておくと安心です。また、おむつ替えのときは、もう1人の赤ちゃんが寝返りをしてベッドから落ちたり汚れたものを手や口にしたりしないよう、あらかじめ安全を確保しておきましょう。

授　乳

ママの両太ももの上に赤ちゃんをそれぞれ座らせたり、赤ちゃんをテーブルにのせたりすれば、2人同時に授乳することができます。2人の授乳リズムが合わないときもあるので無理をせず、1人ずつ授乳したり、ミルクを利用したりしましょう。1人に授乳しているときに、もう1人が泣き始めてしまったら、声をかけてあやします。

おふろ

パパとふたりで入れる場合、パパが洗う係、ママが待機・お世話係などと分担を決めれば1人ずつ洗えます。ママがひとりのときは、水の事故を防ぐためにも、低月齢のうちはシャワーつき洗面台などで1人ずつ洗うと安全。1人で待っている赤ちゃんはベビーベッドなどに寝かせ、できるだけ目の届く範囲で安全を確保しましょう。

寝かしつけ

赤ちゃんをそれぞれのラックに寝かせて揺らしたり、添い寝をしたりします。寝ないときは、1人ずつ順番に、またはパパとママの担当を分けて寝かしつけましょう。電動式ベビーラックなど、便利なグッズも利用して。

産後1か月

1か月健診を受けよう

ママには産後1か月健診、赤ちゃんには生後1か月健診があります。病院によっては母子で日程が異なるので、確認しておきましょう。

節目の1か月健診。気になることは相談して

産後1か月たったころに1か月健診があります。ママにとっては産後のからだの回復を、赤ちゃんにとっては順調な成長を確認するための健診です。

ママの1か月健診では、子宮の戻り具合や会陰切開の傷の回復のようすを内診でチェックします。助産師には、乳房にしこりやつまりがないか、母乳の出は順調かなどを診てもらうことができます。赤ちゃんの1か月健診では、身体測定、発育が順調か、先天性の病気がないかなどの確認をします。

1か月健診は、出生後最初の節目となる大切な健診。産後1か月、からだの回復と赤ちゃんのお世話につとめてきたママにとって、日ごろの心配ごとが相談できるよい機会です。相談したいことがあれば、あらかじめ紙にまとめておき、聞き忘れのないようにしましょう。なかには、退院1週間後くらいに半月健診を行う病産院もあります。

ママの健診は産後1か月で終了になりますが、赤ちゃんの健診はその後も続き、法律によって、3～4か月健診、1歳6か月健診、3歳健診は必ず受けるように定められています。6～7か月健診、9～10か月健診を受けるかは自由ですが、赤ちゃんの成長を確認できる大切な機会なので、ぜひ受けてください。

赤ちゃんの健診には、保健センターなどで受ける集団健診と、かかりつけの小児科で受ける個別健診があります。自治体によって異なりますが、一般的には集団健診で3～4か月健診を行い、その後は小児科で個別健診を行うことが多いようです。近所のママの評判を聞くなどして、お世話になる小児科のめどをつけておきましょう。

行く前に持ち物チェック！

- □ 母子健康手帳（必要事項を記入し、質問を書いておく）
- □ 健康保険証（赤ちゃん・ママ）
- □ 診察券
- □ お金（病産院で金額を確認）
- □ 紙おむつ
- □ ティッシュペーパー
- □ ハンドタオル
- □ おしり拭き
- □ ビニール袋
- □ 着替え

※お出かけの仕方は、228ページを参照。

1か月健診の流れと内容

受 付

↓

ママの診察

- 子宮の回復状態
- 会陰切開の状態
- 乳房・授乳の状態
- 血液検査
- 尿検査
- 血圧測定

赤ちゃんの診察

- 身体測定
- 胸・腹部・背中の触診
- 心臓の聴診
- 斜頸・股関節脱臼の有無
- 原始反射（緊張性頸反射、モロー反射、把握反射、原始歩行）
- 大泉門の大きさ
- 筋肉の緊張状態
- あざの有無
- 性器の状態
- 口の中の状態
- 黄疸やおへその状態
- 目の動き
- 音への反応
- 先天的な病気の有無

↓

問 診

※流れ・内容は病産院によって異なります。

1か月健診後にOKになること

お出かけ

1か月を過ぎたら、赤ちゃんは新生児を卒業。天候がよく、気持ちのよい時間を選び、少しずつ外に連れ出してみましょう。散歩から始め、赤ちゃんの成長に合わせて、少しずつ行動範囲を広げていきましょう。

セックス

特別な注意がない限り、医師の「いつもの生活に戻っていいですよ」のことばには、セックスOKの意味が含まれています。月経が再開する前の最初の排卵で妊娠することも。次の妊娠を望まないなら、必ず避妊を。

おふろ

ママはシャワーだけでなく、湯船につかれるようになります。赤ちゃんもベビーバスを卒業して、大人と一緒の湯船につかれるようになります。ただし、長くつかりすぎて赤ちゃんがのぼせないよう15分にとどめて。

産後の行事と発達スケジュール

産後すぐから生後6か月までのことを予習しておきましょう。赤ちゃんの発達はもちろん、産後の行事も気になるところです。

	0か月	1か月	2か月
赤ちゃんの発達		●ママの顔をじっと見る ●「あー」「うー」と声を出す	●動くものを目で追う
おもな行事	**お七夜** 生後7日目に行われる行事で、赤ちゃんの名前をお披露目し、誕生をお祝いする儀式です。赤ちゃんの名前を書いた命名書を神棚か床の間などに飾り、身内で祝い膳を囲みます。	**お宮参り** 氏神様（その土地を守る神様）に赤ちゃんの誕生を報告して、無事に成長することを祈る行事で、生後1か月前後に行います。お参りの日は、時期や地域、性別によって異なります。	
お世話ポイント	**⇓愛情をたっぷり注いで** 赤ちゃんの脳は、刺激を受けることで発達します。抱っこをしたり、話しかけたりすることも十分に刺激となります。赤ちゃんの発達は生まれたときから始まっているので、赤ちゃんとのふれあいの時間を大切にしてください。	**⇓1か月健診やお宮参りで外出機会が増えます** まずは、近所の散歩で外の空気に慣らすことから始めましょう。抱っこひもやベビーカーなどのお出かけアイテムの準備が必要です。服装は調整できるように薄手にして、ブランケットなどを用意しましょう。紫外線対策も忘れずに。	

3か月	4か月	5か月	6か月
●声を出して笑う ●人を見て笑いかけたり、人の笑顔に反応したりする	●首がすわる ●ママとほかの人を区別できるようになる	●寝返りをうつ	●短い時間、お座りできる

お食い初め

生後100日目に、赤ちゃんがこの先、食べ物に困ることがないようにと祈る行事です。尾頭つきの焼き魚やごはん、煮物などを祝い膳として用意し、身内で長寿の人が食べさせるまねをします。

その他

初正月

生後はじめて迎える正月を、初正月といいます。初正月には祖父母や親戚が、男の子には破魔弓、女の子には羽子板を贈り、それを飾って赤ちゃんの無病息災を願います。

初節句

誕生してはじめて迎える節句のことです。女の子は桃の節句（3月3日）にお雛さまを飾り、男の子は端午の節句（5月5日）に五月人形や鎧兜を飾って、赤ちゃんの成長と災厄除けを祈ります。

⇓スキンシップを大切に

パパとママの表情がわかるようになります。お世話をするときに声をかけたり、たっぷり抱っこをしたりして親子でスキンシップを図りましょう。

⇓生活リズムを整えて

生活時間を大人と一緒にするために、生活リズムを整え始めましょう。朝は決まった時間に起こす、授乳の時間を決めるなど、決まった時間に決まったことを毎日繰り返します。

⇓離乳食が始まります

大人の食事に興味をもっているようであれば、離乳食開始のサインです。まずは、すりつぶした10倍がゆを小さじ1杯食べさせることから始めてみましょう。

column

パパができること

産後1か月編

出産は終わりではなく、新しい生活の始まりです。万全でないママの心身を思いやり、まわりと協力して育児に慣れていきましょう。

ママと赤ちゃんのようす

出産を終えたママのからだが回復するまでには約6～8週間くらいの期間を要します。退院して自宅に戻っても、しばらくは万全でない体調のなかで慣れない育児に追われることに。できるだけ横になり、からだを休ませることが大切です。1か月健診で問題がないと診断されれば入浴などもできるようになり、ふだんどおりの生活に戻れるようになります。

生後1か月までの赤ちゃんは「新生児」と呼ばれ、昼夜関係なく、寝たり起きたりを繰り返しながら成長します。

その1 ➡ママを育児だけに専念させて

出産を終えたママのからだは満身創痍。ゆっくりともとの状態に戻す必要があります。また、新生児の育児は昼も夜もありません。退院後は無理をさせず、家事はパパが担当するか、祖母やヘルパーなどの手を借りて、ママを育児だけに専念させてあげましょう。

その2 ➡ママの変化を理解しましょう

産後は妊娠中に大量分泌されていたホルモンが一気に減少するなど、ホルモンバランスが激変します。そのため、精神的に不安定になりがち。加えて育児の疲労や不安などもあり、パパへの当たりがきつくなることもあります。しくみを知り、理解を(→200ページ)。

その3 ➡赤ちゃんとのふれあいを楽しんで

育児はパパとママが協力して行うもの。授乳以外のお世話はパパにできることも多いので、ぜひチャレンジしてみましょう。赤ちゃんとふれあう時間はパパにとっても癒しの時間になり、家族が増え幸せをより強く感じられるでしょう。

パパの心得 3か条

- その1 家事はパパが率先してやる！
- その2 産後のママの心身の変化を知る！
- その3 赤ちゃんとコミュニケーションを図る！

これってOK? NG?

ママへの声かけ

出産を終えてもママの心とからだは不安定。
お互いに支え合う気持ちを忘れないようにしましょう。

×

ごはんはまだ？

ママのからだは回復中で、育児で精一杯。家事は基本的にパパが担当する、またはヘルパーを頼むなどの工夫をするとよいでしょう。

○

少し休んできなよ。

ママは慣れない育児や家事に追われ、イライラしたり落ち込んでしまうことがあります。そうなる前に、早めに気づいて声をかけてあげることが大切です。

○

赤ちゃんの成長、楽しみだね。

赤ちゃんが生まれてうれしい気持ちや成長を楽しみにする気持ちは、どんどん言葉にしましょう。赤ちゃんにもたくさん話しかけてあげましょう。

×

眠れないから別室で寝るね。

赤ちゃんの泣き声で寝つけない日も多いはず。でもママは泣くたびに起きてお世話をしています。働くパパが夜中にお世話をできないのは仕方のないことですが、一方的な言葉はNG。ママへの言い方、ねぎらい方が大切です。

パパのぎもんQ&A

Q 育児は苦手だから ママに任せてもいい？

A 育児は慣れていくもの。 ひるまず積極的に参加して。

赤ちゃんのことはママがよくわかっていると思いがちですが、ママだって育児初心者です。おたがい初心者で、わからないことだらけなのは当たり前。苦手意識をもたず、積極的に赤ちゃんに関わり、少しずつ慣れていきましょう。

Q ママがマタニティブルーズに なったらどうすればいい？

A 育児や家事の負担を 減らして。

産後にホルモンの影響で精神が不安定になることは、だれにでもあります。「がんばらなきゃ」というプレッシャーも原因なので、「やらなくても大丈夫だよ」と声をかけてあげて。２週間以上続くようであれば専門家に相談してみましょう。

1か月健診時のお出かけの仕方

無理せず時間に余裕のあるスケジュールを。

はじめて赤ちゃんと外出する1か月健診（→222ページ）。慣れないことや不安なことも多いので無理はせず、赤ちゃんとママが動きやすい手段を選び、時間には余裕をもって出かけるようにしましょう。パパや祖母など、同伴者がいると、より安心です。

持ち物

- □ 母子健康手帳
- □ 健康保険証（ママ・赤ちゃん）
- □ 診察券
- □ お金（病産院で金額を確認）
- □ 紙おむつ
- □ ティッシュペーパー
- □ ハンドタオル
- □ おしり拭き
- □ ビニール袋
- □ 着替え

赤ちゃんの服装

健診では服を脱いだり着たりするので、着脱しやすい服装で行きましょう。赤ちゃんの体温は大人よりも高いので少し薄着が基本ですが、温度調整ができるようブランケットなどを持っていくと安心です。

移動方法

車	タクシー	電車・バス
まわりを気にせずお世話ができます。同伴者がいないとすぐ、お世話ができない欠点も。	同伴者がいなくてもお世話ができるので便利です。ただし、運転が荒い可能性も。	交通費が安いことがメリット。感染症の心配があるので、ラッシュの時間は避けて。

抱っこひもの選び方

抱っこひもにはキャリータイプとスリングタイプの2種類があります。それぞれ特徴があり、機能性や赤ちゃんの成長に合わせて使い分けるとよいでしょう。首がすわるまでは横抱きが基本ですが、縦抱きでも首を支えるものがついていれば新生児期から使用できます。

●キャリータイプ

横抱きや縦抱き、おんぶなど、さまざまな抱き方ができる多機能性のものが人気。抱く人が疲れないよう、クッション性の肩ひもや腰にベルトがあるなど工夫されています。

＊からだへの負担を減らしたい人におすすめ。

●スリングタイプ

肩から布を吊るしてくるむように赤ちゃんを抱っこ。密着性が高く、赤ちゃんが安心感を得られやすいでしょう。携帯に便利な布製で、色の種類も豊富。多機能性のものもあります。

＊手軽に使いたい人におすすめ。

1か月健診後の外出は？

1か月健診を終えたあと、最初はベランダや庭などで5分程度の外気浴からスタートし、慣れてきたら近所に散歩へ出かけましょう。天候や気温を見ながら、ちょうどよい時間帯を選び、30分以内を目安にします。首がすわる4か月ごろからは、抱っこひもやベビーカーを使って公園や近所へ買い物に行ってみるとよいでしょう。その後も赤ちゃんの成長に合わせて、少しずつ行動範囲を広げていきましょう。

Part 4 お金のこと

妊娠・出産・育児はお金がかかりますが
さまざまなサポート制度が設けられています。
国や自治体、健康保険への手続きが必要なので、
しっかり申請してもらい忘れのないようにしましょう。

妊娠・出産にかかるお金って？

妊娠・出産にかかる費用は高額ですが、さまざまな公的助成が受けられます。どんなお金が必要になるか、把握しておきましょう。

入院費のほか、交通費や妊婦健診費もかかります

妊娠・出産には、さまざまなお金がかかります。急な出費にあわてないためにも、何にいくらくらいかかるのかを把握しておきましょう。

まず、もっとも大きな出費となるのが、出産のための入院費用です。病産院によって異なりますが、30～80万円ほどかかるのが一般的。支払いには「出産育児一時金」（→234ページ）が利用できるので全額を自己負担する必要はありませんが、切迫流産や早産などトラブルにより、予定外の入院費や手術費用がかかることがあります。その場合、自分が加入

妊娠・出産にかかるお金の目安

約96万円

妊婦健診・検査　約6～20万円

自治体の助成制度を忘れずに利用して

病産院によって多少の違いはありますが、妊娠全期を通じて14～16回の妊婦健診を受けるのが標準です。妊婦健診には健康保険が適用されないため、1回あたり3,000～5,000円程度の費用がかかります。全額自己負担すると高額ですが、各自治体には健診費用の助成制度があります。自治体によって助成限度額に差があるので、妊娠届出書を提出する際に確認しましょう。

●助成限度額の例

〈東京都世田谷区〉
1回目／9,680円
2回目以降／5,160円
超音波検査1回分／5,300円
※都内委託医療機関以外で受診した場合は一部を助成。

〈大阪府茨木市〉
1回目／23,000円
2・3・5・6・9・10・11・13・14回目／6,000円
4回目／8,000円
7・8回目／11,000円
12回目／13,000円

している医療保険から給付金が支払われる可能性があるので、補償内容の確認を。

妊娠中は、妊婦健診のほか、マタニティ・ベビー用品の購入や、里帰りをする人は交通費などの費用がかかります。

産後も、育児のためのお金がかかります

産後はおむつ代、ミルク代などで月々の生活費が多少アップするほか、水道代や電気代などの光熱費も思った以上に上がります。また、内祝いのお返しや初節句など、お祝い関係の出費があります。さらに、赤ちゃんが成長するにつれ、保育費や教育費にもお金がかかってきます。中学生になるまで「児童手当」（→２４０ページ）がもらえますが、妊娠前より支出がアップすることは間違いないでしょう。

赤ちゃんが生まれる喜びで、あれもこれもとつい財布の紐がゆるみがちになりますが、出産はゴールではなく、育児のスタート地点です。出産・育児を機に一度家計を見直し、上手なお金の使い方について考えてみましょう。

マタニティ・ベビー用品

約8〜30万円

まず最低限のものを揃え、買い足す

マタニティウエアや下着のほか、産褥ショーツなどの産後用品が必要になります。ウエアは妊娠中の数か月しか着ないので、妊娠前から着ている服を利用しながら、必要に応じて購入しましょう。ベビーウエアも、最低限必要な枚数を用意して、その後に買い足していくと無駄がありません。ベビーバスやベビーラックは、すぐ使わなくなるのでお下がりやレンタルを利用しても。

分娩・入院費

約30〜80万円

病産院や出産の状況によりさまざま

出産する病産院によって異なります。公立の大学病院や助産院などは比較的低額ですが、個人病院のなかにはホテルのようなサービスやこだわりの食事を用意しているところもあり、その分だけ入院費用は高額になっています。また、同じ病産院でも、無痛分娩や個室の入院を選んだり、深夜・休日などの診療時間外の分娩だったりすると高額になることも。あらかじめ病産院の料金表を調べておきましょう。

その他

親族や友人から出産祝いをいただいた場合、３分の１から半額程度のお礼の品を内祝いとして贈ります。また、お宮参りやお食い初め、初節句、満１歳の誕生日など、赤ちゃんのすこやかな成長を願うお祝いにも費用がかかります。お祝いごとは、お金をかけようと思えばいくらでもかけられてしまうので、経済的に無理のない範囲で行いましょう。

通院・里帰り交通費

約1〜10万円

移動手段を確保し、予算を立てて

病産院に通うための交通費、里帰り出産をする人は帰省の交通費がかかります。妊娠後期になると、おなかが張って歩くのがつらくなったり、急に入院したりすることもあるので、タクシー会社の電話番号を調べておき、タクシー代を常に用意しておきましょう。里帰りをしたら実家であっても、生活費やお礼を多少なりとも渡す配慮が必要です。パパの交通費もかかることを忘れずに。

もらえるお金と戻ってくるお金

妊娠・出産には費用がかかりますが、申請をすれば公的にもらえたり、戻ってきたりします。ただし、手続きをしないと受け取れません。

もらえるお金はもれなくチェック

妊娠・出産は病気ではないので、医療処置が必要なトラブルがない限り、健康保険の適用を受けられません。そのため、妊娠中の妊婦健診料や出産にかかる費用は、基本的に全額が自己負担となります。

しかし、近年は深刻な少子化に歯止めをかける狙いから、妊娠・出産・子育てにかかる経済的負担を軽くするため、公的助成の充実が図られています。ただし、公的助成は手続きを忘れたり、申請しなければもらえません。自分が何の助成の対象になっているかを確認したうえで、左ページの表を参考に、手続きを行うようにしましょう。

公的助成のなかには、だれでも受けられるものと、産後も会社員として働く女性が受けられるものとがあります。とくに、出産を機に仕事を辞めようか続けようか迷っている人は、助成内容をよく調べたうえで判断するといいでしょう。

産休・育児中に給付金がもらえます

会社員で、産休・育休をとったあとも仕事を続ける人には、健康保険や雇用保険から支給される「出産手当金」（→２４２ページ）、「育児休業給付金」（→２４４ページ）が適用されます。健康保険や雇用保険の手続きの窓口は、勤務先の関係部署となります。妊娠がわかったら人事部などの関係部署に伝え、申請書類を早めに入手し、手続きの方法や時期などを把握しておきましょう。

一方で、退職する人は失業等給付の受給期間を延長できるので、ハローワークで手続きをしましょう。

妊娠・出産　手続きスケジュール

該当するものにはチェックを入れて、忘れずに手続きを！

妊娠	□ 妊娠届の提出	妊娠と診断されたら、住民票のある市区町村の役所や保健センターに妊娠届出書を提出。母子健康手帳と妊婦健診の助成に必要な妊婦健康診査受診票が交付されます。
妊娠中	□ 出産育児一時金 (→P234)	子ども1人あたり42万円が支給されます。健康保険の加入者なら、だれでも受け取れます。出産前に手続きをすると健康保険から直接、病産院に入院費用が支払われます。
	□ 高額療養費 (→P236)	1か月の医療費が自己負担限度額（標準報酬月額により異なる）を超えた場合に、払い戻される制度。出産前に限度額適用認定証の交付を受けておくと、病産院の窓口での支払い額を自己負担額のみの支払いにできます。
	□ 傷病手当金	働いているママが、治療のために3日以上出社できない場合、日給の3分の2の金額が休業して4日目から日数分、健康保険より支払われる制度です。
	□ 健康保険の切り替え	出産を機に退職する人は、健康保険の変更手続きをします。パパが会社員か公務員の場合はパパの健康保険に扶養家族として加入し、自営業の場合は国民健康保険に加入します。退職しても引き続きもとの保険にとどまれることも。
	□ 年金の種別変更	退職する人は、年金の種別変更の手続きを。パパが厚生年金に加入していたら、国民年金の第3号被保険者になります（パパの勤務先が窓口）。パパが国民年金に加入している場合、自分も国民年金に加入して、第1号被保険者となります（住民票のある市区町村の役所が窓口）。
	□ 失業等給付の取得・延長 (→P246)	出産のために会社を退職し、産後に再就職を考えている人は、失業給付が受けられます。受給期間は、離職の翌日から1年ですが、出産・育児で働けない期間の分、ハローワークで受給期間を延長することができます。
出産	□ 出生届の提出 (→P194)	出産したら、出産日を含めて14日以内に出生届を提出。居住地、もしくは本籍地の市区町村の役所が窓口です。里帰り出産の人は、出産した市区町村の役所でもOK。
	□ 赤ちゃんの健康保険	出生届を提出したら、すぐに赤ちゃんの健康保険の加入手続きを。パパやママが健康保険や共済組合に加入していたら、パパまたはママの勤務先が窓口。国民健康保険の場合は、住民票のある市区町村の役所が窓口です。
	□ 児童手当 (→P240)	中学修了前の児童を養育している保護者に支給されます。子どもが3歳未満の場合、支給額は1人あたり月額1万5,000円。窓口は、住民票のある市区町村の役所です。
	□ 乳幼児の医療費助成 (→P238)	自治体によって、子どもの医療費の一部や全額を助成する制度があります。0歳児の医療費はほぼ全額助成されるのが一般的。赤ちゃんの健康保険加入手続きが済んだら、すぐに住民票のある市区町村の役所で手続きを。
産後	□ 出産手当金 (→P242)	会社員として働く人が産休をとる場合、日給の3分の2の金額が日数分、健康保険から支払われる制度です。申請と支払いは産休後で、妊娠中に病産院で申請書の必要事項に記入してもらう必要があります。
	□ 育児休業給付金 (→P244)	雇用保険加入者が育休をとった場合、月給の67%（181日目からは50%）が雇用保険から支払われます。窓口は勤務先の関係部署。育休開始後、勤務先に申請しましょう。
	□ 確定申告 (→P247)	出産前に退職して再就職せず、所得税の年末調整を受けていない人は、所得税を払いすぎている可能性も。源泉徴収票を保管し、翌年の確定申告で手続きをしましょう。

※P230～249の情報は、2017（平成29）年8月現在の情報です。

出産育児一時金

健康保険に加入している人ならだれでも、子ども1人あたりの出産につき42万円が支給されます。必ず申請しましょう。

出産・入院費用の支払いをサポート

出産育児一時金は、出産にかかった費用の一部が支給される制度です。子ども1人につき、42万円が受け取れます（多胎の場合は42万円×人数）。

出産育児一時金は加入している健康保険から支払われるので、共働きの場合、基本的にはママの健康保険に申請し、パパの扶養に入っている場合には、パパの勤務先の健康保険に申請します。

出産前に申請手続きをしておくと、病産院を退院する際、入院費用の支払いにあてることができます。つまり、病院への支払いが入院費用から42万円を引いた額で済むということです。費用が42万円に満たない場合は、後日その差額を指定の口座に振り込んでもらえます。

健康保険組合によっては、出産育児一時金とは別にお祝い金として付加給付金を上乗せしてくれることも。金額は3〜5万円が一般的ですが、なかには10万円以上のところも。パパ・ママともに別々の健康保険に加入している場合、どちらに申請してもよいので付加給付金のあるほうを選んだほうがお得です。

出産育児一時金	
申請時期	「直接支払制度」の場合、分娩の予約時から退院までの間。「受取代理制度」の場合、出産予定日の２か月前から。産後に申請する場合は、出産日の翌日から２年以内。
必要な物	**直接支払制度**：①出産育児一時金支給申請書、②健康保険証、③出産費用の明細書または領収書、④申請者の印鑑、⑤直接支払制度を利用する旨の医療機関合意書 **受取代理制度**：①（受取代理用）、②、③、④ **産後申請**：①②③④のほか、直接支払制度を利用しない旨の医療機関合意書
もらえる時期	出産費用の支払い時。産後申請の場合は、申請した日から１〜２か月後。
もらえる金額	子ども１人につき、基本的に42万円。多胎の場合は42万円×人数なので、双子だと84万円。また、健康保険組合によっては、付加給付金の上乗せがあります。

産科医療補償制度とは？

出産時の事故が原因で重度の脳性まひになった子どもに補償する制度です。出産育児一時金には、この制度の保険料１万６０００円が含まれています。出産する病産院がこの制度に加入していない場合は保険料が差し引きとなるので、出産育児一時金は40万４０００円になります。

妊娠中、または産後に申請をしましょう

出産育児一時金の支払いの手続き方法には、「直接支払制度」「受取代理制度」「産後申請」の3種類があります。

◉直接支払制度

病産院で制度の説明を受けて合意文書を交わすことで、予約してから退院までの間に病産院側が手続きをしてくれます。退院する際の会計時に、各健康保険から病産院に直接に支払われます。

◉受取代理制度

病産院によっては「直接支払制度」に対応していない医療施設があります。そんなときに利用できるのが「受取代理制度」です。出産予定日の2か月前から、加入している健康保険組合（国民健康保険の場合は、市区町村の役所）に、必要事項を記入・押印した申請書を提出することで、「直接支払制度」と同様、健康保険から病産院に直接42万円が支払われます。

◉産後申請

「産後申請」は、「直接支払制度」が導入される前から実施されている手続き方法です。退院時に、出産にかかった費用を自分で全額支払ったあと、健康保険に申請すると、後日、指定口座にお金を振り込んでもらえます。この場合、申請書類を健康保険組合から取り寄せ、出産入院時に病産院で記入してもらってから、申請書を提出する必要があります。「産後申請」の申請期限は、出産日の翌日から2年間になっています。

退職した場合

退職前の健康保険に申請できるかも

出産育児一時金は、加入している健康保険に申請するのが原則です。しかし、今まで勤めていた会社を退職した人で、在職時に健康保険への加入期間が1年以上あり、退職後6か月以内に出産した人は、退職前の健康保険に申請することもできます。退職前の健康保険に出産育児一時金の付加給付金があるなら、そちらを選んだほうがお得でしょう。二重申請を防ぐため、パパの健康保険組合に「出産育児一時金不支給証明書」などの提出を求められることがあります。

流産・死産の場合

妊娠４か月以降は支給されます

流産や死産によって、赤ちゃんの命が失われてしまうこともあります。妊娠４か月（85日）以降であれば、出産育児一時金が支給されます。ただし、妊娠22週（妊娠６か月）未満の出産は、産科医療補償制度の対象とならないため、支給額は40万4000円になります。「直接支払制度」や「受取代理制度」の手続きが間に合わなかった場合は、医師の証明書をもらい、加入している健康保険に「産後申請」をします。流産や死産から２年以内であれば、後日の申請も可能です。

健康保険の適用と高額療養費

妊娠・出産の経過で医療処置が必要になると、健康保険が適用されます。医療費が高額になったら、支払い免除や払い戻しもあります。

医療処置には健康保険が適用される

妊娠・出産で病産院を受診する場合、健康保険は適用されないのが原則です。たとえば、通常の妊婦健診は全額自己負担となり、そこに各自治体の助成があることで負担が軽減されます。

しかし、妊娠中に切迫早産や前置胎盤などのなんらかのトラブルがあり、医療処置が必要と判断された場合、その費用には健康保険が適用されます。また、出産時にトラブルが発生し、帝王切開分娩になったときには手術費用は保険診療（保険適用）となり、投薬や入院など医療行為と判断されるものにも適用され、分娩費などは自由診療（自己負担）となります。どこまで保険診療になるかは医師の判断により異なるので、前もって聞いておいてもよいでしょう。帝王切開手術は高額になりますが、保険診療になると自己負担が減り、結果として自然分娩と変わらないことも多いようです。

また、生まれた赤ちゃんに病気があったときも保険診療となり、健康保険が適用されます。この場合、赤ちゃん本人の健康保険証が必要となります。赤ちゃんが生まれたら、出生届を提出するのにあわせて健康保険に加入し、医療費助成の手続きをしましょう。赤ちゃんの健康保険の加入が間に合わなかったときは、まずは自己負担で全額支払いますが、申請後に差額が払い戻されます。

健康保険が適用されるケース

妊娠中

重症妊娠悪阻、切迫流産・流産、切迫早産・早産、妊娠高血圧症候群、妊娠糖尿病、子宮頸管無力症、前期破水、その他

出　産

止血のための点滴、吸引分娩、鉗子分娩、帝王切開分娩、新生児集中治療室での治療、死産

医療費が高額になったら ⇒ 高額療養費

高額医療費	
申請時期	「事後申請」の場合は、診察月の翌月1日から2年以内。「事前認定」の場合は、医療費が高額になるとわかったら早めに申請をしてください。
必要な物	**事前認定**：①健康保険限度額適用認定証、②健康保険証 **事後申請**：②のほか、医療機関の領収書
もらえる時期	「事前認定」の場合、支払い時に自己負担限度額を超えた支払いがその場で免除されます。「事後申請」の場合、申請から2～3か月後。
もらえる金額	支払った医療費から、自己負担限度額を引いた額。

支払った医療費の一部が戻ります

高額療養費とは、1か月の医療費が「自己負担限度額」を超えた場合、その超過分が健康保険から払い戻される国の制度です。「自己負担限度額」は年齢や所得額によって異なります。70歳未満で一般的な所得（標準報酬月額28～50万円）の人なら、8万100円＋α（αは総医療費により異なる）となります。

高額療養費の申請には「事前認定」と「事後申請」の2種類があります。高額になることがわかっていたら、健康保険組合に事前に申請して「健康保険限度額適用認定証」をもらい、病院の窓口で提示すれば、自己負担限度額＋食事代の支払いで済みます。緊急の手術などの場合には、支払い後に必要書類を健康保険組合に申請すると、申請から2～3か月後に指定口座に入金されます。

自己負担限度額の計算方法

例 70歳未満で一般的な所得／総医療費100万円の場合

8万100円※＋（100万円－26万7000円※）×1％＝**8万7430円**

払い戻される額の計算方法（事後認定）

例 70歳未満で一般的な所得／支払い金額30万円の場合

30万円－8万7430円（自己負担限度額）＝**21万2570円**

※これらの金額は、制度によって定められており、所得によって変わります。

乳幼児の医療費助成

赤ちゃんや子どもにかかる医療費には、各自治体で助成があります。住んでいる自治体の制度の内容を確認しておきましょう。

乳幼児医療費助成	
申請時期	出生届を提出し、健康保険に加入したらすぐ。
必要な物	自治体によって異なりますが、乳幼児医療費助成申請書、赤ちゃん本人の健康保険証、印鑑、非課税証明書など。
もらえる時期	自治体によって異なりますが、病気で受診した際の会計時に助成される場合と、後日の申請で会計時に支払った金額が戻る場合があります。
もらえる金額	自治体によって異なります。無料になることもあれば、支払いが少額で済むこともあります。

赤ちゃんの医療費を各自治体がサポート

赤ちゃんや子どもは病気にかかりやすく、病院に行く機会が多くなります。症状の悪化を防ぐためにも、小さい赤ちゃんほど早めの受診が望まれます。しかし、病院に行く機会が増えると経済的なことが心配になります。そこで、だれもが経済的不安を抱かずに医療サービスを受けられるよう、子どもにかかる医療費を軽減する制度が、乳幼児医療費助成です。

乳幼児に対する医療費の助成は、各自治体がそれぞれに実施しています。助成の名称や対象、金額もさまざまなので、住んでいる市区町村のホームページで調べたり、窓口に問い合わせたりしてみましょう。一般的には、0歳児は無条件に助成を受けられるところがほとんどで、それ以降は助成に所得制限を設けていたり、中学生や高校生まで対象にしたりしているところもあります。

医療費助成は、赤ちゃんが健康保険に入っていることが前提となります。出生後、なるべく早く健康保険に加入する手続きをし、住んでいる市区町村の役所で医療費助成の手続きをしましょう。手続きが済むと、乳幼児医療証が発行されます。これは赤ちゃんの助成資格を示す証明書。医療機関で会計する際、保険証とともに提示すると、支払いが無料になったり、薬の容器代など一部の実費負担のみになったりします。

里帰り出産先での受診は事前に確認を

里帰り出産や帰省時など、住んでいる市区町村以外の医療機関での受診は、注意が必要です。医療費助成は、原則として住民票のある市区町村の医療機関での診察が対象となります。管轄地域以外で受診したときの対応は、各自治体によって異なります。後日、領収書とともに申請すれば助成してくれる場合もあれば、対象外になる場合もあるので、里帰り前に、住んでいる自治体の助成制度の内容と手続きを必ず確認しておきましょう。

赤ちゃんのトラブル費用をサポートしてくれる制度

小児慢性特定疾病医療費助成

国が定める小児慢性特定疾病の治療にかかる医療費の、自己負担分を助成する制度です。小児慢性特定疾病とは、小児がんや慢性心疾患のように、慢性に経過し、治療期間が長く、医療費負担が高額になる特定の病気を指します（平成27年現在、14疾患群704疾病）。これらの疾病をもつ18歳未満の人が助成の対象となりますが、引き続き治療が必要な人は、20歳まで対象になります。

小児慢性特定疾病医療費助成は国の制度ですが、運営は各自治体に任されています。申請窓口は、各自治体の保健所や保健センターです。小児慢性特定疾病の助成対象として認定されると、医療受給者証が交付され、助成が受けられます。

対象 悪性新生物の疾患（白血病、リンパ腫など）、慢性呼吸器疾患（気道狭窄、気管支喘息など）、慢性心疾患、慢性腎疾患群、糖尿病、先天性代謝異常、免疫疾患、神経・筋疾患、慢性消化器疾患、皮膚疾患群など

未熟児養育医療制度

生まれてきた赤ちゃんの発育やからだの機能が十分でなく、入院して養育を受ける必要があると医師が判断した場合は、未熟児養育医療制度の対象となります。助成金額は、全額または一部。世帯所得などで異なります。

未熟児養育医療制度は国の制度で、基本的には全国どこでも助成が受けられます。申請先は、住民票のある市区町村の役所の窓口。制度が適用されるかどうかは、医師の診断が必要となります。自治体の乳幼児医療費助成と合わせて、経済的な不安なく、赤ちゃんの健やかな成長を見守ることができる制度です。

対象 出生児の体重が2000g以下で、生活能力が薄弱で、下記のいずれかの症状を示す者。
【一般状態】運動不安、けいれん、運動が異常に少ない【体温】摂氏34℃以下【呼吸器・循環器】強度のチアノーゼが持続、チアノーゼを繰り返す。呼吸回数が毎分50を越えて増加傾向か、毎分30以下、出血傾向が強い【消化器系】出生後24時間以上排便がない、出生後48時間以上嘔吐が持続、血性吐物・血性便がある【黄疸】生後数時間以内に出るか、異常に強い黄疸がある
※いずれも医師の判断が必要です。

児童手当

中学修了前までの子どもが支給対象で、所得制限を超えない場合、３歳未満は月額１万５０００円が支給されます。出生後すぐ申請を。

児童手当	
申請時期	赤ちゃんが生まれ、出生届を出したらすぐ。
必要な物	児童手当認定請求書、請求者の健康保険証のコピー、銀行口座がわかるもの、印鑑。自治体・世帯状況によって、必要書類が異なるので役所の窓口に問い合わせを。
もらえる時期	2月、6月、10月の年３回に分けて、前月までの４か月分が、指定口座に振り込まれます。
もらえる金額	３歳未満は一律月１万5000円。３歳以上小学校修了まで月１万円（第３子以降は月１万5000円）、中学生は一律月１万円。年収が所得制限以上なら一律5000円（特例給付）。

子どもを育てる人に支給される手当です

児童手当とは、育児にかかる費用を支援する国の制度で、０歳児から中学３年生までの子どもを養育する保護者に支給される手当です。保護者の所得が国の定める制限内であれば、３歳未満の子ども１人につき、月額１万５０００円が支給されます。申請の翌月から支給されるので、赤ちゃんが生まれたらすぐに申請をしましょう。申請窓口は、住民票のある市区町村の役所です。

ただし、里帰り出産をしている人は注意が必要。出生届は出産した病産院のある市区町村の役所に提出できますが、児童手当の申請は住民票のある市区町村の役所でしかできません。出生届を受理されないと申請できないので、時間がどれくらいかかるか事前に役所へ確認のうえ、受理されたらすぐにパパに手続きしてもらうなど段取りを相談しておきましょう。

15日特例とは？

児童手当は、申請の翌月から支給対象月となります。出産日によっては、生まれた月の月末までに手続きが間に合わないことがあります。そのため、15日特例をもうけ、月末近くに出産した場合、出産した翌日から15日以内に児童手当の申請をして認定されれば、申請した月も支給対象月として認められます。

毎年「現況届」で受給資格を確認

児童手当は、一度申請したら自動的にもらい続けられるわけではありません。所得制限額以上の人は一律で月５０００円の支給になるので、各自治体では毎年、所得調査を行っています。

そのため、毎年５月ごろに「現況届」が各家庭に送付されてきます。児童手当を受けている人は、現況届に必要事項を記入のうえ、返送または市区町村の役所の窓口に提出する必要があります。所得や子どもの人数に変化がなくても、現況届を提出しないと６月以降の児童手当は支給されなくなってしまうので、必ず提出しましょう。

特例給付とは？

児童手当には所得制限があり、扶養人数に応じた所得制限額で手当が受けられるかどうか判断されます。所得制限額を超えた人は児童手当が支給されませんが、当分の間は特例給付として子どもの年齢を問わず月の支給額の５０００円が支給されることになっています。

シングル家庭をサポート ⇒ 児童扶養手当

児童扶養手当	
申請時期	ひとりで子どもを養育することになったとき。
必要な物	保護者と子どもの戸籍謄本、印鑑、銀行口座がわかるもの、所得証明書。自治体・世帯状況によって、必要書類が異なるので役所の窓口に問い合わせを。
もらえる時期	4月・8月・12月に、前月までの４か月分をまとめて支給。
もらえる金額	子ども１人のとき、全額支給なら月４万2,290円、一部支給で月４万2,280～9,980円。子ども２人のときは、全額支給では月9,990円、一部支給で月9,980～5,000円加算。子ども３人以上のときは３人目以降１人につき全額支給で5,990円、一部支給で5,980～3,000円加算。

シングル家庭を経済的に支援

離婚や死別、未婚のまま出産した人などのシングルママやシングルパパで、18歳以下の子どもを養育している人のうち、所得制限など一定の条件を満たしている場合は、児童扶養手当が受けられます。

支給額は所得に応じ、子ども１人の場合、月４万2,290円から9,980円になります。所得の審査の基準となるのは、前年の所得と、12月31日時点での扶養家族数です。子どもの祖父・祖母などが同居している人も受給の対象になりますが、世帯全体の所得が受給審査の対象となります。

なお、児童扶養手当は国の制度で、児童手当と併用受給ができます。自治体によっては、さらに「児童育成手当」などの助成を行っていることもあります。

出産手当金

多くの会社では、産休中の給料は出ません。産後も会社員として働くママには、産休中の生活費を支援する出産手当金が支給されます。

健康保険から助成される産休中の生活費

産前産後休業（産休）は労働基準法で定められた休業です。産休中の給料については会社の就業規則に任されていますが、支給されないことがほとんど。そこで、産休中の生活費を支援するため、健康保険から出産手当金が支払われます。申請先は、勤務先の担当部署です。

支給対象者となるのは、勤務先の健康保険に加入し、産後も仕事を続ける予定のママです。日給（標準報酬月額÷30）の3分の2の金額が、産休日数分、支払われます。

なかには、産休中も給料の一部が支払われる会社がありますが、その場合は支給されません。もし給料が出産手当金より少なければ、その差額が支給されます。

出産手当金	
申請時期	産後翌日から２年以内。原則として、産休が終了する産後57日以降に手続きが可能になります。
必要な物	出産手当金支給申請書、賃金台帳のコピー、出勤簿のコピー。
もらえる時期	申請してから１～２か月後。
もらえる金額	日給（標準報酬月額÷30）×３分の２×産休の日数。

標準報酬月額とは？

毎年４～６月の間の基本給や交通手当、残業手当、年４回以上の賞与など、労務に関わる報酬額の平均額をもとに、金額ごとに区分されている等級に分けられます。その等級の基準額に応じて決定されます。

産前休業とは？

出産予定日を含む産前の42日間の休業期間です（多胎の場合は98日間）。取得期間は自由なので、職場の状況や本人の希望しだいで、出産直前まで働くこともできます。働いた分は給与として支払われるので、出産手当金の算定の対象にはなりません。

産後休業とは？

出産日の翌日から56日間の休業期間です。産後42日間は、就業することが法律で禁じられているので、必ず休業しなくてはなりません。43日目以降は本人の希望と医師の許可があれば働くことができますが、働いた分は給与が支払われるので、出産手当金の算定の対象にはなりません。

出産日によって手当の額が変わります

産前休業は、出産予定日から逆算して取得をしますが、赤ちゃんが出産予定日どおりに生まれるとは限りません。出産日は産前休業に数えられ、出産日の翌日から産後休業となります。そのため、出産予定日より遅い出産になると、その分産前休業の期間が長くなり、出産手当金の額も増えます。一方で、出産が予定日より早くなると、産前休業の期間が予定より短くなるため、出産手当金の額が減ってしまいます。

出産手当金は産休が終わったあとに申請をしますが、準備は産休前からしておきましょう。まずは産休前に勤務先の関係部署で申請書類をもらい、出産時に病産院で必要事項を記入してもらいます。そうすれば、産休後すみやかに勤務先に申請書を提出できます。

また、出産手当金が受けられるのは産後も仕事を続ける人ですが、なかには仕事を続けるつもりでも、やむを得ない事情ができて退職する人もいます。そんな場合に、ある一定の条件を満たせば、退職する人も出産手当金を受けることができます。「健康保険加入期間が、継続して1年以上あること」「出産日または出産予定日の42日以内（産前休業がとれる期間）に退職をした」、いずれも退職日に出勤していないことが条件です。復職するつもりだったのに、自分や赤ちゃんの体調面などで退職しなくてはいけなくなった人は、出産手当金が受けられるかどうか問い合わせてみましょう。

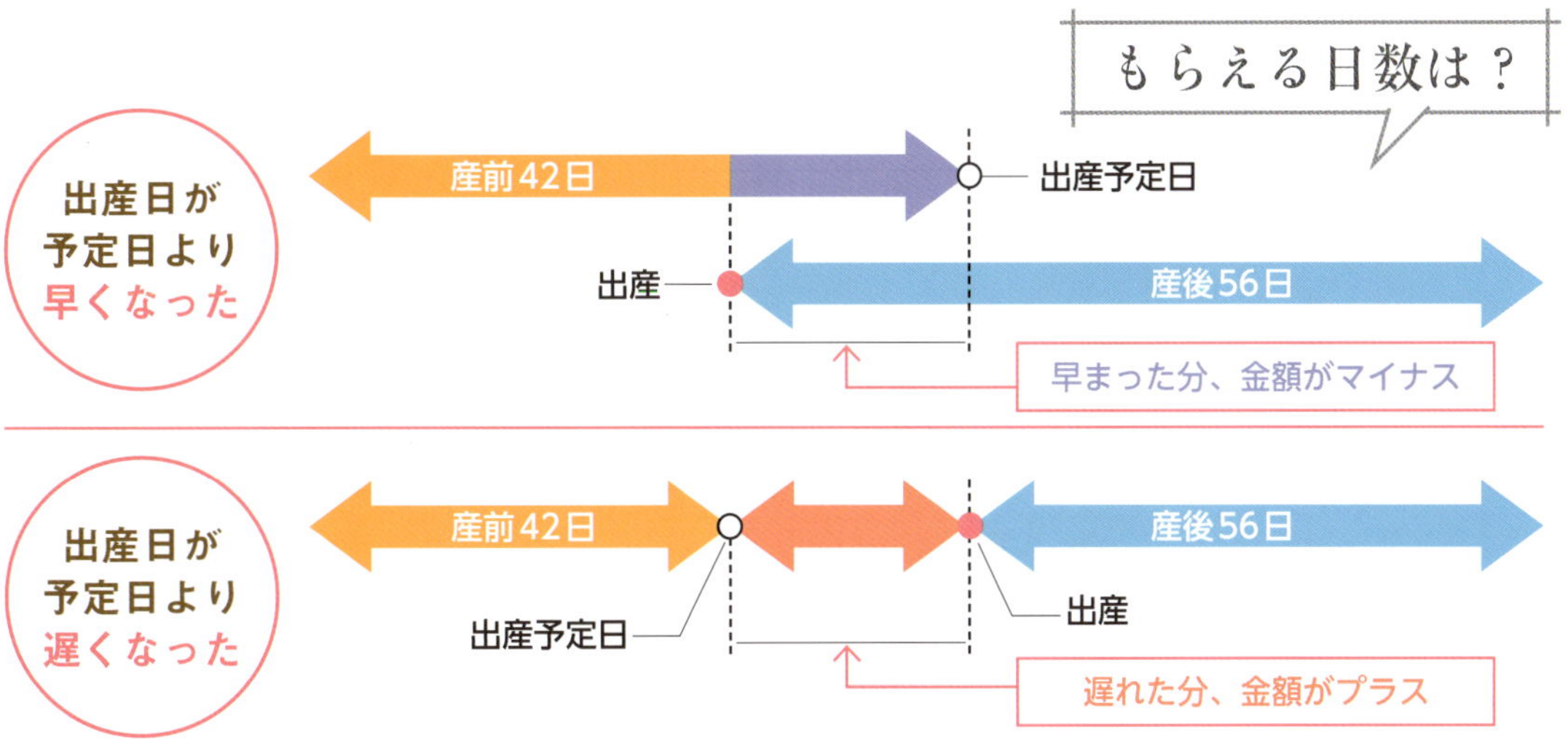

育児休業給付金

育休中、雇用保険から支払われるのが育児休業給付金です。最初の180日間は月給の67%、それ以降は月給の50%が支払われます。

育児休業中の生活費をサポート

会社に勤めているママは、産休後、子どもが1歳の誕生日を迎える前日まで、育児休業（育休）をとることができます。多くの会社では育休中の給料が支払われないので、その分の生活費をサポートするために雇用保険から支払われます。それが育児休業給付金です。

　受給できるのは、雇用保険に加入していて、育休後も仕事を続ける人です。自営業の人や専業主婦、非正規雇用で雇用保険に入っていない人は、受け取ることができません。また、妊娠中や育休中に退職する人も、給付を受けられません。

育児休業給付金	
申請時期	初回は、育休開始日から4か月を経過した月の月末日まで。2回目以降は、2か月ごとに申請します。
必要な物	雇用保険被保険者休業開始時賃金月額証明書、育児休業給付受給資格確認票、前述書類の記載内容を証明できるもの（賃金台帳、出勤簿、母子健康手帳）
もらえる時期	勤務先がハローワークに申請した1週間～10日後が初回分。2回目以降は、2か月に1度。
もらえる金額	180日目までは標準報酬月額の67%、それ以降は標準報酬月額の50%。受給の2回目以降は、2か月分がまとめて支給されます。

育児休業給付金の支払い期間と金額

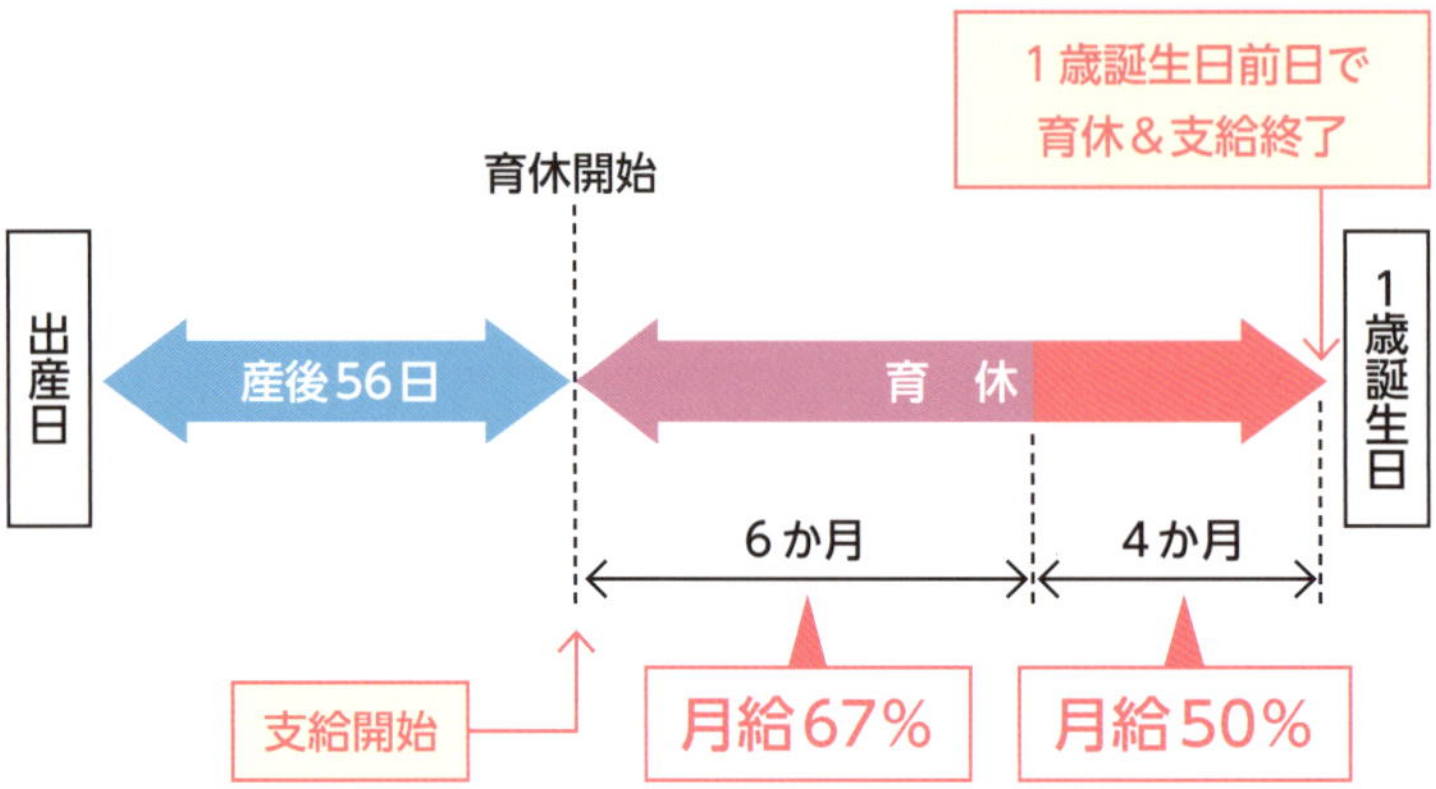

雇用保険に入っていても、育児休業給付金を受けるためには、育休開始前の2年間に、11日以上働いた月が12か月以上あることが必要です。育休中も給料の8割以上が支払われる人も、対象になりません。給料の一部が支払われる人は、給料と育児休業給付金の合計額が標準報酬月額の8割を超えないよう調整されます。

支給額は、180日目までが月給の67%、それ以降は月給の50%です。ただし上限があり、180日目までは28万5621円、それ以降は21万3150円で、これを超える額は支給されません。

給付の申請は、育休開始日から4か月を経過する月の月末日までに、ママの勤務先で行います。申請書類はハローワークに送られ、1週間から10日後に初回の給付金が支給されます。その後2か月に1回申請し、給付金は2か月分まとめて、2か月に1度支給されます。

また、保育園が見つからない、赤ちゃんが病気になってしまったなどの特別な事情がある場合は、1歳6か月まで育休期間を延長できます。その間も、育児休業給付金は支給されます。

パパも育休がとれる！⇒ パパ・ママ育休プラス制度

パパもママも育休がとれます

パパとママがふたりで取得する場合は、原則として子どもの１歳誕生日前日までしかとれない育休を、１歳２か月まで延長できます。それぞれ取得できる期間は最長で１年間。１歳の誕生日前日までは、２人同時期にとることができますが、１歳の誕生日から１歳２か月までは、パパかママのどちらかひとりしかとれません。

この制度を利用するためには、次の要件を満たす必要があります。①育休開始日が、１歳に達する日の翌日以前であること。②育休開始日が、配偶者（パパまたはママ）が取得している育休期間の初日以後であること。

つまり、ママが最初に１年の育休（産休を含む）を取得した場合、次の２か月に育休がとれるのはパパだけ。また、パパは２回に分けて育休をとることもできますが、②を満たすためには、最初の育休はママの育休が始まる前、産後休業内である必要があります。

パパ・ママの育休取得例

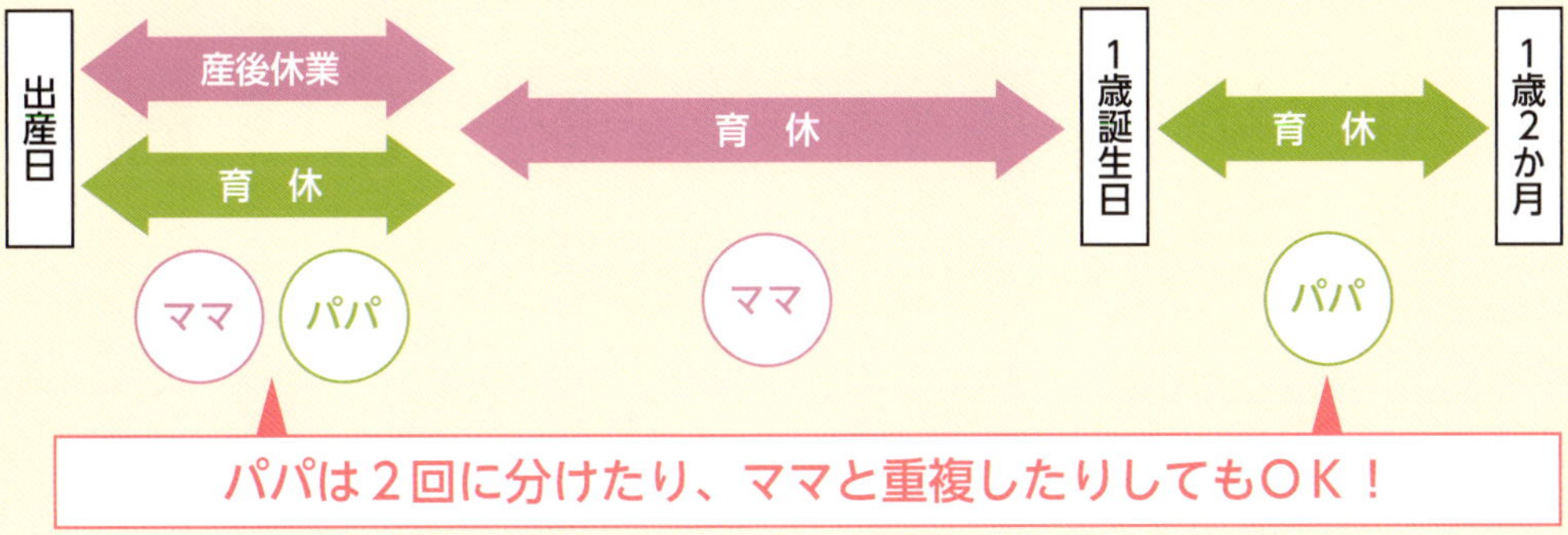

失業等給付と受給期間の延長

出産を理由に退職する人は、失業等給付の受給期間を最長４年まで延長することができます。産後、再就職を考える人はぜひ手続きを。

退職する人は忘れずに。最長４年間受け取れます

出産前に退職し、産後に再就職を考えている人は、ハローワークで失業等給付の受給期間の延長手続きを行いましょう。

雇用保険に加入していた人が退職し、再就職活動を行う場合、退職日の翌日から1年以内の間、失業等給付を受ける資格があります。しかし、妊娠中や育児中のママは、働ける環境にありません。そこで、妊娠・出産のために退職した人は、失業等給付の受給期間を延長することができます。本来は1年間ですが、3年間まで延長が認められるので、最長4年間の延長が可能。ただし、これは受給期間の開始を延長できるということで、受給日数が増えるわけではありません。

退職したら、退職後1か月を経過してからその1か月以内に、住んでいる地域のハローワークで手続きをします。産後働ける環境が整ったら再度ハローワークに出向き、失業等給付金の受給申請をし、認められれば受給できます。

失業等給付の受給期間の延長

申請時期	退職日の翌日から30日を経過した日の翌日から、１か月以内。再就職をする状況が整い、就職活動を始めるときにハローワークにて申請。
必要な物	受給期間延長申請書、退職時に会社から受け取る離職票１および離職表２、印鑑、母子健康手帳。
もらえる時期	ハローワークで受給資格の認定を受け、その後４週に１度の「認定日」で状況報告をしてから、１週間後。
もらえる金額	退職前の給料、年齢、雇用保険の加入期間に応じて決められます。退職前の６か月間の給料平均のおよそ50～80％程度が、日額×日数で計算されます。

一般離職者の給付日数

被保険者期間	給付日数
１年未満	90日（特例措置）
１年以上５年未満	90日
５年以上10年未満	90日
10年以上20年未満	120日
20年以上	150日

※特定受給資格者（解雇・倒産による離職）は、日数が変わります。

確定申告をしよう！

確定申告をすると、払いすぎた税金が戻ってきます。
妊娠・出産の翌年には、ぜひ確定申告を。

退職した人は税金が戻る可能性大

会社に勤めている人は、月々の給料から所得税が天引きされ、年末調整で払いすぎた分が戻ってきます。出産のために年の途中で退職した人は、見込みの年収よりも実際の年収が少なくなるうえ、会社での年末調整を受けられないので、所得税を支払いすぎている可能性があります。過払い分を返してもらうのに必要な手続きが、確定申告です。

まず退職時にもらった源泉徴収票をチェックして、所得税が引かれているかを確認しましょう。確定申告の書類は１月から配布されるので、所定の様式に従って記入をすると、還付金額がわかります。２～３月の期日までに税務署に申告すれば、指定の口座に還付されます。

また、妊娠・出産した年は例年より医療費が多くかかるはず。世帯全体の医療費が１年間で10万円を超える場合は、確定申告をして医療費控除を受けましょう。これらは退職した人に限らず、会社で年末調整を受けた人も申告する必要があります。

その年の医療費の領収書を集めて総額を計算し、翌年に税務署へ申告をします。医療費控除を受ければ、税金が戻ってくる見込みがあるほか、所得額が下がることで、次の年の住民税が下がる見込みがあります。

どこまでが医療費として認められる？

認められるもの

○妊婦健診料
○出産のための入院費
○その他の受診・入院費
（産婦人科以外の歯科・内科・眼科なども含む）
○通院のための交通費
○出産時のタクシー代
○治療のためのはり・きゅう・マッサージ代
○赤ちゃんの受診料、健診料、入院費
○病院の処方箋で購入した薬代
○市販の医薬品代（風邪薬、鎮痛剤など）　など

認められないもの

○マイカーで通院したときのガソリン代や駐車場料金
○通常の通院に使うタクシー代
○入院に必要な身のまわり品の購入費
○医師への謝礼金、医療関係者への心付け
○人間ドックや健康診断にかかった費用
○インフルエンザなどの予防接種代
○健康維持、美容のためのサプリメント代
○美容目的の歯列矯正費　　など

お金のこと Q&A

Q 退職したのに住民税の納付書が届いた。どうして？

A 住民税は、前年の総所得をもとに課税されます。

出産を機に退職したママが、退職前にある程度の収入を得ていた場合、翌年その所得をもとに住民税が課せられます。今までは会社を通して給料から支払われていましたが、退職後は自宅に納付書が届くので、頭に入れておきましょう。

ちなみに、住民税は1月1日現在に住んでいる住所地に支払うため、1月2日以降に転居しても前住所地に納付します。

Q 妊婦健診受診票をもらったけど、どうしたらよいの？

A 妊婦健診の支払い時に一緒に提出しましょう。

住民票がある市区町村の役所に妊娠届を出すと、母子健康手帳が交付されます。その際に、「妊婦健診受診票」をもらうことができます。内容は自治体によって異なり、病産院によっても費用が異なるため差はありますが、妊婦健診の費用の補助を受けることができ、なかには無料になる場合もあります。

妊婦健診を受けた病産院で会計をする際に提出すると、内容に応じた助成が受けられます。後日申請した場合は、2～3か月後に戻ってきます。

Q 保険料を滞納してしまっているけど、出産育児一時金はもらえる？

A 自治体によって異なりますが、滞納分を天引きをされたり、申請できなかったりします。

働いているママは給料から天引きされているため滞納するケースはありませんが、退職したママや働いていないママは国民健康保険の保険料を自分で支払わなければいけないため、滞ってしまうケースも考えられます。

その場合の対応は自治体によって異なりますが、出産育児一時金の申請を受け付けてもらえなかったり、認められても滞納した金額を差し引いて支給されたりする場合もあるようです。

どのような対応になるか心配であれば、あらかじめ役所に相談してみるとよいかもしれません。

Q 医療費控除が受けられるのは、ママと赤ちゃんの分だけ？

A 世帯全体なので、家族全員の医療費が対象となります。

確定申告をすると、医療費控除が受けられます。対象となるのは、「世帯全体の総医療費」です。ですから、ママの妊婦健診費用や出産時の交通費、赤ちゃんの受診費用だけでなく、パパの歯の治療費や治療のための薬代なども含まれます。申告をするのは、所得税を払っているならパパでもママでもどちらでもOKですが、所得税率が高いほうにするとお得です。

Q 切迫早産で、しばらく会社を休まなければいけなくなった！

A 休業4日目以降から勤務先の健康保険より傷病手当金がもらえます。

妊娠中は、切迫早産や早産、妊娠高血圧症候群などのトラブルに見舞われて、安静を指示されることがあるかもしれません。このようなトラブルの治療のために会社を3日以上休まなければならない場合、4日目から傷病手当金が支払われます。自宅安静の場合でも、医師の診断書があれば対象となります。休業4日目以降に、勤務先の担当窓口に申請をしましょう。

　妊娠していなくても、病気やけがで会社を3日以上休まなくてはいけなくなった場合は、同様に傷病手当金をもらうことができます。

Q 育休中に2人目を妊娠・出産したけど、お金や休みはどうなるの？

A 2人目の産休が優先されます。

1人目の育休中に2人目を妊娠・出産した場合、2人目の産休が優先されるため、1人目の育休は終了します。そのため、1人目の育児休業給付金もストップします。

Q 出産手当金をもらい忘れた！今からでも、もらえる？

A 産休開始から、2年を過ぎていなければもらえます。

手続きを忘れてしまったママもいるかもしれません。でも、安心してください。産休開始翌日から2年を過ぎていなければ、全額もらうことができます。ただし、2年を過ぎると1日ごとに1日分減ってしまうので、早めに手続きを。

さくいん

EVERYDAY
IS SPECIAL
CAFE

監修 竹内正人（たけうちまさと）

産科医、医学博士。日本医科大学を卒業。米国ロマリンダ大学で胎児生理学を学び、日本医科大学大学院修了（産婦人科学、免疫学）。葛飾赤十字産院などを経て、地域・国、医療の枠を超え、さまざまな取り組みを展開している。著書・監修書に『はじめての妊娠・出産　安心マタニティブック』（永岡書店）、『娘が妊娠したら親が読む本』（小社刊）など多数。

□産科医　竹内正人　オフィシャルサイト
http://www.takeuchimasato.com

協力 田中香津奈（お金のこと／p229-249）

株式会社フェリーチェプラン代表。ファイナンシャルプランナー（ＣＦＰ）、社会保険労務士、住宅ローンアドバイザー。年金制度、相続、保険、投資、住宅などさまざまな分野に精通。　□田中香津奈 オフィシャルサイト　http://www.fp-kazuna.com

---

スタッフ

デザイン・DTP ―― 大谷孝久（CAVACH）
カバーイラスト ―― 熊本奈津子
イラスト ―― あらいのりこ、さかじりかずみ、中島慶子、堀川直子
執筆協力 ―― 植木由紀子、植松まり、高島直子、高松由美子、森田奈央
編集協力 ―― 株式会社スリーシーズン（大友美雪／川村真央）
校正 ―― 大道寺ちはる

おなかの中を可視化する！

はじめての妊娠＆出産

2017年9月7日　発行

監修者　竹内正人
発行者　佐藤龍夫
発行所　株式会社大泉書店
〒162-0805　東京都新宿区矢来町27
電話　03-3260-4001（代表）
FAX　03-3260-4074
振替　00140-7-1742
URL　http://www.oizumishoten.co.jp/
印刷所　ラン印刷社
製本所　明光社
©2016　Oizumishoten printed in Japan

落丁・乱丁本は小社にてお取替えします。
本書の内容に関するご質問はハガキまたはＦＡＸでお願いいたします。
本書を無断で複写（コピー、スキャン、デジタル化等）することは、
著作権法上認められている場合を除き、禁じられています。
複写される場合は、必ず小社にご連絡ください。

ISBN978-4-278-03649-7　C0077　　R26